Die Erinnerungen von Hermann Molkenbuhr

Archiv für Sozialgeschichte
Beiheft 24

Herausgegeben von der Friedrich-Ebert-Stiftung

Redaktion: Friedhelm Boll, Beatrix Bouvier, Dieter Dowe, Anja Kruke,
Patrik von zur Mühlen, Michael Schneider

Bernd Braun

„Ich wollte nach oben!"

Die Erinnerungen
von
Hermann Molkenbuhr
1851 bis 1880

Bibliografische Information der Deutschen Bibliothek

Die Deutsche Bibliothek verzeichnet diese Publikation in der Deutschen Nationalbibliografie;
detaillierte bibliografische Daten sind im Internet über http://dnb.ddb.de abrufbar.

ISBN 3–8012–4163–7
978–3–8012–4163–6

Copyright © 2006 by
Verlag J. H. W. Dietz Nachf. GmbH
Dreizehnmorgenweg 24, 53175 Bonn
Umschlag: Just in Print, Bonn
Layout: PAPYRUS – Schreib- und Büroservice, Bonn
Druck und Verarbeitung: dp Druckpartner Moser, Rheinbach
Alle Rechte vorbehalten
Printed in Germany 2006

Inhaltsverzeichnis

Vorwort 7
Einleitung 9
Erinnerungen von Hermann Molkenbuhr 35
Vorrede 35
Kindheit in Wedel 36
Umzug von Wedel nach Ottensen 50
Kinderarbeiter und Abendschüler 56
Der Deutsch-Dänische Krieg 1864 67
Zurichter bei den Zigarrenmachern 78
Die Zigarrenmacher Meyer und Magnus 92
Erste Begegnung mit dem Theater 100
Gescheiterte Berufspläne 109
Auf der Suche nach Kultur: von St. Pauli bis Friedrich Schiller 115
Politischer Streit unter den Zigarrenarbeitern 133
Der Tod des Vaters 144
Über Lassalle zum ADAV 148
Der Agitatorenschüler 158
Die Spaltung des Hamburger ADAV 171
Schwärmerei für Literatur 182
Die Reichstagswahl 1874 189
Vorbereitungen zur Parteieinigung 200
Der Parteitag in Gotha 1875 208
Nachwehen der Parteieinigung 217
Friederike Köster und Julius Schmidt 225
Der Parteitag in Gotha 1876 234
Agitation für die Reichstagswahl 1877 243
Die Reichstagswahl 1877 256

Familiengründung 263
Die Reichstagswahl 1878 und das Sozialistengesetz 272
Gefahr durch die Spitzel 284
Erfolge der illegalen Partei 291
Verhängung des Belagerungszustandes über Hamburg 299

Abkürzungsverzeichnis 305

Abbildungsverzeichnis 306

Literaturverzeichnis 309

Sachregister 319

Ortsregister 322

Personenregister 325

Zum Autor 336

Vorwort

Es gehört zum guten Ton in einem Vorwort zu einer historischen Monographie oder Quellenedition, dass diejenigen, die einem vor und während eines solchen Projektes Steine in den Weg gelegt, die Mithilfe verweigert oder ihre Bequemlichkeit mit bürokratischen Vorschriften gerechtfertigt haben, keine Erwähnung finden. Von dieser Regel sollen auch für den Kollegen aus einem deutschen Staatsarchiv, dessen Antwort auf eine Anfrage sieben Monate auf sich warten ließ und für das Standesamt eines Berliner Bezirks, das für die Bestätigung eines Todesdatums vorab 100 Euro einforderte, keine Ausnahmen gemacht werden. Ungenannt bleiben müssen leider auch diejenigen Standesämter und ihre Mitarbeiter, die sich unter Berufung auf die ans Groteske reichenden offiziellen Datenschutzbestimmungen geweigert haben, mir bei der Ermittlung von Lebensdaten, zum großen Teil aus dem 19. Jahrhundert, behilflich zu sein. Den rund achtzig Prozent Standesbeamten, die mir die gesuchten Daten herausgesucht haben, sei an dieser Stelle anonym besonders herzlich gedankt!

Zu herzlichem Dank verpflichtet bin ich Prof. Dr. Dieter Dowe, Forschungsleiter der Friedrich-Ebert-Stiftung in Bonn, für die Möglichkeit, die „Erinnerungen" in der Beiheft-Reihe des Archivs für Sozialgeschichte zu publizieren. Dieter und Dorothee Dowe danke ich für ergänzende Hinweise zur Annotation. Den Kolleginnen und Kollegen des Dietz-Verlages danke ich für die redaktionelle Betreuung des Manuskriptes. Der Dank geht ferner an zahlreiche kommunale Archive, an Archive sonstiger Träger, an Kirchenbuchämter und hilfsbereite Privatpersonen für ihre in vielen Fällen überaus wertvollen Auskünfte und Hinweise. Hervorgehoben seien: Ute Behr aus Hamburg, Anke Rannegger vom Stadtarchiv in Wedel, dem Geburtsort Hermann Molkenbuhrs, Manfred Jacobsen vom Stadtarchiv Bad Bramstedt, Margarete und Jörg Eichbaum in Heist, Isabel Sarasin in Berlin, der Klopstock-Experte Klaus Hurlebusch, Claus Stukenbrock vom Staatsarchiv in Hamburg, Harald Timmermann aus Bornhöved, Günter Scheidemann vom Politischen Archiv des Auswärtigen Amtes in Berlin, Waltraud Linder-Beroud vom Deutschen Volksliedarchiv in Freiburg im Breisgau, Michaela Giesing vom Zentrum für Theaterforschung in Hamburg, Norbert Perkuhn vom Stadtarchiv in Düsseldorf, Christian Raschle vom Stadtarchiv in Zug in der Schweiz und Mai-Brit Lauritsen vom Landsarkivet for Sonderjylland in Apenrade/ Dänemark.

Den Mitarbeiterinnen und Mitarbeitern des Staatsarchivs in Hamburg danke ich für viele wertvolle Auskünfte, denjenigen der Staatsbibliothek in Hamburg für das Heranschaffen ungezählter Mikrofilme des Altonaer und Hamburger Adressbuches sowie der regionalen, vor allem der sozialdemokratischen Presse. Außerdem geht mein Dank an Christian Fendt für die Informationen über den Kometen, den Hermann Molkenbuhr als Kind in Wedel gesehen hat, an Bert und Christa Molkenbuhr in Berlin für das Überlassen eines Familienfotos und stets sehr anregende Gespräche über ihren Vorfahren, an Hanno und Cornelia Neumeister für das professionelle Einscannen und Bearbeiten zahlreicher Fotos, an meine Mutter Sigrid Braun für ihre Hilfe beim Vergleich der Übertragung mit der Originalquelle und an meine Freunde Inge und Gerd Krämer, denn ihre Gastfreundschaft in ihrer „Pension Peperoni" in der Hortensiengasse in Ottensen hat meinen Geldbeutel geschont, meine Geschmacksnerven trainiert und mir viele unvergessliche Abende beschert. Gerd Krämer danke ich außerdem für wertvolle Hinweise und Anregungen bei der Annotation.

Ohne überheblich erscheinen zu wollen, steckt in dieser Quellenedition sicher mehr Arbeit als in so mancher Einzelstudie. Ich möchte daher entgegen den üblichen Gepflogenheiten diesem Buch eine Widmung voranstellen. Sie gilt meinem Großvater mütterlicherseits, Ernst Hönig, geboren am 26. März 1894 in Makohlen, Kreis Heilsberg in Ostpreußen, zu früh verstorben am 12. Februar 1940 in Stolp in Pommern, vermutlich an den Spätfolgen von Giftgasangriffen, denen er als Soldat während des Ersten Weltkrieges an der Westfront ausgesetzt war. Ernst Hönig hatte sich aus kleinsten Verhältnissen emporgearbeitet, darin Hermann Molkenbuhr nicht unähnlich, der ihm mit Sicherheit ein Begriff war. Er gehörte zu den führenden Kräften der SPD in Stolp. 1933 wurde er aufgrund seiner politischen Überzeugung als Vollzugsbeamter bei der Ortskrankenkasse entlassen und kurzzeitig in Schutzhaft genommen. Dem Andenken an Ernst Hönig sei diese Arbeit gewidmet.

Heidelberg im Juli 2006

Einleitung

Quellenwert der Erinnerungen

Nach der politischen Biographie über Hermann Molkenbuhr und der Edition seiner Tagebücher möchte ich als Abschluss einer zwar immer angedachten, aber in der nunmehr vorliegenden Form so nicht geplanten Trilogie der interessierten Öffentlichkeit seine „Erinnerungen" vorstellen.[1] Warum, so könnte man fragen, folgt auf die beiden ersten, von der Fachwelt durchaus positiv aufgenommenen Bände noch ein drittes Buch über bzw. von Hermann Molkenbuhr? Die Antwort ist einfach, schon oft gegeben worden und kann deshalb beinahe als stereotyp gelten. Thomas Welskopp hat sie jüngst noch einmal zusammenfassend im ersten Satz der Einleitung seiner voluminösen Studie „Das Banner der Brüderlichkeit" vorangestellt: *„Obwohl die Literatur zur deutschen Arbeiterbewegung im allgemeinen und zur Sozialdemokratie im besonderen ganze Bibliotheken füllt, ist ihre Frühgeschichte zwischen 1848 und 1878, also zwischen Vormärz/Revolution und Sozialistengesetz, eigentümlich unbeschrieben."*[2] Dieses Forschungsdefizit gilt bekanntlich verschärft für die erste deutsche Arbeiterpartei, den 1863 von Ferdinand Lassalle begründeten Allgemeinen Deutschen Arbeiterverein. Weil der ADAV nicht in die Traditionslinie der offiziösen Geschichtsschreibung der DDR zur Entstehung der deutschen Arbeiterbewegung passte, wurde er von dieser systematisch vernachlässigt, während sich fast deren gesamte Aufmerksamkeit der Eisenacher Parteirichtung zuwandte. Selbst in ostdeutschen Handbüchern zur Geschichte der Arbeiterbewegung wurde deren lexikalischer Anspruch durch die Tatsache, dass dem Benutzer die Informationen über den ADAV schlicht vorenthalten wurden, ad absurdum geführt.[3] Dadurch ist der ADAV in eine

---

1 Bernd Braun: Hermann Molkenbuhr (1851–1927). Eine politische Biographie, Band 118 der Beiträge zur Geschichte des Parlamentarismus und der politischen Parteien, hrsg. von der Kommission für Geschichte des Parlamentarismus und der politischen Parteien, Düsseldorf 1999; Bernd Braun, Joachim Eichler (Hrsg.): Arbeiterführer, Parlamentarier, Parteiveteran. Die Tagebücher des Sozialdemokraten Hermann Molkenbuhr 1905 bis 1927, München 2000.
2 Thomas Welskopp: Das Banner der Brüderlichkeit. Die deutsche Sozialdemokratie vom Vormärz bis zum Sozialistengesetz, Bonn 2000, S. 19.
3 Vgl. Dieter Fricke: Handbuch zur Geschichte der deutschen Arbeiterbewegung 1869 bis 1917, Zwei Bände, Berlin (Ost) 1987. Fricke verzichtet bewusst auf eine Berücksichtigung des ADAV vor 1869, hofft aber im Widerspruch dazu, „der ganzen Spannbreite der deutschen Arbeiterbewegung noch besser gerecht" geworden zu sein als in seinen früheren Veröffentlichungen. Vgl. sein Vorwort S. 5–16, besonders S. 6 f., Zitat S. 7.

Art Nischenstatus gedrängt worden, als ob er in der Evolution des Sozialismus eine so nicht vorgesehene Fehlentwicklung gewesen sei. Das weitgehend unbeackerte Feld ADAV ist erst durch die wichtigen Quelleneditionen und Untersuchungen von Dieter Dowe, Arno Herzig, Toni Offermann, Thomas Welskopp und anderen wieder sehr viel stärker ins Zentrum der historiographischen Wahrnehmung gerückt worden.

Die „Erinnerungen" von Hermann Molkenbuhr können einen weiteren Beitrag dazu leisten, das zu Recht diagnostizierte Defizit der Forschung in Bezug auf die frühe Arbeiterbewegung im allgemeinen und den ADAV im besonderen ein wenig abzumildern. Sie beschreiben den Zeitraum von der Geburt Molkenbuhrs 1851 – mit einigen Rückblenden in die Geschichte seiner Vorfahren – bis in den November des Jahres 1880. Mehr als die Hälfte des Manuskripts umfasst die Jahre nach dem August 1872, als der damals noch 20-jährige Mitglied im Allgemeinen Deutschen Arbeiterverein wurde. Es ist hier nicht der Ort für einen Diskurs über die Geschichte und die Theorieentwicklung der literarischen Gattung „Autobiographie". Hier sind seit den Studien des „Nestors der Autobiographieforschung", Georg Misch, dessen erstes einschlägiges Werk 1907 erschien, unzählige Untersuchungen publiziert worden.[4] Der Quellenwert jeder autobiographischen Schrift hängt entweder von der herausragenden Bedeutung ihres Verfassers ab oder von dessen Fähigkeit, nicht nur die eigene Lebensgeschichte zu schildern, sondern darüber hinaus die Geschichte seiner Zeit lebendig werden zu lassen. Im Idealfall gelten beide Komponenten. Dass es sich bei Hermann Molkenbuhr um einen der wichtigsten Parteiführer der deutschen Sozialdemokratie handelt, muss eigentlich nicht extra hervorgehoben werden. Von 1875 bis 1927 war er Delegierter auf fast allen Parteitagen der Sozialdemokratie, von 1890

---

4 Vgl. zur Autobiographie allgemein: Günter Niggl: Die Autobiographie. Zu Form und Geschichte einer literarischen Gattung, Darmstadt 1989; Jürgen Lehmann: Bekennen – Erzählen – Berichten. Studien zu Theorie und Geschichte der Autobiographie, Tübingen 1988, das Zitat dort auf S. 35; Bernd Neumann: Identität und Rollenzwang. Zur Theorie der Autobiographie, Frankfurt am Main 1970; Georg Misch: Geschichte der Autobiographie, 4 Bde., Frankfurt am Main 1949 bis 1969; Werner Mahrholz: Deutsche Selbstbekenntnisse. Ein Beitrag zur Geschichte der Selbstbiographie von der Mystik bis zum Pietismus, Berlin 1919. Vgl. speziell zur Arbeiterautobiographie: Michael Vogtmeier: Die proletarische Autobiographie 1903–1914. Studien zur Gattungs- und Funktionsgeschichte der Autobiographie, Frankfurt am Main u. a. 1984; Georg Bollenbeck: Zur Theorie und Geschichte der frühen Arbeiterlebenserinnerungen, Kronberg/Taunus 1976; Wolfgang Emmerich (Hrsg.): Proletarische Lebensläufe. Autobiographische Dokumente zur Entstehung der Zweiten Kultur in Deutschland, Bd. 1: Anfänge bis 1914, Reinbek bei Hamburg 1976; Ursula Münchow: Arbeiter über ihr Leben. Von den Anfängen der Arbeiterbewegung bis zum Ende der Weimarer Republik, Berlin (Ost) 1976; dieselbe: Frühe deutsche Arbeiterautobiographie, Berlin 1973.

bis 1924 gehörte er als einer der profiliertesten Parlamentarier dem Deutschen Reichstag an, von 1904 bis 1927 fungierte er als Mitglied des Parteivorstandes und von 1911 bis 1922 als einer der Vorsitzenden der SPD-Reichstagsfraktion. Er war der wichtigste, einflussreichste und programmatisch prägendste Sozialpolitiker, den die SPD im Kaiserreich besaß; außerdem galt er auch auf der europäischen Ebene als einer der bekanntesten deutschen Sozialdemokraten, denn er vertrat seine Partei regelmäßig auf den Parteitagen der sozialistischen Bruderparteien Europas und auf den Konferenzen der Internationale. Allein schon aus der Verankerung Hermann Molkenbuhrs an der Spitze der sozialdemokratischen Parteihierarchie lässt sich also die Berechtigung für die vorliegende Edition ablesen. Hinzu kommt, dass es – wie die vorhandenen Kompendien zeigen – für die Zeit vor 1914 zwar etliche Autobiographien von *Arbeitern* gibt, aber nur sehr wenige von *Arbeiterführern*. Bei den Molkenbuhrschen „Erinnerungen" handelt es sich – nach denjenigen von August Bebel – um die wichtigste Quelle eines prominenten Arbeiterführers über die Zeit vor dem Sozialistengesetz. Und es handelt sich um die wichtigste autobiographische Quelle eines führenden Sozialdemokraten, dessen Laufbahn im Allgemeinen Deutschen Arbeiterverein begonnen hatte. Es bleibt die Frage zu beantworten, ob der Quellenwert der „Erinnerungen" von Hermann Molkenbuhr sich nur oder in erster Linie aus seiner späteren Bedeutung für die deutsche Arbeiterbewegung und den deutschen Parlamentarismus speist oder ob die Quelle eine gleichsam innere Wertigkeit besitzt, indem die Biographie eines Menschen exemplarisch in seine Epoche eingebettet ist.

In erster Linie handelt es sich bei den vorliegenden „Erinnerungen" natürlich um eine individualbiographische Quelle, deren Verfasser in einer Rückschau nach zum Teil mehr als einem halben Jahrhundert sein Leben Revue passieren lässt bzw. diejenigen Erlebnisse und Begebenheiten seines Lebens, an die er sich erinnern konnte und die er mitteilen wollte. Nach den strengen Kriterien der Autobiographieforschung handelt es sich bei dem Lebensbericht Hermann Molkenbuhrs nicht um Memoiren, sondern um eine echte Autobiographie, in deren Mittelpunkt die „Sozialisierung des Individuums" steht.[5] Die ersten drei Lebensjahrzehnte ihres Verfassers zeichnen sich durch zwei tiefe Einschnitte aus, die sein Leben in dieser Periode in drei fast gleich lange Abschnitte gliedern. Der erste Einschnitt, der Umzug mit seinen Eltern und Geschwistern 1862 von Wedel nach Ottensen bei Altona, bewirkte nicht nur den Verlust der engeren Heimat, den Wechsel vom beschaulichen ländlichen Leben in das einer industriell stark expandierenden Gemeinde, sondern

---

5 Vgl. Neumann, Identität und Rollenzwang [wie Anm. 4], S. 31.

gleichzeitig den Verlust der Kindheit; denn der Auslöser für diesen Schritt war der Bankrott seines Vaters, des Schneiders und Detailwarenhändlers Hinrich Molkenbuhr und der dadurch ausgelöste soziale Absturz seiner Familie. Die unbeschwerte Kindheit Hermanns und seiner beiden Brüder wurde abrupt abgelöst durch die Notwendigkeit, als Kinderarbeiter zum Lebensunterhalt der Familie beizutragen. Dadurch wurde die Fortsetzung seiner regulären Schulausbildung unterbrochen und damit auch seine künftige Berufswahl extrem eingeschränkt. Im Unterschied zum Wendepunkt des Jahres 1862, der auch von Hermann Molkenbuhr als solcher unmittelbar so empfunden wurde, denn als eines der wenigen exakten Daten in den „Erinnerungen" erwähnt er den Termin der Abreise aus Wedel am 28. März 1862, war der zweite Einschnitt, der Beitritt zum Allgemeinen Deutschen Arbeiterverein, in seiner gravierenden Auswirkung auf seine Biographie wohl auch für Molkenbuhr erst im Nachhinein spürbar, denn als Zeitpunkt gibt er weniger präzise „August 1872" an. Dennoch markiert dieser Schritt den Beginn seines lebenslangen politischen Engagements, mehr noch eines Lebens für die Politik.

Innerhalb dieser drei Phasen erfährt der Leser zahlreiche zentrale Details aus der Sozialisation Hermann Molkenbuhrs, seinen Familienhintergrund, seinen schulischen und beruflichen Werdegang, seine Motive, Sozialdemokrat zu werden, und die einzelnen Schritte seines politischen Engagements, schließlich die Gründung seiner eigenen Familie. Und ausführlich berichtet er über seine zentrale Eigenschaft, die den Schlüssel zum Verständnis seiner gesamten Biographie liefert, seinen Bildungseifer, ja Bildungshunger, der letztlich die wichtigste Voraussetzung für seine Karriere als Politiker darstellt. Molkenbuhr war ein Enthusiast des Wissens, für das er in all seinen Sparten und Teildisziplinen empfänglich war, es galt *auch* den verschiedenen Naturwissenschaften, aber vor allem den schönen Künsten, der klassischen Musik, der Malerei, der Literatur, dort vor allem der Dramatik und der Lyrik. Aus den vielen erwähnten Beispielen seiner Lektüre, aus seiner Begeisterung für Schiller, aus seinen Lieblingsgedichten von Freiligrath und Heine auf der einen, Lenau und Matthisson auf der anderen Seite, aus seinen Lieblingsgemälden, aus seiner Neigung zur kontemplativen Versenkung in die Literatur, lassen sich zwei Tendenzen erkennen: Idealismus und Hang zur Romantik. Beide Vorstellungen finden sich auch in Molkenbuhrs Politikverständnis wieder, wenn er etwa Zeit seines Lebens Politik als das Ringen um die besseren Argumente idealisierte und Auseinandersetzungen auf der persönlichen Ebene konsequent aus dem Weg ging. Welch zentralen Stellenwert die Kunst in Molkenbuhrs Leben einnahm, wird schon aus dem Beginn der „Erinnerungen" deutlich. Die ersten Zeilen schreibt er am 14. Juli 1905 nieder. Was hätte für einen Sozialdemokraten näher gelegen, als am Jahrestag des Beginns der Französischen Revolution an den Sturm auf die Bastille zu erinnern und seinen Memoiren ein Motto voranzustellen, das an die Trias „Freiheit – Gleichheit – Brüderlichkeit" angeknüpft hätte. Statt dessen wählt er als Einstieg ein an die Vergänglichkeit gemahnendes Zitat aus Goethes „Egmont"-Tragödie.

Natürlich sind auch die „Erinnerungen" von Hermann Molkenbuhr subjektiv gefärbt, denn eine Autobiographie stellt nach Brief und Tagebuch „die direkteste Umsetzung von Leben in Literatur dar",[6] aber sie sind es weniger, als man es bei diesem Genre und bei der idealistischen Grundeinstellung ihres Verfassers vermuten könnte. Behütet vor der Gefahr, sich und seinen Aufstieg über Gebühr zu idealisieren oder zu stilisieren, wurde Molkenbuhr durch seinen Humor, genauer durch seine Ironie, die ihm eine spöttische Distanz zu seiner Umwelt und zu sich selbst bewahrte. Als Vergleichsmaßstab bieten sich die Memoiren von Julius Bruhns an, dessen Lebenslauf viele Parallelen zu seinem *Freund* Hermann Molkenbuhr aufweist – ihm widmete er seine 1921 erschienene Schrift.[7] Bruhns, Jahrgang 1860, stammte aus Ottensen, wurde Zigarrenarbeiter, Partei- und Gewerkschaftsmitglied, er wurde ebenfalls während des Sozialistengesetzes 1881 aus Hamburg ausgewiesen und nach dessen Ende 1890 in den Reichstag, für Bremen, gewählt. Während seine Zeit als Abgeordneter schon 1893 endete, blieb er noch fast drei Jahrzehnte Redakteur verschiedener Parteiblätter. Auch Bruhns' „Erinnerungen" schildern die ersten drei Jahrzehnte seines Lebens, aber sie sind auf ein Ziel ausgerichtet, wie schon der erste Satz verrät: *„Daß ich vor mehr als einem halben Jahrhundert schon, ein zehnjähriger Knabe, ein begeisterter Sozialdemokrat wurde, wird manchem ein Lächeln entlocken über das sozialdemokratische „Wunderkind". Und doch war gar kein Wunder dabei, es erklärte sich einfach aus den Lebensverhältnissen, unter denen ich aufwuchs und von welchen ich hier erzählen will."* Bei Bruhns handelt es sich um eine zielfixierte Autobiographie, die keine Zweifel, keine Brüche kennt und die natürlich trotz der einleitenden Verneinung die Geschichte eines Wunderkindes par excellence darstellt, das als Dreikäsehoch parteitheoretische Abhandlungen liest und danach strebt, sozialdemokratischer Reichstagsabgeordneter zu werden.

Ganz anders stellt sich die Rückschau auf sein Leben bei Hermann Molkenbuhr dar. Erst auf der 75. Seite taucht zum ersten Mal das Wort „Sozialismus" auf, auf der 85. der Begriff „Arbeiterbewegung". Seine Berufspläne

---

6 Vgl. Neumann, Identität und Rollenzwang [wie Anm. 4], S. 1.
7 Vgl. Julius Bruhns: „Es klingt im Sturm ein altes Lied!" – Aus der Jugendzeit der Sozialdemokratie, Stuttgart, Berlin 1921, dessen Widmung lautet: „Seinem ältesten Kampfgenossen Hermann Molkenbuhr zum 70. Lebensjahre in treuem Gedenken zugeeignet vom Verfasser".

schwankten täglich: Schauspieler, Arzt, Mechaniker, Seefahrer, Erfinder, aber nicht Politiker. Glaubwürdiger und ehrlicher ist auch sein Eingeständnis charakterlicher Schwächen und persönlicher Defizite. Während Julius Bruhns nach eigener Aussage im Alter von zehn Jahren als Vorleser fungierte, der den Zigarrenhausarbeitern die Schriften Lassalles und die sozialdemokratische Tagespresse näherbrachte, fehlen bei Hermann Molkenbuhr solche Bekenntnisse genialischer Frühreife. Über seine Leistungen zu diesem Zeitpunkt schreibt er: *„Leidlich gut kam ich in der Schule vorwärts. Ich war wohl einer der schlechtesten Schreiber und auch in der deutschen Sprache weit zurück. In Zahl der Fehler im Aufsatz nahm ich es mit jedem auf und konnte oft wütend werden, wenn speziell ein Mädchen aus dem Armenhaus meinen Aufsatz zu korrigieren hatte. Diese war Meisterin in der deutschen Sprache und ließ keinen Fehler durch."* Diese Schwächen in der deutschen Sprache haben überraschenderweise die Entwicklung Hermann Molkenbuhrs zu einem ausgesprochenen Literaturliebhaber und -kenner nicht negativ beeinflusst. Neben dem Umfang und der Bandbreite seiner Lektüre beeindruckt auch die offen eingestandene Erfahrung, dass sich ihm nicht jeder Autor und nicht jeder Titel leicht erschlossen. Dass er mit der Philosophie Immanuel Kants *„nichts anzufangen"* wusste, ist dabei weniger überraschend als das für einen später wichtigen Arbeiterführer mutige Bekenntnis, beim ersten Versuch, das „Kapital" von Karl Marx zu studieren, aufgegeben zu haben. Ebenfalls ungewöhnlich ist die herbe Selbstkritik Molkenbuhrs, was seine eigenen Arbeitsleistungen als Zigarrenarbeiter anbelangt, denn Arbeiterführer zu sein bedeutete auch stets, durch eigene vorbildliche Arbeit dem vom politischen Gegner gestreuten Gerücht von den sozialdemokratischen Agitatoren als arbeitsscheuen Elementen entgegen zu wirken. Die Tatsache, dass das Zigarrenmachen für Molkenbuhr kein Neigungs-, sondern ein Notberuf war, vor allem aber seine Schwärmerei für Literatur und Kunst, die ihn von der Arbeit ablenkte und seine Konzentration beeinträchtigte, machten ihn in diesem Akkordberuf zu einem *„langsamen, mäßigen Arbeiter"*, der dadurch auch weniger verdiente. Durch sein vergleichsweise geringeres Einkommen konnte er sich manche Vergnügungen seiner Altersgenossen nicht leisten, weshalb er sich noch intensiver in seine literarische Phantasiewelt versenkte: *„Diese Umstände haben viel dazu beigetragen, daß ich mein Leben lang ein gesellschaftlicher Tölpel geblieben bin. Als junger Mensch muß man tanzen und sich bewegen lernen. Ich lernte beides nicht und blieb in Gesellschaft unbeholfen."* Diese Art von Selbstkritik, von Selbstzweifeln zeigt deutlich auf, dass sich die „Erinnerungen" Hermann Molkenbuhrs trotz aller genrebedingten Subjektivität durch ein vergleichsweise hohes Maß an Ehrlichkeit gegenüber seiner eigenen Biographie auszeichnen.

Bleibt zur abschließenden Beurteilung der Quelle die Frage zu klären, in welchem Ausmaß Hermann Molkenbuhr dem eigenen, auf der ersten Seite seiner Aufzeichnungen formulierten Anspruch gerecht geworden ist: „*Was in den Erlebnissen aufgeschrieben wird, muß ja die Zeit, in der es erlebt wurde, widerspiegeln.*" Zumindest für Teile der Autobiographieforschung stellt sich diese Frage *so* nicht, denn in jeder selbstverfassten Lebensbeschreibung „*spricht unbewußt und bewußt der Mensch als Kind der Zeit unmittelbar*".[8] Es dreht sich also nicht um die Frage, ob überhaupt ein Quellenwert zu konstatieren, sondern wie hoch seine Bedeutung einzuschätzen ist. Transportiert über eine individuelle Lebensgeschichte, erfährt der Leser wichtige Details über eine unbeschwerte Kindheit in einer von der Landwirtschaft geprägten, stagnierenden Kleinstadt, wie sie Wedel im Unterschied zum Industriedorf Ottensen darstellte. Er erhält Einblicke in die Kinderarbeit, die nicht nur ganz ohne den erhobenen Zeigefinger des späteren Sozialpolitikers auskommen, sondern allein über die geschilderten, fast völlig aus der Perspektive eines Kindes wahrgenommenen Missstände beeindrucken. Das gilt auch für die Abendschule, die in ihrer Alibifunktion als die Kinderarbeit verbrämende Pseudoschule erfahrbar wird. Besonders anschaulich gelingen Molkenbuhr die Passagen über das Milieu der Zigarrenarbeiter. Bekanntlich war dieser Berufsstand aufgrund seiner arbeitstechnischen und arbeitsorganisatorischen Besonderheiten eine der Kaderschmieden der frühen Arbeiterbewegung, speziell im Großraum Hamburg. Aber Molkenbuhr entwirft keine Idylle, sondern macht deutlich, dass es sich bei vielen Zigarrenhausarbeitern, vielleicht sogar der Mehrheit, um randständige Existenzen handelte, die von den Gefahren und Gefährdungen ihres Milieus gezeichnet waren – Tuberkulose, Alkohol, Geschlechtskrankheiten – und die zum großen Teil unpolitisch waren.

Die politisierten Zigarrenarbeiter hingegen stellten einen hohen Prozentsatz derjenigen Agitatoren aus dem Großraum Hamburg, die – wie im Falle Molkenbuhrs – Holstein, aber auch das Umland in der preußischen Provinz Hannover politisch zu erschließen versuchten. In keiner bisher veröffentlichten zeitgenössischen Quelle wird mit solcher Ausführlichkeit geschildert, was sozialdemokratische Agitation damals bedeutete. Man erfährt viele Details über ihre technischen Begleitumstände, etwa wie der Agitator an den Ort seiner politischen Versammlung gelangte, ob per Eisenbahn oder in stundenlangen Fußmärschen, wie er bezahlt wurde, ob ein oder zwei Redner eingesetzt wurden, ob im Vorfeld ein ortsansässiger Gesinnungsgenosse mit Flugblättern für die Veranstaltung warb oder ob der Redner diese Aufgabe zusätzlich übernehmen musste, welchen klimatischen oder polizeilichen Widrig-

---

8 Vgl. Mahrholz, Deutsche Selbstbekenntnisse [wie Anm. 4], S. 8.

keiten die Agitatoren ausgesetzt waren. Man erfährt aber auch, wie sich die Agitation inhaltlich gestaltete, welche Vorbildung bzw. welches theoretische Wissen die sozialistischen Wanderredner mitbrachten. Alle Agitatoren hatten Lassalle gelesen, viele zitierten ihn, aber nur wenige hatten ihn verstanden; kaum ein Agitator hatte sich mit Marx beschäftigt, aber von den Einzelnen, die ihn verstanden hatten, zitierte ihn keiner, weil er damit seine Zuhörer völlig überfordert hätte. Es galt schon damals das zeitlose politische Erfolgsrezept: Wer die Menschen erreichen wollte, musste ihre Sorgen und Nöte kennen, er musste ihnen, wie schon der erfahrene Agitator Georg Winter den „Schülern" der Altonaer Agitatorenschule vermittelt hatte, „aufs Maul schauen können". Bei Molkenbuhr wird ganz deutlich: Die Bedeutung der Parteitheorie für den Aufstieg der deutschen Arbeiterbewegung sollte nicht überschätzt werden. Andererseits gilt: Wer einmal die Schule des Agitators durchlaufen hatte, der war weniger empfänglich dafür, sich in späteren Jahrzehnten in theoretische Grabenkämpfe zu verlieren.

Allerdings waren diejenigen, die im Großraum Hamburg der 1860er und 70er Jahre politisiert wurden, Spezialisten für Grabenkämpfe, denn Hamburg war – mehr noch als die berühmte Bebelsche Definition von der „Hauptstadt des deutschen Sozialismus" – dessen Experimentierfeld, sowohl für das in die völlige politische Bedeutungslosigkeit abdriftende Sektierertum auf der einen Seite als auch für die geplante, vollzogene und schließlich erfolgreiche Parteieinigung zwischen Eisenachern und Lassalleanern auf der anderen Seite. Molkenbuhrs atmosphärisch dichte Exkurse über die Parteitage in Gotha 1875 und 1876 zeigen ganz eindeutig das vorhandene Misstrauen der beiden nun ehemals gegnerischen Parteien, das so groß war, dass die Parteitagsprotokolle geschönt, um nicht zu sagen gefälscht werden mussten, um die noch vorhandenen scharfen Gegensätze zu verschleiern. Die von Molkenbuhr maßgeblich miteingefädelte Parteieinigung von 1875 erfuhr ihre eigentliche Bewährungsprobe erst durch und während der Bismarckschen Sozialistenverfolgung ab dem Herbst 1878.

Die „Erinnerungen" von Hermann Molkenbuhr enthalten für viele unterschiedliche Bereiche der Historiographie auswertbare Passagen und wertvolle Informationen: für die politische Geschichte ebenso wie für die Kunstgeschichte, für die Mentalitäts- wie für die Alltagsgeschichte. Sie bestätigen bisherige Sichtweisen, sie können aber auch neue Perspektiven eröffnen. Um nur ein Beispiel für einen neuen Blickwinkel zu nennen: Der Historiker Gustav Mayer berichtet in seinen „Erinnerungen", dass 1912 Reichskanzler Theobald von Bethmann Hollweg sich im Reichstagsgebäude privat bei August Bebel nach dessen gesundheitlichem Befinden erkundigt habe, das erste Mal, dass ein Mitglied der Regierung sich in über vierzig Jahren in einem persönlichen

Wort an Bebel gewandt habe. Mayer spricht in diesem Zusammenhang von der „Pariastellung, in der die Regierung Wilhelms II. die größte Partei des Reichstages selbst innerhalb des Reichstages" zu halten bemüht gewesen sei.[9] Man gerät angesichts dieses in der Literatur gern und oft angeführten Zitats leicht in Versuchung zu glauben, dass sich die Sozialdemokratie tatsächlich in einer Art „Unberührbaren"-Status innerhalb des Parlamentes und der deutschen Gesellschaft befunden habe. Zumindest ein bemerkenswertes Gegenbeispiel liefern die „Erinnerungen" von Hermann Molkenbuhr. Als ihn während einer Rede in einer Volksversammlung in Wismar im Spätsommer 1877 einige Oberlehrer unter seinen Zuhörern mit der Behauptung aufs Glatteis zu führen trachteten, die blutigen Exzesse während der Französischen Revolution seien von Sozialdemokraten begangen worden, konnte Molkenbuhr mit seinem angelesenen historischen Wissen die Angriffe parieren und zumindest einen Gegner tief beeindrucken: *„Als ich später im Reichstag mit dem konservativen Abgeordneten Kropatschek bekannt wurde, erzählte er mir, dass auch er in der Versammlung anwesend gewesen sei. Er habe sich damals gesagt, dass wohl wenige Professoren der Geschichte so aus dem Stegreif über die Geschichtsperiode der Revolution hätten sprechen können. Man habe angenommen, dass ich in der ganzen Weltgeschichte so bewandert sei."* Wenn selbst jemand wie Hermann Kropatschek, dessen Partei die Bismarcksche und später Wilhelminische Regierungspolitik bedingungslos trug und der selbst dem Sozialistengesetz zugestimmt hatte, sich in dieser Form mit einem „vaterlandslosen Gesellen" unterhalten konnte, so ist der Begriff der Pariastellung zumindest zu hinterfragen. Was auch immer man an Informationen aus den „Erinnerungen" von Hermann Molkenbuhr herausziehen mag: Ihr Quellenwert für die Geschichte der frühen Arbeiterbewegung kann nicht hoch genug veranschlagt werden.

Entstehung und Entstehungszeitraum

Es gibt keinerlei Anzeichen oder Beleg dafür, dass Hermann Molkenbuhr 1905 durch einen konkreten Vorfall zum Verfassen seiner „Erinnerungen" veranlasst wurde, also etwa durch die Anregung eines Dritten oder etwa die Veröffentlichung eines anderen Memoirenwerkes, zum Beispiel die von dem evangelischen Pastor und Sozialdemokraten Paul Göhre 1903 herausgegebenen Erinnerungen des Fabrikarbeiters Carl Fischer.[10] Die Biographien großer

---

9 Gustav Mayer: Erinnerungen. Vom Journalisten zum Historiker der deutschen Arbeiterbewegung, Zürich, Wien 1949, S. 179.
10 Denkwürdigkeiten und Erinnerungen eines Arbeiters, hrsg. und mit einem Geleitwort versehen von Paul Göhre, Leipzig/Jena 1903. Der zweite Band in der von Göhre heraus-

Schauspieler hatte er schon als Jugendlicher gelesen, auf Goethes „Dichtung und Wahrheit" weist er selbst in der Vorrede seines Werkes hin, aber ohne einen Bezug herzustellen. Er selbst sagt zu seiner Motivation: *„Seit länger als einem Jahrzehnt habe ich den Vorsatz, Erinnerungen zu schreiben, aber immer wurde es unterlassen zu beginnen."* Wenn sein diesbezüglicher Plan also mehr als zehn Jahre zurückzudatieren ist, in die Jahre 1895 oder 1894, dann könnte keine Schlüssellektüre, wohl aber ein Schlüsselerlebnis der Auslöser gewesen sein, nämlich die Krankheit und der Tod seines älteren Bruders Hinrich Molkenbuhr, der 1893, unheilbar an Tuberkulose leidend, aus den USA nach Deutschland zurückgekehrt war und schließlich am 20. Juli 1896 an der Proletarierkrankheit verstarb. Dass er sein lange gehegtes Vorhaben gerade im Jahr 1905 umzusetzen begann, hat mit gravierenden Veränderungen in seinem beruflichen und privaten Leben zu tun. Auf dem Parteitag in Bremen 1904 war Hermann Molkenbuhr in den SPD-Parteivorstand gewählt worden, dem er bis zu seinem Tod 1927 angehören sollte. Die Besoldung dieses hohen Parteiamtes ermöglichte es ihm, die Redaktionstätigkeit beim „Hamburger Echo" aufzugeben, mit der er bis dahin sein Abgeordnetenmandat finanziert hatte. Er war also von der Last eines kontinuierlichen „Schreibzwangs" befreit. Zusätzliche Freiräume schuf ihm seine neue private Lebenssituation, denn der neue Posten machte einen dauerhaften Aufenthalt in Berlin unabdingbar. Molkenbuhr gab also seinen Hamburger Wohnsitz und sein möbliertes Zimmer in Berlin auf und zog in die Wohnung der geschiedenen Schneiderin Sabine Plumm in Schöneberg ein, die zunächst seine Lebensgefährtin und 1909 auch seine zweite Ehefrau wurde.

Hermann Molkenbuhr hat keinerlei Angaben darüber hinterlassen, in welchem Zeitraum er seine „Erinnerungen" abgefasst hat. Lediglich der Beginn der Niederschrift am 14. Juli 1905 ist die einzige sichere Datierung. Er hat sein Manuskript allerdings Heinrich Laufenberg für dessen 1911 erschienenen ersten Band seiner Geschichte der Arbeiterbewegung im Großraum Hamburg, der bis zur Annahme des Sozialistengesetzes im Reichstag am 19. Oktober 1878 reicht, zur Verfügung gestellt, wofür er im Vorwort dankend erwähnt wird.[11] Zusätzlich zu diesen Aufzeichnungen, auf die auch in Fuß-

---

gegebenen Reihe von Arbeiterlebenserinnerungen, die „Lebensgeschichte eines modernen Fabrikarbeiters" von Moritz Bromme, erschien erst im Spätherbst des Jahres 1905 (das Vorwort von Göhre datiert auf den 18. Oktober 1905), also ein halbes Jahr nach dem Beginn der Niederschrift Hermann Molkenbuhrs.

11 Heinrich Laufenberg: Geschichte der Arbeiterbewegung in Hamburg, Altona und Umgegend, Erster Band, Hamburg 1911, S. VI: „Durch eigene Ausarbeitungen unterstützten mich meine Parteifreunde Hermann Molkenbuhr zu Berlin und J.H.W. Dietz zu Stuttgart."

Abb. 1: Hermann Molkenbuhr im Jahr 1904, ein Jahr vor Beginn der Niederschrift der „Erinnerungen".

noten hingewiesen wird, hat Laufenberg offensichtlich noch ergänzende, schriftliche Auskünfte bei Hermann Molkenbuhr eingeholt.[12] Im zweiten, erst 1931 erschienenen Fortsetzungsband Laufenbergs, der allerdings *„in seinen wesentlichsten Teilen"* bereits vor Ausbruch des Ersten Weltkrieges abgeschlossen war, führt Hermann Molkenbuhr die nichtalphabetische Liste derjenigen an, denen der Autor für die Überlassung von Aufzeichnungen dankt.[13] Wie umfangreich diese Aufzeichnungen waren, ist nicht angegeben.

Ein indirekter Hinweis über den Bearbeitungszeitraum der „Erinnerungen" findet sich auf der zweiten Seite der vierten Kladde, der 285. des Gesamtmanuskripts. Dort weist Molkenbuhr im Zusammenhang mit einer Kontroverse auf dem Gothaer Parteitag von 1876 auf seine Sichtweise im Unterschied zu derjenigen von August Bebel hin, die dieser im zweiten Band seiner Memoiren schildert. Da dieser zweite Band im Dezember 1911 erschienen ist, müssen zumindest diejenigen Passagen der „Erinnerungen", die den Zeitraum des Gothaer Parteitages von 1876 und danach betreffen, erst 1912 oder später zur Niederschrift gelangt sein. Dies setzt aber voraus, dass Molkenbuhr die Lektüre des zweiten Bandes der Bebelschen Memoiren zügig in Angriff genommen hat. Zumindest im Dezember 1911 und zu Beginn des Jahres 1912 dürfte ihm angesichts des Wahlkampfes für die Reichstagswahlen im Januar die nötige Muße zum Lesen gefehlt haben. Somit ergibt sich ein Entstehungszeitraum von mindestens sieben Jahren. Geht man allerdings davon aus, wofür alles spricht, dass er im Jahr 1912 seine „Schreibgeschwindigkeit" nicht überproportional erhöht, sondern im bewährten Tempo weitergeschrieben hat, so dürfte er für die restlichen 65 Seiten seines Manuskripts mindestens noch anderthalb Jahre gebraucht haben, also bis Ende 1913. Sollte er jedoch etwas langsamer geschrieben haben als zuvor, so markiert sicherlich der Kriegsausbruch im August 1914 auch die Zäsur in seinem Lebensbericht.

In der dritten Kladde seiner „Erinnerungen" gibt Molkenbuhr selbst einen Hinweis darauf, dass er nicht beabsichtigt hatte, seine Aufzeichnungen am 10. November 1880 enden zu lassen. Im Zusammenhang mit einer Agitationstour in Kellinghusen weist er darauf hin, dass die Zigarrenfabrik von Hans Köhncke während der Zeit des Sozialistengesetzes viele aus Hamburg ausgewiesene Sozialdemokraten beschäftigte. Um zeitlich nicht zu weit vorzugreifen, bricht Molkenbuhr diesen Exkurs mit den Worten ab: *„doch hiervon*

---

12 Vgl. ebd., die Fußnoten auf S. 540 und S. 552, in denen auf die „Mitteilungen" bzw. „Aufzeichnungen" Hermann Molkenbuhrs verwiesen wird, und diejenige auf S. 274, wo die Angabe lautet: „Molkenbuhr. Brief vom 7. Mai 1910".

13 Vgl. Heinrich Laufenberg: Geschichte der Arbeiterbewegung in Hamburg, Altona und Umgegend, Zweiter Band, Hamburg 1931, Vorwort des Verfassers, unpaginiert.

später". Es besteht immerhin die theoretische Möglichkeit, dass die vier Kladden, die in den Nachlass gelangt sind, nur einen Teil der ursprünglich vorhandenen Quelle darstellen. Dagegen spricht aber die Überlieferungsgeschichte der Quelle. Nach dem Tod Hermann Molkenbuhrs am 22. Dezember 1927 war dessen Nachlass ursprünglich im Besitz seiner Witwe Sabine. Vermutlich von ihr wurden Teile daraus vernichtet, was sich etwa anhand der erhalten gebliebenen Glückwünsche zum 75. Geburtstag und der Kondolenzschreiben zum Tode Hermann Molkenbuhrs, deren Anzahl ursprünglich sehr viel größer gewesen sein muss, rekonstruieren lässt. Allerdings wäre die finale „Entsorgung" nur eines Teils der „Erinnerungen", also nur einiger Kladden, unlogisch gewesen. Es spricht vieles dafür, dass die „Erinnerungen" und der Restnachlass in den Jahren zwischen 1934 und 1938 aus den Händen von Sabine Molkenbuhr an ihren Stiefsohn Artur übergegangen sind. 1934 war der sozialdemokratische Parteiredakteur und Stadtverordnete von Halberstadt nach Berlin gezogen, wahrscheinlich, um sich den Schikanen und Drangsalierungen der Nazis in der Anonymität der Großstadt zu entziehen. Artur Molkenbuhr war sich der herausragenden politischen Bedeutung seines Vaters schon als sehr junger Mann bewusst gewesen, denn er hatte seit 1901 mehr als 100 seiner an ihn gerichteten Briefe aufgehoben. Die Verpflichtung, diese Materialien über die Nazidiktatur hinwegzuretten, hat nach dem relativ frühen Tod Artur Molkenbuhrs im Jahr 1938 dessen Witwe Wilhelmine übernommen. Auch in ihrem Fall würde es keinen Sinn machen, einen kleineren Teil eines politisch brisanten Materials zu vernichten, sich durch die Aufbewahrung eines größeren Teils aber nach wie vor zu gefährden. Vermutlich hat Wilhelmine Molkenbuhr den Nachlass ihres Schwiegervaters bis zu ihrem Tod 1960 in Augsburg aufbewahrt. Möglich ist aber auch, dass ihr einziges Kind, der in Berlin lebende Photograph Hermann Molkenbuhr (1926–1966), die Materialien schon früher von seiner Mutter übernommen hat. Zumindest hat er der Stadt Wedel Ende Januar 1952 im Nachklang zu einer dortigen Feier zum 100. Geburtstag seines Großvaters ein Foto und Auszüge aus den „Erinnerungen" geschickt.[14] Anfang der 1960er Jahre übergab oder veräußerte Hermann junior dann den Nachlass von Hermann Molkenbuhr an den Parteivorstand der SPD, von wo aus er 1969 in das Archiv der sozialen Demokratie der Friedrich-Ebert-Stiftung in Bonn gelangte. Laut Auskunft des AdsD sind keine Informationen zu diesem Vorgang, also etwa ein Übernahmevertrag, ermittelbar.

---

14 Stadtarchiv Wedel, Akte Hermann Molkenbuhr 494.6, Schreiben von „Foto Molkenbuhr" ohne Datum (Eingangsstempel vom 30. Januar 1952).

Zustand der Originalquelle

Die „Erinnerungen" von Hermann Molkenbuhr werden zusammen mit seinen „Tagebüchern" im dritten von insgesamt vier Archivkartons seines Nachlasses im Archiv der sozialen Demokratie der Friedrich-Ebert-Stiftung in Bonn aufbewahrt. Äußerlich ähneln sich die beiden so unterschiedlichen autobiographischen Quellen sehr stark. Sie bestehen aus jeweils vier Kladden, die ca. 16 cm breit und ca. 20,5 cm hoch sind, also fast genauso hoch, aber etwas mehr als einen Zentimeter breiter sind als das geläufige Format Din A 5. Alle acht Kladden haben einen schwarz gummierten, festeren, aber noch beweglichen Papp-Einband und einen roten, wenn auch verblassten Farbschnitt. Die Rücken der „Erinnerungen" wurden nach der Archivierung mit Klebeband verstärkt, zur schnellen Unterscheidung von den Tagebüchern in grauer und nicht in roter Farbe. Auf der Vorderseite jeder Kladde wurde zentriert in der oberen Hälfte ein acht cm breites und fünf cm hohes weißes Etikett aufgeklebt, das maschinenschriftlich und jeweils vierzeilig lautet: Erinnerungen/ von Hermann Molkenbuhr/I/bis 1864 bzw. II/1864 bis 1872 bzw. III/1872 bis 1876 und IV/1876 bis 1880.

Im Unterschied zu den einheitlichen Tagebüchern setzen sich die vier Kladden der „Erinnerungen" aus drei verschiedenen Fabrikaten zusammen. Dies könnte dafür sprechen, dass sie nicht auf Vorrat, sondern jeweils erst dann angeschafft wurden, wenn eine Kladde vollgeschrieben war. Die Kladde II ist nicht liniert und enthält 85 Blatt, die Kladden I und IV enthalten jeweils 23 Linien pro Seite und 80 Blatt, die Kladde III 20 Linien pro Seite und 85 Blatt. Es gibt keinen Hinweis darauf, dass Blätter herausgetrennt worden sind. Im Gegensatz zu den Tagebüchern hat Molkenbuhr jeweils nur die rechte Seite beschrieben, um offensichtlich auf der linken Seite Platz für Ergänzungen und Korrekturen freizuhalten. Die meisten der wenigen Ergänzungen wurden zeitnah zum Manuskript eingefügt, aber es gibt auch zwei Fälle, die – wie ein Vergleich mit den Tagebüchern bzw. den vorhandenen Briefen zeigt – in der sehr unsicheren Handschrift des hochbetagten Molkenbuhr Mitte der 1920er Jahre eingetragen wurden. Ein einziges Mal wurde in der ersten Kladde ein einseitiger Einschub auf einem unlinierten Blatt auf der linken Seite eingeklebt. Auf einigen Seiten hat Molkenbuhr aber auch schlicht vergessen, dass er die linke Seite freihalten wollte und hat zügig durchgeschrieben. Einschübe sind auf den rechten Seiten zumeist mit blauem oder rotem Markierstift gekennzeichnet. Generell hat Molkenbuhr schwarze Tinte benutzt mit Ausnahme von fünfzehneinhalb Seiten in der vierten Kladde, die in blauer Tinte geschrieben sind, weil ihm offensichtlich während des Schreibens die schwarze Tinte ausgegangen war: Der Farbwechsel wird mitten in dem Wort Majestäts*beleidigern* vollzogen. Molkenbuhr hat jeweils die rechten Seiten teils mit schwarzer Tinte und teils mit schwarzem Bleistift handschriftlich fortlaufend durchpaginiert, wodurch sich in seiner Zählung eine Gesamtzahl von 365 Seiten ergibt; allerdings hat er die Seitenzahl 242 vergessen und die „linken" Seiten nicht mitgezählt oder als „a"-Seiten bezeichnet. Der Erhaltungszustand der Quelle, deren älteste Teile vor mittlerweile einem Jahrhundert entstanden sind, ist als vergleichsweise sehr gut zu konstatieren. Im ersten Band sind zwar einige wenige Blätter lose, aber das Papier ist fest und außer einer nicht übermäßigen Vergilbung in seiner Substanz komplett erhalten.

Grundlagen und Prinzipien der Edition

Obwohl die „Erinnerungen" Hermann Molkenbuhrs keine unbekannte Quelle waren (und sind) und auch von Spezialisten auf dem Forschungsgebiet der Arbeiterbewegung in Teilen ausgewertet wurden, ist ihre Edition trotz bereits Jahrzehnte zurückliegender Ankündigungen bisher nicht realisiert worden.[15] Dies mag auch daran liegen, dass der Aufwand für ein solches Vorhaben unterschätzt wurde. Schon die vermeintlich einfache Handschrift von Molkenbuhr hat ihre versteckten Tücken, so dass diejenigen Passagen, die in der Fachliteratur in kurzen Auszügen zitiert sind, fast immer Lesefehler enthalten.

Bei der Textgrundlage der „Erinnerungen" handelt es sich um ein Rohmanuskript, das in dieser Form nie veröffentlicht worden wäre. Mit Sicherheit wäre es bei einer Publikation zu Lebzeiten von Hermann Molkenbuhr für die Drucklegung von ihm selbst und dem Lektor eines Verlages überarbeitet worden. Es wären Ergänzungen, Kürzungen, Umstellungen und Korrekturen vorgenommen worden. Dies vorausgeschickt, habe ich mich dennoch entschlossen, die vollständige, ungekürzte Quelle zu publizieren. Auslassungen in Quelleneditionen sind häufig anzutreffen, sie unterliegen aber immer der Willkür des Herausgebers, dessen Kriterien zumeist nicht deutlich werden. Da sich nur sehr wenige Passagen in den „Erinnerungen" wiederholen, gewinnt der Leser zudem einen authentischen Eindruck davon, wie konzentriert Hermann Molkenbuhr seine Niederschrift vorgenommen hat.

Trotzdem waren editorische Eingriffe notwendig. Die Vorlage weist keinen Titel auf. Der von mir gewählte Titel „Ich wollte nach oben! – Die Erinnerungen von Hermann Molkenbuhr 1851 bis 1880" greift ein Textzitat auf

---

15 Bereits 1983 hatte Arno Herzig eine „Veröffentlichung dieser Tagebücher" geplant. Vgl. die „Einleitung" der drei Herausgeber, in: Arbeiter in Hamburg. Unterschichten, Arbeiter und Arbeiterbewegung seit dem ausgehenden 18. Jahrhundert, hrsg. von Arno Herzig, Dieter Langewiesche und Arnold Sywottek, Hamburg 1983, S. 9–47, hier S. 39 Anm. 26.

und trägt gleichzeitig der Tatsache Rechnung, dass es sich bei der Autobiographie eines Arbeiterführers in dieser Epoche generell um die Schilderung eines sozialen Aufstiegs handelt. Für Molkenbuhrs Lebensweg gilt dies in ganz besonderem Maße. Das Rohmanuskript enthält außerdem keine Unterteilung in Kapitel und kaum eine Gliederung in Absätze. Es wurde deshalb eine Einteilung in Kapitel mit von mir gewählten Überschriften vorgenommen. Da Molkenbuhr nicht „in Kapiteln" geschrieben hat, die Quelle aber andererseits nicht durch unzählige Minikapitel zergliedert werden sollte, können diese Überschriften nicht immer den gesamten Inhalt eines Kapitels wiedergeben. Absätze wurden nach Sinnzusammenhängen eingefügt. Rechtschreibung und Interpunktion des Quellentextes entsprechen der alten deutschen Rechtschreibung. Grundsätzlich wurden nur solche Korrekturen durchgeführt, die jeder Lektor ohne Rücksprache mit dem Autor vornimmt. Grobe grammatikalische Fehler wurden deshalb ebenso stillschweigend korrigiert wie offensichtliche Fehlschreibungen von Namen oder Orten. Das gilt auch für gelegentlich auftauchende typisch norddeutsche Formulierungen wie etwa „Ich war bei Thiel aufgehört" (S. 186), wo das „war" durch ein „hatte" ersetzt wurde. Holpriger oder uneleganter Satzbau wurde allerdings beibelassen. Flüchtigkeitsfehler wie zum Beispiel Wortdoppelungen wurden unkommentiert ausgelassen, aber durch eckige Klammern sichtbar gemacht, fehlende Worte sind in eckigen Klammern ergänzt. Von Molkenbuhr verwendete untypische Kürzel werden immer ausgeschrieben (Allg. Dt. Arb. Ver. erscheint als Allgemeiner Deutscher Arbeiterverein), ohne dass dies durch eckige Klammern gekennzeichnet wird. Dies gilt grundsätzlich auch für abgekürzte Vornamen, sofern sie bekannt sind. In den Fällen, in denen Molkenbuhr ein unvollständiges Datum angibt (also einen Monat, einen Tag mit Monat oder eine Jahreszeit), das eindeutig einem Jahr zugeordnet werden kann, so ist zur leichteren Orientierung des Lesers die Jahreszahl in eckigen Klammern angegeben.

Zum besseren Verständnis der Quelle wird sie durch einen umfangreichen Anmerkungsapparat ergänzt. Die Anmerkungen sind nicht für die ganze Quelle durchnummeriert, sondern beginnen bei jeder Kladde von vorn. Um den Lesefluss nicht unnötig zu unterbrechen, ist das Fußnotenzeichen (fast) immer nach dem Satzende eingefügt worden. Der Anmerkungsapparat gliedert sich in Personen- und Sachanmerkungen.

Personenanmerkungen

Hermann Molkenbuhr erwähnt insgesamt rund 475 Personen namentlich bzw. in einer Funktion, die einer Person eindeutig zugeordnet werden kann. Nicht als Personen wurden diejenigen Namen gewertet, die stellvertretend für eine

Institution stehen, also für eine Firma oder eine Gaststätte. Hier wird deren Lage dokumentiert, aber auf die Angabe der biographischen Daten ihres Namensgebers verzichtet. Es wurde grundsätzlich der Versuch unternommen, sämtliche Personen zu identifizieren und wenn möglich mit ihren zentralen Lebensdaten zu annotieren. Jede Auswahl hätte auch hier Willkür bedeutet. Es ist nach meinem Verständnis nicht die Aufgabe des Bearbeiters einer Quelle zu entscheiden, welche der erwähnten Personen wichtig sind oder nicht, Maßstab muss immer der Verfasser der Quelle selbst sein, und in diesem Fall war für Hermann Molkenbuhr zum Beispiel der Jahrmarktsänger Johann Peter Grawehl genauso „wichtig" wie Kaiser Wilhelm I., denn beide werden je einmal erwähnt. Je mehr Personen und Tatbestände einer Quelle verifiziert werden können, um so mehr erhöht sich auch deren Authentizität. Eine Ausnahme bei der Annotierung bildet ein bewusst eng gezogener Kreis von rund 25 Persönlichkeiten, die so allgemein bekannt sein müssten, dass biographische Angaben in Fußnoten eher kurios erscheinen würden, also beispielsweise August Bebel, Otto von Bismarck, Johann Wolfgang Goethe, Karl Marx, Ferdinand Lassalle, Friedrich Schiller oder Kaiser Wilhelm I. Der Anspruch auf Vollständigkeit bei der Personen-Annotation konnte natürlich nicht in jedem Fall umgesetzt werden. Dafür ist ein ganzes Bündel von Gründen verantwortlich.

Da sind zunächst einmal die Primärquelle und ihr Verfasser selber. Bei der Übertragung einer handschriftlichen Vorlage bereitet naturgemäß die Entzifferung von Personennamen (auch geographischen Namen, Buchtiteln, Kunstwerken etc.) die größten Schwierigkeiten, da zumeist keine Schlussfolgerungen aus dem Sinnzusammenhang möglich sind. Der Bearbeiter ist zudem darauf angewiesen, dass Hermann Molkenbuhr sich an Namen von Menschen richtig erinnert, die zum Teil mehr als ein halbes Jahrhundert vor seiner Niederschrift wesentlich für ihn waren. Einfacher war hier die Recherche nach zeitverhafteten Prominenten, also Schauspielern, berühmten Artisten, Opernsängern, Naturforschern, Schriftstellern, Theologen oder Politikern, die zwar heute völlig in Vergessenheit geraten sind, deren berufliche Tätigkeit aber einen Niederschlag in zeitgenössischen biographischen Lexika, Bühnenjahrbüchern, Parlamentshandbüchern oder fachspezifischer Literatur gefunden hat. Einen Sonderfall stellen bekanntere Sozialdemokraten im Großraum Hamburg dar, von denen einige bereits in verschiedenen Biographien und Monographien zur regionalen Geschichte der Arbeiterbewegung annotiert sind.[16] Vorhandene Biographien in der Sekundärliteratur wurden nicht noch

---

16 Beispielsweise in der Biographie von Angela Graf: J.H.W. Dietz 1843–1922. Verleger der Sozialdemokratie, Bonn 1998. Vor allem in der ausführlicheren, nur im Internet verfügbaren Fassung in der Digitalen Bibliothek der Friedrich Ebert Stiftung sind einige für diese Edition relevante Kurzbiographien enthalten.

einmal überprüft, sondern nur dann korrigiert, wenn darin offensichtlich Fehler enthalten waren. So ist der Hamburger Hafenarbeiterführer Hein Wehrenberg nicht „in den ersten Tagen des Mai 1876" zu Grabe getragen worden, wie Heinrich Laufenberg schreibt,[17] sondern *1875*, und der Arzt Friedrich Noodt konnte schon deshalb nicht 1875 verstorben sein, wie im Lexikon der Schleswig-Holsteinischen Schriftsteller vermerkt ist,[18] da dieser 1878 Hermann Molkenbuhrs erkrankten Sohn Max untersuchte (und falsch diagnostizierte). Tatsächlich lebte Dr. Noodt immerhin noch zehn Jahre länger bis 1885.

Bei der übergroßen Mehrheit der in den „Erinnerungen" erwähnten Personen handelt es sich jedoch um so genannte „einfache Menschen", die biographisch noch nie erfasst wurden und bei denen deshalb schon die Entzifferung der Namen Schwierigkeiten bereitete, ganz zu schweigen von ihrer Identifizierung. Neben der „Hürde", dass Hermann Molkenbuhr sich korrekt erinnerte, wirkte hier die Tatsache erschwerend, dass er die Namen dieser Menschen zumeist lediglich gehört, aber nie geschrieben gesehen hatte. Seine Schreibweise muss deshalb nicht die korrekte gewesen sein und ist es oft auch nicht. Molkenbuhrs zeitweiliger Arbeitgeber war der Zigarrenmacher Bernhard Voigt und nicht „Vogt", der auf S. 294 erwähnte jüdische Zigarrenfabrikant hieß weder „Borchard" noch „Borchardt", sondern Burchard, der korrekte Name der Braut des sozialdemokratischen Reichstagsabgeordneten Otto Reimer lautete Sophie Schuldt und nicht „Marie Schulte". Diese Kategorie „einfache Menschen" lässt sich in vier geographische Untergruppen einteilen: Menschen aus seiner Heimatstadt Wedel; Leute, denen er während seiner Agitationstouren in Holstein begegnete; Personen, die er auf seinen Reisen zu und auf den sozialdemokratischen Parteitagen traf und als die zahlenmäßig mit Abstand gewichtigste Gruppe Menschen – vor allem Nachbarn, Arbeitskollegen und Sozialdemokraten – aus Ottensen, Altona und Hamburg.

Zur Verifizierung der Namen dieser größten Gruppe dienten zunächst die vorhandenen Adressbücher, die allerdings weder umfassend noch sehr zuverlässig sind, denn sie beruhten auf freiwilligen Angaben. Sie enthalten in einem alphabetischen Register den Nachnamen, den nach dem ersten oder zweiten Buchstaben abgekürzten Vornamen und den Beruf mit Adressangabe des Hauptmieters einer Wohnung, also etwa nicht dessen Familienangehörige oder etwa Untermieter, zum Beispiel die so genannten Schlafgänger, die nur ein Bett gemietet hatten. Daneben enthalten die Adressbücher ein nach Straßen

---

17 Vgl. Laufenberg [wie Anm. 11], Bd. 1, S. 549.
18 Lexikon der Schleswig-Holstein-Lauenburgischen und Eutinischen Schriftsteller von 1866 bis 1882. Im Anschluss an des Verfassers Lexikon von 1829 bis 1866 gesammelt und herausgegeben von Eduard Alberti, 2 Bände, Kiel 1885.

Abb. 2: Titelbild des Altonaischen Adressbuches für 1868.

geordnetes Bewohnerverzeichnis und ein Branchenverzeichnis. Trotz der sehr allgemeinen Angaben ließen sich dennoch über die Adressbücher viele Personen identifizieren und zumindest der Zeitraum feststellen, in dem sie im Großraum Hamburg gelebt hatten. Sofern die Adressbücher den Hinweis auf einen Todesfall enthielten, also den Eintrag einer Witwe gleichen Namens, bot sich die Möglichkeit zur Recherche im zuständigen Kirchenbuchamt, lag dieser Fall nach Einführung der Zivilstandsregister 1875 und später auch beim zuständigen Standesamt.

Eine weitere, mühevoll zu erschließende Quelle für Schleswig-Holstein, also auch für Altona und Ottensen, aber nicht für Hamburg, stellen die Dänischen Volkszählungsregister der Jahre 1855 und 1860 und die nach deren Vorbild durchgeführte regionale Volkszählung vom 3. Dezember 1864 dar.[19] Sie enthalten auf vorgedruckten Formularen handschriftliche Eintragungen über den Besitzer eines Hauses und die Namen sämtlicher seiner Bewohner, im Idealfall mit komplettem Vor- und Zunamen, dem Geburtsort, dem religiösen Bekennt-

---

19 Vgl. Ingwer Ernst Momsen: Die allgemeinen Volkszählungen in Schleswig-Holstein in dänischer Zeit (1769–1860). Geschichte ihrer Organisation und ihrer Dokumente, Neumünster 1974.

nis, dem Beruf und dem Lebensalter zum Zeitpunkt der Erhebung. Allerdings hat zumeist der jeweilige Mieter für seine Familie die Eintragung individuell vorgenommen, was bei ständig wechselnden Handschriften unterschiedlicher Güte die Entzifferung erschwerte, und sich häufig leider nicht an die Vorgaben gehalten, also etwa den Vornamen abgekürzt. So hat der Belieferer zahlreicher Zigarrenarbeiter, der Schuhmachermeister J. H. Miersen, bei der Volkszählung 1864 seinen Vornamen leider nur mit H. abgekürzt und seinen Geburtsort völlig unleserlich eingetragen. Erst über eine Standesamtsauskunft konnte Johann Heinrich Miersen aus Ahrensbök ausfindig gemacht werden. Eine komplette Durchsicht der Volkszählung von 1864 war für Ottensen noch möglich, für Altona, eine Stadt mit mehr als 30.000 Einwohnern, allerdings nur kursorisch in Kombination mit Anschriften aus dem Adressbuch.

Eine nur für Hamburg zur Verfügung stehende Quelle stellen die Fremdenmelderegister dar, die von 1833 bis 1890 geführt wurden. Alle Inhaber einer nicht-hamburgischen Staatsangehörigkeit unterlagen bis 1891 der polizeilichen Meldepflicht und können daher in dieses Verzeichnissen enthalten sein, die nach bestimmten beruflichen Kriterien gegliedert (zum Beispiel: „fremde nichtzünftige Handwerker", „fremde weibliche Dienstboten" etc.) und bis 1867 durch grobalphabetische, danach durch strengalphabetische Register erschlossen sind. Allerdings sind nur die Register mit spärlichen biographischen Angaben erhalten geblieben.[20] Im Jahr 1891 wurde dann in Altona und Hamburg die allgemeine Meldepflicht eingeführt. Sofern über die Adressbücher festzustellen war, dass eine gesuchte Person über das Jahr 1891 hinaus in Altona (1889 wurde Ottensen nach Altona eingemeindet) oder Hamburg lebte, besteht die Möglichkeit, dass sie in der übrigens schlecht verfilmten und vom Archivbesucher bis zum Frühjahr 2005 selbst nicht einsehbaren Meldekartei der Jahre 1892 ff. erscheint.

Sofern die Schreibweise der Namen und die von Molkenbuhr gegebenen Zusatzinformationen wie etwa Herkunft oder berufliche Tätigkeit oder von der Norm abweichende Konfession stimmten, ergaben sich Ansätze zur Recherche. Der weitaus größte Teil der „Erinnerungen" liegt zeitlich vor der Einführung der Standesämter 1875, so dass Eheschließungen, Sterbefälle und Geburten vor diesem Datum nur über die Kirchenbücher nachweisbar sind. Die Erfahrung hat gezeigt, dass auch nach 1875 die Standesämter nicht in der bürokratischen Präzision gearbeitet haben, wie wir dies heute gewohnt sind,

---

20 Außerdem sind Register derjenigen Personen vorhanden, welche die Hamburgische Staatsbürgerschaft erworben haben.

dies gilt vor allem für kleinere ländliche Gemeinden, aber auch für die Großstädte Altona und Hamburg.

Von vornherein illusorisch war die Suche nach Personen, von denen Molkenbuhr als einzige Information nur den Vornamen oder einen Spitznamen nennt, also etwa der Zwergin Henriette aus der Cichorienfabrik, den beiden hübschen Tabakzurichterinnen Amalie und Luise oder der weniger hübschen, aber liebebedürftigen „Kognaklise". Vergeblich war auch die Recherche nach Trägern eines zu häufig vorkommenden Nachnamens wie etwa dem des Webers und Botengängers Möller aus Wedel, dem des Agitators Meyer aus Altona oder der verschiedenen Sozialdemokraten namens Schul(t)z. Schwierig gestaltete sich die Suche nach den erwähnten Frauen, da sie selten Hauptmieter einer Wohnung waren, sondern als Töchter oder Ehefrauen im Adressbuch nicht auftauchen. So konnte auch die erste große Liebe von Hermann Molkenbuhr, die Tabakzurichterin und Sozialistin Emilie Holm, bisher leider nicht identifiziert werden. Auf Spekulationen – „es könnte sich eventuell gehandelt haben um" – wurde generell verzichtet. Der ideale Kandidat aus den „Erinnerungen" Hermann Molkenbuhrs für eine Recherche zur Identifizierung seiner Lebensdaten verfügt über folgende Eigenschaften: Er war männlichen Geschlechts, Träger eines seltenen Nach- und eines nicht zu häufigen Vornamens, Mitglied der evangelischen Kirche, Vertreter eines eher selteneren Berufszweiges, und er blieb sein Leben lang bis zu seinem Tod an seinem Geburtsort sesshaft. Gerade das letzte Kriterium hat im Großraum Hamburg jedoch nur für wenige Menschen zugetroffen, denn die damals selbständigen, nur unweit voneinander entfernt liegenden, zum Teil ineinander übergehenden Städte und Gemeinden (Hamburg, Altona, Ottensen, Harburg, Wandsbek, Rahlstedt, Klein-Flottbek, Bahrenfeld usw.), die heute die Freie und Hansestadt Hamburg bilden, zeichneten sich durch eine hohe Fluktuation ihrer Einwohnerschaften aus: Man wohnte in Altona und arbeitete in Ottensen, zog im nächsten Jahr nach Hamburg, zwei Jahre später nach Wandsbek und dann wieder zurück nach Altona.

Die Recherchemöglichkeiten, die hier vor allem für den größten Personenkreis aus dem Umfeld Hamburg-Altona-Ottensen skizziert wurden, gelten natürlich auch für die zahlenmäßig zweitgrößte der oben erwähnten Kategorien, die Menschen, denen Hermann Molkenbuhr auf seinen unzähligen Agitationstouren in Holstein begegnete. Von einer nach unseren heutigen Maßstäben funktionierenden Bürokratie im Bezug auf die Standes- oder Einwohnermeldeämter bzw. die Archivierung der entsprechenden Unterlagen kann in vielen Klein- und Kleinstgemeinden nicht die Rede sein. Hier waren einzelne engagierte Stadtarchivare oder Heimatforscher eine unersetzliche Hilfe. Wenige brauchbare Auskünfte lieferten, soweit vorhanden, oft die Ortschroniken bzw. Stadtgeschichten. Eine einzige Enttäuschung ist etwa die Stadtgeschichte von Wedel, die für das 19. Jahrhundert vor 1866 nur wenige dürre Informationen enthält und Hermann Molkenbuhr trotz ihres späten Erscheinungstermins im Jahr 2000 schlicht ignoriert.[21]

Hervorzuheben ist, dass erstmals in einer Edition einige mehr als nur regional bedeutende Sozialdemokraten mit ihren vollständigen biographischen Angaben erfasst werden konnten. Dazu gehören etwa die beiden Delegierten des Gothaer Vereinigungsparteitages von 1875 Franz Klute und Arthur Slauck. Beide Biographien können einen Beitrag leisten zu einer Kollektivbiographie der Gothaer Parteigründer, die – das bestätigen diese neuen Daten des 24-jährigen Klute und des erst 20-jährigen Slauck – in ihrer übergroßen Mehrheit junge bis blutjunge Männer waren. Der langjährige Kassierer des ADAV, Wilhelm Grüwel, musste 1874 von seinem Amt zurücktreten und verschwand in der Anonymität, aus der ihn diese Edition zumindest ansatzweise herausholt. Die beiden bedeutenden ADAV-Partei- bzw. Gewerkschaftsfunktionäre Franz Seraphim Liebisch und Ernst Bernhard Richter sind beide nach 1875 den Weg zur Lassalle-Orthodoxie gegangen und in der politischen Bedeutungslosigkeit verschwunden. Erstmals sind in dieser Edition ihre Lebensdaten komplett erfasst. Das gilt auch für die beiden Hamburger Hafenarbeiterführer Hein Wehrenberg und Ludwig Drogand, von denen der erste für seine Überzeugungstreue bitter bezahlen musste, denn er verstarb an den Folgen seiner politisch motivierten Gefängnishaft. Zu den erstmals komplett Annotierten zählt auch der Reichstagskandidat Max Stöhr, der nach seiner Ausweisung aus Hamburg und Umgegend während des Sozialistengesetzes wie so viele vertriebene Sozialisten in die USA emigrierte und 1915 in St. Louis, Missouri verstarb. Max Stöhr ist leider neben Julius Schmidt der einzige Auswanderer, dessen Lebensschicksal in Amerika nachverfolgt werden konnte.

Gerade am Fall des eben erwähnten Arthur Slauck lässt sich aufzeigen, welche wertvollen Dienste das Internet bei der historischen Recherche leisten kann. In den Altonaer und Hamburger Adressbüchern der 1870er Jahre taucht Arthur Slauck nicht auf. Als Delegierter vertrat er auf dem Parteitag 1875 in Gotha Ortschaften, die heute zu Bremerhaven gehören; nach den Angaben Molkenbuhrs saß Slauck wegen seiner politischen Überzeugung im Winter 1875/76 im Gefängnis in Glückstadt in Haft und wurde von dort zur Marine eingezogen, wo er es bis zum Deckoffizier brachte und sich völlig von der Sozialdemokratie entfernte. Anfragen bei den Stadtarchiven in Bremerhaven und Glückstadt brachten keinen Erfolg, eine solche beim Militärgeschichtli-

---

21 Carsten Dürkob: Wedel. Eine Stadtgeschichte, Eutin 2000.

chen Forschungsamt in Freiburg im Breisgau bestätigte hingegen Slaucks militärische Laufbahn, da er in einer Rangliste der kaiserlichen Marine für das Jahr 1880 aufgelistet ist. In einem Zeitungsartikel im „Hamburg-Altonaer Volksblatt" wird der Prozess geschildert, der zu Slaucks Inhaftierung in Glückstadt führte. In dem Artikel ist sein Geburtsort genannt: Triebel bei Sorau im Regierungsbezirk Frankfurt/Oder, der heute zu Polen gehört. Laut Verzeichnis der geretteten Kirchenbücher aus den deutschen Ostgebieten, die im Evangelischen Zentralarchiv in Berlin lagern, sind dort keine entsprechenden Kirchenbücher aus Triebel überliefert. Der nur zur letzten Absicherung bei der Internet-Suchmaschine Google eingegebene Name „Arthur Slauck" förderte dann überraschenderweise einen Autor gleichen Namens zutage, der ein in Hamburg 1922 erschienenes Fachbuch über elektrische Energie an Bord von Handelsschiffen verfasst hatte. Das per Fernleihe bestellte Buch enthielt den Hinweis, dass der Verfasser ein Marinechefingenieur a.D. war, also mit hoher Wahrscheinlichkeit der gesuchte Slauck. Bei einem Archivaufenthalt in Hamburg ließ sich Arthur Slauck dann im Hamburger Adressbuch während und nach dem Ersten Weltkrieg, genau bis 1922, nachweisen. Eine Anfrage beim zuständigen Standesamt brachte dann das Ergebnis, dass der am 16. Januar 1855 in Triebel, Kreis Sorau geborene Arthur Slauck am 13. Februar 1922 in Hamburg verstorben ist.

Die Personen werden, mit wenigen Ausnahmen, bei ihrer ersten Nennung im Text biographisch vorgestellt. Im Personenregister wird darauf durch Hervorhebung verwiesen. Die biographischen Angaben sollen eine Person vorstellen und nicht sämtliche greifbaren Informationen liefern. Sie unterliegen deshalb einem gewissen Schema. Sie enthalten zunächst den Vor- und den Nachnamen. Ist bei mehreren Vornamen der Rufname bekannt, so ist letzterer hervorgehoben. Die Lebensdaten sind in Jahreszahlen angegeben. Auf die Tages- und Monatsangaben wurde verzichtet, da eine Vollständigkeit bei den präzisen Daten nie zu erzielen gewesen wäre. So ist in Kirchenbüchern oft eine unpräzise Todesangabe enthalten etwa der Art, der am 20. Oktober Verstorbene sei 68 Jahre und drei Monate alt gewesen, woraus sich zwar sein Geburtsjahr, aber nicht sein Geburtstag ableiten lässt. Ließ sich ein Todesdatum nicht herausfinden, so ist mit dem Zeichen „>" die Jahreszahl angegeben, bis zu der die Person mit hoher Wahrscheinlichkeit noch gelebt haben muss. Danach folgen bei den bisher nicht lexikalisch erfassten Personen der Geburtsort, bei Ausländern die Nationalität, sodann die ausgeübten Berufe, bei Sozialdemokraten zusätzlich die wichtigsten parteipolitischen Stationen und Ämter sowie die Zugehörigkeit zu verschiedenen Parlamenten. Ist mir bei einem Arbeiterführer ein Nachruf in der Presse bekannt geworden, wird auf diesen hingewiesen. Bei Schriftstellern werden ihre herausgehobenen

Werke genannt, bei darstellenden Künstlern die entscheidenden Stationen ihrer Bühnenkarriere. Natürlich konnten nicht alle von Hermann Molkenbuhr genannten Personen identifiziert oder annotiert werden. Jede Edition muss schließlich auch einmal zur Publikation gelangen. Für jeden ergänzenden oder korrigierenden Hinweis bin ich deshalb sehr dankbar.

Sachanmerkungen

Auch bei den Sachanmerkungen wurde ein gewisses Grundwissen vorausgesetzt, etwa was die erwähnten Kriege – den Deutsch-Dänischen Krieg von 1864, den Deutschen Krieg von 1866 und den Deutsch-Französischen Krieg von 1870/71 – anbelangt. Die Annotation war auch hier eine Gratwanderung. So wurden etwa die Völkerschlacht bei Leipzig oder die Schlacht bei Königgrätz nicht erläutert, aber die Seeschlacht bei Helgoland von 1864, weil sie erstens vergleichsweise unbekannt ist und zweitens von Molkenbuhr ausführlicher behandelt wird. Verzichtet wurde auch auf eine Annotation der von Molkenbuhr erwähnten Ortschaften, zum nicht geringen Teil kleine bis kleinste Dörfer in Holstein. Grundsätzlich wurde aber auch bei den Sachanmerkungen versucht, eine annähernde Vollständigkeit bei den Nachweisen zu erzielen.

Das gilt zunächst für die zahlreichen von Molkenbuhr erwähnten literarischen Titel und die Zitate aus Gedichten und Dramen. In zwei wichtigen Fällen war hier bisher kein Nachweis möglich; zum einen handelt es sich um das Klopstock zugeschriebene Zitat von Ottensen als *„friedlich idyllischem Dorf"*. Dieses Zitat ist in der Klopstock-Gesamtausgabe nicht nachweisbar, auch der Klopstock-Experte Dr. Klaus Hurlebusch wusste keine Belegstelle zu nennen. Dass Klopstock aber Ottensen in der Art und Weise geschätzt haben muss, wie Molkenbuhr behauptet, zeigt überdeutlich die Tatsache, dass er den Kirchhof der Christianskirche in Ottensen als geeignete Stätte für sein Familiengrab auswählte. Das zweite, für die Quelle ungleich wichtigere, leider ebenfalls bislang nicht nachweisbare Zitat ist dasjenige von Johann Heinrich Voß vom „Zerschmettern des ehernen Molochs", mit dem Molkenbuhr auf dem Parteitag in Gotha 1875 Wilhelm Liebknechts sprachliche Bedenken gegen die Lassallesche Formel vom „Zerbrechen des Ehernen Lohngesetzes" widerlegen konnte. Hier konnte die Johann-Heinrich-Voß-Gesellschaft in Eutin ebenso wenig behilflich sein wie die Expertin für die Voßsche Shakespeare-Übersetzung Frau Dr. Lesley Drewing. Eine eigene Durchsicht der „Gesammelten Gedichte" von Voß und die Textsuche in den digital verfügbaren Ilias- und Odyssee-Übertragungen von Voß brachte ebenfalls keinen Erfolg. Aber auch in diesem Fall ist noch wichtiger als der Nachweis die Tatsache, dass das Zitat Wirkung zeigte und Molkenbuhr den Parteitag mit seiner Argumentation überzeugen konnte.

Bei den zahlreichen erwähnten politischen Versammlungen, bei denen Molkenbuhr als Zuhörer zugegen war oder bei denen er selbst als Redner aufgetreten ist, wurde im Regelfall auf eine Annotation verzichtet. Hauptursache ist, dass diese Veranstaltungen terminlich nur schwer zu bestimmen sind, da die Originalquelle fast keine präzisen Daten enthält. Bei der großen Mehrzahl dieser Redeauftritte ist lediglich festgehalten, aus welchem Anlass sie stattfanden, also etwa im Vorfeld einer Reichstagswahl, allerdings ohne eine Monats-, geschweige denn Tagesangabe. Ohne diesen Verzicht hätte eine Durchsicht etwa der bürgerlichen Tagespresse, vor allem in Holstein, leicht zu einer Lebensaufgabe ausarten können. Die annotierten Versammlungen sind solche, die in der überregionalen sozialdemokratischen Presse („Social-Demokrat", „Neuer Social-Demokrat" und „Hamburg-Altonaer Volksblatt") eindeutig zuzuordnen waren.

Heute nicht mehr gebräuchliche Ausdrücke und selten genutzte Fremdworte werden in den Fußnoten erläutert. Auf die Angabe von Archivalien oder Hinweise auf Sekundärliteratur in den Anmerkungen wurde bis auf wenige Ausnahmefälle verzichtet. Es dürfte aus dem Verzeichnis der ausgewerteten Archivalien und der benutzten Literatur deutlich werden, woher die jeweiligen Informationen stammen. Die Benutzbarkeit der Quelle soll für den Leser zusätzlich durch ein Sach-, ein Orts- und ein Personenregister erleichtert werden, während 40 Abbildungen zur Anschaulichkeit beitragen sollen.

Anlässlich des Todes von Hermann Molkenbuhr am 22. Dezember 1927 kondolierte Gustav Radbruch, der zeitweilige Reichsjustizminister der Weimarer Republik und bedeutendste Jurist in der Geschichte der deutschen Sozialdemokratie, dem jüngeren Sohn des Verstorbenen, dem Parteijournalisten Artur Molkenbuhr: *„Lieber Genosse Molkenbuhr, ich gedenke herzlichst Ihrer und des schweren Verlusts, den Sie, grade in der Weihnachtszeit, durch den Hingang Ihres unvergeßlichen Vaters erleiden. Ein wie großes Zeitalter der Parteigeschichte mit ihm ins Grab sinkt, werden Sie in diesen Tagen auf unzähligen Blättern der Parteipresse lesen. Ich aber betraure vor allem den ganz seltenen Menschen, dessen Wesensart auch für den offen am Tage lag, der nur flüchtige Berührung mit ihm hatte. Weisheit und Güte des Alters und echte Kultur einer von Grund auf wohlgeschaffenen Seele konnten sich nicht schöner darstellen, als sie es in Ihm taten. Ich gedenke aber Ihres Vaters noch mit besonderer Dankbarkeit, weil es – wenn ich recht unterrichtet bin – er war, auf dessen Veranlassung im Parteivorstand ich seinerzeit auf die Reichsliste kam – vom ihm auf Ihre Anregung vorgeschlagen. Hoffentlich sind die Erinnerungen, die Ihr Vater aufzuzeichnen begann, zum Abschluß gelangt*

– sie würden Vielen ein liebes Andenken sein."[22] Der sehr späte Veröffentlichungszeitpunkt der „Erinnerungen" – mehr als 78 Jahre nach dem Tod ihres Verfassers – verhindert, dass sie noch als „liebes Andenken" im Sinne von Gustav Radbruch wirken können. Mit dem im Jahr 2002 verstorbenen langjährigen Mitglied der SPD-Parteiführung nach 1945, Fritz Heine, der Hermann Molkenbuhr als junger Volontär im SPD-Parteivorstand ab 1925 noch persönlich kennengelernt hatte und der mir in mehreren Briefen seine Eindrücke von dem damals 74-jährigen Parteiveteranen geschildert hat, dürfte wohl einer der letzten Zeitzeugen verstorben sein. Wenn aber die „Erinnerungen" mit den (zu) bescheidenen Worten von Hermann Molkenbuhr *„auch einiges Interesse für andere haben"* werden, wenn sie also von Vielen mit Gewinn gelesen, als Quelle genutzt und wieder zitiert werden, dann ist der Zweck dieser Edition erfüllt.

---

22 AdsD Bonn, Nachlass Molkenbuhr, Kassette 1, Nr. 85: Gustav Radbruch an Artur Molkenbuhr, 23. Dezember 1927.

Erinnerungen von Hermann Molkenbuhr
Mit der Niederschrift begonnen am 14. Juli 1905
bis 1864

Vorrede

> „Wie von unsichtbaren Geistern gepeitscht, gehen die Sonnenpferde der Zeit mit unseres Schicksals leichtem Wagen durch, und uns bleibt nichts, als mutig gefaßt die Zügel festzuhalten und bald rechts, bald links vom Steine hier, vom Sturze da die Räder abzulenken. Wohin es geht, wer weiß es? Erinnert er sich doch kaum, woher er kam?" – Goethe.[1]

Seit länger als einem Jahrzehnt habe ich den Vorsatz, Erinnerungen zu schreiben, aber immer wurde es unterlassen zu beginnen. Es ist auch unmöglich, ein genaues Bild der Vergangenheit zu geben, wenn man nichts hat als das Gedächtnis. Schon Goethe nannte seine Selbstbiographie „Wahrheit und Dichtung".[2] Der große Weltweise wußte wohl, daß es unmöglich ist, ein getreues Bild der Vergangenheit zu geben. Könnte man die Vergangenheit genau schildern, so wäre die Niederschrift ein neues Durchleben der Jugend. Freud und Schmerz würden neu empfunden. Heute liegt mehr als ein halbes Jahrhundert zwischen den ersten Erlebnissen und der Gegenwart. Die süßen Bilder der Jugend sind verblaßt, und die Arbeit des Auffrischens wird nicht immer gelingen. Die grauen Nebelflecke der Vergangenheit sollen als frische Farben erscheinen, und da wird selbst bei dem besten Nachdenken nicht die genaue Form und die richtige Farbe getroffen werden. Wie dem auch sei. Das Lebensbild wird das Bild sein, was sich in dem Kopfe des alternden Mannes darstellt. Gelingt es, die Bilder der Jugend nur annähernd neu zu beleben, dann ist es ein Genuß für mich, und eine annähernd getreue Schilderung des Arbeiterlebens in den sechziger Jahren wird auch einiges Interesse für andere haben. Was in den Erlebnissen aufgeschrieben wird, muß ja die Zeit, in der es erlebt wurde, widerspiegeln.

---

1 Zitat aus: Johann Wolfgang Goethe, Egmont. Ein Trauerspiel in fünf Aufzügen (1788). Vgl. Weimarer Ausgabe, I. Abteilung, 8. Bd. (1889), S. 220.
2 Hier hat Molkenbuhr die Reihenfolge geändert, denn Goethes in vier Teilen 1811, 1812, 1814 und 1833 erschienene Autobiographie heißt „Aus meinem Leben. *Dichtung und Wahrheit*".

Kindheit in Wedel

Das Licht der Welt habe ich am 11. September 1851 in Wedel, in einem am Rolandsplatz belegenen Hause erblickt.³ Es war ein Haus, welches mit dem Giebel nach dem Platze gerichtet ist und zwei Wohnungen enthielt. Die Seite, die meine Eltern bewohnten, bestand aus einer Diele, welche durch die ganze Länge des Hauses und in der Mitte auch nach der Seite durchging. Ich erwähne diese Diele, da sie bei schlechtem Wetter der Spielplatz war, auf welchem wir drei Gebrüder und auch unsere Spielkameraden uns tummelten. Am Hause angebaut war eine Scheune mit Viehställen, die aber von dem Hauswirt, einem Verwandten meiner Mutter, benutzt wurde. Die Wohnung bestand außer der Diele aus zwei Stuben, Küche, Schlafkammer und Keller. An dem Hause schloß sich ein Garten mit Obstbäumen [an]. Der Hauswirt, dessen Haus unmittelbar hinter unserm Garten lag, trieb Landwirtschaft und hatte eine Brennerei und Brauerei. In der Landwirtschaft acht bis zehn Pferde und eine große Anzahl Kühe, die mit den Abfällen der Brennerei und Brauerei gefüttert wurden. Zwei große Kastanienbäume, die ich in meiner Jugend für die größten Bäume der Welt hielt, standen vor unserm Haus und hinter dem Hause ein ebensolcher Baum. Die schattigen Kastanien hatten mir es angetan. Es gab später eine Zeit, in der ich große Sehnsucht hatte, Spanien zu sehen. Bei dem Namen Spanien dachte ich immer an die schattigen Kastanien, die nach Geibels Behauptung an des Ebro Strand rauschen.⁴ Die Blüten im Frühjahr, der kühle Schatten des Sommers und die wunderbar braunen Früchte des Herbstes, die den größten Teil des Winters als Spielzeug benutzt wurden, ließen mir den Kastanienbaum als die schönste und nützlichste Pflanze erscheinen. Da waren wir die glücklichsten Kinder von Wedel, denn ein zweites Haus, das zwischen drei Kastanienbäumen stand, gab es in ganz Wedel nicht. Vor unserm Hause fanden die Kinder der ganzen Stadt sich ein. Nicht nur schöne Blüten und Früchte hatten die Bäume, sondern sie waren

---

3 Der **Rolandsplatz** ist der zentrale Platz Wedels, benannt nach dem Wedeler Roland, einem um 1450 errichteten Ritterstandbild; **belegen:** sinngemäß für gelegen, heute ungebräuchliches Partizip Perfekt des starken Verbs „beliegen"; vgl. Deutsches Wörterbuch von Jacob und Wilhelm Grimm [Nachdruck Deutscher Taschenbuch-Verlag], Bd. 1 A-Biermolke, München 1984, S. 1442 und S. 1450.

4 **Emanuel Geibel** (1815–1884), Lyriker, Dramatiker und Übersetzer, populärer Dichter („Der Mai ist gekommen, die Bäume schlagen aus"), wurde mit seiner nationalkonservativen Lyrik einer der Wegbereiter der deutschen Einigung unter preußischer Führung. Molkenbuhr spielt auf Geibels Gedicht „Der Zigeunerbube im Norden" an, dessen erste Verse lauten: „Fern im Süd das schöne Spanien,/Spanien ist mein Heimatland,/Wo die schattigen Kastanien/Rauschen an des Ebro Strand"; vgl. Emanuel Geibels Gesammelte Werke, Erster Band: Jugendgedichte, Zeitstimmen, Sonette, Stuttgart, Berlin ⁴1906, S. 22–24.

Abb. 3: Das Geburtshaus Hermann Molkenbuhrs hinter den beiden Kastanienbäumen.

auch ein Anziehungspunkt für Maikäfer, und auch dieses Tier gehört zum Spielzeug der Kinder in den kleinen Orten.

Was also die Natur an Spielzeug bot, das warf sie mir schon in der frühesten Jugend in den Schoß, bevor ich laufen konnte. Aber auch andere Herrlichkeiten des Lebens bekam ich aus nächster Nähe zu sehen. Viermal im Jahr war Jahrmarkt, und der Mittelpunkt des Jahrmarkts war der Rolandsplatz. In den ersten Lebensjahren lernte ich Nahrungssorgen und Not nicht kennen, die später Jahrzehnte meine treuesten Begleiter waren. Mein Vater war Schneider und hatte auch ein kleines Vermögen. Ein frommer, ehrlicher und sehr gutmütiger Mann. Er hatte recht gute Schulbildung, aber wenig von der Welt kennengelernt. Schon in frühester Jugend hatte er seinen Vater verloren und war von seiner Mutter erzogen worden.[5] Die Mutter hat wohl das Schneiderhandwerk für wenig lebensgefährlich und auch nicht für zu anstrengend gehalten und es deshalb ihren einzigen Sohn lernen lassen. Nach beendeter Lehrzeit war er in die Fremde gegangen, aber hierbei nicht aus Schleswig-Holstein herausgekommen. Von Altona bis Apenrade war er gegangen, hatte aber in Plön, Kiel und Schleswig gearbeitet. Dann folgten als Städte, in denen er arbeitete, Tondern, Husum, Heide und Itzehoe, und dann kehrte der gereiste Geselle nach der Heimat zurück, wo er sich im Hause der Mutter als Schneidermeister etablierte. Aber ein wenig Freiheitsliebe saß doch in dem von der Mutter erzogenen Sohn. Schon gleich nach dem Erscheinen hatte er sich Herweghs „Gedichte eines Lebendigen" gekauft, und

---

5 **Hinrich Molkenbuhr** (1814–1870) war vier Jahre alt, als sein Vater gleichen Namens **Hinrich Molkenbuhr** (1772–1818) starb. 1811 hatte dieser **Marie Elisabeth Körner** (1786–1845) geheiratet.

diese behandelte er bis in seine späten Lebensjahre als ebensolches Heiligtum wie eine Bibel aus dem Jahr 1848.[6]

Im Jahr 1847 hatte er sich mit einem braven Mädchen verheiratet, welches zwar noch nie aus Wedel herausgekommen war, aber doch schon schwere Kämpfe mit Not und Sorgen durchgekämpft hatte.[7] Ihr Vater war ein sehr kluger und sehr gutmütiger Mann gewesen.[8] Gegen seinen Willen hatte sein Vater für sein Vermögen einen großen Bauernhof gekauft und ihm den Hof übergeben, als die Kriegsjahre im Anfang des 19. Jahrhunderts hereinbrachen.[9] Bald hatten die nach Hamburg ziehenden Franzosen requiriert, und dann waren die Kosaken gekommen.[10] In dieser Zeit war er auch Deichgraf geworden. So bezeichnete man das Amt, welches später den Titel Bürgermeister erhielt. Er war also der Mann, auf dessen Vermögen es die Feinde zuerst abgesehen hatten. So hatten die Kriegsjahre seine Vermögensverhältnisse so heruntergebracht, daß die späteren Jahrzehnte, in denen er zwar Deichgraf und Hofbesitzer blieb, ein ununterbrochener Kampf mit dem Zusammenbruch gewesen sind. Als Deichgraf hatte er mustergültig gewirtschaftet, und manche später noch wohltätig wirkende Einrichtung war seine Schöpfung. Als er sich dann aus dem Vermögensverfall etwas herausgewirtschaftet hatte und nahe daran war, seine Schulden abzustoßen, da griffen die Wucherer zu. Unter diesen waren sei-

---

6 **Georg Herwegh** (1817–1875), Lyriker, Übersetzer und Journalist, wurde durch seine politisch-revolutionären „Gedichte eines Lebendigen" (zwei Bände, 1841–1843) zu einem der Wegbereiter der Revolution von 1848, seit 1839 in der Schweiz, seit 1843 in Paris, nahm 1848 als Präsident der „Pariser Deutschen Legion" mit 700 Bewaffneten aktiv am badischen Aufstand teil, der in einer vernichtenden Niederlage endete, schloss sich dem ADAV an und schrieb auf Veranlassung seines Freundes Ferdinand Lassalle 1863 das „Bundeslied des ADAV" („Mann der Arbeit, aufgewacht!/Und erkenne Deine Macht!/ Alle Räder stehen still,/Wenn dein starker Arm es will!"), 1866 Rückkehr nach Deutschland, 1869 Anschluss an die Eisenacher Sozialdemokratie.

7 **Anna Margaretha Biesterfeldt** (1815–1885) aus Wedel hatte am 14. November 1847 Hinrich Molkenbuhr geheiratet.

8 **Lorenz Biesterfeldt** (1780–1853), Landwirt, Großvater und Taufpate von Hermann Molkenbuhr, die Dauer seiner Tätigkeit als Deichgraf lässt sich nach Auskunft des Stadtarchivs Wedel nicht exakt nachweisen.

9 Der Vater von Lorenz Biesterfeldt und somit Urgroßvater von Hermann Molkenbuhr war der Hausmann **Wilken Biesterfeldt** (1753–1819) in Spitzerdorf.

10 Nach Napoleons katastrophal gescheitertem Russlandfeldzug rückte im Winter 1813/14 eine russisch-preußisch-schwedische Nordarmee unter Führung des schwedischen Kronprinzen Bernadotte in Schleswig-Holstein ein, um Dänemark zur Abtretung Norwegens an Schweden zu zwingen. Die mehr als 30.000 Soldaten, unter denen die rund 2000 **Kosaken** zwar nur eine Minderheit stellten, aber aufgrund ihres Aussehens und ihres Verhaltens den tiefsten Eindruck hinterließen, mussten von den Schleswig-Holsteinern untergebracht und ernährt werden. Schleswig-Holstein brauchte viele Jahre, um sich von dem „Kosakenwinter" wirtschaftlich wieder zu erholen.

Abb. 4: Blick von Hermann Molkenbuhrs Geburtshaus auf den Wedeler Marktplatz mit dem Roland.

ne eigenen Geschwister und Schwager und trieben ihn aus dem Besitz, in welchen er gegen seinen Willen (denn er hatte Kaufmann werden wollen) in Zeiten eingesetzt worden war, als der Zusammenbruch wahrscheinlich erschien.

Die vielen Sorgen im Vaterhause hatten schon den fröhlichen Sinn der Tochter etwas getrübt. Als das Einkommen meines Vaters, welches er als Schneidermeister hatte, nicht ganz zur Erhaltung der Familie reichte, da verfielen die guten Leute auf eine Art, sich eine größere Einnahme zu verschaffen, für die sie beide denkbar ungeeignet waren. Beide waren grundehrlich und von seltener Herzensgüte. Nun eröffneten sie ein Detailgeschäft mit Kolonialwaren. Zwei Leute, die einen üblichen Geschäftsgewinn schon für eine an Betrug grenzende Übervorteilung hielten, fingen an zu handeln, und gar bald wurde ihre Güte von Leuten, die auch die Armut peitschte, stark in Anspruch genommen. Es wurde viel und gern geborgt. Aber weder mein Vater, noch meine Mutter hatten den Mut, von Leuten, von denen sie wußten, daß sie von bitterer Not geplagt wurden, Geld für geborgte Waren zu fordern. Vorläufig reichten das Vermögen und die Einnahmen aus dem Schneiderhandwerk, so daß wir immer in leidlichen Verhältnissen lebten.

Wedel war damals eine Stadt ohne Industrie, aber mit aufblühender Landwirtschaft. Auf der Grenze zwischen Geest und Marsch gab es den Landwirten Gelegenheit zu mannigfaltiger Wirtschaft. Zwei Zweige wurden besonders bevorzugt: Viehmast und Milchwirtschaft. Die stark steigenden Einnahmen verleiteten aber die Bauern zu geradezu wahnsinniger Verschwendung. Was nicht im Suff und Spiel draufging, suchte man durch andere tolle Streiche durchzubringen. So kam es, daß der Reihe nach eine Anzahl Besitzer der ertragreichsten Höfe unter Kuratel kam.[11] Von dieser Gesellschaft hielten sich meine Eltern fern. In unserem Hause fand sich, namentlich an Winterabenden, eine recht gemütliche Gesellschaft zusammen, in deren Mitte die Leute standen, die den Verkehr mit Hamburg vermittelten: ein Botengänger, der wöchentlich zwei- bis dreimal und, wenn er Aufträge genug hatte, täglich nach Hamburg ging. Er war ein lustiger Mann in mittleren Jahren. Von Beruf war er Weber und webte auch noch mit. Sonst holte er Zeitungen und kleine Pakete von Hamburg und übermittelte die Bestellungen in Hamburg. Das große Verkehrsmittel waren die Schiffe, Ein- und Zweimastewer.[12] Mit diesen wurden Kartoffeln, sonstiges Gemüse und Getreide nach Hamburg gebracht und Waren von dort geholt. Unter den Schiffern, die bei uns verkehrten, waren einige, die in ihrer Jugend auf Walfischfang nach Grönland gefahren waren. Wie oft haben wir da andächtig gelauscht, wenn die Leute ihre Abenteuer erzählten. Da hörten wir von den Stürmen, in denen das Seeschiff unter Wellen begraben wird, von den gewaltigen Eisbergen und den großen Seeungeheuern. Dann machte Möller, so hieß der Bote, seine Späße.[13] Er war wie alle Leute mit Humor ein großer Kinderfreund, und wenn er die „Reform" brachte, dann zeigte er uns Kindern erst das Bild.[14]

Aus der Zeit, bevor ich zur Schule kam, erinnere ich deutlich, wie ich einmal schwer krank war und dann an einem Sonntag der Arzt Dr. Knobbe geholt wurde, wie der Medizin verschrieb und mir die leeren Flaschen als Spielzeug versprochen wurden.[15] Ganz selig war ich, als ich später Pulver bekam, welches in so prachtvollen Schachteln war. Auch diese sollten meinem Reichtum an Spielzeug einverleibt werden. Die Spielkameraden waren die Kinder eines verstorbenen Lehrers, deren Mutter sich mit Waschen und Plätten ernährte, die Kinder eines Schuhmachers und die Kinder des Brenners. Nebenbei wurden wir von den Bauersknechten mit zur Arbeit herangezogen, d.h. wir mußten bei der Ernte auf den Pferden sitzen und diese antreiben, wenn der Wagen von einer Hocke zur anderen fahren sollte.[16] Später wurden wir auch mitge-

---

11 **Kuratel** (lat.): Für die Vermögensmasse wurde ein Kurator, also ein Konkursverwalter, bestellt.
12 **Ewer:** kleine, verschließbare Küstenfahrzeuge mit flachem Boden, eingesetzt an der deutschen Nordseeküste, namentlich in der Elbmündung.
13 Aufgrund der Häufigkeit des Namens **Möller** und des Berufes sind keine biographischen Angaben möglich.
14 Die 1848 ins Leben gerufene Hamburger Zeitung „**Reform**", deren Erscheinen 1892 eingestellt wurde, zeigte auf dem Titelblatt stets eine größere Zeichnung oder Karikatur.
15 **Wilhelm Ferdinand Knobbe** (1803–1883), aus Itzehoe stammender praktischer Arzt, seit ca. 1840 in Wedel ansässig.
16 **Hocke:** auf dem Feld zusammengesetzte Getreidegarben.

nommen, die Pferde zur Weide zu bringen. Wir lernten also früher reiten als irgend etwas anderes. Unser Spielplatz war neben der vorgenannten Diele der Garten unseres Hauswirts. Dort war in der Ecke ein Backhaus, also ein altmodischer Backofen. Die Bauern buken ihr Brot selber. Mit Holzfeuerung wurde der Backofen angeheizt, und dann war es ein Vergnügen zu sehen, wie aus dem weißen Brotteig braunes Brot wurde. Der verwilderte Rasen in der Nähe des Backhauses und der Rand eines Abflußgrabens gaben Anlaß zu botanischen Studien. Bald waren es Wegerichblätter, mit denen allerlei Kunststücke gemacht wurden, dann die Stempel des Huflattich oder die Blütenstengel des Binsengrases usw. Am liebsten trieben wir jedoch die Botanik des Sommers und des Herbstes. Mit dem Reifen der Kirschen und der Beeren fing es an, dann folgten frühreife Birnen und Äpfel, bis im Spätherbst die Nüsse reiften. Auch konnten wir von dem Garten die Elbe sehen und sehen, wenn die großen Schiffe nach Hamburg fuhren und von dort kamen. Das Bild war wesentlich schöner als jetzt. Schleppdampfer waren noch wenig in Gebrauch, und die Segelschiffe passierten unter vollen Segeln die Elbe. Nächst den Obstgärten war das Wasser der größte Anziehungspunkt. Die Au mit dem kleinen Hafen für Ewer war ein idyllischer Punkt. Dem Kinde schien der Hafen ein Weltmeer. Selbst die Au war schon zu groß. Die kleinen Nebenflüsse mit den Stichlingen, das war schon übersichtlicher. Der Mühlenteich ersetzte den größten Landsee, und das durch die Schleuse in den unteren Teich stürzende Wasser rief stille, mit Furcht gemischte Verwunderung hervor. Wenn aber einmal ein scharfer Nordwest blies und die ganzen Wiesen unter Wasser waren, dann wurde die Erzählung von der Sintflut lebendig. Die unendliche Wasserwüste machte dann einen eigenartigen Eindruck. Die Furcht war nicht groß, denn die Erzählungen von der Sintflut schlossen immer damit, daß nie wieder das Leben durch Wasser vernichtet werden sollte. Unsere Haupterzählerin war Elsbe Swan, eine alte Frau, die beim Waschen und Reinemachen half und, wenn unsere Eltern aus waren, einhüten mußte.[17] Elsbe erzählte uns das ganze Alte und Neue Testament sowie viele hübsche Geschichten von Schneewittchen, Rotkäppchen usw.

Schon bevor ich sechs Jahre alt war, wurde ich in die Schule geschickt und kam zu Schmidt in die Klasse.[18] Schmidt war ein sehr alter Herr, der schon seit einem halben Jahrhundert in Wedel die Jugend auf den Weg zur Weisheit und ewigen Seligkeit führte. Dort lernte ich das ABC, die Anfänge des Einmaleins und dann auch etwas Religion. Aber die biblische Geschichte war lange nicht so schön, wie Elsbe Swan sie erzählte. Aber dennoch ging

---

17 Eine Frau namens **Elsbe Swan** lässt sich weder in den Dänischen Volkszählungsregistern (DVR) noch in den Kirchenbüchern von Wedel nachweisen.
18 **Asmus Schmidt** (1794–1861), Küster und Elementarschullehrer aus Gelting, an der Schule in Wedel von 1831 bis 1861.

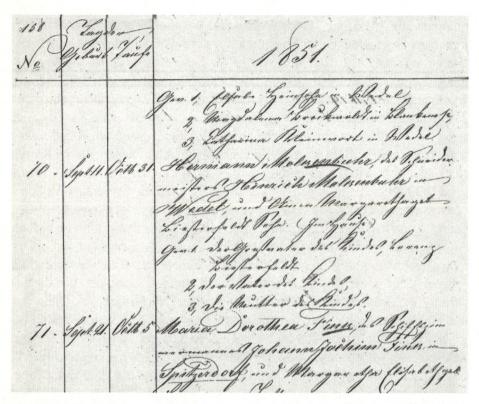

Abb. 5: Taufeintrag Hermann Molkenbuhrs aus dem Taufregister von Wedel, 1851, lfd. Nr. 70.

ich gerne zu Schmidt in die Klasse, denn er prügelte nicht so viel wie der andere Lehrer, der die andere Hälfte der ABC-Schützen hatte. Als ich aber in das schulpflichtige Alter kam, wurde ich doch der Klasse von Lüthje zugewiesen.[19] Hier gefiel mir es gar nicht. Schmidt hatte uns buchstabieren gelernt, und nun sollten wir nicht buchstabieren. Lüthje war ein junger Lehrer, bei dem die Kinder schon lautieren mußten.[20] „M" hieß nicht mehr „em", sondern „m". Dieses Umtaufen der Buchstaben paßte mir schon gar nicht. Dann mußten wir exerzieren, gerade stehen und die Hand an der Hosennaht genau in Reih und Glied gehen, die Tafel auf Kommando unterm Tisch herausnehmen, hochhalten und hinlegen. Das waren Neuerungen, die mir gar nicht paßten.

Nun sollte ich am nächsten Tag mein Eintrittsgeld mitbringen, denn es war so üblich, daß jeder neue Schüler dem neuen Lehrer ein Geldgeschenk mitbrachte. Lüthje bekam neben freier Station bei Schmidt jährlich 25 Reichsbank-

---

19 **Claus Hinrich Lüthje** (1830–1888), aus Neuengörs bei Bad Segeberg stammender Elementarschullehrer, unterrichtete seit 1. April 1855 in Wedel.
20 **Lautieren:** im 19. Jahrhundert aufgekommene Methode im Leseunterricht, bei der die einzelnen Buchstaben von Anfang an als Schriftbild eines Lautes beigebracht werden.

taler, also 56,25 Mark. Wenn er nicht nebenbei Feuerversicherungsagent und Photograph gewesen wäre, hätte er wohl nicht existieren können. Ich glaubte aber, wenn ich mein Eintrittsgeld nicht zahle, dann komme ich wieder in Schmidts Klasse, wo auch mein älterer Bruder Hinrich, freilich auf der ersten Bank, saß.[21] Am ersten Tag lieferte ich das Geld nicht ab. Als ich am zweiten Tag beim Schluß des Unterrichts doch das Geld abliefern wollte und nun aus der Reihe lief, wurde ich etwas unsanft zurückgestoßen. Das Ganze mußte haltmachen und ich aus meiner Bank heraus in die Reihe treten und dann an Lüthje vorbei aus der Tür. Da stand ich nun vor dem Schulhaus mit meinem Geld in der Hand. Nur das Paket aufmachen, davor scheute ich zurück. Gerade ging der Kirchendiener in die Kirche, um die Betglocke zu ziehen. Da kam mir ein Einfall. Im Eingang der Kirche stand eine Sammelbüchse für die Armen. Ich rasch entschlossen dem Kirchendiener gefolgt, und richtig gelang es mir, das Geld so, wie es eingewickelt war, in die Sammelbüchse hineinzubringen. Sehr erleichtert, daß Lüthje es nicht, aber die Armen das Geld bekommen würden, ging ich nun nach Hause. Aber bald gewöhnte ich mich an Lüthje und dessen Lehrmethode. Ich kam schnell vorwärts, und da er sich mit mir befreundete, wurde es bald das beste Verhältnis. Da habe ich oft bittere Reue gespürt, daß ich ihm das Geld nicht gegeben hatte. Nun suchte ich es gut zu machen. Da er ein großer Blumenfreund war, so brachte ich ihm oft Rosen und Levkojen.

Lüthje ging auch mit seinen Schülern ins Feld und führte uns dort in Botanik und Zoologie ein. Die Touren ins Freie wurden, wie das in Kleinstädten üblich ist, von den Knaben oft gemacht. Im Frühjahr mußten wir Nesseln und im Sommer Disteln suchen, welche gehackt und den Schweinen, wovon wir auch immer eines hatten, als Futter gegeben wurden. Dann gingen wir auch an die Au und spielten auf dem dort liegenden Floßholz oder fingen Stichlinge. Auch wurden Marschtouren nach Schulau unternommen. Der Weg „Übern Stock", so hieß der Weg durch die Wiesen, hatte für mich kleinen Knirps recht viel Romantisches: auf schmalen Stegen über die Gräben schien mir fast so gewagt wie wohl Blondin der Spaziergang auf dem Seil über die Niagarafälle.[22] Seitwärts vom Weg lag ein kleines Erlengehölz. Das wurde in meiner Phantasie ein Urwald; und nun gar Schulau selbst. Hier fließt die Elbe breit

---

21 **Hinrich Molkenbuhr** (1848–1896), Zigarrenarbeiter, Sozialdemokrat, mit Hermann Molkenbuhr 1881 aus dem nördlichen Belagerungsgebiet Hamburg, Altona und Umgegend ausgewiesen und in die USA ausgewandert, 1893 wegen einer letztlich unheilbaren Tuberkulose-Erkrankung nach Deutschland zurückgekehrt. Nachruf in: „Hamburger Echo" Nr. 169 vom 22. Juli 1896 („Die Nachricht von dem Tode eines alten, hochverdienten Parteigenossen").
22 **Blondin**: Künstlername von Jean François Gravelet (1824–1897), französischer Hochseilartist, überquerte als erster Mensch auf einem Seil die Niagarafälle am 30. Juni 1859, was er noch mehrfach wiederholte, trat bis 1876 auf Tourneen rund um die Welt auf.

und mächtig der Nordsee zu. Aber die Mächtigkeit des Stromes imponierte mir weniger als die Schiffswerft und die Berge. Da konnte man sehen, wie ein Seeschiff entstand, und als wir an einem Nachmittag den dort gebauten Aktienschoner vom Stapel laufen sahen, waren wir nach unserer Ansicht Zeugen eines Weltereignisses gewesen.[23] Dicht hinter der Schiffswerft fingen die Berge an. Sie waren nach meiner Ansicht höher als die Alpen. Und als ich dann von Gletschern erzählen hörte, schien mir es unbegreiflich, daß die Schulauer Alpen keine Gletscher hatten.

Der Stapellauf des Aktienschoners hatte uns es angetan. Schiffe wurden von Papier gemacht oder aus Baumrinde geschnitzt. Immer wurden Zeichenübungen gemacht, aber was auch gezeichnet werden sollte, immer wurden es Schiffe. Aber schließlich erreichte unser Glück seinen Höhepunkt. Unser Vater kaufte uns ein ziemlich großes Schiff. So lange es Sommer war, ließen wir das Schiff segeln. Aber es war auch Spielzeug für den Winter. Dann verwandelte sich der Deckel einer alten Lade in eine Schiffswerft. Das Schiff wurde abgekratzt und neu angestrichen und erhielt einen anderen Namen. Dann wurde aus dem Schoner eine Brigg gemacht. Auch war das Schiff mit einer Kanone versehen und wenn wir dann einmal einen Schilling hatten, dann wurde Schießpulver gekauft und mit der Kanone geschossen. So trieben wir Jungen die Politik, die 50 Jahre später vom Flottenverein getrieben wurde.[24] Wäre es von unserem Willen abhängig gewesen, dann wäre alles Papier mit Abbildungen von Schiffen angefüllt und soviel Schiffe wären gebaut worden, als nur auf dem Wasser Platz gehabt hätten.

Unsere Schiffszimmererkunst beschränkte sich auch nicht auf die beständigen Veränderungen unseres Schiffes „Die drei Brüder". In den Wiesen lag ein Wrack eines alten Bootes. Es hatte Risse, daß man die Hand hindurchstecken konnte. Unser Schiffsbautechniker hatte herausgefunden, daß dieses Boot noch wieder in schwimmfähigen Zustand gesetzt werden könne. Unser Schiffsbaumaterial war Heu und Lehm. Mit Heu wurden die Risse zugestopft und dann Lehm darübergeschmiert. Daß auf diese Weise Schiffe dicht gemacht werden, hatten wir ja auf der Schiffswerft gesehen. Nur, daß dort Werg und Pech genommen wurden. Ganz kunstgerecht war die Kalfaterarbeit ausgeführt und dann das Wrack auf den Kiel gestellt.[25] Beim nächsten Hochwas-

---

23 Bei dem **Aktienschoner**, einem mehrmastigen Segelschiff, handelte es sich um ein von der Wedeler Aktiengesellschaft gebautes Schiff.
24 Der 1898 gegründete **Deutsche Flottenverein** sollte für Deutschlands Stellung auf den Weltmeeren werben und damit auch die Aufrüstungspläne Kaiser Wilhelm II. für die deutsche Marine populär machen. Am Vorabend des Ersten Weltkrieges hatte der Flottenverein über 1 Million Mitglieder.
25 **Kalfatern** (aus dem Arabischen): das Abdichten von Fugen in hölzernen Schiffswänden.

ser sollte der Stapellauf vor sich gehen. Der langersehnte Tag kam. Ein scharfer Nordwest hatte viel Wasser in die Elbe getrieben. Wir standen um unser Boot, und als dann der Graben, an dessen Rand das Boot stand, bis zum Überlaufen voll Wasser war, da stiegen Hinrich und des Lehrers Sohn in das Boot, aber da die Helling fehlte, mußte dem Stapellauf durch Schieben nachgeholfen werden.[26] Er glückte auch, das Boot kam ins Wasser. Es schwamm, und noch ein Stoß, da hatte ich auch den Boden unter den Füßen verloren und trieb nun, mich am Boot haltend, hinter dem Boot her. Als mein Bruder Hinrich das sah, sprang er schnell hinzu und packte mich bei den Armen, um mich ins Boot zu ziehen. Da aber stellte sich das Unglück ein. Unsere Kalfaterarbeit war nicht wasserfest. Das Heu und der Lehm fielen aus den Löchern. In dicken Strömen floß das Wasser ins Boot, und das Boot begann zu sinken. In seiner Angst schrie mein Bruder Hinrich auf. Da benutzte Johannes Rohlfs, der mit im Boot stand und eine lange Bohnenstange als Schifferhaken hatte, seine Bohnenstange und schob das Boot zurück zum Lande.[27] Mit kühnem Satz, ohne meine Arme loszulassen, sprang der Retter aufs Land. Und nun war auch ich geborgen, aber bis unter die Arme durchnäßt und die Kleider voller Schlamm. So wurde die Heimreise angetreten, betrübt wie nur denkbar. Hatten wir doch unsere Flotte verloren, und mit dem Boot waren auch alle Pläne gesunken, die wir in großer Zahl geschmiedet hatten.

Das Leben zog sich in dem Einerlei des Alltagslebens eines Kindes der Kleinstadt hin. Einige Begebenheiten, die sich von dem Einerlei abhoben, sind doch im Gedächtnis haften geblieben. Eines Abends erscholl Feuerlärm. Die Sturmglocke wurde gezogen. In rasendem Galopp rasselten die drei Spritzen über den Rolandsplatz, und als auch wir hinaustreten durften, sahen wir ein gewaltiges Feuermeer, wie wir es noch nicht gesehen hatten. Ein großes Bauernhaus stand in Flammen. Reichlich eine Woche später brannte abermals ein Bauernhaus nieder.[28] Nun hörten wir nur vom Feuer erzählen. Wenige Tage später erschien ein Riesenkomet am Himmel. Der Komet würde die Erde treffen, hieß es, und dann wird alles untergehen. Das prachtvolle Bild blieb so in meinem Gedächtnis haften: Als ich zwanzig Jahre später in Wedel einmal an einem dunklen Abend bei klarem Himmel wieder die Sterne sah, hätte ich den Kometen hinzuzeichnen können. Als dann die „Reform"

---

26 **Helling:** Bauplatz für Schiffsneubauten, dessen Neigung zum Wasser hin einen Stapellauf ermöglicht.
27 **Johannes Rohlfs** (1850->1870) in Wedel geborener Sohn des Organisten und Lehrers Joachim Rohlfs (†1854) und der Johanna Catharina Rohlfs, später Schiffszimmermann in Ottensen.
28 Die Feuersbrunst ist aufgrund des Fehlens entsprechender Quellen im Stadtarchiv Wedel nicht nachweisbar.

zur Illustration der großen Krise die Börse abbildete, die von dem Kometen umgestoßen wurde, da wurden wir sicherer.[29] Wir dachten, der Komet, der ein Haus trifft, wird wohl kaum alle Häuser treffen. Wir waren besonders gesichert. Wir hatten ja vor und hinter dem Hause große Kastanienbäume und die standen so fest, daß der Komet an unser Haus nicht herankonnte. Mit solchen und ähnlichen Gedanken suchten wir das Angstgefühl zu beschwichtigen.

Außer dem großen Kometen sind noch einige Vorgänge aus jener Zeit in meinem Gedächtnis haften geblieben. Wir sahen immer die großen Dampfer der Hamburg-Amerika-Linie die Elbe rauf- und hinunterfahren. 1858 kam die Schreckensnachricht, daß eines der neuesten Schiffe, die „Austria", auf See verbrannt und 500 Menschen ihr Leben dabei eingebüßt hätten.[30] Grawehl, der auf dem Jahrmarkt immer schauderhafte, aber wahre Begebenheiten in Lied und Beschreibung darbot, hatte nun neben „Des Pfarrers Tochter von Taubenhain" und der „Geschichte von dem Adler, der ein Kind geraubt hat" auch den „Untergang der Austria".[31] Das Lied begann mit den Worten:

---

29 Im Fall des **Kometen** sind Molkenbuhrs Erinnerungen aus seiner Kinderzeit chronologisch durcheinander geraten. Auf der Grundlage einer falschen astronomischen Bestimmung, ein periodisch wiederkehrender Komet sei zwischen 1856 und 1860 zu erwarten, hatte ein deutscher Astrologe für den 13. Juni 1857 den Einschlag des Kometen auf der Erde vorhergesagt. Weltuntergangsängste verbreiteten sich daraufhin in Europa. Die Tatsache, dass der Komet nicht erschien und die Katastrophe nicht eintrat, spießte die Hamburger Zeitung „Reform" vom 19. Dezember 1857 in einer Titelblattkarikatur über Verluste an der Börse auf, in der ein Komet das Gebäude der Börse trifft. Der Text zur Karikatur lautet: „Mit welchem Hohn ward der Komet verspottet,/Als er im Juni sich nicht präsentiert,/'Fortan ist alle Furcht ganz ausgerottet!'/So ward an allen Orten deklamiert.// Jetzt ist er da; unheimlich ist sein Schweif,/Von protestierten Wechseln lang gewoben,/ Sein Stoß wirft nieder, was zum Sturze reif,-/Man soll den Tag nie vor dem Abend loben!" Gesehen hat Hermann Molkenbuhr vermutlich den Kometen Donati, benannt nach dem Florentiner Astronomen Giovanni Battista Donati (1826–1873), ein sehr helles Objekt des Typs III mit vergleichsweise großer Masse, der ab Mitte August 1858 für mehrere Wochen mit bloßem Auge deutlich zu erkennen war. Donati war der erste Komet, der fotografiert wurde.
30 Der Schraubendampfer **„Austria"** war auf dem Weg von Hamburg in die USA am 13. September 1858 vor Neufundland in Brand geraten. Von den 542 Menschen an Bord kamen 453 ums Leben.
31 **Johann Peter Wilhelm Grawehl** (1813–1875), Orgeldreher und Moritatensänger, in Itzehoe ansässig, brach am 17. März 1875 während einer Vorstellung in Sonderburg tödlich zusammen. **„Des Pfarrers Tochter von Taubenhain"** ist eine Ballade von Gottfried August Bürger (1747–1794), von der es mehrere Vertonungen gibt, u.a. von Johann Rudolf Zumsteeg (1760–1802) und Carl Loewe (1796–1869); zum Text vgl. Sämmtliche Gedichte von G.[ottfried] A.[ugust] Bürger, Berlin 1879, S. 156–161; von der **„Geschichte von dem Adler, der ein Kind geraubt hat"** existieren mehrere anonyme Liedflugschriften ohne Jahresangabe im Deutschen Volksliedarchiv/Freiburg im Breisgau; der **„Untergang der Austria"** ist ein Bänkellied des Hamburger Schmiedes und späteren Gelegenheitsdichters Heinrich Schacht (1817–1863), von dem es ebenfalls mehrere Liedflugschriften im Deutschen Volksliedarchiv gibt.

„Stolz zog durch die Meeresfluten
hin, das Schiff die „Austria";
Reich mit Passagier beladen,
ging es nach Amerika."

Der Sänger, ein Greis mit langem, grauen Vollbart und tremolierender Baßstimme, machte immer einen überwältigenden Eindruck auf mich. Und lange glaubte ich, daß wirklich tragische Sachen nur mit tremolierender Stimme gesungen werden müßten.

Ein kühner Wasserforscher oder ein besonders vom Unglück verfolgter Junge war der Jüngste von uns, mein Bruder Wilhelm.[32] In der ganzen Umgegend gab es keinen Wasserarm, in welchen er nicht hineingefallen ist. Bald stürzte er von einem Floß ab, dann spielte er am Rand eines Grabens und stürzte kopfüber hinein, und selbst, wenn er im Winter aufs Eis ging, war es sicher, daß er ein Loch fand, um hineinzufallen. Wohl die meisten Greise sind in ihrem Leben nicht so oft der Gefahr des Ertrinkens ausgesetzt gewesen wie Wilhelm in den ersten acht Jahren seines Lebens. Das Ins-Wasser-Fallen Wilhelms wurde für Hinrich sehr oft verhängnisvoll. Er war 4½ Jahre älter und sollte darum aufpassen. Beim ersten Reinfall in die Au hatte er dafür gesorgt, daß Wilhelm ganz nackt ausgezogen und die Kleider getrocknet wurden. Aber die nach kindlichen Begriffen trockenen Kleider, in denen Wilhelm nach Hause kam, waren doch in dem Zustand, daß das Unglück gleich entdeckt wurde; nun blieb die Züchtigung nicht aus. Das wirkte aber so, daß bei Wilhelms nächstem Reinfall Hinrich nur abwartete, Wilhelm gerettet zu sehen und sich dann in hellem Trab nach Hause begab, um den Unfall zu melden. Es war ihm ja eingeschärft, daß er in solchem Falle schnell nach Hause kommen sollte. Nun war es auch nicht recht. Die zärtlich leidende Mutter dachte bei jedem kleinen Unfall an das denkbar Schlimmste. Wilhelm war ins Wasser gefallen und nicht da. Folglich war er ertrunken. Das Unglück wäre auch eingetreten, wenn nicht ein zum Melken gehendes Dienstmädchen ihn hätte hineinstürzen sehen und ihn nicht herausgezogen hätte. Nun gab es großen Jammer. Hinrich war so schnell gelaufen, daß es eine lange Zeit dauerte, bis wir auch anlangten. Immer noch sehe ich die gute Frau, als sie endlich ihren Liebling erblickte und ihn aus seinen nassen Kleidern herausholen und ins Bett packen konnte. Noch oft mußte Hinrich hören, wie er durch seine große Eile bald den Tod der Mutter herbeigeführt hätte.

---

32 **Franz *Wilhelm* Molkenbuhr** (1853–1934), Buchdrucker, Sozialdemokrat, lebte in Hamburg, seit 1897 in Bremen, zuletzt in Berlin, beigesetzt im Grab Hermann Molkenbuhrs auf dem Friedhof in Friedrichsfelde.

Wilhelm war aber nicht nur ein Pechvogel mit seinen Wasserabenteuern, auch zu Lande hatte er Pech. In der Brauerei, wo er der Liebling der Knechte war, hatte sich ein Schwarm Hornissen auf dem Boden ein Nest gebaut. Eines Tages wurde die Kühnheit Wilhelms von einem Knecht in roher Weise mißbraucht. Der Knecht sagte zu Wilhelm und einem anderen Knaben, sie sollten an den Querbalken der Sparren klettern und mit Knüppeln das Nest herunterschlagen. Die ahnungslosen Kinder kletterten dann auch hinauf und schlugen tapfer ins Nest hinein. Wilhelm mag wohl der tapferste gewesen sein; dafür war er dann von Hunderten Hornissen so gestochen, daß er in jammervollem Zustande nach Hause gebracht wurde. Es dauerte Wochen, bis die Geschwülste, die die Insektenstiche hervorgerufen, beseitigt waren.

Teils durch mein Kränkeln und auch wohl durch angeborene Unbeholfenheit war ich bei den Knechten weniger beliebt. Mir fehlten die Geschicklichkeit Hinrichs und die Kühnheit Wilhelms. Leidlich gut kam ich in der Schule vorwärts. Ich war wohl einer der schlechtesten Schreiber und auch in der deutschen Sprache weit zurück. In Zahl der Fehler im Aufsatz nahm ich es mit jedem auf und konnte oft wütend werden, wenn speziell ein Mädchen aus dem Armenhaus meinen Aufsatz zu korrigieren hatte. Diese war Meisterin in der deutschen Sprache und ließ keinen Fehler durch. Ein gutes Gedächtnis half mir aber selbst bei Mangel an Fleiß ganz gut vorwärts. Rechnen, Geographie, Geschichte und Auswendiglernen waren immer mein Feld. So kam ich denn schon als jüngster Knabe in die Mittelklasse, und als nach einem halben Jahr der dort angestellte Lehrer Wedel verließ und, da ein Ersatz fehlte, die Klasse aufgeteilt wurde, kam ich mit in die Oberklasse. Die schnellen Fortschritte in der Mittelklasse hatte ich Schumann, so hieß der Lehrer, zu danken.[33] Er war ein herzensguter Mann. Ich hätte leichter Prügel bei Lüthje ertragen als das Mißfallen dieses Mannes. Weil er sich über jeden Fortschritt seiner Schüler freute, so war ein förmlicher Wetteifer eingetreten, dem Manne Freuden zu bereiten.

Je mehr ich Geschmack am Lernen fand, desto höhere Pläne wurden geschmiedet. Bald wollte ich Juristerei, bald Medizin studieren, aber höher als alle andere Wissenschaft stand mir bald wieder die Technik. Auf einem Stader Dampfer hatte ich eine Maschine gesehen und bewundert, wie die mächtigen eisernen Arme die Räder drehen. So ein Ding konstruieren zu können, erschien mir doch bedeutend wichtiger, als Rezepte schreiben und Prozesse führen. In der Oberklasse der Schule kam ich dann wieder mehr mit Hinrich

---

33 **Herr Schumann** scheint nur für sehr kurze Zeit Lehrer in Wedel gewesen zu sein, denn er erscheint nach Auskunft des Stadtarchivs Wedel weder in der Schulchronik noch in den DVR.

Abb. 6: Johann Diedrich Möller, Schulkamerad Hermann Molkenbuhrs.

und seinen Freunden zusammen. Hinrich war auch ein vorzüglicher Rechner und hatte besonderes Talent im Schriftzeichnen. Er besuchte auch die Zeichenschule, mit der Lüthje sich einen Nebenerwerb geschaffen hatte. An einigen Abenden war Zeichenunterricht. Im Gebäude- und Landschaftszeichnen entwickelte Hinrich bald eine große Fertigkeit, auch Tierbilder glückten ihm, aber das menschliche Antlitz bot ihm unüberwindliche Schwierigkeiten. Als Zeichner war der Webersohn Diedrich Möller das Vorbild.[34] Selbst mit dicker Kreide konnte er recht gute Bilder zeichnen. Eine sichere Hand hatte er unzweifelhaft, denn als Mann wurde er ein Künstler im Anfertigen mikroskopischer Präparate. Marie Schaumann, das Mädchen aus dem Armenhaus, war die Musterschülerin.[35] Nicht allein, daß sie in der deutschen Sprache Meisterin war, sie war auch im Schönschreiben und fast allen Disziplinen so hervorragend, daß sie wohl Lehrerin geworden wäre und auf diesem Gebiet Hervorragendes geleistet hätte, wenn nicht Bauern über die Zukunft dieses Mädchens zu bestimmen gehabt hätten. Sie hatte große Neigung zum Lehren, und bald waren wir so befreundet, daß sie beim Aufsatzschreiben mir mit gutem Rat zur Seite stand und mir über Schwierigkeiten hinweghalf, die ich sonst nicht überwinden konnte. Nach dem hergebrachten Brauch mußten die Mädchen aus dem Armenhaus Dienstmädchen werden, und diesem Brauch mußte auch Marie Schaumann folgen. Durch harte Wirklichkeit wurde ihr beigebracht, daß all ihr Fleiß und ihre schönen Anlagen

---

34 **Johann Diedrich Möller** (1844–1907), Sohn eines Webers aus Wedel, Begründer der Firma „Optische Werke J. D. Möller" in Wedel, die Mikroskoplinsen und mikroskopische Dauerpräparate anfertigte.
35 **Marie Schaumann** ist nicht nachweisbar, da im Stadtarchiv Wedel keine Quellen über das Armenhaus vorhanden sind und das Mädchen weder in den DVR noch in den Wedeler Kirchenbüchern auftaucht.

eigentlich überflüssig und wertlos waren. Die Armut zwang sie zum harten Frondienst in der Bauernwirtschaft.

Umzug von Wedel nach Ottensen

War bisher unser Leben wie das der Kinder der Kleinbürger in der Kleinstadt gewesen, hatten wir alle Leiden und Freuden durchgemacht wie Millionen ähnlich gestellter Kinder, so sollte bald ein Wandel eintreten, dessen schreckliche Bedeutung wir erst völlig verkannten. In Hamburg hatten wir hin und wieder hineingesehen. Wenn einmal einer von uns mit in die Stadt genommen wurde, dann war diese Reise ein freudiges Ereignis. Bald winkte uns die Stadt als dauernder Aufenthalt. Täglich sollten wir die schönen Häuser, das bunte Getriebe der Stadt, den Hafen mit seinen großen Schiffen sehen usw. Einen herben Beigeschmack hatte es. Unsere gute Mutter war so unglücklich, daß sie auch uns zum Weinen bewegte.

Eines guten Tages kamen wir vergnügt nach Hause, unser Schiff hatte gut gesegelt, es war ein wunderbarer Frühlingstag. Da war Hauschildt, der Lieferant der Kolonialwaren für die Handlung unserer Eltern, bei uns.[36] Aber es war nicht so wie sonst, wenn er dort war. Er war weniger freundlich, und unsere Mutter saß in der Küche, in Tränen gebadet. Als wir frohen Mutes nach Hause kamen, umarmte sie uns und klagte: „Was soll aus euch armen Wesen werden?" Um was es sich handelte, wußten wir nicht, daß es ein großes Unglück war, kam uns zum Bewußtsein, denn so im Schmerz hatten wir unsere Mutter noch nie gesehen. Wir weinten mit. Später erfuhren wir, daß Hauschildt gekommen war, um sich zu überzeugen, ob seine Forderungen, die er an meinen Vater hatte, sicher seien, und als er Einsicht in dessen Bücher genommen hatte, hatte er rundheraus erklärt, daß mein Vater bankrott sei. Es war im Frühling des Jahres 1861.

Den Sommer durch ging das Geschäft noch. Jetzt ging etwas Geld von den Landarbeitern ein, die den Winter durch geborgt hatten, einige hundert Mark borgte sich mein Vater noch, und nun war er in der Lage, die Waren, die er bezog, bar zu bezahlen. So ging es den Sommer durch. Hinrich half diesen Sommer durch bei unserem Hauswirt bei der Landarbeit. Einfahren, bei der Ernte die große Harke ziehen und ähnliche Arbeiten mußte er verrichten. Mein Vater bemühte sich, bei wohlhabenden Verwandten Geld zu erlangen, um das Geschäft sanieren zu können, aber je mehr seine prekäre Lage bei den Verwandten bekannt wurde, um so isolierter stand er da. Der große Besuch,

---

36 **Hauschildt** stammte nicht aus Wedel, sondern vermutlich aus Hamburg, Altona oder Ottensen, wo er aber nicht eindeutig zu identifizieren ist.

der sich sonst zum Jahrmarktsfest bei uns einfand, um von unserem Fenster aus den Jahrmarktstrubel mit anzusehen, blieb dieses Jahr aus. Sonst war unser Haus der Sammelplatz für alle wohlhabenden Verwandten gewesen, jetzt war es klar, daß mein Vater arm war, und nun waren wir die arme Familie, die ein wohlhabender Bauer meidet. Ein wenig Besitz hätte auch ein engeres Band um die Familienangehörigen geschlungen, aber die Schande, daß ein Familienzweig verarmt war, konnte die Gesellschaft nicht ertragen. In der sicheren Hoffnung, einmal wieder in die Lage zu kommen, alle Schulden bezahlen zu können, hatte mein Vater sich bei vielen seiner früheren Freunde Geld geborgt; nun stand der Zusammenbruch fest.

Der Sommer, als die Tagelöhner Geld zum Bezahlen hatten, hatte noch so viel in die Handlung gebracht, die Familie über Wasser zu halten. Mit Hereinbruch des Winters ging es auch mit dem Geschäft zu Ende. Bald mußten wir los und einholen und solche Sachen kaufen, die wir sonst verkauft hatten. Ein gemästetes Schwein wurde nicht mehr geschlachtet, sondern verkauft. Ein großer Koffer voll Leinen, der sonst der Stolz meiner Mutter gewesen war, wurde eines Tages von den Verwandten in Spitzerdorf abgeholt; sie hatten dafür meinen Eltern 240 M geliehen. Das Weihnachtsfest war schon sehr trübe. Es fehlte der Tannenbaum. Nur Tante Luise, die Tochter unseres Hauswirtes, brachte ein großes Paket Baumkuchen.[37] Wenn noch der eine oder andere Verwandte sich einstellte, dann hörten wir oft das Wort: „Arbeit schändet nicht". Wir hatten doch schon allerlei Versuche mit Arbeiten gemacht. Hinrich verrichtete die Arbeit eines Dienstjungen beim Bauern, auch ich machte die Versuche mit der Arbeit, erst beim Pferdeantreiben beim Einfahren oder Antreiben der Pferde im Ziegelwerk, und dann half ich dem Sohn des Schlachters Hennings Pansen austragen.[38] Unter Pansen verstand man ein Gemisch von gekochtem Fleisch. Die Rindermagen, Rinderköpfe und ähnliche Fleischteile waren zerschnitten und gekocht. Portionen in kleinen Töpfen wurden dann den Leuten ins Haus gebracht. Sollte so eine Portion für 4, 6 oder 8 Schilling 30 bis 60 Pf weit über Land gebracht werden, dann lohnte es sich nur, wenn Kinder, die für den Marsch nur ein Butterbrot bekamen, gehen würden.

So kam ich denn auch einmal nach der Hetlinger Schanze. Ganz eigenartige Stimmungen brachte dieser schlichte Winkel in mir hervor. Elsbe Swan und auch meine Mutter hatten oft von der großen Sturmflut des Jahres 1825

---

37 **Luise (eigentlich Margrethe Elisabeth) Heinsohn** (1830->1870), in Wedel geborene Tochter des Brauers und Brenners Franz Hinrich Heinsohn.
38 **Hans Jürgen Hennings** (1851–1936), in Wedel geborener Sohn des Schlachtermeisters Johann Hennings, arbeitete später als Fabrikarbeiter in Hamburg und Altona.

erzählt.[39] Damals habe das Wasser schon bis an Wedel gestanden, aber vor Eintritt der Elbe sei es plötzlich gefallen, dann sei auch die Nachricht gekommen, daß der Deich gebrochen und nun das Wasser ins Land eingedrungen sei. Dicht bei dem Haus, wo wir das Fleisch hinbrachten, war der Deich gebrochen. Ein großer Wassertümpel zeigt heute noch die Stelle an. Dort hatte das Wasser eine große Vertiefung gespült, die beim Ausbauen des Deiches nicht wieder aufgefüllt war. Jetzt war noch ein großer Außendeich gebaut. Aber in dem Hause, welches dicht am Deiche lag, so nahe bei der Stelle, wo der Deich gebrochen, kamen mir immer die Erzählungen von dem Hochwasser wieder in den Sinn. Wenn dann ein scharfer Westwind wehte, liefen wir, sobald wir das Fleisch abgeliefert hatten, in schnellem Schritt auf Holm zu. Die ganze Chaussee ging durch hohe Sanddünen, wo das Wasser nicht hinkommen konnte. Die Straße, in die wir hineinkamen, hieß Ansgarstraße und man hatte uns erzählt, als Ansgar das Christentum gepredigt, habe er einmal, als er von Heiden verfolgt wurde, in jenen Sanddünen Schutz gefunden.[40] So sahen wir in den Dünen alte Schutzgeister, die fromme Leute vor dem Verderben bewahren.

So tauchte in dem trüben Winter oft die Frage auf: Was wird der Sommer bringen? Ich war im Herbst in die Oberklasse versetzt worden und hoffte, dort gute Kenntnisse zu erwerben. Nun kam eines Tages die Auktion. Die große Diele, die sonst unser Spielplatz war, war angefüllt mit Leuten. Manch gutbekanntes Stück wurde von dem Auktionator bezeichnet und er fragte dann: „Wieviel soll ich dafür haben?" Es wurde geboten, und er sagte dann: „zum ersten, zum zweiten, zum dritten", und das Stück, welches einst unser Besitz war, ging in den Besitz eines Andern über. Nun war die Wohnung öde und leer. Zum Spielen war recht viel Platz, aber die Freude fehlte. So oft wir zu Hause waren, saß unsere Mutter und weinte und klagte über unsere Zukunft. Vater war mehrfach nach Altona gegangen, und endlich wurde der Tag der Abreise festgesetzt.

In Begleitung von Johannes Rohlfs machten wir eine Rundwanderung, um bei allen Bekannten Abschied zu nehmen. Wir gingen zum Pastor, den Lehrern, und alle wünschten uns viel Glück. Die kleine, lustige Frau Rohlfs, die

---

39 Die **Sturmflut** vom 3. und 4. Februar 1825 war die „Jahrhundertflut" des 19. Jahrhunderts. Sie verursachte zahlreiche Dammbrüche. An manchen Küstenabschnitten wurden die Hochwasserpegel erst von der Sturmflut des Jahres 1962 übertroffen. Etwa 800 Menschen und 45.000 Stück Vieh verloren ihr Leben, rund 2.400 Gebäude wurden zerstört.

40 **Ansgar** (801–865), Heiliger, Benediktiner, 831 erster Bischof des neuerrichteten Bistums Hamburg, missionierte in Dänemark und Schweden („Apostel des Nordens"), Fest am 3. Februar.

sich und ihren Johannes mit Plätten ernährte, umarmte und küßte uns.[41] Wir mußten noch Kaffee trinken, bekamen Butterbrote, und wir mußten versprechen, im Sommer einmal wiederzukommen. Am Abend wurden dann die wenigen Habseligkeiten auf zwei Bauernwagen gepackt. Die Nacht wurde auf der Erde geschlafen und am nächsten Morgen, es war am 28. März 1862, mußten wir, als es noch finster war, aufstehen. Schon gegen 5 Uhr wurde die Reise angetreten. Es war ein naßkalter Morgen. Trotzdem begegneten wir schon einem der wohlhabenden Verwandten. Er sprach mit meinen Eltern, und durch dieses Gespräch kam meine Mutter in furchtbare Aufregung. Der „feinfühlige" Mensch hatte den traurigen Mut gehabt, meine Eltern noch zu verhöhnen. Er hatte gesagt, er könne ihnen zwar 10.000 M schenken, aber er wolle es nicht. Unsere Mutter, die sonst nur still litt, und durch Weinen ihrem gepreßten Herzen Luft machte, wurde durch diese Unverschämtheit in Wut versetzt und warf dem sauberen Patron vor, daß er und seine Familie durch ihren Wucher schon meinen Großvater ausgeplündert und an den Bettelstab gebracht hatten. Das Geld, womit er jetzt protze, sei nur das Ergebnis verbrecherischen Treibens. Viel lieber wolle sie in Armut darben, als mit dem Schuldbewußtsein beladen, ehrliche Menschen beraubt zu haben, im Überfluß leben.

Schon waren wir durch Rissen hindurch, als es anfing zu tagen. Es wurde nun auch etwas wärmer, und wir konnten uns auf den Wagen setzen. Wie vergnügt wurden wir, als wir die ersten städtischen Häuser, wie wir die Villen nannten, in Sicht bekamen. Trotz des Fehlens des Frühjahrsschmuckes hielten wir die Gärten für Paradiese und das Bewußtsein, diese schönen Gärten und Häuser täglich sehen zu können, versetzte uns in die fröhlichste Stimmung. Endlich war Ottensen erreicht. Jener Stadtteil von Altona war damals in einem Übergangsstadium. Klopstock nennt Ottensen „ein friedlich idyllisches Dorf".[42] Idyllisch waren die Wege, denen man schon den Namen Straße gegeben hatte. In den meisten Straßen fehlte das Pflaster völlig. Schier unergründlicher Schlamm hinderte die Pferde am Vorwärtskommen. Wo aber Straßenpflaster war, hatte man einfach unbehauene Steine in den Boden gesetzt. Die waren jetzt tief in den Boden hineingefahren. Auch standen einige Straßenlaternen an den Wegen. Sie dienten aber weniger zur Beleuchtung, sondern konnten nur als Leuchtfeuer behandelt werden. Immer bevor man ein Licht aus der Sicht verlor, konnte man das nächste schon sehen. Man be-

---

41 **Johanna Catharina Rohlfs** (1820->1870), Näherin, Witwe des Organisten und Lehrers Joachim Rohlfs (†1854), Mutter von Hermann Molkenbuhrs Spielkameraden Johannes Rohlfs, zog später von Wedel nach Ottensen.
42 Ein solches wörtliches Zitat von Friedrich Gottlieb Klopstock lässt sich nicht nachweisen. Vgl. Einleitung, S. 32.

hielt die Richtung und konnte die Straßenecken entdecken. Das friedliche Bauerndorf schickte sich an, Fabrikstadt zu werden. Gleich an der Chaussee lagen zwei Seifenfabriken, eine Tabakfabrik und eine Pianofabrik. […] Sechs oder sieben Tabakfabriken, zwei Cichorienfabriken, zwei Glasfabriken, Eisengießereien, Kesselschmieden, Maschinenfabriken usw. hatten sich zwischen den Bauernhöfen niedergelassen. Die Mehrzahl der Häuser war mit Strohdach versehen.

So zogen wir denn in das Dorf hinein, bis der Wagen vor einem kleinen Haus haltmachte. Dieses Haus sollte für die nächste Zeit unsere Wohnung sein. Aber nicht wir allein sollten dort wohnen, denn außer uns wohnten noch zehn Familien und ungezähltes Ungeziefer in dem Haus. Unsere Wohnung bestand aus einer an der Straße belegenen zirka 1 ½ Meter breiten Küche, einem ganz kleinen Zimmer und einer noch kleineren Kammer.[43] Das Haus war aus Überresten vom Hamburger Brand errichtet.[44] Der frühere Hauseigentümer, damals Halsinger, hatte sich alte Steine, Fenster und Türen geholt und ursprünglich ein Haus mit vier Wohnungen errichten lassen.[45] Als er für größere Wohnungen keine Mieter fand, wurden elf sogenannte Wohnungen daraus gemacht. Der jetzige Hauswirt war Landmann und Unternehmer im Betrieb des Kummerwagenmistens.[46] Auf dem geräumigen Hofplatz standen neben dem riesigen Düngerhaufen dann die zwar von ihrem Inhalt erlösten, aber doch mindestens so stark stinkenden Wagen, als wenn sie gefüllt waren. Die jämmerliche Wohnung, in der die wenigen Sachen, die wir besaßen, doch wie in einem Speicher aufgestapelt werden mußten, um Raum zum Schlafen zu gewinnen, wirkte auch auf uns lustige Brüder niederdrückend. Bettstellen hatten wir nicht mitgebracht, denn in der Wohnung in Wedel waren eingemauerte Bettstellen gewesen. Auf dem Fußboden kampieren war hier aber sehr wenig angebracht, da der Fußboden aus Backsteinen hergestellt war. Wir hatten aber noch reichlich Federbetten, und deshalb waren wir in der Nacht vor Kälte geschützt. Unsere Mutter stellte gleich eine Mausefalle auf, durch welche noch vor Abend das lebende Inventar der Wohnung um ein Dutzend Exemplare verringert wurde, vorausgesetzt, daß nicht die

---

43 **Belegen:** vgl. S. 36, Anm. 3.
44 **Hamburger Brand:** Vom 5. bis 8. Mai 1842 vernichtete ein Großbrand nahezu ein Drittel der Innenstadt Hamburgs, darunter das Rathaus, mehrere Kirchen und über 4.000 Wohnungen; mehr als 20.000 Menschen wurden obdachlos.
45 **Carl Ludwig Halsinger** (1803–1860), aus Braunschweig stammender Partikulier und Hauseigentümer, Sohn eines Braunschweiger Senators.
46 Mit den **Kummerwagen**, von Pferden gezogenen Kastenwagen, wurden die Abfälle aus Altona und Ottensen, einschließlich der Fäkalien, frühmorgens auf die Felder der Bahrenfelder Bauern gefahren.

weiblichen Exemplare an dem Tage für ebenso reichlichen Zuwachs gesorgt hatten.

Wir Knaben traten gleich eine Forschungsreise an. Zunächst merkten wir uns, daß wir Nr. 18 wohnten und die Straße den Namen Papenstraße hatte. In der Straße waren außer dem Eigentum unseres Hauswirts noch ein halbes Dutzend Bauernhöfe. Aber gleich hinter der Bornstraße eine Reihe freundlicher Wohnungen und selbst ein vornehmes Haus, in welchem ein Justizrat wohnte. Wir staunten längere Zeit das Haus und namentlich das Türschild an. Justizrat mußte nach unserer Auffassung etwas ganz Bedeutendes sein, denn in ganz Wedel und Umgegend kam so etwas nicht vor. Dann sahen wir rechts den Spritzenplatz. Vorläufig ging unsere Forschung darauf, was geradeaus kommen würde. Wir gingen durch eine schmale Gasse, die den Namen Rabentwiete hatte, sie bog rechts als richtiger Dorfweg ab, in der Ziegenkramer seinen Besitz hatte.[47] Dann kam eine hohe Planke. Wir mußten wissen, was hinter der Planke war. Bald hatten wir ein Astloch entdeckt und sahen nun einen Friedhof, aber keine Kreuze. Die Steine mit hebräischen Buchstaben. Aber so viele Steine! Wir hatten zwar den alten David kennengelernt, der Gold- und Silbersachen aufkaufte,[48] und dann eine Anzahl Juden, die nach Wedel zum Jahrmarkt kamen, aber wir hatten nie geahnt, daß aus der Zerstörung Jerusalems sich noch so viele Juden gerettet hatten, daß ein solcher Friedhof mit ihren Toten angefüllt werden könne.[49] Schon waren wir im Begriff, unsere historischen Kenntnisse über die Zerstörung Jerusalems und die Judenverfolgungen des Mittelalters zu rekapitulieren, als plötzlich schrille Pfiffe unsere Aufmerksamkeit ablenkten. Da fuhr eine Eisenbahn. Hinrich hatte einmal eine Eisenbahn bei Tornesch, als er Torf vom Moor geholt hatte, gesehen. Wilhelm und ich beneideten diesen Glückspilz, und nun war dieses Vorrecht vorbei. Wir sahen, wie sie fährt. Als wir dieses Glück genossen hatten, eilten wir heimwärts, um unserer Mutter die großen Entdeckungen mitzuteilen. Die Wohnung eines Justizrates, ein Judenkirchhof und eine Eisenbahn, das waren die Resultate einer halbstündigen Entdeckungsreise. Dieses entschädigte uns für das Ungemach des jämmerlichen Lochs, in wel-

---

47 „Ziegenkramer": Spitzname des aus Flensburg stammenden Gärtners **Johann Kramer** (1810–1885), der in der Großen Rabentwiete 15 in Ottensen eine Gärtnerei betrieb.

48 Der „**alte David**" stammte nicht aus Wedel; sonst sind keine weiteren Angaben möglich.

49 Gemeint ist der Jüdische Friedhof zwischen Ottensener Hauptstraße und Großer Rainstraße, dessen Anfänge in das Jahr 1663 zurückreichen. Während der Nazidiktatur wurde das Friedhofsgelände für Luftschutzbauten geräumt. Der Großteil der rund 4.000 Grabsteine wurde zum Bunkerbau verwendet. Nur 175 besonders wertvolle Grabsteine wurden gerettet und auf den Jüdischen Friedhof in Ohlsdorf überführt. Der ehemalige Jüdische Friedhof in Ottensen machte weltweit Schlagzeilen, als Anfang der 1990er Jahre orthodoxe Juden den Bau eines Einkaufszentrums auf dem Gelände verhindern wollten.

chem wir kampieren mußten. Wir hatten in der Schule schon oft von den Entbehrungen der Forschungsreisenden gehört. Wir sahen uns schon reichlich belohnt.

Am Nachmittag wurde nun die Richtung eingeschlagen, wohin die Eisenbahn gefahren war; dort entdeckten wir zunächst einen Weg über die Bahn und konnten dort die Schienen sehen, ebenfalls war ein Maschinenschuppen in der Nähe, und dann konnten wir einen Blick nach dem Bahnhof werfen, und da wir sahen, daß er in der Nähe war, gingen wir auch dorthin. Wir sahen dann auch die Drehscheibe, auf welcher die Maschinen umgedreht wurden. So schwelgten wir in neuen Entdeckungen. Kein Forschungsreisender kann so glücklich sein, wie wir trotz unseres Unglücks waren. Stündlich wurden neue Entdeckungen gemacht. So wurde dann auch der folgende Tag, ein Sonnabend, verbracht, und am Abend kannten wir schon alle Straßen und Wege. Ein auch für die Fabrikstadt seltenes Schauspiel bot der Sonntag. In der Kesselschmiede von Lange & Zeise war ein riesiger, für eine Zuckerfabrik bestimmter Dampfkessel angefertigt worden.[50] Diesen Kessel durch die Sümpfe, denen man den Namen Straße gegeben hatte, zu bringen, war ein Meisterstück der Fuhrmannskunst. Die Deichseln des Wagens waren durch Ketten verlängert; auch an den Seiten der breiten Flächen des Wagens hatte man Schwengel für Pferde angebracht, so daß 40 Pferde vor einem Wagen waren. Mittags begann der Transport und es wurde Abend, bevor der Kessel den Bahnhof erreichte. Erschien uns so die Arbeit als dekoratives Schaustück, so sollten wir sie bald näher kennenlernen.

Kinderarbeiter und Abendschüler

Nun ging das Arbeitsuchen los. Der erste, der Arbeit fand, war Hinrich, der bei einem Zigarrenhausarbeiter als Zurichterlehrling untergebracht wurde.[51] Mit Wilhelm und mir ging dann der Vater von Fabrik zu Fabrik und dann hieß es: Ihr fangt in der Cichorienfabrik von Richard Richelsen an.[52] Des Morgens 6 Uhr mußten wir ausgerüstet mit Leinenkittel, Schürze und alter Mütze antreten. Die Fabrik bestand aus einem Komplex von im rechten Winkel gebauten Häusern, die alle miteinander verbunden waren. Beim Eingang

---

50 Gemeint ist die Maschinen- und Dampfkesselfabrik von **Lange & Zeise** im Bahrenfelder Kirchenweg 1 in Ottensen.
51 Der **Zurichter** fungiert als Hilfsarbeiter für den eigentlichen Zigarrenmacher, indem er den Tabak für das Zigarrendrehen vorbereitet, also anfeuchtet, die Rippen entfernt, die Einlage zerkleinert.
52 Gemeint ist die Cichorienfabrik von **Richard Richelsen** in der Großen Brunnenstraße 4 in Ottensen.

Abb. 7: Die Cichorienfabrik von Richard Richelsen.

war ein zweistöckiges, weißes Haus, in welchem unten das Kontor war. Die obere Etage war die Wohnung des Meisters. An dieses Haus schloß sich der einstöckige Bau an. Zunächst ein Raum für Tütenkleben, eine Arbeit, bei der nur Frauen und Mädchen beschäftigt waren; dann kam die Brenne, hier sah es schwarz und rauchig aus. In großen, mit Torf geheizten Trommeln wurden die Cichorienwurzeln und die Bestandteile des Gesundheitskaffees gebrannt. Die Trommeln lagen in gemauerten Öfen, die oben offen waren. Über den Öfen war zwar ein großer Rauchfang, durch welchen der Rauch des Torfes abziehen konnte. Neben den Öfen war dann eine große, mit Fliesen belegte Fläche, wohin die gebrannte Ware zum Abkühlen ausgeschüttet wurde. Zur Frühstückszeit hatten die Brenner aber schon das Aussehen von Schornsteinfegern. Neben der Brenne lag im rechten Winkel das Kessel- und Maschinenhaus. Im vorderen Teil standen ein Vorwärmer und die aufrecht stehende Dampfmaschine, und in einem Anbau lag der Dampfkessel. Im Gegensatz zur Brenne war hier alles sehr blank. Der Heizer Classen war früher als Heizer auf einem Schiff gefahren und verstand das Putzen meisterhaft.[53] Neben-

---

[53] Nicht identifizierbar, da fünf Männer namens **Classen bzw. Claasen** unter der Berufsbezeichnung „Arbeitsmann" im Ottensener bzw. Altonaer Adressbuch aufgeführt sind.

bei war er Klempner und hatte die Blechformen auszubessern, aber oft versah er auch Blechkessel mit neuem Boden.

Vorläufig konnten wir nur einen flüchtigen Blick in diesen Wunderraum zur Krafterzeugung werfen und mußten wir weiterwandern durch die Mühle. Ein großer Raum mit drei gewöhnlichen Mahlgängen. Die Wände waren gelb mit einer dicken Schicht Cichorienmehl bedeckt. An den Wänden standen große Kisten, in denen das Mehl aufbewahrt wurde. Endlich erreichten wir den Raum, der unsere Arbeitsstätte sein sollte, das Loch. Ein Raum, an dessen drei Wänden je ein Arbeitstisch für fünf Jungen stand. In der Mitte war ein Block im Fußboden zum Stampfen. Am Tisch Nr. 3 wurden Wilhelm und ich untergebracht. Ich zum Eintun und Wilhelm zum Wegsetzen.

Die Arbeit war nämlich wie folgt eingeteilt: Am Kopfende des Tisches war in der vollen Breite desselben eine Kiste, in welche das Cichorienmehl hineingeschüttet wurde. Neben der Kiste hing ein viereckiger Korb mit Tüten. Der Eintuer hatte eine Blechröhre als Schippe. Während er mit der rechten Hand ins Mehl stach, um seine Schippe zu füllen, griff er mit der linken Hand in den Tütenkorb und nahm eine Tüte, blies sie mit dem Mund auf und fuhr dann mit der Schippe in die Tüte hinein. Die Tüte mußte dann mit dem Gold- und kleinen Finger an der Schippe festgehalten und nun mußte ein Schwung gemacht werden, so daß das Mehl mit solcher Wucht in die Tüte flog, daß die Tüte glatt gefüllt und etwaige Falten beseitigt wurden.[54] Die gefüllte Tüte wurde dann auf einen über der Mehlkiste befindlichen Kasten gesetzt. Neben dem Tütenkorb stand dann der Abwieger, der etwas zutat, so daß das nötige Gewicht in der Tüte war. Dem Abwieger gegenüber stand der Einstecker. Dieser steckte die noch offenen Pakete in eine viereckige Blechform. Hatte er sechzig Formen voll, dann wurden dieselben in einen mit Eisen beschlagenen Kasten aus Eichenholz gestellt und mußten dann abwechselnd von dem Eintuer, Abwieger und Einstecker so lange auf den in der Mitte des Raumes befindlichen Eichenklotz aufgestoßen werden, bis das Mehl in der Tüte so fest war, daß der obere Rand mit der Form gleich war. Der Zumacher schüttete dann das durch das Stampfen an die Oberfläche gekommene grobe Mehl ab und schloß die Tüte. Der Wegsetzer endlich stellte die Pakete in Rahmen, die unten und oben mit Leisten versehen waren. Der obere Verschluß des Paketes mußte so auf die Leiste gestellt werden, daß die Leiste den Verschluß zuhielt.

---

54 **Goldfinger:** heute ungebräuchliche Bezeichnung für den Ringfinger; vgl. Deutsches Wörterbuch von Jacob und Wilhelm Grimm [Nachdruck Deutscher Taschenbuch-Verlag], Bd. 8 Glibber-Gräzist, München 1984, S. 771.

Das Tagesquantum für 5 Knaben war 5000 Pakete.[55] Waren diese abgeliefert, dann mußten die fünf Knaben ihr Werkzeug – Schippe, Formen, Tütenkeile und Stampfkasten – reinigen und konnten gehen. Der Gang Knaben, der zuletzt fertig wurde, mußte dann auch noch das Loch reinigen, also den ganzen Raum mit Handfeger auskehren. Die Aufsicht im Loch hatte Vollmer, ein etwas an Sadismus leidender, pickliger Schneider.[56] Seine Strafarten waren an den Ohren reißen, bis das Blut am Hals herunterlief, Schläge mit Rohrstock und Teertau.[57] Vorwände zum Züchtigen waren erstens „Faulheit": „Faul" war ein Junge, wenn sein Vordermann so schnell arbeitete, daß er warten mußte, wenn Zwischenarbeiten für den Hintermann eintraten. Wenn der Eintüter Tüten vom Boden holen oder in Gemeinschaft mit dem Abwieger Mehl aus der Mühle holen mußte, oder wenn er stampfen mußte. Ferner „schlechtes Arbeiten": hatte er beim Tütenholen solche erwischt, wo der Kleister nicht ganz trocken war, oder die Pakete nicht so stark ausgeschwenkt, daß beim Stampfen unten Falten entstanden, oder der Einstecker einige schief in die Form gebracht oder der Zumacher im Verschluß etwas lange Schnabel hatte. Genug, Vollmer wußte immer einen Grund, jeden der 15 Knaben seines Ressorts täglich zu bestrafen, d.h. die Ohren einzureißen, oder Ohrfeigen mit der Hand zu geben, das waren die mildesten Strafen. Der Rohrstock war schon schärfer, und das Teertau war die schärfste Strafe, wenn „Faulheit" und „schlechtes Arbeiten" zusammentrafen. Am ersten Tag waren wir ja Lehrlinge, da ging es noch ohne Strafen, aber am zweiten lernten wir schon das Ohrreißen kennen. Selbstverständlich war der Tisch Nr. 3 mit zwei Neulingen immer der letzte und hatten wir täglich das Lochreinigen als Zuleiste und kamen wir selten vor 4 ½ Uhr und mittwochs und sonnabends vor 7 Uhr aus dem Loch.

Jetzt mußten wir auch zur Schule. Aber erst mußten wir die Erlaubnis zur Abendschule haben, die der Pastor erteilte. Unser Vater ging mit uns zum Pastor Lau, und da mußte jeder seinen Namen schreiben, dann gab er uns ein Gesangbuch, aus welchem jeder einen Vers vorlesen mußte, und da wir die nötigen Kenntnisse im Lesen und Schreiben hatten, konnten wir in die Abendschule gehen.[58] Unser Wochenverdienst in der Cichorienfabrik war 20 Schil-

---

55 Die Anzahl von **5000 Paketen** erscheint eigentlich zu hoch, aber Molkenbuhr wiederholt die Zahl noch zweimal, so dass sie (auch mangels Alternative) unverändert blieb.
56 Nicht identifizierbar, da mehrere Männer namens **Vollmer bzw. Volmer** (Molkenbuhr benutzt beide Schreibweisen) unter der Berufsbezeichnung „Arbeitsmann" im Ottensener bzw. Altonaer Adressbuch aufgeführt sind.
57 **Teertau:** ein durch Tränken mit Teer haltbarer gemachtes Transmissionsseil.
58 **Georg Johann Theodor Lau** (1813–1873), in Schleswig geboren, evangelischer Geistlicher, seit 1855 Pastor an der Christianskirche in Ottensen, Verfasser einer „Geschichte der Reformation in Schleswig-Holstein" (1867).

ling = M 1,50; hiervon mußten 3 Schilling, also 22 ½ Pf für Schulgeld bezahlt werden. Der Gang zur Schule brachte die erste große Enttäuschung. Hinrich und ich kamen in die Oberklasse. Christiansen und Blöcker gaben hier den Unterricht.[59] Wir glaubten doch eine bessere Schule zu finden als in Wedel und zogen nun, ausgerüstet mit unseren ganzen Schulbüchern, namentlich Schreib- und Rechenbüchern, zur Schule. Als Schreibbuch war Adlers Musterschreibbuch vorgesehen, wo die erste Reihe eine Vorlage ist, die dann auf der ganzen Seite nachgemalt werden muß.[60] Da wir keine zwei Schilling zur Beschaffung solchen Schreibbuches bei uns hatten, konnten wir diesen Abend in unser Schönschreibbuch schreiben. Den Anfang bildete diesen Abend, zwei Verse aus einem Gesang singen, dann kam das übliche Gebet, hierauf 1 ¼ Stunde Religion, dann ¼ Stunde Buchstabenmalen, dann wieder Gebet und Gesang. „Rechnen ist freitags", hatte man uns gesagt. Der Dienstag bei Blöcker hatte fast dasselbe Programm nur statt Religion Biblische Geschichte. Der Donnerstag war genau wie der Montag, und endlich der Freitag glich dem Dienstag, nur mit dem Unterschied, daß nun statt Schreiben Rechnen war. An der Wandtafel waren vier Rechenaufgaben angeschrieben so einfacher Natur, daß Hinrich und ich uns nicht die Mühe machten, sie auf die Tafel zu schreiben, sondern das Fazit gleich wußten. Dann erlaubte uns Blöcker, daß wir unsere Rechenbücher benutzten. Das ging zwei oder drei Freitage, dann kam Hinrich, der neben dem Schönschreiben im Rechnen weit fortgeschritten war, an eine sehr schwierige Aufgabe. Er fragte Blöcker, der sich dann auch Mühe gab, das Ding zu lösen, aber auch er verzweifelte, und der Erfolg war, daß wir unsere Rechenbücher nicht wieder mitbringen durften. Wir mußten jetzt auch mit ausrechnen: Wenn 1 Pfund Zucker 4 Schilling kostet, wieviel kosten 6 Pfund? Im Lauf des Jahres wurden dann die Aufgaben komplizierter, so daß zunächst regelmäßig in einer Zahl und am Schlusse des Jahres in beiden Zahlen ein Bruch erschien. Als dann aber die Jahresprüfung gewesen, die Konfirmanden abgegangen [waren] und der Zuwachs aus der Unterklasse gekommen war, da ging das Rechnen auch wieder bei denselben Aufgaben los, die wir im vorigen Jahr gehabt hatten.

So lernten wir denn kennen, was Eintönigkeit des Lebens ist. Täglich 5000 Tüten mit Cichorienmehl füllen, Tüten vom Boden holen, 30 Mal stampfen. Abends 1 ¼ Stunde Religion, dann Buchstabenmalen. Die einzige Abwechs-

---

59 **Christian Christiansen** (1817->1885), aus Apenrade stammend, seit 1843 Küster an der Christianskirche in Ottensen und Knabenlehrer, erscheint in dieser Funktion letztmals 1886 im Ottensener Adressbuch; **Johann Detlef Blöcker** (1836->1864), aus Neumünster stammender Lehrer, war nur für kurze Zeit Anfang der 1860er Jahre in Ottensen tätig.
60 Es handelt sich vermutlich um ein im Verlag von **Carl Adler** in Hamburg erschienenes Schulbuch.

lung bildeten die Strafen Vollmers und die kleinen Abwechslungen in der Arbeit, ob graue, rote oder grüne Pakete, ob ½- oder ¼-Pfund, oder ob Cichorien- oder Gesundheitskaffee die Tüten füllte. Schon als Junge in Wedel hatte ich den Inhalt der Aufschriften des Gesundheitskaffees studiert. Dr. Arthur Lutze hat denselben als gesundheitsfördernd bezeichnet.[61] Ich hatte ihn für ein Medikament gehalten, und jetzt sollte ich in der Apotheke mitwirken. Eines Tages wurde statt Cichorienwurzel Roggen gebrannt, dann folgten Eicheln und Kaffee.

Eines Tages hieß es dann, ich müsse hinauf zum Mischen. In den großen Kasten auf dem Boden über den Mahlgängen wurden nun einige Sack gebrannten Roggens geschüttet. Ich mußte mit einem Brett die Oberfläche glattstreichen. Dann kam ein Sack Cichorienwurzeln, dann ein Sack Eicheln und dann ein kleiner Sack Kaffee. Diese Prozedur wiederholte sich so oft, bis alle drei Kasten über den Mühlengängen gefüllt waren. Bald nahm der Staub in der Mühle ab, und der liebliche Kaffeegeruch verbreitete sich. Gesundheitskaffee war ein Fest für die Jungen im Loch; die Pakete waren schneller gemacht und daher kam die Feierabendstunde schneller.

Gar bald lebten wir uns in das Getriebe ein und lernten nun die ganze Fabrik kennen. Die Arbeitszeit war von 6 bis 8 ½ Uhr, dann trat eine halbstündige Frühstückspause ein, dann wurde von 9 bis 12 Uhr gearbeitet, worauf eine Stunde Mittagspause eintrat und dann von 1 Uhr bis die 5000 Pakete fertig waren oder sonst bis 4 ½ und mittwochs und sonnabends bis 7 Uhr. An vier Tagen in der Woche war von 5 bis 7 Uhr Schule. Die Arbeit im Loch war sehr schmutzig. Das Cichorienmehl wurde in trockenem Zustand in die Pakete gefüllt. Es ist fast flüssig. Wenn es in den Behältern getragen wurde, schwankte es fast wie eine Flüssigkeit. Das Füllen der Kasten gibt eine so starke Staubwolke, daß man minutenlang den Nachbarn nicht sieht, und das Ausschwenken der Tüten gab so viel Staub, wie ein Flintenschuß Rauch gibt. Der Schweiß färbte dann das gelbgraue Mehl, welches sich auf der Haut lagerte, braun, und schon nach acht Tagen hatten Wilhelm und ich die Zigeunerfarbe. Die Knaben aus dem Loch der beiden Cichorienfabriken wurden von den anderen Knaben auch nie anders als „Zigeuner" genannt.

In der Fabrik arbeiteten eine Anzahl Frauen und Mädchen zum Tütenkleistern. Dieses war Akkordarbeit. Unter den Mädchen befand sich eine

---

61 **Arthur Lutze** (1813–1870), Arzt, praktizierte seit 1846 in der Nachfolge Samuel Hahnemanns, des Begründers der Homöopathie, in Köthen, eröffnete dort 1855 die Lutze-Klinik, verfasste u. a. die „Lebensregeln der neuen Heilkunst oder Homöopathie" (1844) und das „Lehrbuch der Homöopathie" (1860). Lutze ließ nach seinem Rezept die Firma Louis Wittig & Comp. in Köthen Gesundheitskaffee herstellen, der „allen Kranken, sowie auch Gesunden, welche durch den Genuß von Bohnenkaffee aufgeregt werden, sehr zu empfehlen" war.

Zwergin Henriette oder Jette, wie sie kurz genannt wurde. Es war ein Klumpen Unglück. Kaum einen Meter hoch, aber recht dick, war sie das Gegenteil von Schönheit. Aber sie hatte ein stark entwickeltes Liebesbedürfnis. Zwei hübsche Männer unter den vier Arbeitern in der Brenne wurden besonders von Jette verehrt. Sowie die Frühstückspause begann, saß Jette in der Brenne, und nicht selten waren ihre dicken Backen mit Ruß gefärbt. Aber gerade dann, wenn die anderen über die geschwärzte Jette lachten, schwamm sie in Seligkeit. Hatte doch einer der Brenner ihr die Backen gestreichelt. Dann kam eine Zeit, in der Jette immer unförmiger wurde. Eines Tages kam sie nicht mehr in die Fabrik, und bald hieß es, Jette ist im Wochenbett gestorben. Die ganze Fabrik, einschließlich der Knaben, gab ihr das Grabgeleit.

Vorübergehend wurden wir mit in der Packerei beschäftigt. Wenn die Pakete im Loch fertig waren, kamen sie in die Keller. Neben dem Loch war der Kühlkeller. Ein großer Keller, dessen Grund cirka 20 Stufen tiefer als der Fußboden des Loches lag und einem Raum, [der] bis an die in gleicher Höhe mit dem Loch liegende Decke reichte. Der ganze Raum war angefüllt mit einem großen Holzgerüst, auf welches die Kasten, so nannte man die Rahmen, in welchen die Tüten verpackt waren, gestellt wurden. Unter dem Gerüst stand Wasser. Im Kühlkeller standen die Pakete vier bis sechs Wochen. Dann kamen sie in den Dampfkeller, ein ebensolcher Raum wie der Kühlkeller. In diesen wurde der Abstoßdampf der Maschine hineingelassen. Während die Feuchtigkeit im Kühlkeller die Cichorie in den Paketen in eine noch gelb aussehende feste Masse verwandelte, färbte der Dampf im Dampfkeller die Cichorie dunkelbraun und verwandelte sie nun in die teigartige Masse, in der sie in den Handel kommt. An den Dampfkeller schloß der Packraum an, wo die grauen Pakete die farbige Hülle bekamen oder die farbigen Pakete mit Etiketten beklebt wurden. Die letztgenannte Arbeit war auch Knabenarbeit. Häufte sich diese Arbeit, so daß die fünf im Packraum beschäftigten Knaben die Arbeit nicht bewältigen konnten, dann wurden fünf Knaben aus dem Loch genommen. Im Packraum wurden dann die Pakete in Fässern verpackt und von dort versandt. Das Hauptabsatzgebiet war Jütland. Mehr als die Hälfte der Pakete war mit dänischen Aufschriften versehen. Das Personal der Fabrik bestand aus vier Brennern, einem Maschinisten, einem Müller, dem Aufseher im Loch, zwei Mann in den Kellern und vier Packern, zwanzig Knaben und sechs bis acht Mädchen. Gar bald hatten wir uns eingelebt und mit den Jungen und Mädchen Freundschaft geschlossen, obwohl uns der im allgemeinen herrschende Ton nicht gefiel.

An Sonntagen und abends, wenn Hinrich nicht arbeiten mußte, waren wir drei zusammen auf Forschungsreisen. Vorläufig war das Einkommen der Kinder das ganze Einkommen der Familie. Hinrich verdiente 28 Schilling, wir Jüngeren je 20 Schilling, also M 5 betrug das Einkommen der Familie. Hiervon gingen ab 18 Schilling Miete für die sogenannte Wohnung, 9 Schilling für die Abendschule, dann 4 bis 5 Schilling Steuern. Um sich satt essen zu können, mußte daher unter den wenigen Sachen Umschau gehalten werden, was davon zu verkaufen sei. So wanderten bald die Sachen, die meine Eltern noch als teure Andenken an ihre Lieben gerettet hatten, ins Leihhaus. Am 1. Mai zogen wir aus nach einem Hinterhaus in der Kurzenstraße. Hier war mehr Raum: größere Küche, größeres Zimmer und Kammer und ein über die ganze Wohnung gehender Boden. War insoweit die Wohnung behaglicher, so litt sie an dem Übelstand, daß sie sehr feucht war. Im Sommer waren Fenster und Türen geöffnet, dann wurde es erträglich. Endlich fand auch unser Vater Arbeit in einer Agenturanstalt. Nun stellten sich aber auch Gläubiger ein, die von ihrem geliehenen Gelde etwas zurück haben wollten. In dieser Zeit kam auch etwas gesunde Butter in den Haushalt. Im Vorderhaus wohnte ein ehemaliger Eisenbahnschaffner, der dort einen Butterhandel hatte. Die Frau und zwei schulpflichtige Töchter hatten wohl Mitleid mit uns. Wenn wir nun ein viertel Pfund Butter holten und bezahlten, bekamen wir immer ein solches Quantum, daß es für mehrere Tage reichte. So sehr es uns freute, mit Butter versorgt zu sein, so stimmte es unsere Mutter immer traurig. Sie dachte mit Schrecken daran, wie wenig Mitleid und Wohltätigkeit vereinbar mit einem Detailgeschäft sind. Wenn sie das sehr reichlich gewogene ¼-Pfund Butter sah, seufzte sie und sagte: „Wie lange soll das vorhalten?" Wohl hat Burmeister, so hieß der Schaffner, seinen Butterhandel aufgegeben, aber in solche Not wie wir ist er nie geraten. Er wurde erst Zigarrenmacher, dann eröffnete er eine Wirtschaft, die sehr flott ging. Er hatte dann nacheinander einen Tanzsaal, wieder eine gewöhnliche Wirtschaft, eine Volksküche usw.[62]

Aber ehe der Sommer zu Ende ging, hatte unser Vater seine Arbeit verloren oder vielmehr, er war wegen Mangel an Arbeit entlassen mit der Aussicht, später wieder eingestellt zu werden. Unsere Mutter suchte dann auch etwas zu verdienen. Bald ging sie mit der Nachbarin, die sich mit Waschen und Reinemachen ernährte, bald suchte unsere Mutter in der Landwirtschaft zu arbeiten, sie wurde beschäftigt mit Garbenbinden, Kartoffelausnehmen usw. Im Winter wurde es sehr kärglich. Nach einer kurzen Zeit, in der unser Vater abermals in der Agenturanstalt beschäftigt war, fand er den ganzen Winter keine Arbeit wieder. Unsere Mutter wurde in der feuchten Wohnung und

---

[62] **Johann Carl Heinrich Burmeister** (1819–1889), geboren in Kleinmeinsdorf bei Plön, betrieb zeitweise den auch für sozialdemokratische Volksversammlungen benutzten „Burmeisters Salon".

auch wohl durch den Mangel an Essen schwer krank. Hinrich hatte inzwischen drei Herren. Er arbeitete bei drei einzelnen Hausarbeitern und erwarb damit einen Wochenlohn von M 3,50. Dafür hatte er dann auch eine Arbeitszeit von 6 Uhr morgens bis 10 Uhr abends. Vormittags war er bei Bartels, nachmittags bei Meyer und abends nach der Schulzeit bei Struck.[63] Während wir unseren Lohn regelmäßig sonnabends ausbezahlt erhielten, bekam Hinrich nur an den Liefertagen, die aber nicht feststanden, oft von dem einen oder anderen nur in 14 Tagen und auch einmal seinen Lohn gar nicht, so daß er zwar Forderungen, aber kein Geld hatte. Sparsam, wie unsere Mutter war, rechnete sie aus, wieviel täglich ausgegeben werden könne. Blieb dann aber von Hinrichs Prinzipalen einer den Lohn schuldig, dann wurde nur das noch vorrätige Brot verzehrt, und dann kamen nicht selten ganze Tage vor, an denen gar nichts zu essen im Hause war.[64] Dann gingen Wilhelm und ich mittags oft ins Feld und suchten uns Mohrrüben, die wir roh verzehrten und abends logen wir dann, daß wir in einer Speisewirtschaft Essen ausgetragen und dafür warmes Essen erhalten hatten.

Ich war inzwischen an den ersten Tisch in der Fabrik versetzt worden. Da waren die schnellsten Knaben. Prügel wegen „Faulheit" bekam ich jetzt öfter als sonst, dafür waren wir aber in der Regel gleich nach der Mittagspause mit unserem Pensum fertig. Dann gingen wir nach dem Elbstrand, um Holz zu suchen. Oft brachten wir so viel, daß Feuerung nicht gekauft zu werden brauchte. Während Mutters Krankheit, als auch nichts zu essen im Hause war, machte ich den üblichen Zug. Es war ein Nordweststurm gewesen, der hohes Wasser gebracht hatte und auch viel weg- respektive angetrieben hatte. Da sah ich, daß in einem Wassertümpel sich etwas bewegte. Bei näherem Zusehen sah ich, daß es ein großer Fisch war. Entkommen konnte er nicht, denn das Wasser der Elbe war schon so weit zurückgetreten, daß ein mehrere Meter breiter Sandstreifen zwischen dem Tümpel und dem Elbwasser war. Ich schnell entschlossen und Schuh und Strümpfe ausgezogen und nun auf zur Jagd! Bald hatte ich mein Opfer in so flaches Wasser getrieben, daß ich ihn greifen konnte. Es war ein cirka drei Pfund schwerer Brachsen.[65] Nie bin ich schneller das Elbufer hinaufgelaufen und nie mit glücklicherem Gefühl nach

---

63 **Christian Theodor Bartels** (1836–1898), ursprünglich aus Husum stammender Zigarrenarbeiter in Ottensen; mit Meyer und Struck sind vermutlich Hermann Molkenbuhrs späterer Arbeitgeber **Th. Meyer** und der Sohn der Witwe **Struck** gemeint, vgl. S. 95, Anm. 28.
64 **Prinzipal** (lat.): heute veraltet für Lehrherr, Geschäftsinhaber.
65 Ein **Brachsen** (Abramis brama) ist ein Weißfisch mit einer hochrückigen Körperform und einer auffallend langen Afterflosse. Er wird 40 bis 60 cm lang und bis zu drei Kilogramm schwer.

Hause gekommen als an diesem Tag. Nur einige Brotreste und trockene Kartoffeln waren seit einigen Tagen die einzige Nahrung; und jetzt das Lieblingsessen meiner Mutter. Wir drei Knaben aßen keine gekochten Fische und rührten jetzt auch den Brachsen nicht an. Aber wir wußten, daß unsere Mutter oft hungerte, um die wenigen Kartoffeln und das wenige Brot uns zukommen zu lassen. Jetzt konnte sie essen, und da schmeckten uns die Kartoffeln viel besser.

In dem dürftigen Haushalt wurde viel gerechnet. Die Brote wurden berechnet, wieviel Schnitten sich abschneiden ließen. Jeder bekam zwei Schnitten des Morgens oder eine Schnitte und ein halbes Rundstück; dann zwei Schnitten zum Frühstück und zum Vesper.[66] Wenn es abends Bratkartoffeln gab, gab es entweder kein Brot oder eine Schnitte. So stand zunächst die für Brot nötige Summe fest. Das andere Geld wurde dann auf die Wochentage verteilt. Wie oft saß unsere Mutter mit der Tafel und rechnete für jeden Tag die Kosten des Mittagessens aus. Mehl für Klöße, Kartoffeln, Erbsen, Bohnen, Steckrüben und Kohl waren die Hauptbestandteile. Blieb dann noch etwas übrig, dann wurden Schmalz und Abstoßerbutter eingesetzt.[67] Fleisch kam erst in dritter Linie, und da waren Pferdefleisch, Schweineherzen, Schweinenieren oder Abfall die Hauptsache. Die Abfälle vom Schwein waren fabelhaft billig. In den großen Exportschlachtereien kosteten zwei Herzen oder drei Nieren 7½ Pfennig. Der sogenannte Schweineabfall, Knochen aus Schinken oder Rippen, kostete 7½ bis 15 Pfennig das Pfund. Und doch waren es die Perioden des Wohlstands, wenn Fleisch in diesen Sorten auf den Tisch kam. Wie oft aber wurden alle Rechnungen zerstört. Am Mittwoch oder Donnerstag wollten Hinrichs Prinzipale liefern und diese Einnahme war mit in Rechnung gestellt. Dann kam er abends mit betrübtem Gesicht. Sein Herr hatte nicht geliefert oder war mit dem Geld losgegangen. Dann wurde am nächsten Mittag Brot gegessen und oft das für Donnerstag oder Freitag bestimmte Quantum verzehrt, und dann war der folgende Tag ganz ohne Essen. Frohe Tage traten ein, wenn Luise Heinsohn zur Stadt kam. Bald kaufte sie große Schwarzbrote. Dann ließ sie einen Sack Kartoffeln oder einen Sack Kohl bringen. Das waren dann Festwochen.

Die Wochen der Not verringerten aber die wenigen Habseligkeiten immer mehr. War gar nichts zu essen im Hause, dann mußte etwas verkauft werden. Erst waren es die wenigen Schmucksachen und Andenken. Dann wurden Tei-

---

66 **Rundstück:** norddeutsch für Brötchen.
67 Unter **Abstoßerbutter** ist vermutlich diejenige Butter zu verstehen, die aus einem hölzernen Stoßbutterfass, der einfachsten Apparatur zur Herstellung von Butter, stammte. Da die Stoßbutterfässer nur mangelhaft ausbutterten, litt die Qualität der produzierten Butter darunter.

le der Betten oder auch ein Beutel voll Federn verkauft. Auch die guten Kleidungsstücke der Eltern wanderten zum Trödler. Nachdem die Eltern die Schädlichkeit der feuchten Wohnung erkannt hatten, wurde wieder ausgezogen. Nun ging's nach der Hohenesch. Eine Wohnung mit großem, geräumigen Zimmer, Schlafzimmer und Küche. Insoweit verbesserten unsere Verhältnisse sich nun, als mein Vater dauernde Arbeit fand. Eine Arbeitsstelle, die er bis zu seinem Tode behielt. Aber der Tagelohn war im Sommer 1,50 M und im Winter 1,35 M. Es war Arbeit in einer Kalkbrennerei. Er mußte Steine und Torf aus den Schiffen entladen und den Ofen bedienen, d.h. oben Kalksteine hineinwerfen.

Das Leben in der Fabrik machte zwar keinen besonders erzieherischen Eindruck. Die erwachsenen Arbeiter standen fast sämtlich auf keiner hohen Kulturstufe. Vollmers Brutalitäten gegen die Knaben wurden zwar nicht gebilligt, aber kein Mensch leistete den armen geprügelten und mißhandelten Knaben Beistand, weil es nicht ihr Geschäft war. Die Knaben schmiedeten meistens Pläne für die Zukunft. Die meisten wollten Schiffszimmerer werden, um Gelegenheit zu haben, in die weite Welt zu kommen. An Nachmittagen ging es hinunter nach Neumühlen, dort wurden die Schiffszimmerer bei der Arbeit bewundert, und da sahen wir dann, wie ein Schiff entsteht. Andere hatten sich für das Böttcherhandwerk entschlossen.[68] Mein Ideal war Maschinenbau. Wenn ich das Wunderwerk betrachtete, welches die ganze Fabrik in Bewegung setzte, dann kam mir der sehnliche Wunsch, auch so ein Ding herstellen zu können. Weniger Ideale waren bei den Mädchen vorhanden. Einige, die noch zur Schule gingen, fanden Gefallen an den sehr zotigen Gesprächen, und ein großes, schlankes Mädchen sagte immer, daß es in ein Bordell gehen wolle, wenn es erst 18 Jahre alt sei. Dann könne sie jeden Abend tanzen, schöne Kleider tragen und immer vergnügt sein.

Das Jahr 1863 brachte gesteigerten Geschäftsgang, und wir Knaben im Loch konnten Überpensum machen. So wurde regelmäßig bis 4½ Uhr oder 7 Uhr, schließlich täglich bis 8 Uhr gearbeitet. Daneben wurde eine neue Arbeitsmethode eingeführt. Cichorienmehl wurde mit kochendem Wasser zu einem braunen Teig verarbeitet. Dieses Anrühren geschah auf einem großen Tisch. Der Teig wurde dann auf eine neue Maschine gebracht, die oberhalb von zwei Walzen einen Trichter hatte, durch welchen der Teig durchfiel. Die beiden Walzen preßten den Teig in ein trichterförmiges Mundstück mit 5 Öffnungen, aus welchen die je nach dem Mundstück runden resp. viereckigen Stangen hervorkamen. Das Mundstück war hohl, es wurde Dampf durchge-

---

68 **Böttcherhandwerk:** Ein Böttcher be- und verarbeitet Hölzer zu meist gebogenen Gefäßen, also Fässern, Bottichen oder Kübeln.

lassen, um das Mundstück zu erhitzen, wodurch der Teig auch erhitzt aus der Maschine herauskam und bald eine kleine Kruste erhielt. Die Stangen wurden zerschnitten und die Stücke nun mit Papier umwickelt, so daß es ebensolche Pakete gab, wie die anderen Pakete waren. Bei der Maschinenarbeit mußte Classen, der Maschinist, mithelfen. Damit aber das Maschinenhaus nicht leerstand, wurde ich bestimmt, um dort Etiketten zu schneiden. Nebenbei mußte ich das Ventil aufdrehen, wenn in der neuen Abteilung Dampf zum Wasserkochen oder zur Erhitzung des Mundstücks in der Maschine gebraucht wurde. Ich kam also aus Vollmers Machtbereich und habe bald in Classen meinen Wohltäter erblickt. Außerdem war ich auch Portier: Der Glockenzug vom Eingangstor ging nach dem Maschinenraum. Als ich diesen Posten bekam, sagte der Prinzipal: Ich solle nur immer pünktlich zur Stelle sein und wenn dann bei schlechtem Wetter Leute zu spät kommen, nicht gleich öffnen.

Hier bot sich dann auch einmal Gelegenheit, Rache an Vollmer zu nehmen. An einem Tag, als so ein Gemisch von Schnee und Regen in großen Mengen fiel, hörte ich von den Jungen im Loch, daß Vollmer noch fehlte. Mit dem Glockenschlag 6 Uhr wurde das Tor geschlossen. Dann schnell eine Rundwanderung durch die Fabrik gemacht, um zu sehen, ob auch noch andere fehlen. Vollmer fehlte allein und bald wurde geklingelt. Es war ein bösartiges Wetter. Scharfer Nordwest trieb Regen und Schnee durcheinander herab. Der Platz vor der Pforte hatte nur einen wenige Hand breiten festen Fußsteig. Da wurde nicht eher geöffnet, als bis ich überzeugt war, daß der Peiniger bis auf die Haut durchnäßt war. Dann ging Classen hin und öffnete, weil auch er befürchtete, ich würde sonst Schläge bekommen.

Der Deutsch-Dänische Krieg 1864

Um diese Zeit wurden wir auch in die Politik eingeführt. Am 24. März, dem Jahrestag der schleswig-holsteinischen Erhebung von 1848, waren die Kampfgenossen von 1848 nach dem Friedhof an der Norderreihe gezogen, um die Gräber der Gefallenen zu bekränzen. Eine Handlung der Pietät, die sonst zu keinerlei Einschreiten Anlaß gegeben hatte. Der neue Polizeimeister Willemoes-Suhm dachte anders als seine Vorgänger.[69] Er schickte seine ganze Polizeimacht, die zwar nur mit Knüppeln bewaffnet war, und ließ die Leute mit Gewalt vom Friedhof vertreiben. Es kam zu einer regelrechten Schlacht, die damit endete, daß die Kampfgenossen die große Gärtnerstraße hinunter sich

---

69 **Peter Friedrich von Willemoes-Suhm** (1816–1891), in Odense geborener Jurist, Verwaltungsbeamter, 1862 bis 1864 Polizeimeister von Altona, 1867 bis 1877 Landrat des Kreises Rendsburg, 1877 bis 1891 Landrat des Kreises Segeberg.

auf Hamburger Gebiet zurückzogen. Dann wurde auf Hamburger Gebiet eine große Versammlung abgehalten, in der man die dänische Unterdrückung aufs schärfste verurteilte. Geschmückt mit blau-weiß-roten Bändern und Kokarden, ging man dann, das „Schleswig-Holstein-Lied" singend, bis ans Nobistor.[70] Dort waren Kavallerieposten aufgestellt, und bald flogen Steine über die Grenze. Ein Dragoner erhielt einen Steinwurf vor den Kopf. Dieser Lärm wiederholte sich jeden Abend, und auch wir Jungens fingen an, das verbotene Lied „Schleswig-Holstein-Meerumschlungen" zu singen. Da nahm die Sache plötzlich einen ernsteren Charakter an. Es rückte Artillerie in Altona ein. Es wurde gedroht, wenn Hamburg den Lärm an der Grenze nicht inhibiere, werde bei der nächsten Gewalttat gegen dänische Soldaten geschossen werden.[71] Einige Posten standen am Nobistor, auch das Hummeltor und Rosentor waren besetzt. Die Große Freiheit und Finkenstraße sowie Bachstraße waren mit Militär gefüllt. In der Großen Bergstraße stand die Artillerie. Nun schritten auch die Hamburger Polizei und das Bürgermilitär ein, und ohne weiteres Blutvergießen hatte dieser versuchte Freiheitskampf sein Ende erreicht. Nur Willemoes-Suhm machte noch ein gutes Geschäft. Die Polizeistrafen flossen zum größten Teil in die Taschen des Polizeimeisters. Willemoes-Suhm versandte nun an die Kampfgenossen Strafmandate und machte dadurch eine gute Ernte.

Die Artillerie blieb in Altona. Jetzt blieb die Gärung, und die Sonntagnachmittage wurden benutzt, das „Schleswig-Holstein-Lied" zu singen. Für mich hatte der Freiheitskampf großes Interesse. Bei einem Zigarrenmacher, der auch Kampfgenosse war und dessen Söhne mit mir befreundet waren, sah ich sonst immer die Bilder der „Gartenlaube", jetzt ließ der alte Herr uns Gustav Raschs Artikel über den danisierten Bruderstamm lesen.[72] Wir fühl-

---

70 Das **Schleswig-Holstein-Lied**, dessen Text von dem Schleswiger Rechtsanwalt Matthäus Friedrich Chemnitz (1815–1870) und dessen Melodie von dem Schleswiger Klosterkantor Carl Gottlieb Bellmann (1772–1861) stammt, erlebte seine Uraufführung auf dem deutschen Sängerfest in Schleswig am 24. Juli 1844. Seine erste Strophe lautet: „Schleswig-Holstein, meerumschlungen,/Deutscher Sitte hohe Wacht!/Wahre treu, was schwer errungen,/Bis ein schön'rer Morgen tagt!/Schleswig-Holstein, stammverwandt,/Wanke nicht mein Vaterland!" Es entwickelte sich rasch zum Volkslied, das die nationale Verbundenheit der beiden Herzogtümer Schleswig und Holstein mit Deutschland symbolisierte. Gleichzeitig avancierten die Farben Blau-Weiß-Rot der Vereinsfahne des Schleswiger Gesangvereins zu den Farben Schleswig-Holsteins.
71 **Inhibieren** (lat.): verhindern, untersagen.
72 **Gustav Rasch** (1825–1878), Jurist und Journalist, nahm 1848/49 an der Revolution in Berlin teil, emigrierte in die Schweiz und nach Frankreich, schloss sich 1872 der SDAP an. In der „Gartenlaube" von 1862 erschien eine Artikelserie von Gustav Rasch mit dem Titel „Vom verlassenen Bruderstamme", die einzelnen Artikel in Nr. 3 „Das danisierte Irrenhaus" S. 24–27, in Nr. 4 „Der Märtyrer von Oland" S. 149–151, in Nr. 5 „Die danisierte Domschule" S. 393–395 und in Nr. 6 „Vom verlassenen Bruderstamme" S. 825–828.

ten uns nun so unterdrückt, daß wir nur noch von Befreiung träumten. In Hamburg, welches deutsch war, konnte man „Schleswig-Holstein" singen; das war in Altona verboten. Ein blau-weiß-rotes Band oder eine Kokarde oder die schwarz-rot-goldenen Farben bedeuteten Revolution. Unser Lehrer, der dienstags und freitags Unterricht gab, lehrte jetzt auch andere Lieder als Gesangbuchverse. Er wählte deutsch-patriotische Lieder. Hierbei kam es einmal [vor], daß er auf die Kämpfe von 1848 hinwies. Als nun die Kameraden hörten, daß ich etwas von Idstedt, Kolding und anderen aus der Kriegszeit von 1848/52 bekannten Namen wußte, und der Lehrer einmal sagte: „Du treibst wohl auch Politik", da erhielt ich von den Mitschülern den Namen „Politik".[73] Es lag etwas in der Luft, was auch alle Knaben mit fortriß.

Als der Herbst des Jahres 1863 frühe Dunkelheit brachte und wir auf dem Heimweg aus der Schule durch die finsteren Straßen zogen, da nahm der übliche Unfug einen politischen Charakter an. Das von Klopstock als „idyllisches Bauerndorf" bezeichnete Ottensen war in vielen Beziehungen noch ganz Bauerndorf.[74] Schlechtes oder gar kein Straßenpflaster, also reine Feldwege statt Straßen, und in dem damals 7000 Einwohner zählenden Ort ein oder höchstens zwei Dutzend Straßenlaternen, die höchstens als Leuchttürme die Richtung markierten. Von einer Beleuchtung der Straßen konnte nicht gesprochen werden. Wer die alten Flachbrenner der Straßenlaternen nicht gesehen hat, kann sich kein Bild davon machen, wie wenig Licht solche Laterne spendete. Wenn man direkt unter solchen Laternen stand, konnte man notdürftig einen neben der Laterne stehenden Menschen erkennen. Nun standen die Laternen aber in Entfernungen von mehr als hundert Metern. Die Dunkelheit begünstigte aber unser „revolutionäres" Treiben. Bald kannten wir Text und Melodie des verbotenen Liedes „Schleswig-Holstein-Meerumschlungen". Einige Kampfgenossen hatten den Jungen einige hundert Exemplare gegeben. Wenn nun abends die Schule beendet war, dann sammelten sich die Abendschüler auf dem Marktplatz an, und bald ertönte das verbotene Lied aus hundert Kehlen. In geschlossenem Zuge marschierten dann die Knaben durch alle Straßen und Wege von Ottensen, und in der Regel war der Spritzenplatz das Endziel, wo der Zug sich gegen acht Uhr auflöste.

Die Polizeigewalt bestand aus zwei mit Rohrstöcken bewaffneten Polizeidienern. Brumm, ein ehemaliger Zigarrenarbeiter und Sohn des Altonaer Po-

---

73 Während der Erhebung Schleswig-Holsteins gegen Dänemark kam es am 23. April 1849 zur Schlacht bei der im Süden Jütlands gelegenen dänischen Stadt **Kolding**, bei der die dänischen Truppen den Rückzug antreten mussten. Bei der Schlacht von **Idstedt**, einem Dorf nördlich von Schleswig, am 24. und 25. Juli 1850 mussten die deutschen Truppen der dänischen Übermacht weichen.
74 Zur Klopstock-Äußerung vgl. Einleitung S. 32.

lizeiinspektors, war Vertreter der Kriminalpolizei.[75] Da „Schleswig-Holstein-Singen" kein Kriminalverbrechen war, sondern nur gegen die Ordnung verstieß, so kümmerte Brumm sich nicht um die Revolution der Knaben. Für Ruhe und Ordnung hatte Wilckens zu sorgen.[76] Wilckens wurde von den Kindern „Martin mit dem Eiergerber" genannt. Unter dem „Eiergerber" verstand man den gelben Rohrstock, von dem er Gebrauch machte, wenn er Knaben bei Verübung von Unfug erwischte. Als er eines Abends auch die in dem Rohrstock verkörperte Staatsgewalt anwenden wollte, griffen die revolutionären Knaben zu dem in den Straßen und Wegen verfügbaren Kampfmittel, nämlich in den Kot, und bewarfen Martin mit so viel Dreck, daß er den Rückzug antrat. Nun änderte er seine Kampfweise. Am nächsten Abend war er vor Beginn der Schule am Eingang und versammelte die anrückende Jugend um sich und hielt ihnen eine Strafpredigt, in der er erklärte, daß es Unrecht sei, einen alten Mann mit Straßenkot zu bewerfen. Die Moralpredigt half. Als Martin nach Schluß der Schule auf dem Marktplatz stand und die Jungen aufforderte, ruhig nach Hause zu gehen, folgten auch die wildesten Jungen den väterlichen Ermahnungen. Nun hatte Wilckens seine Pflicht erfüllt und Ruhe und Ordnung hergestellt. In der nächsten Zeit richtete Wilckens seinen Dienst so ein, daß er mit den Knaben nicht zusammentraf, und nun erscholl wieder jeden Abend das Lied „Schleswig-Holstein". Als sich kein Polizist mehr um den Gesang kümmerte, betrachteten die Abendschüler den Gesang als erworbenes Recht und zogen nur noch mit dem verbotenen Lied durch die Straßen, wenn es schönes Wetter war. Regenwetter machte die Straßen Ottensens unpassierbar und den Weg namentlich für die Abendschüler beschwerlich, weil nur wenige ganze Stiefel hatten. Defekte Stiefel und Holzpantoffel erschwerten das Marschieren, und da sich keine Obrigkeit herbeiließ, den Jungen zu zeigen, daß sie sich ärgern, so zogen wir es vor, bei schlechtem Wetter schnell nach Hause zu eilen. Es zeigte sich auch hier, daß schlechtes Wetter die Revolution hinderte.

Kurz vor Weihnacht [1863] trat in der Fabrik ein dramatisches Ereignis ein. Am Sonnabend mußte alles gründlich gereinigt werden. Die Jungen aus dem Loch arbeiteten Schuld ab oder auf Vorrat, und dann begann nach der

---

75 **Heinrich Ludwig Adolf Brumm** (1831–1891), geboren in Altona, seit 1870 Polizeiinspektor von Altona, wurde 1876 wegen Betrugs, Erpressung und Geschenkannahme vom Dienst suspendiert und zu zehn Monaten Gefängnis verurteilt, danach als Versicherungsagent und Zigarrenarbeiter tätig; er war als Polizeiinspektor Nachfolger seines ebenfalls in Altona geborenen Vaters **Johann Diedrich Brumm** (1804–1886), seit 1824 im Polizeidienst, Oberpolizeidiener, seit 1866 Polizeiinspektor von Altona, 1870 pensioniert.
76 **Hans Christian Wilckens** (1804–1871), aus Neuengörs bei Bad Segeberg stammender Polizist, zuletzt vor seiner Pensionierung Polizeisergeant in Ottensen; woher der Beiname „Martin" stammt, konnte bisher nicht geklärt werden.

Vesperpause das Reinigen. Mit schweren Haken wurden die Stücke Cichorie vom Fußboden losgehackt und ähnliche Verrichtungen getroffen, denn vor 7 Uhr gab es kein Geld. Um 7 Uhr stellten sich alle Arbeiter auf der Diele auf und wurden dann aufgerufen, um den Wochenlohn in Empfang zu nehmen. Ich hatte inzwischen zwei Mal Zulage bekommen und erhielt nun 28 Schilling = 2,10 M pro Woche. Die neue Maschine mußte am Sonnabend auch gereinigt werden. Heinrich Wendel, ein großer, schöner Junge, der zu Ostern konfirmiert werden sollte, hatte die Aufgabe, die Walzen zu putzen.[77] Er hatte nun die Transmission angestellt und saß auf dem Rand, wo der Trichter angeschraubt war und hielt eine breite Spachtel auf die Walzen, um so erst den angetrockneten Cichorienteig abzuschaben. Hierbei tat er einen Fehlgriff und nun geriet seine Hand zwischen die Walzen. Ein furchtbares Geschrei ertönte, es schrien Männer und Mädchen: „Maschine stoppen!" Ich konnte wohl den Dampf abdrehen, aber bevor die Dampfmaschine zum Stillstand kam, wäre Wendel mit der Brust zwischen den Walzen gewesen. Mir fiel dann ein, daß ich den Flügel, wo das Unglück passiert war, zum Stillstand bringen könnte, wenn ich den Riemen von der Riemenscheibe riß. Ich nahm einen der großen Feuerhaken und hakte den über den Riemen und riß, was meine Kräfte nur hergeben wollten. Der Riemen schleifte aber den Haken mit, und nun klemmte der Haken sich gegen die Wand. Jetzt gab der Riemen nach und rutschte von der Scheibe. Inzwischen war aber auch ein anderer Junge, der mit Wendel beim Maschinenputzen tätig war, auf den einzig richtigen Einfall gekommen, indem er an der Maschine die Transmission ausschaltete. Es wurde ein Arzt gerufen und dann eine Droschke geholt, in der Wendel nach dem Krankenhause gebracht wurde. Die Knochen des Handgelenkes und des Unterarmes waren völlig zermahlen. Noch an demselben Abend wurde der Arm amputiert, und damit waren alle Zukunftsträume des jungen Menschen zerstört. Wir Knaben hatten schon von Götz von Berlichingen mit der eisernen Hand gehört.[78] Wir träumten, daß Wendel eine künstliche Hand erhalten werde, die besser als seine natürliche Hand sein werde. Als er nicht mehr im Bett lag, übte er sich, mit der linken Hand schreiben zu lernen und erreichte gar bald eine solche Fertigkeit darin, daß er als kleines Genie angestaunt wurde.

---

77 **Heinrich Wendel** (1848->1864), unehelicher Sohn der Margaretha Nicoline Johanna Neumann in Ottensen, konfirmiert am Sonntag Lätere, den 6. März 1864, lfd. Nr. 69 (1864) des Confirmationsregisters für das Kirchspiel Ottensen.
78 **Götz von Berlichingen** (1480–1562), schwäbischer Reichsritter, verlor im Landshuter Erbfolgekrieg 1504 seine rechte Hand, die durch eine eiserne ersetzt wurde, übernahm während des Bauernkrieges 1525 die Führung der Aufständischen im Odenwald, kämpfte im Dienst Kaiser Karls V. 1542 gegen die Türken, 1544 gegen Frankreich. Seine 1731 erstmals herausgegebene Lebensbeschreibung diente Goethe als Anregung und Quelle für sein Drama „Götz von Berlichingen" (1773).

Die Tage in dem eintönigen Fabrikleben, verbunden mit den Qualen bitterer Armut, hatten insoweit einen Wert, indem die Begriffe über Glück und Unglück sich eigenartig ausbildeten. Bei allen phantastischen Vorstellungen über Wendels künstliche Hand fühlten wir uns glücklich, im Besitz zweier gesunder Hände zu sein. Ein Hochgefühl des Glücks erfüllte unser Gemüt, wenn wir bei schlechtem, regnerischem Wetter ganze Schuhe hatten. Die Regel war undichtes Fußzeug. Am Abend mußten die Strümpfe getrocknet werden. Auch sich satt essen zu können war, da es die Ausnahme war, ein Tag des Glücks. Unser Vater war ein Sanguiniker. Selbst an den schlimmsten Tagen hoffte er nicht nur, sondern er glaubte fest, daß die nächste Zukunft bessere Tage bringen würde. Wir waren zwar Kinder, aber die Fröhlichkeit des Kindergemüts mußte alle Hilfsmittel, die sonst die Fröhlichkeit beim Spiel erhöhen, entbehren. Ein Kind ohne Spielsachen ist sonst kaum denkbar. Unsere Spielsachen waren Kieselsteine, die wir am Strand oder im Straßenkot fanden, womit wir längs den Straßen spielten. Ein Knabe nahm einen Stein und warf ihn vorwärts, der nächste nahm einen gleichen Stein und suchte nun im Wurf den Stein des Spielkameraden zu treffen. So spielten wir uns nach der Fabrik und auf dem Weg von der Fabrik nach Hause. Brachte der Winter Schnee und Eis, dann waren wir armen Kinder mit unseren Holzpantoffeln im Vorzug. Wir konnten auf den Glitschbahnen viel weiter glitschen als die Kinder mit Lederschuhen. Hatten wir einen Sechsling (3¾ Pfennig), dann kauften wir einen Bilderbogen aus Neuruppin und machten uns Hampelmänner, oder wir nahmen Modellierbogen und bauten Villen und Schlösser.[79]

Gerade zur Weihnachtszeit hatte ich das aus drei Bogen bestehende Schloß Escorial gebaut.[80] So dachte ich, ein Stück des sonnigen Südens in der armen Hütte zu beleben. Wenige Globetrotter werden mit so inniger Freude das Original betrachtet haben wie ich meine papierene Kopie. Der Bau der Kuppeln und Türme hatte viel Arbeit gekostet. Aber für die trüben Winterabende reichte es aus. Wohl 14 Tage hatte ich die Abende und Sonntage an dem Bau verwendet, aber länger als 14 Wochen konnte ich meine freie Zeit mit der Betrachtung des Wunderwerkes ausfüllen. Wenn ich zu Hause sitzen mußte, weil Strümpfe und Schuhe trocknen mußten, dann zog ich in Gedanken durch die sonnigen Gefilde Spaniens und dachte an die schattigen Kastanien an des Ebro Strand.[81]

---

79 Die brandenburgische Stadt Neuruppin war im 19. Jahrhundert der wichtigste europäische Standort für die Produktion von Bilderbogen; der Begriff **„Bilderbogen aus Neuruppin"** galt als feststehender Ausdruck.
80 In der nordwestlich von Madrid gelegenen, schloßähnlichen Klosteranlage **Escorial** befindet sich unter anderem die Grablege der spanischen Könige.
81 Vgl. S. 36, Anm. 4.

Auch die politischen Verhältnisse spitzten sich so zu, daß auch die Kinder davon berührt wurden. Mitte November war König Friedrich VII. gestorben.[82] Offen erklärte der Lehrer Löck in der Abendschule, daß nun die Personalunion mit Dänemark zu Ende sei und Schleswig-Holstein nun selbständig werde.[83] Die dänischen Truppen wurden zwar vermehrt. St. Pauli und speziell das Tanzlokal Joachimsthal, in dessen Garten sich Carl Schultzes Theater befand, war der politische Tummelplatz der schleswig-holsteinischen Patrioten.[84] Eines Sonntags verbreitete sich die Nachricht, die Österreicher rückten in Hamburg ein. Wir mußten hin und es sehen. Waren doch im Jahr 1863 manche Feste, die der Phantasie der Kinder Nahrung gaben. Wir hatten zwar von unserer Mutter gehört, daß die Kosaken 1813 viel zur Verarmung unseres Großvaters beigetragen hatten; aber nun wurde in Hamburg am 18. März ein Fest gefeiert zum Andenken an den Einzug Tettenborns in Hamburg.[85] Alle Handwerker waren mit Emblemen ausgerückt, um an einem großen Festzug teilzunehmen. Die Veteranen aus dem Feldzug von 1813 bis 1815 wurden als Heilige gefeiert. Ein Trupp in Kosakenuniform eröffnete den Zug, und dann folgte das bunte Gewimmel von Handwerkern, die teils auf großen Wagen Werkstätten eingerichtet [hatten] und die Produkte ihrer Arbeit unters Publikum warfen. Hierin zeichneten sich besonders die Buchdrucker aus, die im Zuge Festschriften herstellten. Wir hatten uns immer die Kosaken als gefräßige, verlauste Säuferbande vorgestellt, die unsern Großvater an den Bettelstab gebracht, und nun wurde deren Einzug als Befreiung gefeiert.

Mehr aber als in einem anderen Jahr lebte 1863 die Erinnerung an die Freiheitskriege. Während die Märzfeier verregnet war, war die Oktoberfeier, die 50-jährige Gedenkfeier an die Schlacht bei Leipzig, ein wunderbarer

---

82 **Friedrich VII.** (1808–1863), König von Dänemark 1848 bis 1863; Friedrich VII. war am 15. November 1863 verstorben, wodurch das Haus Oldenburg im Mannesstamm erlosch. Die dänischen Könige aus dem Haus Oldenburg waren seit 1460 in Personalunion auch Herzöge von Holstein gewesen.
83 **Hans Christian Löck** (1816–1899), aus Grosholt bei Flensburg stammender Lehrer in Ottensen, zu dieser Zeit in der Knabenmittelklasse tätig.
84 1858 hatte der Hamburger Schauspieler **Carl Schultze** (1828–1912) das in der Langenreihe (heute Reeperbahn) in St. Pauli gelegene Gartenlokal „Joachimsthal", das über eine Sommerbühne verfügte, gepachtet, das seit 1863 „Carl Schultzes Sommertheater" –, seit einem Neubau 1865, der ganzjährige Vorstellungen ermöglichte, „Carl Schultzes Theater" hieß. Hier wurden die plattdeutsche Komödie und das Hamburger Volksstück gepflegt.
85 **Friedrich Karl von Tettenborn** (1778–1845), Soldat, seit 1794 im Dienst Österreichs, seit 1812 im Dienst Russlands, bewährte sich bei der Verfolgung der Truppen Napoleons auf deren Rückzug aus Russland, besetzte mit seinen Verbänden am 18. März 1813 Hamburg, das er jedoch am 30. Mai 1813 vor den zurückkehrenden Franzosen wieder räumen musste, trat 1818 in den Dienst Badens über, das er seit 1819, nunmehr Generalleutnant, als Gesandter in Wien vertrat. Zu den **Kosaken** vgl. S. 38, Anm. 10.

Herbsttag. Es kam hinzu, daß es an einem Sonntag war. In der Frühe zogen wir nach dem Streitfang, um die Böllerschüsse der Bürgerwehrartillerie anzuhören. Nachmittags war große Parade der sämtlichen Hamburger Truppen. Was die Zahl der Bataillone und Schwadronen anlangte, war die Zahl recht erheblich. Da jedes Regiment und jedes Bataillon ein Musikkorps hatte, so kamen wir auf unsere Rechnung. Daß auch die Franzosen in Hamburg arg gewütet hatten, bekamen wir in allen Tonarten zu hören, und uns allen wurde das Gefühl beigebracht, daß es nichts Schöneres und Größeres auf der Welt geben könne, als Franzosen zu vertreiben. Aber nun lagen keine Franzosen in Hamburg. Was wollen die Österreicher?, fragten wir uns. Wir hatten zwar gehört, daß die Österreicher 1852 die Schleswig-Holsteiner entwaffnet hatten. Aber auch Derartiges gab es nicht zu tun.

Wir eilten nach dem Kleinen Grasbrook, wo wir dann noch Zeugen waren, wie österreichische Soldaten in Schuten über die Elbe gebracht wurden.[86] Als wir dann aber eine circa 70 Mann starke Regimentskapelle gesehen und spielen gehört hatten, da hatten sich die Österreicher unsere Herzen erobert. Bis dahin war für uns Österreich das Heimatland der Mausefallenhändler, der Zigeuner und der bettelnden Savoyardenkinder gewesen.[87] Die schön uniformierten Soldaten hätten wir schon nicht für Brüder der Mausefallenhändler gehalten. Je mehr sich die politischen Verhältnisse zuspitzten, um so angespannter wurde in der Zichorienfabrik gearbeitet. Dann kam plötzlich einige Tage vor Weihnacht der Stillstand. Es hieß, jeden Tag kann der Krieg losgehen. Am Weihnachtsabend wurden die dänischen Truppen alarmiert. Nun wurde der Bescheid gegeben, wir sollten nach Hause gehen. Einen Tag frei! Das wirkte auf uns arme Knaben wie ein elektrischer Funken. Statt nach Hause zu gehen, gingen wir nach Altona und sahen dort die ganzen dänischen Truppen aufgestellt. Aber dänische Soldaten hatten wir so oft gesehen, daß diese unsere Neugier nicht mehr reizen konnten. Wir zogen durch Altona nach St. Pauli. Dort standen die Österreicher. Nicht allein das fremde Bild, auch die Masse imponierte uns. Dann kam ein neuer Zug Soldaten, die ganz unbekannte Uniformen trugen, die mit klingendem Spiel durch die Spaliere der österreichischen Truppen und durch das Nobistor in Altona einrückten. Beim Marsch durch die Reichenstraße wurde „Schleswig-Holstein" gespielt. Nun zog sich auch die dänische Wachtmannschaft zurück, und die neu eingezogenen Soldaten, die Sachsen, besetzten die Wache.

---

86 **Schuten:** kleine, flache Schiffe ohne eigenen Antrieb, die deshalb von Schleppern gezogen werden müssen; dienen zum Transport von Schüttgütern in Hafenbereichen.
87 Hier irrt Molkenbuhr, denn die Heimat der **bettelnden Savoyardenkinder** war nicht Österreich, sondern Savoyen, das vom Königreich Sardinien-Piemont 1860 an Frankreich abgetreten werden musste.

Jetzt sang Alt und Jung „Schleswig-Holstein". Aus allen Häusern wurden blau-weiß-rote Fahnen herausgesteckt oder, wo man diese nicht hatte, flatterten schwarz-rot-goldene Fahnen. Große Scharen Patrioten zogen durch die Stadt und rissen überall die dänischen Amtsschilder ab. Die Zollbeamten, die die zwischen Altona und Ottensen belegene Zollgrenze bewachen sollten, verließen ihre Posten.[88] Am Hauptzollamt in der Klopstockstraße stand ja „Königlich Dänisches Hauptzollamt". Das kupferne Wappenschild wurde abgerissen und in den Straßenkot geworfen. Der Polizeimeister von Willemoes-Suhm, der bei dem Märzkrakeel sich als besonders streng bewiesen hatte, wurde aus dem Polizeiamt herausgeholt und mußte seine Taschen umwenden als Beweis, daß er nichts mitgenommen hatte. Er wurde dann in eine Droschke gepackt, an welche mit Kreide angeschrieben wurde: „Etwas, was die Dänen vergessen haben".

Abends war große Illumination. Die ganze Stadt war von Kerzenglanz erhellt. So zogen wir auch noch am Abend durch die Straßen. Zwei Jahre hatten wir die Freude des Weihnachtsbaumes entbehren müssen, jetzt sah die ganze Stadt wie ein Weihnachtsbaum aus. Das Volk war in den Straßen und freute sich, vom dänischen Druck befreit zu sein. Am nächsten Tag zogen die Sachsen weiter, um ganz Holstein zu befreien. Es rückten dann Hannoveraner ein. Wenige Tage später fuhren die Österreicher von Altona nach Rendsburg, bald kamen auch Preußen. Nun bot der Bahnhof in Altona immer ein kriegerisches Bild. Dann kamen Nachrichten vom Kriegsschauplatz. Bald darauf wurden Tanzlokale in Lazarette verwandelt, und statt der frohen Bilder bekamen wir nun auch Bilder von den Schrecken des Krieges zu sehen. Österreicher und Preußen opferten Leben und Gesundheit, damit wir befreit wurden. Worin die Befreiung eigentlich bestand, konnten wir zwar schwer begreifen. Wir wußten nur, daß wir jetzt blau-weiß-rote Farben tragen und „Schleswig-Holstein" singen durften. Aber die sonst verbotene Melodie hatten wir in den letzten Wochen so viel gehört, daß wir es gar nicht mehr für ein so großes Glück hielten, das Lied singen zu dürfen. Ferner wurde uns mitgeteilt, daß Friedrich der VIII. von Augustenburg Herzog von Schleswig-Holstein werden solle, sonst blieb alles beim alten.[89] Die abgerissenen Amtsschilder wurden durch neue ersetzt, nur daß statt „Königlich-Dänisch" jetzt

---

88 **Belegen:** vgl. S. 36, Anm. 3.
89 **Friedrich von Schleswig-Holstein-Sonderburg-Augustenburg** (1829–1880), Beiname „der Augustenburger", proklamierte sich nach dem Tod des dänischen Königs Friedrichs VII. 1863 zum Herzog von Schleswig-Holstein (Friedrich VIII.). Nach dem Deutsch-Dänischen Krieg 1864 wurde er von der großen Volksversammlung in Elmshorn als Herzog ausgerufen, sein Anspruch wurde aber von Preußen nicht anerkannt und nach der Annexion Schleswig-Holsteins durch Preußen nach dem Deutschen Krieg 1866 hinfällig.

„Schleswig-Holsteinisches Zoll-, Polizei- oder ähnliches Amt" stand. Wir mußten ebenso wie früher nach Altona gehen und einkaufen und dem Zollbeamten zeigen, daß wir kein zu großes Quantum hatten.

Die Zollgrenze machte uns fast gar keine Schwierigkeiten, weil die Geldbestände in der Familie sich in so bescheidenen Grenzen hielten, daß nie zollpflichtige Quantitäten eingekauft werden konnten, und doch hatten wir eine Abneigung gegen die Zöllner. Den Grund der Abneigung vermag ich heute nicht mehr anzugeben. Es kann mitgewirkt haben, daß wir als fromme Knaben durch die biblische Geschichte gegen die Zöllner eingenommen waren. Aber in Wedel war das Zollamt in unserem Nachbarhause, und die Kinder des Kontorbauers Detlefsen waren liebe Spielkameraden von uns.[90] Längere Zeit mag die Eigenschaft als dänische Beamte die Abneigung verstärkt haben. Wir wußten, daß Holstein von Dänemark unterdrückt werde, und die Zollbeamten waren fast die einzige Erscheinung der dänischen Herrschaft. Das Militär hielten wir für keine dänische Institution. Denn auch die Holsteiner mußten der Militärpflicht genügen. Sie kamen fast alle nach Kopenhagen und wenn sie wiederkamen, schwärmten sie über die Schönheiten der Residenz am Sund. Da schien es uns fast, als seien die Leute, die in Altona dienen mußten, benachteiligt, denn die Kasernen in der Norderstraße und Feldstraße waren elende, baufällige Häuser, so daß wir immer glaubten: Die holsteinischen Soldaten haben es besser. Nun waren aber die Zöllner nicht mehr dänische Beamte, und vielleicht das Gefühl, daß auch wir einmal so viel Geld erhalten könnten, daß wir ganze Pfunde Kaffee, Zucker usw. einkaufen könnten und dann von Zollbeamten nach dem Zollamte geschleppt werden würden, mag zu der Abneigung beigetragen haben.

In der Schule hörten wir bald von den Schlachten in Schleswig. Die Erstürmung des Brückenkopfes bei Müggel, von der Schlacht bei Oversee und der Aufgabe der Danricke durch die Dänen. Hierbei wurde uns sogar etwas Geschichtsunterricht erteilt. Man sagte uns, daß Thyra Danebot, die Frau Gorms des Alten, diese Schanzen schon angelegt habe und später die Dänen die Linie von der Schlei nach Eiderstedt als dänische Grenze bezeichnet haben.[91] Graf Adolf VIII. von Schauenburg habe aber 1460 schon erwirkt, daß

---

90 **Peter Nicolaus Detlefsen** (1811->1864), dänischer Zollerhebungsbeamter, lebte mit seiner Frau und sieben Kindern im Nebenhaus des Molkenbuhrschen Hauses in Wedel, das er vermutlich 1864 verließ.
91 **Gorm der Alte** (ca. 860-ca. 940), dänischer König, verheiratet mit **Thyra Danebot** († ca. 935), gewann um 920 in Dänemark die Alleinherrschaft. In Jelling (Ostjütland) ließ Gorm über dem Grabhügel seiner Frau einen der beiden Jellinger Runensteine errichten, der andere stammt von ihrem gemeinsamen Sohn König Harald Blauzahn (vor 935-ca. 988), berühmt durch die Ballade von Theodor Fontane „Gorm Grymme".

Schleswig-Holstein „upp ewig ungedeelt" sein sollte.[92] So lernten wir doch etwas Geschichte, während wir sonst nur biblische Geschichte hatten.

Aber auch ein anderer Umstand trug dazu bei, daß die Abendschule etwas verbessert wurde. Ottensen bekam einen zweiten Pastor. Hempel war sein Name.[93] Diesem wurde die Aufsicht über die Abendschule übertragen. Als er dann zum ersten Male in die Schule kam und nun die Lehrer die Früchte ihrer Dressur zeigten, also religiöse Fragen und Fragen aus der biblischen Geschichte stellten und alles wunderbar klappte, kam Hempel von der Religion auf Zwingli und von Zwingli auf die Schweiz zu sprechen und stellte dann plötzlich die Frage, was die Schüler von der Schweiz wissen.[94] Der Lehrer machte ein recht verdutztes Gesicht. Da in der Bibel oder im Neuen Testament und dem Gesangbuch, welches die einzigen in der Abendschule benutzten Schulbücher waren, gar nichts von der Schweiz stand, so konnten selbst die besten Abendschüler gar nicht ahnen, was die Schweiz war, ob es ein Land, ein Fluß, ein Gebirge oder ein Luxusgegenstand der Reichen war. Wir hatten aber in unserer Schule in Wedel Geographie gehabt. Wir hatten sogar noch zwei Atlasse, einen „Stieler" und einen „Vogel".[95] Da nun Geographie zu unseren Lieblingsgegenständen gehört hatte, so hatten Hinrich und ich gar oft an Sonntagen den Atlas vorgenommen und nicht nur das, was wir in Wedel gelernt hatten, memoriert, sondern noch manches dazugelernt. Als wir uns meldeten, daß wir etwas über die Schweiz wissen und die Grenzen, die Namen mehrerer Städte und Kantone, Namen und Höhe von Gebirgen nannten und sogar die Wiege des Rheines kannten, da staunten uns unsere

---

92 Mit **Graf Adolf VIII. von Schauenburg** (1401–1459) starb der holsteinische Zweig des Hauses Schauenburg aus, der seit Beginn des 12. Jahrhunderts mit der Grafschaft Holstein belehnt war. Zum Landesherren von Holstein wurde der dänische König Christian I. gewählt, der 1460 die Zusicherung gab, dass das dänische Lehen Schleswig und das deutsche Lehen Holstein „auf ewig ungeteilt" bleiben sollten.

93 **Karl Heinrich Georg Hempel** (1834–1900), evangelischer Geistlicher aus Rendsburg, 1863 bis 1864 Nachmittagsprediger in Ottensen, 1864 bis 1881 Hauptpastor in Tellingstedt, seit 1881 Pastor in Hattstedt.

94 **Ulrich Zwingli** (1484–1531), Schweizer Reformator, seit 1519 Pfarrer am Großmünster in Zürich, begründete mit einer Schrift gegen das Fastengebot 1522 die Reformation der deutschsprachigen Schweiz, die der Rat der Stadt Zürich ab 1525 umsetzte (Aufhebung der Klöster, Abschaffung der Heiligenbilder und des Orgelspiels, Reduzierung der Feiertage usw.). Zwingli wollte die Reformation in den katholischen Urkantonen der Schweiz mit militärischen Mitteln durchsetzen und fiel als Feldprediger auf der Seite Zürichs.

95 Gemeint ist der 1821 bei Justus Perthes in Gotha zum ersten Mal erschienene „Kleine Schulatlas über alle Theile der Erde" des Kartographen **Adolf Stieler** (1775–1836), der von dem Kartographen **Karl Vogel** (1828–1897) entscheidend verbessert und weiterentwickelt wurde. Da als *Schulatlas* nur der „Stieler" als Alternative zum „Adler" genannt wird, könnte mit dem „Vogel" auch dessen „Handatlas über alle Theile der Erde" (1817–1823) gemeint sein.

Mitschüler an. Hempel begann, von seinen Reisen in der Schweiz zu erzählen, und kam dabei auch auf die Geschichte des Schweizer Volks. Schließlich ordnete er an, daß auch Geographieunterricht erteilt werden solle. Adlers Musteratlas war das Lehrbuch.[96] Wer 10 Schilling = 75 Pfennig aufbringen konnte, konnte sich selbst einen Atlas anschaffen. Sonst mußten Schüler aus der Tagesschule Atlasse zurücklassen. Da kamen wir aber wieder in eine schlimme Lage. Geld für einen Adler-Schulatlas hatten wir nicht, aber wir hatten Vogel und Stieler. In Stielers Atlas waren aber mehr Orte angegeben als in Adlers Atlas. Hier war der Bessere der Feind des Guten, und deshalb wurde es uns untersagt, den Stieler zu benutzen. Wir konnten uns die Namen aus Adlers Atlas aufschreiben und auswendig lernen und durften nur zu Hause den Stieler benutzen, um die Lage der Orte festzustellen.

Pastor Hempel, der die Schweiz bereist hatte, kam nun öfter in die Abendschule und nahm zunächst die Geographie der Schweiz mit den Abendschülern durch und ging dann auch auf Naturgeschichte, Pflanzen und Tiere der Schweiz und Geschichte des Landes ein, so daß alle Abendschüler sich vornahmen, als erstes Reiseziel nach beendeter Lehrzeit die Schweiz zu nehmen. Nur die Schüler, die Seemann oder Schiffszimmermann werden wollten, mußten mit Bedauern die Schweiz von ihrem Reiseplan streichen, weil die Schweiz keine Häfen hat. Auch hielt Hempel darauf, daß andere Lieder als Gesangbuchverse geübt wurden. Er wurde dadurch bei den Abendschülern so beliebt, daß an den Sommerabenden die Schüler ihm, so oft sie ein neues Lied konnten, ihm ein Ständchen brachten.

Der Ausbruch des Krieges hatte eine Stockung im Geschäftsgang der Cichorienfabrik herbeigeführt. Zunächst wurde die Maschine außer Betrieb gesetzt. Classen konnte wieder den ganzen Tag im Maschinenhaus sein und auch den Portierposten versehen. Ich kam wieder von meinem Posten fort und sollte wieder unter Vollmers Herrschaft ins Loch. Von demselben Schicksal wurde Wilhelm ereilt. Die sadistischen Anfälle Vollmers wirkten aber so abstoßend auf uns, daß wir beide den Entschluß faßten, die Cichorienfabrik zu verlassen und zum Tabak überzugehen.

Zurichter bei den Zigarrenmachern

Hinrich war drei Wochen vor Ostern konfirmiert und trat nun bei Bartels und Hodde, wo er als Zurichter gearbeitet hatte, als Lehrling ein.[97] Die Stelle des

---

96 Es handelt sich vermutlich um einen im Verlag von **Carl Adler** in Hamburg erschienenen Schulatlas.
97 Hinrich Molkenbuhr war am Sonntag Lätere, den 6. März 1864 konfirmiert worden; lfd. Nr. 60 (1864) des Confirmationsregisters für das Kirchspiel Ottensen. **Ernst Christoph**

Zurichters sollte ich übernehmen, indem ich angelernt wurde. Um so größere Gewandtheit ich im Zurichten erhielt, wurde für Hinrich Zeit frei zum Wickelmachen und Zigarrenmachen.[98] Hinrich war schon ein Faktotum bei Bartels. Einer seiner ersten Herren war Bartels gewesen. Im Herbst 1862 war Bartels an rheumatischer Gelenksentzündung erkrankt und hatte 27 Wochen im Krankenhaus gelegen. Während dieser Zeit hatte Hinrich eine andere Stelle, war aber zu Bartels zurückgekehrt, als dieser aus dem Krankenhaus kam. Bartels hatte zwei Hunde, und da hieß es aufpassen, daß keine Hundehaare zwischen den Tabak kamen.

Wohl gefiel mir der Aufenthalt zwischen den Zigarrenmachern besser als in der Cichorienfabrik, denn kulturell standen die Zigarrenarbeiter etwas höher als die Arbeiter in der Fabrik. Die Zigarrenarbeiter jener Zeit waren entweder Sänger oder Turner und trieben auch etwas Politik. Die „Altonaer Nachrichten" oder die „Schleswig-Holsteinische Zeitung" wurden gehalten und da, wo zwei oder drei in einem Raum arbeiteten, auch vorgelesen. Mindestens lernten wir die Vorgänge auf dem Kriegsschauplatz kennen, und da auch eine Karte von Schleswig angeschafft wurde, [wurde] nun auch etwas Geographie getrieben. Die Zurichter waren nun in der Abendschule [diejenigen], die am besten unterrichtet waren. Mein neuer Prinzipal war ein guter Mensch, der im Klub zweiten Baß sang. [Die] Ottensener „Harmonie", genannt Rabenklub, weil er seine Übungen bei Sencke in der Rabentwiete hatte, war oft Gegenstand der Kritik.[99] Jetzt sang Bartels in der „Teutonia", ein Gesangverein, der dauernd ein Sammelpunkt singender Zigarrenarbeiter war und auf dessen Bällen mehrere hundert Zigarrenarbeiter sich ihre Frauen geholt haben.

Hauptgegenstand der Kritik war die Familie Hesebeck.[100] Hesebeck war schon darum ein beliebter Sangesbruder, weil er das große Los gewonnen hatte und kein Knicker war. Weniger beliebt war seine umfangreiche Gattin, weil sie nicht selten den Gemahl hinderte, sich als Gewinner des großen Loses zu zeigen. Um Hesebeck dauernd an die „Harmonie" zu fesseln, hatte man ihn zum Ehrenmitglied gemacht. Die Frau des Ehrenmitglieds störte

---

Adolph Hodde (1834–1913), ursprünglich aus Itzehoe stammender Zigarrenarbeiter in Ottensen, zu dieser Zeit wohnhaft in der Papenstraße 15.

98 Das **Wickelmachen** bestand im Einwickeln des entrippten Einlagetabaks in das Umblatt. Diese Wickel wurden dann in zylindrischen Zigarrenformen gepresst. Die gepressten und geformten Wickel wurden dann später in das Deckblatt gerollt.

99 Gemeint ist die Gastwirtschaft von Johann Friedrich **Sencke** in der Großen Rabentwiete 12 in Ottensen.

100 Gemeint sein müssen aufgrund der Einmaligkeit des Namens: **Welm Hesebeck** (1819–1882), konzessionierter Bürstenmacher in Ottensen und seine Frau **Telsche Hesebeck** geb. Behrens (1809->1864).

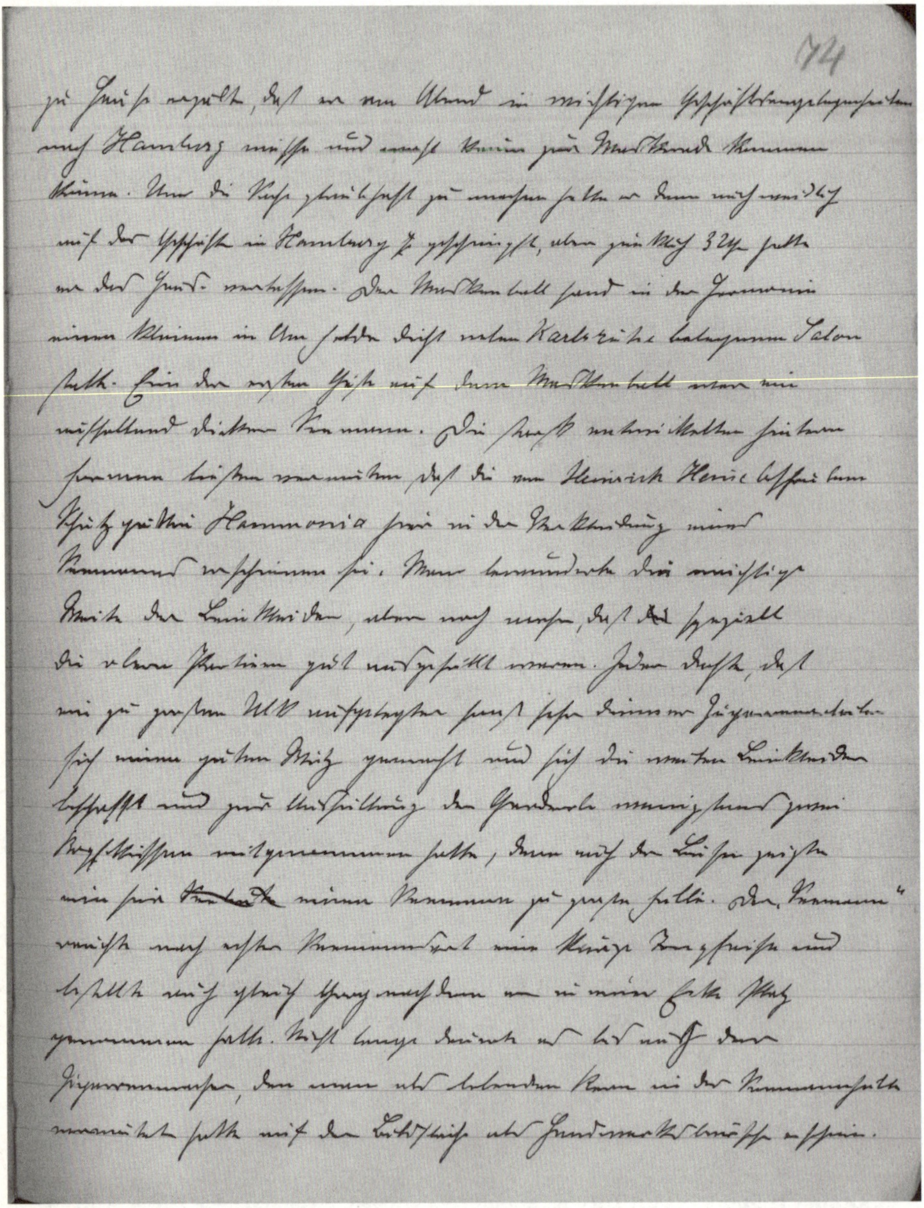

Abb. 8: Die von Hermann Molkenbuhr mit „74" paginierte Seite aus der ersten Kladde der „Erinnerungen".

aber oft die fröhliche Stimmung, wenn das Ehrenmitglied seine Stärke als Gewinner des großen Loses zeigen wollte. Einst hatte die „Harmonie" ihre Maskerade. Hesebeck hatte versprochen, seine Frau nicht mitbringen zu wollen, und wohl zu diesem Zweck zu Hause erzählt, daß er am Abend in wichtigen Geschäftsangelegenheiten nach Hamburg müsse und wohl kaum zur Maskerade kommen könne. Um die Sache glaubhaft zu machen, hatte er dann auch weidlich auf das Geschäft in Hamburg geschimpft, aber pünktlich 3 Uhr hatte er das Haus verlassen.

Der Maskenball fand in der „Harmonie", einem kleinen, in „Am Felde" dicht neben „Carlsruhe" belegenen Salon statt.[101] Einer der ersten Gäste auf dem Maskenball war ein auffallend dicker Seemann. Die stark entwickelten hinteren Formen ließen vermuten, daß die von Heinrich Heine beschriebene Schutzgöttin Hammonia hier in der Verkleidung eines Seemanns erschienen sei.[102] Man bewunderte die mächtige Weite der Beinkleider, aber noch mehr, daß speziell die oberen Partien gut ausgefüllt waren. Jeder dachte, daß ein zu großem Ulk aufgelegter, sonst sehr dünner Zigarrenarbeiter sich einen guten Witz gemacht und sich die weiten Beinkleider beschafft und zur Ausfüllung der Garderobe wenigstens zwei Kopfkissen mitgenommen hatte, denn auch der Busen zeigte eine für einen Seemann zu große Fülle. Der „Seemann" rauchte nach alter Seemannsart eine kurze Tonpfeife und bestellte auch gleich Grog, nachdem er in einer Ecke Platz genommen hatte. Nicht lange dauerte es, bis auch der Zigarrenmacher, den man als lebenden Kern in der Seemannshülle vermutet hatte, auf der Bildfläche als Handwerksbursche erschien. Nun war der Seemann ein Rätsel. Aber bald kam die Aufklärung.

Eine Räuberbande, in den Kostümen aus Schillers „Räubern", betrat den Saal. Die Kostüme waren aus der Garderobe des Altonaer Stadttheaters entliehen und von Hesebeck, der dem Direktor einige tausend Mark geliehen hatte, beschafft worden. Die „Räuber" selbst waren die Sänger, die sich gleich im Saal gruppierten und das Lied „Ein freies Leben führen wir!" anstimmten.[103] Bald hatten sich die „Räuber" etwas zerstreut, nur ein Teil gruppierte

---

101 **Belegen:** Vgl. S. 36, Anm. 3. „**Am Felde**" ist der Name einer Straße in Ottensen, an der unter anderem die Gast- und Versammlungswirtschaft „**Carlsruhe**" lag.
102 Heinrich Heine erwähnt die Korpulenz der Hamburger **Schutzgöttin Hammonia** in den Strophen 18 und 19 des Caput XXIII seiner 1844 erschienenen satirischen Versdichtung „Deutschland ein Wintermärchen": „Sie trug eine weiße Tunika,/Bis an die Waden reichend./Und welche Waden! Das Fußgestell/Zwei dorischen Säulen gleichend.//Die weltlichste Natürlichkeit/Konnt man in den Zügen lesen;/Doch das übermenschliche Hinterteil/Verriet ein höheres Wesen." Außerdem in dem Gedicht „Erinnerung an Hammonia" aus den „Gedichten 1853 und 1854", wo es in der siebten Strophe heißt: „Schutzgöttin Hammonia/folgt dem Zug inkognita,/Stolz bewegt sie die enormen/Massen ihrer hintern Formen". Vgl. Heinrich Heine, Sämtliche Werke, hrsg. von Hans Kaufmann, München 1964, Bd. 2, S. 252 und Bd. 3, S. 216.
103 Gemeint ist das „Räuberlied" „**Ein freies Leben führen wir**,/ein Leben voller Wonne" aus Friedrich Schillers Schauspiel „Die Räuber" (1781) aus dem 4. Akt, Beginn der 5. Szene, gesungen nach der Melodie des Studentenliedes „Gaudeamus igitur" (um 1750).

sich um „Schweizer", der mittlerweile den Saal betreten hatte, als der „Seemann" mit schriller Stimme durch den Saal rief: „Da ist ja auch das ‚Ehrenmitglied!'"[104] Diese Stimme hatte schon manche Disharmonie in die sonst so harmonischen Kneipabende gebracht. Jedes Mitglied kannte das Organ. Es war die „Rabenmutter", das war der Kosename, mit dem die Sänger der „Harmonie" Frau Hesebeck belegt hatten. Es war aber nicht der wenig melodische Klang des Organs, der die Freude störte, sondern man wußte, daß nun auch Hesebeck den größten Teil des Geldes, welches er heute verzehren wollte, wieder mit nach Hause nehmen wollte. Der sonst so tapfere „Schweizer" hatte damit auch die Herrschaft über seine Räuberbande verloren. Daß in der Hülle des fetten Seemanns ein leibhaftiges Seeungeheuer stak, welches die kühnsten Räuberstücke der Bande unmöglich machte, das hatte kein Mensch vermutet. „Schweizer" sollte nur scheinbar Anführer der „Räuber" sein. Man hatte in ihm das beste Objekt zum Ausplündern gesehen. Nun stellte sich als unüberwindliches Hindernis ein Schutzengel in Form eines Seemanns vor seine Tasche.

Vorläufig hoffte man, das Hindernis zu beseitigen, indem man es als unanständig bezeichnete, daß eine Frau im Männerkostüm auf den Maskenball komme, aber die „Rabenmutter" war auch auf diesen Angriff vorbereitet. Am Nachmittag war schon ein Paket mit Frauenkleidern bei dem Dienstmädchen des Wirts abgegeben. Die „Rabenmutter" verließ mit „Schweizer" den Saal, und bald darauf erschien sie zwar in Frauenkleidern, aber noch mit der Maske des Seemanns vor dem Gesicht wieder auf der Bildfläche. Diese und ähnliche Geschichten wurden zur Erheiterung erzählt. Neben den Kluberzählungen, die sich auf Liebschaften, Verlobungen, Entlobungen, Hochzeiten und ähnliche Familienangelegenheiten, auf Abenteuer und Zank mit Gesangslehrern erstreckten, kamen auch Erzählungen, die weniger für das Gemüt des Knaben paßten, die aber doch die Zeit besonders charakterisierten.

Die Zigarrenarbeiter konnten in zwei Gruppen geteilt werden. Die gut gekleideten und die mit schlechter Kleidung. Die gut gekleideten führten zwar harte Kämpfe mit Schuhmacher und Schneider über die Bezahlung. Der Schneidermeister Sahling und der Schuhmachermeister Miersen waren ständige Gäste am Ablieferungstage.[105] Der Zigarrenarbeiter, der in demselben Tempo abbezahlte, wie er das Zeug abtrug, blieb ein gut gekleideter. Die Ausgaben des Arbeiters bestanden in 2 Mark bis 2 Mark acht Schilling, also

---

104 **Schweizer** ist einer der acht Räuber aus Friedrich Schillers Schauspiel „Die Räuber" (1781).
105 **Jacob Sahling** (1821–1883), Schneidermeister in Altona, hatte zu dieser Zeit seine Werkstatt in der Großen Prinzenstraße 26; **Johann Heinrich Miersen** (1826–1897), aus Ahrensbök stammender Schuhmacher, betrieb seine Werkstatt in der Bürgerstraße 27 in Altona.

2,40 bis 3 M, Miete, hierfür hatte er ein Wohnzimmer, in dem auch gearbeitet wurde und einen Teil des Bodens zum Aufbewahren und Trocknen des Tabaks. Er zahlte 5 oder 6 Schilling, also 37 ½ bis 45 Pfennig, für Mittagessen pro Tag oder 2,67 ½ bis 3,15 pro Woche für Mittagessen. Da in der Wohnungsmiete auch Kaffee bezahlt war, mußte er Brot, Butter und sonstiges Zubrot sich kaufen. Zirka 3 M wurden pro Woche auf Kleidung abbezahlt, Beiträge für Krankenkasse, die damals 22 ½ Pfennig pro Woche betrugen und Extrabeiträge für Kranke, die länger als ein Jahr krank waren, und Sterbegeld für jeden Toten in der Kasse auf 22 ½ Pfennig. Außerdem mußte er das Geld für den Zurichter hergeben. Die meisten Zigarrenarbeiter erhielten 8 M 8 Schilling für Zigarren mit Seedleaf und 9 M pro Tausend mit Cuba-Deckblatt. Die Preise sind Hamburger Mark. In Reichsmark betrug der Lohn 10,20 resp. 10,80 M. Es war eine Handarbeit, aber die Anforderungen an Form und saubere Arbeit waren minimal, so daß ein mittlerer Arbeiter 2000 bis 2500 pro Woche machte. Von dem Lohn gab er dann 1,20 bis 1,50 M pro Woche an den Zurichter, der in der Regel für zwei Mann arbeitete.

Neben den Klubvergnügen gab es noch zwei Genüsse für den Zigarrenarbeiter: Schnaps und den Besuch von Bordellen. Die Schnapsflasche fehlte in keiner Arbeitsstelle und wurde täglich mehrfach gefüllt. Die besser gekleideten Zigarrenarbeiter hielten sich in der Regel mit dem Schnapsgenuß in den Grenzen, daß sie arbeiten konnten. Andere jedoch tranken den Schnaps in solchen Mengen, daß sie mehrere Tage in der Woche arbeitsunfähig waren. Der blaue Montag spielte freilich für alle Zigarrenarbeiter eine große Rolle. Freilich war der blaue Montag nicht immer an einem Montag, sondern der Ablieferungstag und an dem folgenden Tage. Abgeliefert wurde in der Regel, wenn 2000 bis 3000 Zigarren fertig waren. Brauchte der Arbeiter inzwischen Geld, und das war die Regel, dann wurden einige hundert Zigarren verkauft. Für Zigarren, wozu 16 bis 17 Pfund Tabak pro 1000 Stück gehörten, brauchte der Hausarbeiter 20 bis 21 Pfund. Bei den damaligen Tabakpreisen und Zöllen wurde mit den Abgängen gerechnet. Genau genommen, setzte sich der Wochenverdienst des Zigarrenarbeiters zusammen aus Lohn für 2000 Zigarren = 20,40 M bis 21,60 M und 200 bis 300 verkaufte Zigarren, wofür pro 100 Stück cirka 3,60 M erzielt wurden. Die mäßigen Schnapstrinker, die etwas höhere Löhne erzielten, weil sie in der Regel 5 ½ Tage in der Woche arbeiteten, frequentierten öfter Bordelle. Die Erlebnisse von diesen Touren bildeten dann auch oft [den] Gesprächsgegenstand, und so lernten die dabei sitzenden Knaben schon die Einzelheiten des Bordellebens kennen. Da wurden die Reize der Mädchen genau beschrieben und die Vergnügungen aus den Zimmern der Mädchen möglichst genau wiedergegeben. Bei diesen Arbeitern waren denn auch Geschlechtskrankheiten keine Seltenheit.

Die Kuren der Geschlechtskrankheiten wurden dem Zurichter bekannt. Sein Herr trank keinen Schnaps mehr. Er ging zum Arzt, und der Zurichter mußte zur Apotheke oder es wurden die Mittel der Kurpfuscher angewandt. Das ganze Leben und Leiden der Zigarrenarbeiter kannte der Zurichter. Da bei dem Einzelarbeiter der Zurichter dessen einzige Gesellschaft war, so wurden mit dem Zurichter alle Themata besprochen. Die Zurichter erlangten dadurch eine eigenartige Frühreife. Sie waren über die Insassen der Bordelle, über Namen und körperliche Beschaffenheit der Mädchen, über Preise der Getränke in den Bordellen und diejenigen der Mädchen genau unterrichtet. Sie kannten auch die ganzen Arten der Geschlechtskrankheiten und die gebräuchlichen Kuren. Das Kindergemüt ging verloren, das Leben und die Laster der Proletarier lernte der Knabe kennen. Gar manchen Zigarrenarbeiter beobachteten wir, der erst noch zu den gut gekleideten gehörte, dann aber nach und nach Schnapstrinker wurde und schließlich in der Gosse endete.

Je mehr ich die schlimmen Seiten dieses Lebens kennenlernte, um so größer wurde die Sehnsucht, einst aus dieser Umgebung herauszukommen. In der Phantasie wurden tausend Luftschlösser gebaut. Eine Sehnsucht drängte sich immer in den Vordergrund, und es war die Hoffnung, die Eltern möchten wieder in so gute Verhältnisse kommen, daß ich in gute Schulen kommen könne, meinen Wissensdrang befriedigen und einst durch geistige Arbeit einen Erwerb finden.[106]

Unter allerlei Träumen saß ich dann bei der Arbeit. Bald zog ich in Gedanken durch Feld und Wald. Dann konstruierte ich Maschinen, dachte Wagen zu erfinden, die alle Hindernisse überwinden, nur ans Zurichten dachte ich nur dann, wenn ich mit etwas barschen Worten angetrieben wurde. Erheblich besser war die Arbeit als in der Cichorienfabrik, weil dort nicht geprügelt wurde. Trotz des vielen Schnapsgenusses und mancher sonstigen Rückständigkeit der Arbeiter war doch der Gedanke, die Knaben durch Prügel anzutreiben, fast ganz verbannt. Die Arbeit, Tabak anfeuchten und losmachen, wie der Ausdruck lautete, wurde fast nur am Ablieferungstag gemacht. Den Tabak durchs Wasser ziehen und ausschwenken. Dann die Bündel lösen und die Einlagetabake mischen. Einlage und Rapper strippen, Deckblatt strippen, ausbreiten und pressen, das war die wenig abwechselnde Arbeit.[1] Ob-

---

106 An dieser Stelle beginnt die zweite Kladde der „Erinnerungen" mit der Überschrift Hermann Molkenbuhrs „Erinnerungen Heft II von 1864 bis 1872".

1 Eine Zigarre wird aus Einlage, Umblatt und Deckblatt gefertigt. Molkenbuhr verwendet hier für „Umblatt" eine im Großraum Hamburg gebräuchliche Verballhornung des englischen Wortes „wrapper", mit dem eigentlich das Deckblatt bezeichnet wird. In Stellenanzeigen der lokalen Tagespresse wurden „Rapperstripper" oder „Rapperstreifer" gesucht. Unter „strippen" ist das Entfernen der Rippen der Tabakblätter zu verstehen.

gleich ich schlanke Hände hatte, so wurde ich doch kein Virtuose. Bald erklärte Bartels meine Lehrzeit für beendet, und da ich nicht soviel schaffen konnte, wie Bartels und Hodde gebrauchten, so wurde ich entlassen und fand dann bei August Junge eine neue Stelle.[2]

Junge selbst machte nicht soviel Zigarren wie Bartels, so daß ich hier leicht soviel schaffen konnte, wie er gebrauchte. Junge war ein solider Mann. Er trank zwar in den ersten Tagen seinen Schnaps, aber selten so viel, daß er nicht arbeiten konnte. Seine Mittel erlaubten es ihm auch nicht, in Bordelle zu gehen. Wenigstens renommierte er nicht damit. Bald schaffte er sich eine Braut an, mit der er bald in innigem Verhältnis lebte.[3] Die Montage waren freilich immer ein Mittelding von Arbeits- und Festtag. Sonntag morgens wurde fast regelmäßig gearbeitet, dafür war der Montag ein halber Feiertag. Des Morgens kam regelmäßig der Bote der Krankenkasse Julius Theodor Paul, der bei Junge sein Frühstück verzehrte.[4] Er hatte immer Wurst in der Tasche, in der Regel Zungenwurst, die ich schon oft in den Schlächterläden hatte liegen sehen. Ich dachte aber immer, daß diese Wurst nur von ganz reichen Leuten gegessen würde. Nun lieferte Junge Brot und Butter, und dann bekam ich in der Regel auch ein Stück Brot mit Zungenwurst. Da Paul immer eine Stunde dort blieb, so kamen nicht selten Zigarrenmacher, die entweder rückständige Beiträge zahlten oder solche, die bestellen wollten, daß Paul nicht kommen solle, weil sie kein Geld hatten. Dann wurde immer noch ein Schnaps geholt, und wenn dann etwas viel Schnaps getrunken war, dann legten Paul und Junge sich schlafen, und ich konnte spazierengehen.

Solange der Krieg noch dauerte, ging ich in der Regel zum Bahnhof, um zu sehen, welche Geschütze und Geschosse nach Schleswig transportiert wurden. Da die Verbindungsbahn noch nicht war, so wurden Soldaten und Kriegsmaterial durch Hamburg zum Altonaer Bahnhof gebracht.[5] Dann kamen Verwundete oder Gefangene. In großen Truppenkörpern kamen Gefangene nach der Erstürmung der Düppeler Schanzen und nach der Einnahme von Alsen. Ein geradezu gräßlicher Anblick war es, als die Verwundeten aus der Seeschlacht von Helgoland ankamen. Schauderhaft verstümmelte Men-

---

2 **August Junge** (1834–1903), in Itzehoe geborener Zigarrenarbeiter, wohnhaft in Ottensen in der Bahrenfelderstraße 24, seit 1893 in Hamburg ansässig, zog ein halbes Jahr vor seinem Tod nach Mannheim um.
3 **Catharina Junge** geb. Schilling (1841–1902), in Glückstadt geborene Schneiderin, später Tabakzurichterin, seit 27. August 1865 verheiratet mit August Junge.
4 **Julius Theodor PAUL** (1814–1888), aus Hamburg stammender Zigarrenarbeiter, Bote des „Hamburger Cigarren-Arbeiter-Vereins", dessen Mitgliedschaft auch eine Krankenversicherung einschloss; hier nannte Molkenbuhr irrtümlich als Vornamen „Friedrich".
5 Die Hamburg-Altonaer **Verbindungsbahn** wurde in den Jahren 1864 bis 1866 gebaut.

schen, viele Verbrannte.⁶ Als ich den Transport sah, stieg mein Dänenhaß bis zur Siedehitze, während ich sonst Mitleid mit den armen Gefangenen hatte, denen durch die Gefangenschaft die Möglichkeit genommen war, Heldentaten auszuführen, wünschte ich nun, daß alle Dänen gefangengenommen würden, damit ihnen die Möglichkeit, deutsche Soldaten zu verstümmeln, genommen würde.

Die Österreicher wurden nun unsere Lieblinge. Sie hatten nach unserer Auffassung am meisten gelitten. Dazu kam, daß uns die Uniformen viel besser gefielen: weiße Röcke mit rotem Besatz. Alles sah viel flotter aus. Eine besondere Freude war es, die Musik zu hören. Gewiß war Österreich rückständiger als Preußen, aber doch wurde der Preußenhaß auch dann noch nicht unterdrückt, als die Preußen Düppel erstürmt und Alsen genommen [hatten]. Hinter Preußens Befreiungswerk wurde ein reaktionärer Streich gesucht. Das war wohl eine Folge von 1848. Auch damals waren die Preußen als Befreier nach Schleswig-Holstein gekommen, um dann den schmählichen „Waffenstillstand von Malmö" zu schließen und dann die Waffen gegen deutsche Freiheitskämpfer zu führen.⁷ Nun stand Wrangel an der Spitze der Armee in Schleswig, derselbe Wrangel, der 1848 in Berlin die Bürgerwehr entwaffnet hatte.⁸ Wieviel von unserem Preußenhaß durch die Unterhaltungen der Zigarrenarbeiter erzeugt war, vermag ich nicht mehr anzugeben. Sicher waren die Preußen noch weniger beliebt als die Dänen. Milderte sich auch der Preußenhaß nach den Schlachten von Missunde, der Erstürmung der Düppeler Schanzen und der Einnahme von Alsen: Man sah in Preußen das Hindernis der „Be-

---

6 Am 9. Mai 1864 war es vor **Helgoland** zu einem Seegefecht zwischen dem überlegenen dänischen Nordseegeschwader und einem Verband aus österreichischen Fregatten und leichten preußischen Kanonenbooten gekommen. Dabei hatte die österreichische Fregatte „Schwarzenberg" Feuer gefangen. Die Verluste der Österreicher beliefen sich auf 37 Tote und 93 Verwundete.
7 Die dänische Entscheidung vom März 1848, Schleswig nach Dänemark einzuverleiben, stieß in Schleswig-Holstein auf Widerstand und führte zur Bildung einer provisorischen Landesregierung. Als dänische Truppen in Schleswig einrückten, um die Annexion militärisch durchzusetzen, rückten Truppen des Deutschen Bundes unter preußischer Führung in Schleswig ein und drangen bis auf dänisches Territorium vor. Auf Druck Russlands und Englands schloss Preußen mit Dänemark am 26. August 1848 eigenmächtig den **„Waffenstillstand von Malmö"**, der unter anderem einen Rückzug der beteiligten Truppen aus Schleswig-Holstein beinhaltete.
8 **Friedrich Heinrich Ernst Graf von Wrangel** (1784–1877), preußischer Berufssoldat, 1796 Eintritt in die preußische Armee, 1814 Regimentskommandeur, seit 1839 General, seit April 1848 Oberbefehlshaber der Bundestruppen in Schleswig-Holstein, seit September 1848 in den Marken, sprengte im November 1848 die preußische Nationalversammlung in Berlin und beendete damit die Märzrevolution in Preußen, 1856 Generalfeldmarschall, 1864 für kurze Zeit (überforderter) Oberbefehlshaber im Krieg gegen Dänemark.

freiung". Die Befreiung schien nach den landläufigen Begriffen erst dann perfekt, wenn der Herzog Friedrich VIII. Herzog von Schleswig-Holstein würde.

Eine Umwälzung vollzog sich in dem Leben unserer Herren. Bartels und Junge gingen beide auf Freiersfüßen. Bartels verlobte sich mit der Tochter eines Eisenbahnbeamten und Junge lernte die erwachsene Tochter einer aus Glückstadt zugezogenen Familie kennen. Kam Junges Braut bei ihm zum Besuch, und das war in einigen Tagen in der Woche der Fall, dann konnte ich eine Stunde spazierengehen. Junge sagte dann: „Geh nur einmal nach dem Bahnhof und sieh, was dort passiert ist, und dann kannst Du zum Essen gehen." Oder, wenn es Nachmittag war, konnte ich zur Schule gehen, sobald meine Freistunde – oder richtiger Junges Freierstunde – verstrichen war. Nebenbei mußte ich oft Bestellungen bei Schilling, so hieß der zukünftige Schwiegervater, machen.[9] So schwammen wir im Glück. Junge und seine Braut im Liebesglück, und ich gewann Zeit zur Beobachtung der Truppenbewegungen, der Paraden usw. Daß das Liebesverhältnis aus dem Bereiche der rein platonischen Liebe herausgetreten war, das ahnte ich als damals 13-jähriger Junge auch schon. Küsse wurden in meiner Gegenwart ausgetauscht. Auch an recht inniger Unterhaltung fehlte es nicht. Aber sowie ich wegging, wurden die Fenstervorhänge zugezogen und oft, wenn ich noch vor Mittag oder vor der Schulzeit wieder hinmußte, dann traf ich die liebe Braut beim Üben im Bettenmachen, während das Bett doch schon gemacht war, als ich fortging.

Unter den Bekanntschaften, die ich machte und die auch zu einem recht langen Freundschaftsverhältnis führten, war die Bekanntschaft von Ludwig Schmidt, der Bruder des Dichters Otto Ernst.[10] Zu Schmidt ins Haus kam ich, um Tabak zu liefern. Junge brauchte nun mehr Geld als sonst. Er hoffte zwar, in der Lotterie zu gewinnen, und spielte bei Dogmayer und Heckscher, aber beide Kollekteure brachten höchstens das ausgelegte Geld.[11] Etwas sicherer

---

9 **Hans Heinrich Schilling** (1818–1900), aus Quickborn stammender Weber, zu dieser Zeit wohnhaft in der Lobuschstraße 17 in Ottensen.
10 **Ludwig Schmidt** (1851->1881) in Kiel geboren, von Beruf Zigarrenarbeiter; **Otto Ernst**, eigentlich Otto Ernst Schmidt (1862–1926), in Ottensen geborener Schriftsteller, 1883 bis 1900 Volksschullehrer in Hamburg, danach freier Schriftsteller, erfolgreicher Dramatiker („Flachsmann als Erzieher", 1901), Erzähler (vor allem die drei „Asmus-Semper"-Bildungsromane, in denen, vor allem im erstem Band „Asmus Sempers Jugendland" von 1904, Hermann Molkenbuhr in der Figur des Heinrich Moldenhuber auftritt) und Lyriker, 1891 Gründer der Hamburger „Literarischen Gesellschaft"; ursprünglich der Sozialdemokratie nahe stehend, entwickelte sich Otto Ernst unter dem Eindruck des Ersten Weltkrieges und des Soldatentodes seines einzigen Sohnes zu einem antisemitischen, deutschnationalen Pamphletisten. Dies führte zum völligen Bruch mit Hermann Molkenbuhr.
11 **Kollekteur** (franz.): Lotterieeinnehmer. **Salomon Heckscher** (1822–1904), in Hamburg geborener und wohnhafter Lotteriekollekteur. Ein Lotterieeinnehmer namens „Dogmayer", dessen Name von Molkenbuhr nachträglich in winziger, unleserlicher Schrift eingefügt wurde, ließ sich nicht nachweisen.

Abb. 9: Jugendporträt des Dichters Otto Ernst.

waren die Einnahmen aus den an Paul verkauften Zigarren. Nicht selten gingen in einer Woche 500 und mehr Zigarren fort, die ich des Abends in Pauls Wohnung in die Wirtschaft von Lehing in der Großen Freiheit bringen mußte.[12] Aber dann kam es oft, daß der Tabak nicht reichte. Da wurde dann aufgepaßt, wer gerade abgeliefert hatte. Bei dem wurde dann etwas Tabak geliehen. Bei Schmidt war auch Schmalhans Küchenmeister. Da Schmidt sich dann Tabak lieh, wenn er nicht reichte, mußte er auch Junge mit aushelfen. Der alte Schmidt war auch kein hervorragender Arbeiter, aber er hatte eine immerhin recht zahlreiche Familie.[13] Die beiden ältesten Kinder, zwei Mädchen, Wilhelmine und Amalie, waren zwar schon konfirmiert und als Dienstmädchen in Dienst.[14] Zu Hause waren die Knaben Ludwig, Julius, Adolf und Otto, der damals ein vierjähriger kleiner Knirps mit etwas großem Kopf und starken O-Beinen war.[15]

Der Vater Schmidt war ein prächtiger Mann. Er schwelgte in Erinnerungen an 1848. Er war Kampfgenosse von 1848 und verkehrte auch gern mit

---

12 Gemeint ist die Gastwirtschaft mit Zigarrenarbeiter- und Schmiedeverkehr von Johann Friedrich Wilhelm **Lehing** in der Großen Freiheit 50 in Altona.
13 **Asmus Ludwig Schmidt** (1820–1889), aus Schleswig stammender Zigarrenarbeiter in Ottensen, 1864 wohnhaft in der Großen Rainstraße 26a.
14 **Wilhelmine und Amalie Schmidt** sind im Altonaer bzw. Hamburger Adressbuch und in den jeweiligen Meldekarteien nicht nachweisbar.
15 **Adolf Schmidt** (1857->1880), in Kiel geborener späterer Zigarrenarbeiter, wanderte mit seinem Bruder Julius 1880 in die USA aus; **Julius Schmidt** (1853–1914), in Kiel geborener Zigarrenarbeiter in Ottensen, ADAV, Agitator, Präses der 1874 gegründeten Liedertafel „Lassallea", 1878 Mitglied des Arbeiter-Wahlkomitees von Ottensen, 1880 Auswanderung in die USA, wo er in Jersey City, New Jersey, eine Zigarrenfabrikation betrieb.

seinen alten Kameraden. Sonst beschäftigte er sich gern mit Romanlesen, aber er hatte guten Geschmack. Wie er seine Kinder zum Lesen guter Sachen anhielt, so suchte er auch mich von dem Lesen von Schundsachen zu bewahren. Die Namen guter Dichter und die Titel ihrer besten Werke lernte ich von ihm kennen. Der Verkehr in dieser Familie wurde für die nächsten Jahre von großem Einfluß auf mein Leben und meine Genüsse. Wenn ich ihn, der in seiner Jugend gute Schulen, ich glaube die Oberschule in Schleswig, besucht hatte, meine Schwärmereien für die Gelegenheit Tüchtiges zu lernen erzählte, dann wurde er etwas melancholisch gestimmt und sagte: „Dort hat man auch keinen Nürnberger Trichter. Vieles, was man dort lernt, kann man auch aus guten Büchern lernen."[16]

All das hörte ich wohl, aber wie sollte ich zu den guten Büchern kommen? Vorläufig lasen wir noch die Aufsätze und Gedichte in Harders Lesebuch, welches wir in der Schule in Wedel gehabt hatten, Herweghs „Gedichte eines Lebendigen" und dann in einem Bruchstück einer Gedichtsammlung, in dem sich auch Schillers „Lied von der Glocke" befand.[17] Von den Gedichten, die in der frühesten Jugendzeit großen Eindruck auf mich machten, erinnere ich Freiligraths „Auswanderer", den „Löwenritt", den „Mohrenfürst" und „Der Blumen Rache".[18] Ebenso Geibels „Negerweib".[19] Hier [...] waren es die Schlußverse, in denen der Dichter das Negerweib singen läßt: „Ach,

---

16 **Nürnberger Trichter**: scherzhafte Bezeichnung für ein Lernverfahren, durch das auch dem Dümmsten ohne Mühe etwas beigebracht („eingetrichtert") werden kann. Abgeleitet von dem Buch des Nürnberger Barockdichters Georg Philipp Harsdörffer (1607–1658) „Poetischer Trichter, die Teutsche Dicht- und Reimkunst in 6 Stunden einzugießen", 3 Teile, Nürnberg 1647–1653.
17 **Friedrich Harder** (1825–1881), in Segeberg geborener Organist und Lehrer, Verfasser mehrerer Schulbücher und theoretischer Schriften zum Schulunterricht, darunter das „Lesebuch für Stadt- und Landschulen", zwei Bände, Altona 1856 und 1857; **Herweghs „Gedichte eines Lebendigen"**: vgl. S. 38, Anm. 6.
18 **Ferdinand Freiligrath** (1810–1876), Lyriker, einer der bedeutendsten Dichter des Vormärz, ursprünglich Kaufmann, 1832 bis 1836 Buchhalter in Amsterdam, 1838 nach Erfolg seiner ersten Sammlung „Gedichte" freier Schriftsteller, Abkehr von Preußen und Bekenntnis zur Revolution in seinem Gedichtband „Ein Glaubensbekenntnis" (1844), erstes Exil in Belgien, der Schweiz und London, Gedichtbände „Ça ira" (1846) und „Neuere politische und soziale Gedichte" (1848), 1848 Rückkehr nach Deutschland, bis zu deren Verbot 1849 Mitarbeiter der „Neuen Rheinischen Zeitung", (Beiname: „Trompeter der Revolution"), politische Verfolgung, 1851 zweites Exil in England, 1868 Rückkehr nach Deutschland. Zu den genannten Gedichten vgl. Ferdinand Freiligraths gesammelte Dichtungen, Erster Band, Stuttgart 1877, S. 11–13 („Die Auswanderer"), S. 151–152 („Löwenritt"), S. 85–88 („Der Mohrenfürst") und S. 41–44 („Der Blumen Rache"). Abgedruckt in Friedrich Harders Lesebuch (vgl. S. 89, Anm. 17), S. 614f., S. 605 f., S. 601–603 und S. 585.
19 Vgl. Emanuel Geibel, Gesammelte Werke in acht Bänden, Erster Band: Jugendgedichte, Zeitstimmen, Sonette, Stuttgart, Berlin ⁴1906, S. 200–202, Zitat S. 202.

das mag geschehen, wenn der Mississippi rückwärts fließet,/Wenn an hoher Baumwollstaude dunkelblau die Blüte sprießet,/Wenn der Alligator friedlich schlummert bei den Büffelherden,/wenn die weißen freien Pflanzer, wenn die Christen Menschen werden". Die Philosophie des armen Negerweibes verstanden wir zwar nicht recht und rechneten mit der Möglichkeit eines Druckfehlers. Es hätte doch heißen können: wenn die Menschen Christen werden. Das Negerweib war aber keine Christin, denn es spricht ja vom Christentum als von der Religion der Weißen. Das begriffen wir, daß das Weib unglücklich ist und in harter Arbeit auf die Freuden des Lebens verzichten muß. Auch wir fühlten uns als Arbeitssklaven, deren Kräfte aufs Äußerste angespannt werden und die auf alle Freuden verzichten müssen.

Das Leben der großen Handelsstadt regte doch mächtig die Phantasie an. Man erzählte von vielen reichen Kaufleuten, daß sie ihren Reichtum mit Sklavenhandel erworben hätten. Handel mit Ebenholz wurde es genannt. Die Schaufenster der Naturalienhandlungen, die Ausstellungen der Menagerien und vor allen Dingen die großen Reklamebilder der Menagerien führten unsere Phantasie in die Tropen, und da war es nicht zum Verwundern, daß die Tropenbilder Freiligrathscher Dichtungen unsere Lieblingsgedichte wurden. Auch Freiheitslieder wie Herweghs „Gedichte eines Lebendigen" und im Lesebuch Geibels „Junger Tscherkessenfürst" erregten unsere Phantasie.[20]

Ohne Lektüre konnte unsere Mutter auch nicht sein. Sie hielt ein Familienblatt, „Omnibus" genannt.[21] Die Bilder dieses Blattes trugen dazu bei, uns mit Amerika zu beschäftigen. Der Sezessionskrieg war ausgebrochen. Bilder aus dem Krieg wurden wie alle Kriegsbilder mit großem Interesse von uns betrachtet. Ferner wurden viele Bilder aus dem Sklavenleben gebracht. Der Sklaventreiber mit der großen Knute wurde sehr von uns gehaßt. Hatten wir doch in der Cichorienfabrik auch Prügel mit dem dicken Teertau bekommen. Die Befreiung der Negersklaven, das war ein Ideal. Lincoln war auch ein Held nach unserem Sinn, und genauso, wie wir mit Begeisterung dem Siegeszug der Preußen und Österreicher von Missunde bis Alsen gefolgt waren, streiften wir jetzt mit den Armeen der Nordstaaten gegen die Sklavenhalterarmee.[22] Die Luftschlösser wurden in der Phantasie nicht nur ausgemalt, son-

---

20 Vgl. ebenda S. 214–216 („Der junge Tscherkessenfürst"). Abgedruckt in Friedrich Harders Lesebuch (vgl. S. 89, Anm. 17), S. 560f.
21 **„Omnibus":** 1862 bis 1878 in Hamburg erschienenes illustriertes Wochenblatt im Stil der „Gartenlaube".
22 **Abraham Lincoln** (1809–1865), 16. Präsident der USA 1861 bis 1865, seit 1856 Mitglied der neugegründeten Republikanischen Partei, entschiedener Gegner der Sklaverei, dessen Wahl zum Präsidenten die Südstaaten der USA als Anlaß zur Unabhängigkeit („Sezession") nahmen; wurde nach dem militärischen Sieg der Nordstaaten über die Südstaaten im **„Sezessionskrieg"** von einem Anhänger der Sklaverei erschossen.

dern nicht selten war ich fern vom Tabak hinaus aus der Handelsstadt. Ich durchzog die Südstaaten und befreite Neger aus der Sklaverei. Der befreite Sklave mußte meiner Meinung nach zurück in seine Heimat. Wenn aber alle Sklaven befreit waren, dann wollte ich in die Tropen ziehen. Zuerst durch die Urwälder am Amazonasstrom, dann aber nach Ostindien.

Wenn ich dann in dem Genuß der Schönheit der Landschaften vom Ganges oder Ceylons schwelgte, dann wurde ich oft ganz unsanft aus all den Träumen gerissen, indem Junge Deckblatt forderte, und doch war nichts mehr da. Jetzt hieß es alle Kraft anstrengen, um die nötigen Vorräte zu schaffen. Ich war dann wieder der an die Arbeit gefesselte Sklave. Erst so viel Rapper, daß ich einige Stunden Deckblatt strippen und ausbreiten konnte, und wenn das getan, wieder Rapper und Einlage strippen. Schon die Pflicht, angestrengt arbeiten zu müssen, d.h. eine mechanische Tätigkeit ausüben, die meiner Meinung nach für die Menschheit ohne Wert war, bewirkte den Umschlag. Ich selbst war Sklave und hatte keine Aussicht, daß ein Befreier kommen werde. Oft mußte ich dann aus der Schule fortbleiben, weil ich um 4½ Uhr nicht die für den Abend nötigen Vorräte hatte. Die Schulversäumnis trug ich auch leicht, denn von allem Wissensdurst wurde in der Schule bald gar nichts mehr befriedigt.[23] Allen Religionsunterricht hatte ich nun schon vier Jahre durchgemacht, die an die Wandtafeln geschriebenen Rechenaufgaben schon viermal gerechnet, höchstens war der Geographieunterricht am Freitag noch etwas, was Befriedigung gewährte.

Junge hatte inzwischen auch einen Arbeiter angenommen. Es war freilich ein sehr schwacher Arbeiter. Ein kranker Mann, der jahrelang in Hospitälern gelegen hatte, war, da er zur Landarbeit zu schwach war, erst Zurichter geworden und hatte sich dann das Zigarrenmachen [an-]gelernt. Trotz allen Fleißes brachte er es nur auf täglich 120 bis 150 Stück, also 800 bis 900 in der Woche. Er erhielt dann für 100 Stück 72 Pf. Mangel an Mitteln und die Kränklichkeit zwangen den Mann, sehr solide zu sein. Er trank keinen Schnaps, und der Gegenstand seiner Unterhaltungen waren Hospitalerinnerungen. Da tauchte dann oft bei mir der Wunsch auf, Arzt zu werden und alle Kranken heilen zu können. Junges Liebesverhältnis wurde immer inniger, und da die Zärtlichkeiten beim Alleinsein, welches jetzt nur noch in den Abendstunden vorkam, nicht ohne Folgen geblieben waren, so war die Braut aus dem Elternhause fortgezogen. Einige Tage in der Woche war sie zwar als Schneiderin beschäftigt, aber ihr Verdienst reichte nicht, ihren Unterhalt zu decken. Nun mietete Junge ein anderes Logis, wo er ein möbliertes Zimmer und einen

---

23 *Die* **Schulversäumnis:** Zu Molkenbuhrs Zeit durchaus üblich, während man heute *das* Versäumnis sagen würde.

kleinen Arbeitsraum hatte. Im Zimmer war ein kleiner Kochofen. Seine Braut zog mit in dasselbe Logis ein und sie fing an, an den Tagen, wenn sie keine Arbeit als Schneiderin hatte, mir beim Zurichten zu helfen. Jetzt hatte ich bald bequemere Tage, aber sie dauerten nicht lange. Denn bald hatte die Braut die nötige Gewandtheit erlangt, und da sie doch die Absicht hatten zu heiraten, d. h. einen eigenen Hausstand zu erwerben, da wurde dann das Geld für den Zurichter gespart. Ich wurde entlassen.

Die Zigarrenmacher Meyer und Magnus

Mein nächster Prinzipal war Meyer.[24] Ein sehr langer, körperlich und moralisch sehr schlapper Mensch. Hinrich hatte schon längere Zeit bei ihm gearbeitet. Meyer war sehr dem Schnapsteufel verfallen. Aber oft hatte er moralische Anwandlungen. Dann zerschlug er die Schnapsflasche und hatte den festen Vorsatz, ganz solide zu werden. Er war tief gesunken und hatte weder Stiefel noch Kleidung. Da er gar nicht mehr aus dem Hause konnte, so hielt die moralische Periode länger an als sonst. Er arbeitete nun sieben Tage in der Woche fleißig und beschaffte sich erst Stiefel und bald hatte er Geld, sich auch Kleider anschaffen zu können. Zunächst wurde ein guter Winterüberzieher angeschafft. Neue Stiefel, ein langer Überzieher und Zylinderhut gaben Meyer das Ansehen eines Gentlemans. Er arbeitete sogar darauf hin, zum Sommer einen ganz neuen Anzug anzuschaffen. Er erzählte mir dann auch seine Lebensgeschichte, wie er als ganz ordentlicher Mensch von Neustadt nach Ottensen gekommen war und auf der großen Fabrik von Knauer so nobel in Zeug gewesen ist, daß man ihn selbst an den Wochentagen kaum für einen Arbeiter gehalten habe.[25] Dort habe man ihn gezwungen, Schnaps zu trinken, und da sei er dem Schnapsteufel verfallen. Nun habe er sich wieder befreit und keine Macht werde ihn je wieder zum Schnapstrinken bringen.

Ich war aber kaum zwei Wochen bei ihm, da kamen an einem Montag morgen einige angetrunkene Zigarrenarbeiter und Vergolder zu ihm. Sie brachten eine große Flasche Schnaps mit. Da wurde eingeschenkt, und bald trank auch Meyer mit. Nachdem die eine Flasche geleert war, wurde eine zweite Flasche geholt und als diese leer war, wollten sie ausgehen. Aber keiner hatte Geld. Da wurde der Vorschlag gemacht, etwas zu versetzen. Wer hatte aber einen Wertgegenstand, für den der Pfandleiher etwas gab? Sehr bald

---

24 **Th. Meyer** (1834->1873), in Neustadt (vermutlich in Holstein) geborener Zigarrenarbeiter, Untermieter bei der Witwe Struck in der Bahrenfelderstraße 20 in Ottensen, erscheint 1874 letztmals im Ottensener Adressbuch.

25 Gemeint ist die Tabak- und Zigarrenfabrik von Heinrich **Knauer** in der Bahrenfelderstraße 73 in Ottensen.

wurde Meyers Winterüberzieher in Vorschlag gebracht. Meyer protestierte zwar mit dem Hinweis, daß dieses Kleidungsstück neben dem Schutz vor Kälte auch den Zweck habe, seinen Dalles, d. h. die abgetragenen und zerrissenen Stellen seiner sonstigen Kleidung zu verdecken. Ein Vergolder erklärte aber, daß er einen guten Überzieher zu Hause habe, den Meyer noch ganz gut tragen könne. Meyer erhielt noch einige Schnäpse, und dann übergab er mir seinen Überzieher mit dem Auftrag, ihn zum Pfandleiher zu bringen. Ich erhielt 12 M. Als ich nun zurückkam, war der Ersatzüberzieher auch schon zur Stelle; es war ein hellblauer Arbeitskittel, wie ihn die Vergolder um jene Zeit bei der Arbeit trugen. Meyer war zwar sehr entrüstet. Ich übergab Meyer das Geld, aber jeder griff zu, und nun wurde über Meyers schäbigen und zerrissenen Anzug der blaue Kittel gezogen, und Meyer zog mit los, angeblich zum Kegeln, aber in Wirklichkeit, um mehr Schnaps zu trinken. Als ich am nächsten Tag zur Arbeit kam, saß Meyer an seinem Arbeitstisch, den Kopf in beide Hände gestützt, und brummte unverständliche Laute. Später wurde er deutlicher und sagte: „Du bist auch so'n Schafskopf und bringst den Überzieher wirklich zum Pfandleiher. Du hättest ihn doch nur mit nach Hause nehmen können und wärst nicht wiedergekommen. Von dem Geld bekomme ich keinen Schilling wieder zu sehen. So, nun bring die Schnapsflasche weg." Ich brachte die Flasche wieder zu dem Wirt, wo ich gestern Schnaps geholt hatte.

Als ich wieder zurückkam, klagte Meyer über sein Unglück und all das Unglück des gestrigen Tages. Dann suchte er all seine Taschen durch, und als er noch ein paar lose Schillinge fand, gab er mir einen mit der Weisung, dafür Schnaps zu holen. Er versicherte dann, daß er heute noch etwas Schnaps haben müsse, um den Jammer zu mildern, später aber nie wieder welchen trinken wolle. Der Jammer war auch groß. Statt des schönen Winterüberziehers, der die Schäbigkeit der übrigen Kleider verdeckte, hatte er einen neuen Pfandschein über 12 M. Dieser war ein schriftlicher Beweis einer gewissen Wohlhabenheit, denn einen Überzieher, auf den ein Pfandleiher 12 M gab, hatten nur wenige Zigarrenarbeiter. So bald konnte Meyer auch noch nicht ans Einlösen denken, denn der Überzieher war noch nicht bezahlt, und an jedem Lieferungstag stellte der Schneidermeister Thiesen sich ein, um drei oder vier Mark in Empfang zu nehmen.[26] Als Meyer endlich so weit war, daß er ans Sparen für die Einlösung denken konnte, da brannte die Sonne schon so warme Strahlen auf die Erde, daß die wohlhabendsten Leute sich der

---

26 **Erich Thiesen** (1823–1884), aus Hardesby, Kirchspiel Sörup stammender Schneidermeister, hatte seine Werkstatt in der Breiten Straße 152 in Altona.

Winterüberzieher entledigten. Nur um die Schäbigkeit seines Anzugs zu verdecken, hätte der Überzieher noch Wert gehabt.

Da nun Meyer den Überzieher bezahlt hatte, gab es ein anderes Mittel, aus dem vollständig verlumpten Meyer einen noblen Mann zu machen. Thiesen mußte einen neuen Anzug liefern. Noch einmal tauchten in Meyer die Erinnerungen der Zeit auf, in der er zu den nobelsten Zigarrenarbeitern gehörte. Weil er den guten Winterüberzieher bezahlt hatte, hatte er Kredit, und der wurde bis zur äußersten Grenze in Anspruch genommen. Meyer bestellte einen ganzen schwarzen Anzug und dazu noch eine graue Hose und Weste. Als Meyer das Zeug hatte, erwachten noch einmal die Jugendlust und der jugendliche Stolz in ihm. Welche Variationen hatte er nun in der Kleidung? Bald war er feierlich in schwarzem Anzug. Dann trug er graue Hose und Weste und den schwarzen Rock, dann schwarzen Rock und Weste und graue Hose. Er hatte also drei Variationen im Anzug und immer nobel. Es war das letzte Mal, daß Meyer neues Zeug hatte. Er hat zwar noch anderthalb Jahrzehnte gelebt, aber neues Zeug hat er nie wieder angeschafft.

Eine große Entgleisung trat im Juli ein. An einem schönen Montag wollten eine Anzahl Zigarrenarbeiter einen Ausflug machen, auch Meyer beteiligte sich daran. Ich holte mittags das Essen aus dem Speisehaus, wo ich jeden Mittag für Mcyer Essen holen mußte. War Meyer mittags noch nicht dort, dann stellte ich das Essen ins Bett, damit es sich warm hielt. An zugerichtetem Tabak hatte ich solche Vorräte, daß Meyer länger als einen Tag arbeiten konnte, und da es ein schöner Sommertag war, ging ich an die Elbe zum Baden. Hierzu hatte ich Ludwig Schmidt abgeholt. Es war wirklich ein prächtiger Tag. Ludwig Schmidt und ich schwärmten von den großen Reisen, die wir unternehmen wollten. Hierzu bietet Neumühlen die beste Gelegenheit. Am Elbstrand liegt das prächtige Dorf. Es hat keine Fahrstraße. Nur ein Fußweg führt zwischen den Häusern und Vorgärten [hindurch]. Die Häuser sind meistens von Kapitänen und Lotsen bewohnt. Die Vorgärten prangen in solch prächtigem Blumenschmuck wie wohl wenige Gärten. Vor kaltem Nordwind ist das Dorf geschützt, denn dicht hinter den Häusern erhebt sich steil ansteigend eine Hügelkette oder richtiger das steile Elbufer. In den Vorgärten sitzen am Nachmittag die Familien und die alten Seebären, die entweder jetzt zu Hause sind oder sich schon dauernd zur Ruhe gesetzt haben. Jedes aufkommende oder in See gehende Schiff wird beobachtet.

Wir gingen den Strom abwärts bis hinter eine Schiffswerft, wo damals immer Holzschiffe im Bau oder in Reparatur auf den Helligen lagen.[27] Hinter dieser Werft gab es unten am Ufer keine Häuser mehr. Hier sind die Abhän-

---

27 **Hellige:** Plural von Helling, vgl. S. 45, Anm. 26.

ge mit Baum und Unterholz bepflanzt und gehören zu den herrschaftlichen Gärten der an der Flottbeker Chaussee stehenden Villen. Schiffe mit langen Heimatwimpeln kamen nach jahrelanger Reise heim, andere gingen in See, und oft zeigt ja die Flagge am Fockmast das erste Ziel der Reise an. Da flog unsere Phantasie den stromabwärts ziehenden Schiffen voraus, und bald waren wir auf Tiger- und ähnlichen Jagden.

Als ich am nächsten Morgen zur Arbeit kam, wurde ich in die jammervolle Wirklichkeit versetzt. Da saß Meyer mit zerschundenem Gesicht. Er hatte gekegelt. Vorher aber so viel Schnaps getrunken, daß er nicht mehr aufrecht stehen konnte. Beim Hinwerfen einer Kugel war er vornübergefallen und hatte sich das ganze Gesicht abgeschrunden. Erst als es dunkel war, waren sie heimgekommen. Meyer hatte sich entkleidet und dann ins Bett gelegt. Aber er hatte nicht das Essen herausgenommen und nun bald die Gefäße zerbrochen. So hatte er sich in der Nacht in Scherben und Essen, worunter Eierkuchen mit Blaubeeren waren, herumgewälzt. Hatte er sich Gesicht und Knie auf der Kegelbahn verletzt, so verletzte er sich nun auch noch das untere Ende des Rückens in den Scherben. Sitzen konnte er nicht wegen der Wunden am Hintern, gehen nicht wegen der Knieverletzung, und vor der Tür und im Hof mochte er sich wegen des zerschundenen Gesichtes nicht sehen lassen. Hatte ich wegen der Aufbewahrung der Speisen auch nur Meyers Anordnung befolgt, so glaubte er jetzt gesagt zu haben, daß ich die Speisen wieder aus dem Bett nehmen sollte, wenn ich weiß, daß er so spät kommt, daß er doch kaltes Essen habe. Noch war Meyer bei dem Moralpredigen, als die Wirtin hereinkam. Eine rabiate und völlig taube Frau. Als sie das Deckbett aufhob und die Bescherung sah, warf sie die Decke sofort wieder hin und fing an, wie eine Wahnsinnige zu schreien. Sie drohte Meyer in das zerschundene Gesicht zu schlagen. Schließlich lief sie weg.

Nun bekam ich den Auftrag, die Frau zu besänftigen. Ich mußte sagen, daß an der Beschmutzung des Bettes Meyer unschuldig und ich der Schuldige sei und daß der Schmutz nicht, wie Frau Struck annahm, verdaute, sondern völlig unverdaute, sogar noch ungegessene Speisen waren.[28] Leicht war es nicht, dieses der tauben Frau beizubringen. Aber Kindern gegenüber war sie nicht so rabiat, denn sie war Mutter von vier erwachsenen Töchtern und einem erwachsenen Sohn. Unter den Töchtern war freilich eine, ein bildschönes Mädchen, die ihr viel Kummer bereitete. Diese Tochter verkaufte ihre Schön-

---

28 Gemeint ist die Witwe **Margaretha Dorothea Struck** geb. Neumann (1804–1871) aus Wedel, die laut den VR vom 3. Dezember 1864 in der Bahrenfelderstraße 20 in Ottensen wohnte, zusammen mit ihrem 1833 in Altona geborenen Sohn, dem Zigarrenarbeiter **H. Struck**, und als Untermieter dem 1834 in Neustadt geborenen Zigarrenarbeiter **Th. Meyer**. Die Tochter **Anna Struck** lässt sich nicht nachweisen.

heit, sie war in einem Bordell. Der Name der Tochter wurde oft benutzt, um die wütende Frau zu zähmen, denn wenn sie den Namen Anna sah, wurde sie wehmütig. Ich weiß nicht, ob ich zu dem letzten Mittel gegriffen habe, aber es dauerte nicht lange, bis Frau Struck ins Zimmer kam und sich nun überzeugte, daß es wirklich das umgeworfene Essen vom Montag war. Sie reinigte das Bett. Nun legte Meyer sich auf den Bauch auf den im Bett befindlichen Strohsack, und dann mußte ich Krankenwärter spielen und immer in kaltes Wasser gelegte Tücher auf den verwundeten Hintern legen. Denn ohne Schmerzen sitzen zu können, das war die erste Sorge Meyers.

Diese Lage führte zu einem zweiten Zusammenstoß mit der Wirtin. Denn als sie das Zimmer betrat, um das Bett zu ordnen und Meyer mit völlig unbekleidetem Unterkörper und hochgezogenem Hemd im Bett liegen sah, glaubte sie, daß Meyer durch seine Pantomime den bekannten Spruch aus „Götz von Berlichingen" zum Ausdruck bringen wollte, und so etwas bot Meyer der eben besänftigten Frau. Dieses Mal mußte Meyer den ganzen Sturm der Entrüstung über sich ergehen lassen. In diesem Auftritt griff Frau Struck zur Feuerzange und drohte, das Gesicht Meyers mit weiteren Wunden, Narben und blauen Flecken zu verzieren.

Mit dem Essenholen hatte ich mehrfach Pech. Oft hatte ich einen Kampf mit der Speisewirtin zu führen. War die Woche um und Meyer hatte das Geld verbraucht, dann mußte ich Entschuldigungen bestellen. Oft sagte ich, daß Meyer noch nicht geliefert hatte. Mehrfach war es so weit, daß ich kein Essen mitbekam, sondern die Weisung, erst Geld zu holen. Das gab dann große Sorgen, dann mußte irgendwo ein Taler als Abschlagszahlung geborgt oder es mußten Zigarren verkauft werden. Einmal aber, als Meyer keine Schulden hatte, bekam er doch kein Essen. Das hatte folgende Ursache: Mein Weg vom Speisehaus zu Meyer führte über den Spritzenplatz. In einem alten Hause wohnte Theodor Brinck.[29] Ein Original voller Schalkheit und Mutterwitz. Die Perioden, in denen er kein Geld hatte, waren auch bei Brinck die Regel. So kam auch ein Tag, an welchem Brinck und seine Familie, bestehend aus Frau und Tochter, nichts zu essen hatten. Vater Brinck sagte immer: „Meine Familie lasse ich nicht hungern. Dafür, daß etwas Essen im Hause ist, sorge ich immer."

Diese Sorge plagte auch Brinck an einem Liefertag von Meyer. Morgens hatte Meyer abgeliefert, ich hatte Geld zum Bezahlen des Essens mitbekommen und ging nun mit Meyers Essen über den Spritzenplatz. Da wird bei

---

29 **Carl Wilhelm *Theodor* Brinck** (1825–1902), aus Altona stammender Hausvater und Zigarrenarbeiter, mit ständig wechselnden Anschriften in Altona und zwischen 1893 und 1899 auch in Hamburg ansässig.

Brinck angeklopft. Ich blicke dorthin, Brinck winkt und ruft meinen Namen. „Du", sagte er, „komm her, Meyer ist hier, bringe das Essen nur hierher." Als ich Brincks Wohnung betrat, sagte er, „Meyer ist eben ausgetreten. Du brauchst heute Nachmittag nicht zu arbeiten. Nur das Anfeuchten sollst Du nicht vergessen." Ich setze das Essen hin und folge dann einer Bande Straßenmusiker, die nach meiner Meinung schön spielt. Endlich gegen 4 Uhr gehe ich nach Meyers Wohnung, um den Tabak anzufeuchten. Als ich das Zimmer betrete, sitzt Meyer mit wütendem Gesicht und schimpft. Er hatte schon die ganzen Vorräte aufgearbeitet. Als ich auf die Frage, wo das Essen ist, die Vorgänge vom Mittag erzähle, bekomme ich die schlimmsten Vorwürfe über meine Dummheit. Jetzt mußte ich Brot, Wurst und Schnaps holen und konnte an dem Abend nicht zur Schule gehen, denn ich mußte jetzt durch fleißiges Arbeiten Meyer aussöhnen. Am Abend holte ich die leeren, sogar gewaschenen Schüsseln wieder von Brinck ab und brachte sie ins Speisehaus. Am 1. November wurde Brinck exmittiert.[30] Beim Aussetzen war er selbst nicht anwesend, denn er suchte eine neue Wohnung. Als er am Nachmittag heimkommt, faßt er die traurige Lage mit Humor auf. Er sagt: „Wohnen wir jetzt hier?" Er beginnt seine Sachen aufzustellen und sich wohnlich einzurichten, wobei dann eine große Menschenversammlung kommt, die Brinck mit netten Scherzen zu unterhalten sucht. Inzwischen war aber sein Schwager, ein Rechtsanwalt, ausgegangen und hatte eine Wohnung gemietet und für ein halbes Jahr Miete bezahlt. Der Hauswirt war ein Bäcker. Brinck sagte: „Das ist nett; dann nehme ich Brot für die Miete, und dann können ähnliche Unannehmlichkeiten wie heute nicht mehr vorkommen."

Immer mehr ging es mit Meyer bergab. Er war häufiger besoffen als nüchtern. Das wenige Geld, welches er beim Abliefern erhielt, brachte er nicht mehr nach Hause. Direkt vom Abliefern ging er in die Schnapskneipe, und dann erhielt ich auch nicht meinen Wochenlohn. Und doch waren wir darauf angewiesen. Unser Vater verdiente täglich 1,50 M, Hinrich 3 M pro Woche, denn seine Lehrzeit war noch nicht vorüber. Ich sollte 2,40 M pro Woche haben, und Wilhelm hatte auch 2,40 M in der Fabrik von Wriedt.[31] Mit einer wöchentlichen Einnahme von 16,80 M konnte die Familie rechnen. Unser Vater und Wilhelm hatten am Sonnabend Zahltag, ich und Hinrich am Liefertag. Dann kamen oft am Sonntag Gläubiger unserer Eltern. Da sich darunter Leute befanden, die auch in bedrängten Verhältnissen lebten, dann erhielten sie drei bis vier Mark. Waren dann Miete und Steuern, die meistens wö-

---

30 **Exmittieren** (lat.): einen Pächter oder Mieter zwangsweise aus einer von ihm bewohnten Immobilie nach erfolgreicher Klage des Eigentümers entfernen. Wohnungswechsel war in Altona und Ottensen am 1. Mai und am 1. November.
31 Gemeint ist die Zigarrenfabrik von **Ernst August Wriedt** am Rathausmarkt 33 in Altona.

chentlich erhoben wurden, bezahlt, dann teilte unsere Mutter das übrige Geld so ein, daß auf jeden Tag eine gleiche Summe entfiel. Da wurde dann für den Liefertag mit Hinrichs und meiner Einnahme gerechnet. Wenn ich dann nichts erhielt, dann war völlige Armut, d. h. wir hatten in den nächsten Tagen nichts zu essen. Als ich dann an Meyer eine Forderung von vier oder fünf Wochenlöhnen hatte, gab ich die Arbeit auf.

Es dauerte aber einige Wochen, bis ich neue Arbeit hatte. Meine nächste Stelle war die Fabrik von Magnus in der Großen Bergstraße.[32] Magnus hatte einen Laden und beschäftigte sechs bis sieben Arbeiter. Hier erhielt ich einen Wochenlohn von drei Mark. Das Ladengeschäft wurde viel von österreichischen Soldaten vom Regiment Khevenhüller, welches in Altona in Quartier lag, frequentiert.[33] Auch hatte er viele Kunden, die Kisten Zigarren kauften. Diese Kunden waren meine Lieblinge, denn ich mußte oft nach deren Wohnungen Zigarren bringen und erhielt dann oft einen Schilling Trinkgeld. Diesen Extraverdienst brauchte ich nicht abzugeben.

Die Fabrik beschäftigte eine eigenartige Gruppe von Arbeitern. Eine Anzahl der Arbeiter waren Bürgerssöhne, deren Eltern damit rechneten, ihren Söhnen einen Laden einzurichten. Geistig waren es recht minderwertige Leute. Sie hatten zwar bessere Schulen besucht, waren aber so weit zurückgeblieben, daß nur das Glück sie vorwärtsbringen konnte. Das Vertrauen auf das Glück für die Zukunft war darauf begründet, indem man glaubte, daß die Dümmsten es sind, die mit der größten Zuversicht in die Zukunft blicken können. Weil die guten Leute nie gezwungen gewesen waren, sich zu ernähren, sondern ihren Arbeitsverdienst für Kleidung und Vergnügen hergeben konnten, so waren sie sämtlich sehr schwache Arbeiter, aber gut gekleidet. Neben dem Laden von Magnus war eine der berüchtigtsten Schnapskneipen, und so lernte man kennen, wie tief Leute durch den Schnaps sinken können. Diese abstoßenden Bilder wirkten auch auf die guten Bürgerssöhne. Mit Abscheu sprachen sie von den Zigarrenarbeitern, die bei Sternberg, so hieß der Destillateur, sich die Schnapsflasche füllen ließen.[34] Sie selbst hatten vorläufig nur die Sorge, wie sie sich kleiden wollten. Nebenbei wurde dann auch

---

32 Die Zigarrenfabrik des aus Vormstegen bei Elmshorn stammenden **Johann Magnus** (1827–1905) befand sich in der Großen Bergstraße 171 in Altona.

33 Das **Regiment Khevenhüller** war das österreichische Infanterieregiment Nr. 7, benannt nach Graf Ludwig Andreas von Khevenhüller (1683–1744), österreichischer Soldat, Feldmarschall und Kommandant von Slawonien, zuletzt Oberbefehlshaber der gegen Bayern operierenden Armee im Österreichischen Erbfolgekrieg, Verfasser militärtheoretischer Schriften.

34 Gemeint ist eine der drei Destillationen von **Claus Sternberg,** die in der Großen Bergstraße 169 lag.

die Frage erörtert, wo sie einen Laden eröffnen wollten. Die Gegend und das dort sich bewegende Publikum sollten es bringen.

Ein Lieblingsthema war auch die Unterhaltung über die Bürgerstöchter. Die Österreicher lagen in Privatquartier. Die Gemeinen waren meistenteils ausquartiert.[35] Aber Offiziere, auch Musiker, waren doch so angesehen, daß der ehrsame Bürger sie behielt. Wenn dann hübsche erwachsene Töchter im Hause waren, dann führte der Soldat sie spazieren, aber man ging auch nach solchen Plätzen, wo man allein war. Den Soldaten gut zu pflegen und für die Strapazen des Krieges zu entschädigen, war eine patriotische Pflicht. Hatten die Soldaten doch ihr Leben eingesetzt für die Befreiung Schleswig-Holsteins. Auch die Bürgerstöchter waren von patriotischen Gefühlen erfüllt. Ein Teil des Lebens, welches auf dem Schlachtfelde geopfert war, wurde ersetzt durch neues Leben, welches durch die patriotische Hingabe der Bürgerstöchter entstand. Es wurde vielfach behauptet, daß jeder gefallene Österreicher ersetzt wurde durch ein Kind eines österreichischen Vaters. Wenn die Folgen der patriotischen Hingabe einer Bürgerstochter bekannt wurden, dann hatten die Bürgerssöhne reichlichen Gesprächsstoff über das Thema, ob er sie nun auch heiraten werde.

In dieser ehrsamen Fabrik habe ich meinen ersten Rausch gehabt. Aus Anlaß eines Geburtstages wurde ein Faß Bier geholt. Ich durfte mittrinken. Bier war ja kein Schnaps. Als ich dann aber nach Hause ging, fiel ich oft hin. Nun erst entdeckten ich und meine Eltern, daß ich besoffen war. Das wirkte so auf mich, daß ich in mehr als einem Jahr keinen Tropfen Bier wieder getrunken habe. In dem Geschäft rechnete man mit dem Geschmack der Soldaten: Ungarischer, russischer und Pfälzer Tabak wurden verarbeitet. Wenn ich aber im Laden anfragte, von welchem Tabak ich jetzt zurichten solle, dann sagte er: von dem Havanna in der ersten Kiste oder von dem Cuba oder Brasil aus der zweiten oder dritten Kiste. Ich mußte [mir] immer die Kiste merken, fand darin aber nie die edlen amerikanischen, sondern die europäischen Sorten. Frau Magnus war ein hübsches Weib.[36] Sie hatte auch hübsche Schwestern. Damals fing ich an, Schönheiten am weiblichen Körper zu bewundern. Die Frau und ihre Schwestern waren nicht so prüde gegen den Jungen. Oft waren sie bei der Toilette, wenn ich ins Zimmer gerufen wurde, um Aufträge in Empfang zu nehmen. Denn der Tabakzurichter war nie nur Zurichter, sondern auch Laufbursche für den Hausstand.

---

35 **Gemeine:** die unterste Dienstgradbezeichnung im Heer, in Deutschland bis 1918 verwendet.
36 **Frau Magnus** ist auf der Meldekarte ihres Mannes in der Altonaer Meldekartei nicht aufgeführt, allerdings auch kein Familienstatus von Johann Magnus. Entweder haben sich die Eheleute Magnus also vor 1892 scheiden lassen oder Frau Magnus ist vor 1892 verstorben.

Unsere Schwärmerei war nun die österreichische Musik. Jeden Sonnabend-Abend war großer Zapfenstreich. Von der Hauptwache marschierte die Regimentsmusik des Regiments Khevenhüller durch die Prinzenstraße, Mühlenstraße nach der Palmaille. Dort wurde vor dem Hause des Kommandanten für Altona und dem Hause des Generals haltgemacht und drei oder vier Stücke als Ständchen gegeben. Diese Ständchen mußten unsere musikalischen Genüsse befriedigen.

Zu Hause lebten wir zwar nicht üppig, denn unser Vater verdiente 9 M, Hinrich und ich je 3 M und Wilhelm 2,40 M. Jetzt hatte ich doch in der Regel ganze Stiefel. Meine Lektüre waren Romane von Friedrich Friedrich, von Temme und ähnliche Schriftsteller, deren Schriften in „Omnibus" abgedruckt waren.[37] Kriminal- und Kriegsgeschichten wurden bevorzugt. Ein besonderer Genuß war es, wenn ich Romane erwischte, in denen Beschreibungen der Tropen vorkamen. So kam mir damals ein Roman in die Finger, der zwar ein ganz ordinäres Schundwerk war. Er hatte den Titel „Die Rose von Indien".[38] Hier waren die indischen Städte Benares, Kalkutta, die Dschungelfelder usw. beschrieben. Das Wunderland Indien war nun lange das Land meiner Sehnsucht. Elefanten, Tiger, giftige Schlangen und der würzige Duft blühender Gewürzpflanzen berauschten mein Sehnen und Empfinden.

Erste Begegnung mit dem Theater

Ein Weiteres zu meiner Schwärmerei trug das Theater bei. Die Trinkgelder, die ich oft von Kunden erhielt, wenn ich Zigarren brachte, durfte ich behalten. Oft hatte ich schon von den Schönheiten des Theaters erzählen hören, und in Wedel hatte ich auch einmal eine Vorstellung der Breiholzschen Theatergesellschaft gesehen.[39] An einem Sonntag hatte ich 30 Pf. Ich stand vor

---

37 **Friedrich Friedrich** (1828–1890), Romanautor und Novellist, nach dem Studium seit 1853 Journalist, seit 1856 freier Schriftsteller, Autor zahlreicher, vielgelesener Romane und Erzählungen mit sozialer (aber nicht sozialdemokratischer) Tendenz, u. a. „Die Frau des Arbeiters" (3 Bände 1887). Friedrich regte 1878 die Gründung des Allgemeinen Deutschen Schriftstellerverbandes an, dem er bis 1885 als Vorsitzender vorstand; **Jodocus Donatus Hubertus Temme** (1798–1881), Jurist und Schriftsteller, 1839 zweiter Direktor des Kriminalgerichts in Berlin, 1844 Direktor des Stadt- und Landgerichts in Tilsit, während der Revolution 1848/49 Mitglied der preußischen und der deutschen Nationalversammlung, nach Verhaftung und Anklage wegen Hochverrats Entlassung aus dem Staatsdienst, 1852 bis 1878 Professor in Zürich, neben juristischen Lehrbüchern Verfasser von mehr als 150 Kriminalromanen und -erzählungen.
38 Ein Roman mit dem Titel **„Die Rose von Indien"** ist weder in den betreffenden Jahrgängen der Zeitschrift „Omnibus" enthalten, noch als Einzelveröffentlichung nachweisbar.
39 Die **Breiholzsche Theatergesellschaft** ließ sich bisher nicht nachweisen.

dem alten Musentempel an der Palmaille. Ein ungeputzter Fachwerkbau. Am Giebel die Inschrift: „Der Muße unserer Mitbürger".[40] Aufgeführt wurde das Märchen vom „König Allgold".[41] Auf der Galerie kostete es 4 Schilling, Kinder die Hälfte. Leute standen vor der Galerietür und drängten. Von Sehnsucht getrieben, stellte ich mich in das Gedränge. Bald waren so viele Leute hinzugekommen, daß ein Umkehren unmöglich war. Endlich wurde die Tür geöffnet und immer 10 bis 15 Personen eingelassen. Als ich hineinkam, legte ich voller Scheu 2 Schilling, also 15 Pf. hin, im Zweifel, ob ich noch für ein Kind gehalten würde. Der Kassierer schob mir eine Karte hin, auf welcher Kinderbillett stand. Vergnügt eilte ich die Treppen hinauf. Erst betrachtete ich nun den Theaterraum. Noch war hier meine Neugierde nicht befriedigt, da begann die Musik. Als die Musik still war, wurde es dunkler, und es begann das Spiel auf der Bühne. Ach, es war rührend. Erst verschwenderischer Reichtum, dann großes Unglück und schließlich höchste Glückseligkeit. Wie im Traum eilte ich nach Hause, und freudestrahlend erzählte ich meinen Eltern, welch selige Stunden ich durchlebt habe. Mein Vater sagte auch, daß das Theater ein nützliches Institut sei und wenn ich groß wäre, sollte ich viel lieber ins Theater als auf den Tanzboden gehen. Denn im Theater könnte man etwas lernen.

Etwas lernen, das war ja sehnsüchtigstes Streben. Die zwei Schilling, die ich noch in meinem Besitz hatte, hielt ich krampfhaft fest, obwohl noch im Laufe der Woche noch 1 oder 2 Schilling hinzukamen, so mußte ich doch am nächsten Sonntag wieder ins Theater. Nun wurde ein Ritterschauspiel „Graf Heinrich von Schwerin" gegeben.[42] Ein Stück Geschichte aus Holsteins Vergangenheit. Mein Freund Ludwig Schmidt, der älteste Bruder von Otto Ernst, teilte mit mir denselben Geschmack. So sahen wir eine Reihe Schauspiele von Charlotte Birch-Pfeiffer, Gerstäcker usw.[43] Dann kam der Hannoversche

---

40 Das 1783 fertiggestellte Altonaer Stadttheater am Ostende der Palmaille „erinnerte äußerlich immer noch fatal an ein großes Kornmagazin". Vgl. Paul Hoffmann, Die Entwicklung des Altonaer Stadttheaters. Ein Beitrag zu seiner Geschichte, Altona 1926, S. 48.
41 „**König Allgold**", Märchen in vier Aufzügen und einem Vorspiel von Rudolf Kneisel (1832–1899). Vermutlich hat Hermann Molkenbuhr die Vorstellung am Sonntag, den 12. November 1865 gesehen, denn das Stück wurde im Herbst 1865 nur zweimal gegeben. Anzeige in der „Reform" Nr. 135 vom 11. November 1865.
42 Gemeint ist: „**Heinrich von Schwerin**", Schauspiel aus der dänisch-deutschen Geschichte in fünf Aufzügen (1859) des Intendanten und Dramatikers Gustav von Meyern-Hohenberg (1820–1878).
43 **Charlotte Birch-Pfeiffer** (1800–1868), Schauspielerin und Dramatikerin, Debüt 1813, 1818 bis 1826 am Hoftheater in München, 1827 bis 1830 am Theater an der Wien, 1837 bis 1842 Direktorin des Stadttheaters in Zürich, 1844 bis 1868 am Hoftheater in Berlin, Verfasserin von 74 Theaterstücken vom Historiendrama bis zum Familienrührstück, darunter zahlreiche dramatische Bearbeitungen von Romanen, etwa „Der Glöckner von Notre

Bußtag.⁴⁴ An diesem Tag gaben Schauspieler des Hannoverschen Hoftheaters „Hamlet". Porth spielte den „Hamlet" und Franziska Ellmenreich „Ophelia".⁴⁵ War das ein Genuß! Schon am Sonntag darauf wurde wieder „Hamlet" gegeben mit Heinrich von Othegraven in der Titelrolle.⁴⁶ Wieder waren wir zur Stelle.

Es wurde Frühjahr, und der Musentempel schloß seine Pforten. Eines Tages gingen wir über St. Pauli und fanden auf der Karre einen Band von Shakespeares Werken, übersetzt von Schlegel und Tieck; er enthielt „Der Sturm" und „Hamlet".⁴⁷ Da nur 15 Pf. für den Band gefordert wurden, so wurde er gekauft und nicht nur gelesen, sondern ganze Szenen auswendig gelernt. Noch einmal gingen wir in dem Frühjahr ins Theater. Und zwar ins Hamburger Stadttheater. Hier wollte uns der Kassierer nicht für den Kinder-

---

Dame" (1847), „Die Waise von Lowood" (1855), „Die Grille" (1856); „Gesammelte Dramatische Werke" in 23 Bänden 1863 bis 1880; **Friedrich Gerstäcker** (1816–1872), Reise- und Romanschriftsteller, seine Erlebnisse als Abenteurer in den USA, wo er von 1837 bis 1843 lebte, schlugen sich in zahlreichen, vielgelesenen Büchern nieder, u. a. „Streif- und Jagdzüge durch die Vereinigten Staaten von Nordamerika" (1844), „Die Regulatoren in Arkansas" (1846) und „Die Flußpiraten des Mississippi" (1848); vier weitere, teils langjährige Reisen führten ihn erneut in die USA, nach Lateinamerika, Afrika und Australien, aus denen weitere zahlreiche Veröffentlichungen erwuchsen, in deren Schatten seine Theaterstücke standen wie etwa „Der Tolle" (1859), „Der Wilderer" (1862) und „Salon und Circus" (1864).

44 Der **Hannoversche Bußtag** wurde 1825 eingeführt. Es handelte sich um den Mittwoch der dritten vollen Woche nach Michaelis (also nach dem 29. September).

45 **Karl Porth** (1833–1905), Schauspieler, zunächst als jugendlicher Held, später Heldenvater am Hoftheater in Weimar 1852 bis 1855, dann am Berliner Schauspielhaus bis 1860, dann am Kaiserlichen Deutschen Hoftheater in St. Petersburg bis 1863, danach am Hoftheater in Hannover (mit „Hamlet" als Antrittsrolle), von 1875 bis zu seinem Bühnenabschied 1896 am Hoftheater in Dresden; **Franziska Ellmenreich** (1847–1931), Schauspielerin, gilt als letzte Heroine des deutschen Theaters, 1865 bis 1875 am Hoftheater in Hannover, 1875 bis 1878, 1887 bis 1892 und 1804 bis 1899 am Stadttheater in Hamburg, unterbrochen durch Engagements in Dresden und Berlin und durch Gastspielreisen in die USA und Auftritte in London, Mitbegründerin des Deutschen Schauspielhauses in Hamburg 1901, dessen Ensemble sie bis 1912 angehörte, 1915 Abschied von der Bühne.

46 **Heinrich von Othegraven** (1821–1899), Schauspieler, Regisseur und Intendant, Debüt 1837 in Aachen, zahlreiche Engagements an bedeutenden deutschsprachigen Bühnen u. a. in Breslau, Köln, Danzig, Hamburg und Wien, zunächst als jugendlicher Held und Liebhaber, später als Charakterkomiker, 1871 bis 1880 Intendant des Nationaltheaters in Innsbruck, 1886 Abschied von der Bühne.

47 Der Schriftsteller, Literaturwissenschaftler und Übersetzer **August Wilhelm Schlegel** (1767–1845) schuf zusammen mit dem Schriftsteller, Literaturtheoretiker und Übersetzer **Ludwig Tieck** (1773–1853), dem bedeutendsten Vertreter der Frühromantik in allen literarischen Gattungen, in den Jahren 1825 bis 1833 die bis heute gültige Übersetzung der Dramen William Shakespeares; durch die Schlegel-Tiecksche Übersetzung wurde Shakespeare überhaupt erst in Deutschland populär.

preis hineinlassen. Wir mußten 8 Schilling zahlen, hatten dafür aber das Vergnügen, Meyerbeers „Prophet" zu sehen. Meyerbeer und Gounod galten damals als die größten Komponisten.[48] Gounods „Faust und Margarethe" waren mehr als 100mal gegeben. „Die Afrikanerin" von Meyerbeer auch über 60mal. „Hugenotten" war der Prüfstein für Tenöre. Der Name Meyerbeer bewog uns, unser ganzes Vermögen zu opfern. Den Krönungsmarsch hatten wir schon oft von den Österreichern gehört. Jetzt hörten wir ihn von dem Orchester des Stadttheaters. Es war das der Punkt, der den größten Eindruck auf mich machte.

Als dann auch das Hamburger Stadttheater geschlossen war, blieb uns zur Befriedigung des Theaterbedürfnisses das „Odeon". Ein Gemisch von Spezialitätentheater und Vorstadtbühne. Am Sonntag gab es ein Programm von 50 Nummern. Die Hauskapelle bestand zwar nur aus Flügel, Violine und Trompete. Ein Ballett aus zwei Damen und einem Solotänzer. Sogenannte Opernsänger und -sängerinnen. Ferner einige Komiker und Soubretten. Es gab Szenen aus Opern, Singspiele, kleine Possen, dazwischen Ballett und Auftreten von Gymnastikern, Couplets und Liedervorträge.[49] Und solche ganze Vorstellung kostete 4 Schilling. Trotz der großen Abwechslung des einen Abends war das Programm etwas eintönig. „Das Schwert des Damokles", „Die Hasen in der Hasenheide", „Der Liebestrank", Szenen aus „Linda di Chamounix", „Der Troubadour" und ähnliche Sachen standen fast jeden Sonntag auf dem Programm.[50] Die Komiker Wohlbrück, Seidenberg und Stange, Berta Frei, die Sänger Nolden-Arnoldi, Feretti, die Sängerinnen Alkoni und einige feste Kräfte mehr hatten ein festes Programm.[51]

---

48 **Giacomo Meyerbeer** (1791–1864), Komponist, lebte 1831 bis 1842 in Paris, danach in Berlin als Preußischer Generalmusikdirektor, Hauptvertreter der Französischen Oper, vor allem mit seinen Hauptwerken „Die Hugenotten" (1836), „Der Prophet" (1849) und „Die Afrikanerin" (1865); **Charles Gounod** (1818–1893), französischer Komponist, zunächst Kirchenmusiker und Chorleiter, 1851 Debüt als Opernkomponist, darunter die Hauptwerke „Faust" (1859, in Deutschland unter dem Titel „Margarethe") und „Romeo und Julia" (1867), berühmtestes Werk ist seine „Méditation" über das erste C-Dur-Präludium aus dem „Wohltemperierten Klavier" von Bach (1852; 1859 versehen mit einem „Ave-Maria"-Text).
49 **Couplet** (franz.): scherzhaft satirisches Strophenlied mit Kehrreim, oft politischen oder erotischen Inhalts.
50 Gemeint sind: **„Das Schwert des Damokles"**, Schwank in einem Akt (1863) des Intendanten, Dichters und Dramatikers Gustav Heinrich Gans Edler von Putlitz (1821–1890); **„Alle fürchten sich! Oder die Hasen in der Hasenheide"**, Singspiel in einem Aufzug des Schauspielers, Regisseurs und Lustspieldichters Louis Angely (1788–1835); **„Der Liebestrank"** („L'elisir d'amore" 1832) und **„Linda di Chamounix"**, Opern von Gaetano Donizetti (1797–1848); **„Der Troubadour"** („Il Trovatore" 1852), Oper von Giuseppe Verdi (1813–1901).
51 Über die genannten Komiker und Sänger sind nur wenige Angaben möglich, da sie nicht zu den bedeutenden Vertretern ihres Fachs gehörten. Sie wären sonst auch nicht im

Unsere Theaterbibliothek wurde etwas vergrößert. Shakespeares „Macbeth", übersetzt von Meyer, Lessings „Nathan der Weise" und Schillers „Don Carlos" wurden gekauft.[52] Meine Lieblingslektüre wurden „Nathan" und „Don Carlos". Ich war um jene Zeit sehr fromm. Wie inbrünstig habe ich nicht oft gebetet. Ich hatte sogar Neigung zum Katholizismus. Mehrfach besuchte ich die katholische Kirche, aber ich sagte davon nichts zu Hause, denn meine Eltern waren fromme Protestanten. Und doch war ich förmlich berauscht von Nathans Erzählung von den drei Ringen und Marquis Posas Unterhaltung mit Philipp. Toleranz und Gedankenfreiheit waren bei aller Neigung zum Katholizismus meine Schwärmerei.

Im Stillen hatte ich nur eine Sehnsucht, nämlich Schauspieler zu werden. Ich las in der „Gartenlaube" die Biographien großer Schauspieler: Carl Grunert, der als „König Lear", Ludwig Dessoir, der als „Richard III." abgebildet war.[53] Diese Leute waren mir so verwandt. Sie hatten nach den Biographien alle Sorgen der Armut gekostet und waren dann die großen Männer geworden. Welch Verständnis hatte ich für die Armut! Tagelang nichts zu essen, bei

---

„Odeon" aufgetreten. Sie erscheinen mit Ausnahmen weder in den einschlägigen Bühnenlexika noch in den Jahrbüchern des Deutschen Bühnenvereins. Sie hielten sich nur zu Gastspielen in Hamburg auf und sind deshalb auch nicht in den Adressbüchern verzeichnet. In Anzeigen des „Odeon" in der Tagespresse werden der Rezitator **A. Wohlbrück**, die Gesangskomiker **G. Seidenberg** und **Rudolf Stange** und der Sänger **Nolden-Arnoldi** erwähnt. **Rudolf Stange** ist nach Angaben des AGDB 1884 am 22. September 1883 in Berlin als Mitglied des Prater- und des Amerikanischen Theaters verstorben. **Berta Frei**: Falls Molkenbuhr sich hier in der Zeit nicht völlig geirrt hat, kann es sich wohl kaum um die nach Angaben des AGDB 1879 am 8. Juni 1878 verstorbene Sängerin Bertha Frey handeln, denn sie war nach Auskunft des Stadt- und Landesarchivs Wien zum Zeitpunkt ihres Todes erst 28 Jahre alt, wäre also 1866 erst sechzehn gewesen.

52 **Carl Joseph Meyer** (1796–1856), Verleger, 1826 Gründer des Bibliographischen Instituts in Gotha, 1828 Übersiedlung nach Hildburghausen, Verleger preiswerter Klassikerausgaben, des historisch-geographischen Periodikums „Universum", des „Großen Conversations-Lexikons" in 52 Bänden, erschienen 1840 bis 1855, und von „Meyers Volksbibliothek", hatte 1824 für den Hennings'schen Verlag in Gotha die Shakespeareschen Werke „Macbeth", „Othello" und „Der Sturm" übersetzt.

53 **Carl Grunert** (1810–1869), Schauspieler am Hoftheater in Hannover seit 1834, am Stadttheater in Hamburg seit 1842, am Hoftheater in Stuttgart von 1846 bis zu seinem Tod. Bedeutender Interpret von Helden- und Charakterrollen in den Dramen Shakespeares, Goethes und Schillers; **Ludwig Dessoir**: Künstlername von Leopold Dessauer (1809–1874), einer der bedeutendsten deutschen Schauspieler des 19. Jahrhunderts, vor allem in Shakespeare-Stücken, Engagements und Gastspiele an fast allen bedeutenden deutschsprachigen Bühnen, trat von 1849 bis 1872 allein in Berlin in 110 Rollen auf. Molkenbuhr bezieht sich auf die Artikel „Ein gelehrter Schauspieler" (Carl Grunert), in: „Gartenlaube", Jg. 1866, S. 68–71, darunter die Abbildung Grunert als „König Lear" S. 69, und „Aus dem Leben deutscher Schauspieler 1. Ludwig Dessoir", in: „Gartenlaube", Jg. 1863, S. 341–344, darunter die Abbildung Dessoirs als „Richard III." S. 341.

Abb. 10: Der Schauspieler Carl Grunert als „König Lear".

nassem Wetter keine Stiefel, in schlechten Kleidern dem schlechten Wetter ausgesetzt, das alles hatte ich oft durchlebt. Die Armut war ja mein treuester Begleiter. Sie konnte mich nicht schrecken. War es möglich, sich zu höherer Stellung durchzuhungern, dazu war ich bereit. Aber von wo sollte ich den Eingang zu der Laufbahn finden? War es nur die Sehnsucht zur Bühne oder die Begeisterung, die die Dichterwerke auslösten? Alle Sorge des Tages war ausgelöscht, wenn ich mit Carlos oder Posa am Hofe Philipps war. Immer wieder wurden die Lieblingsszenen in „Hamlet", „Nathan" oder „Carlos" gelesen, und nicht selten sah ich bei der Arbeit auch die Stücke spielen, die ich auf der Bühne noch nicht gesehen hatte. Nur zu oft wurde ich in die Prosa des Lebens zurückgestoßen, wenn man Rapper oder Deckblatt von mir forderte und dann auf meine Faulheit schimpfte.[54] Die schönen Träume aus der Theaterwelt und den klassischen Dichtungen waren nicht vereinbar mit der Arbeit des Tabakzurichters. Eine unwiderstehliche Gewalt riß mich in das Reich der Dichtungen und doch sollte ich Tabak zurichten. Den Kampf zwischen Geistesleben und prosaischer Handarbeit sollte ich noch Jahrzehnte führen. Und doch war die Flucht in das Reich der Träume der Ausweg, um der Not des täglichen Lebens zu entfliehen. Gewiß hätte ich viele Not nicht zu erdulden gehabt, wenn es mir möglich gewesen wäre, die Gedanken in den Dienst der Arbeit zu spannen, aber in der Phantasie habe ich so glückliche Stunden durchlebt, wie das Leben wohl selten einem Glückspilz geboten hat.

Um diese Zeit wurde die Frage erörtert, was aus Schleswig-Holstein werden solle. Der Herzog Friedrich von Augustenburg wohnte abwechselnd in Kiel und Nienstedten. Da hieß es eines Tages, daß es wohl Krieg geben wird. Im Deutschen Bund war es zum Konflikt gekommen. Der größte Teil

---

54 **Rapper:** vgl. S. 84, Anm. 1.

Abb. 11: Der Schauspieler Ludwig Dessoir als „Richard III.".

Deutschlands hatte sich auf die Seite Österreichs gestellt. Man erzählte, daß Gablentz, der Kommandeur der österreichischen Truppen, den Übergang der

Preußen, die Schleswig besetzt hatten, über die Eider hindern werde.[55] Dann hatten die Preußen die Eider überschritten und nun sammelten sich die Österreicher in und um Altona. Es kamen die Artillerie, die ungarischen Regimenter usw. Nun hieß es, daß man die Elblinie verteidigen werde, da Hannover auf Seiten Österreichs stand. Ein Sonntag bot ein buntes militärisches Leben. Ähnlich wie die Weihnachtszeit von 1863. Am Montag ging alles über die Elbe. Noch in der Nacht vom Montag zum Dienstag zog auch das Regiment Khevenhüller davon.[56] Auch der Herzog Friedrich war mit den Österreichern davongezogen. Nun war Altona wieder herrenlos.

In der Nacht verübten die Segelmacher- und Schiffszimmererlehrlinge wieder großen Unfug. Auf der Elbe erschien dann das preußische Panzerschiff „Prinz Adalbert". Es war also unbelästigt an der Hannoverschen Festung Stade vorbeigekommen. Dann rückten auch von der Landseite die Preußen unter Führung Manteuffels ein.[57] Am Mittwoch war Altona so mit Preußen gefüllt, wie es am Sonntag mit Österreichern gefüllt gewesen war. Dann wurde Generalmarsch geschlagen, und nun zog alles zur Elbe. Die Aufregung war groß. Alles strömte zur Elbe, um den Übergang anzusehen. Die Harburger und Stader Dampfer, gefüllt mit Soldaten, fuhren nach Harburg. Auch Schuten mit Soldaten besetzt, von Schleppdampfern geschleppt, zogen über die Elbe in den Köhlbrand.[58] Mit großer Spannung standen wir auf der Elbhöhe bei Rainville und lauschten, ob nicht bald Kanonenschüsse fallen würden.[59] So verging eine Stunde der Aufregung. Es blieb ruhig. Die Dampfer mußten Harburg längst erreicht haben. Also die Österreicher hatten nicht die Elbe als Verteidigungslinie gewählt. Unsere Lieblinge, die Urbilder des Heldentums, hatten die günstige Position aufgegeben.

---

55 **Ludwig Freiherr von der Gablentz** (1814–1874), Berufssoldat, seit 1833 österreichischer Offizier, im Deutsch-Dänischen Krieg 1864 Befehlshaber des österreichischen Corps unter Wrangel, 1865 bis 1866 Statthalter in Holstein, im Deutschen Krieg 1866 Befehlshaber eines österreichischen Corps, 1867 Statthalter von Kroatien, 1869 bis 1871 kommandierender General in Ungarn.
56 Zum Regiment **Khevenhüller** vgl. S. 98, Anm. 33.
57 **Edwin Freiherr von Manteuffel** (1809–1885), preußischer Berufssoldat, seit 1828 Offizier, 1848 bis 1853 Flügeladjutant des Königs, 1857 bis 1865 Chef des Militärkabinetts, 1865 Befehlshaber der preußischen Truppen in Schleswig-Holstein und Gouverneur des Herzogtums Schleswig, 1871 bis 1873 Befehlshaber der preußischen Besatzungsarmee in Frankreich, 1873 Generalfeldmarschall, 1879 bis 1885 Statthalter und Befehlshaber in Elsass-Lothringen.
58 **Schuten:** vgl. S. 74, Anm. 86; **Köhlbrand:** eine mehr als 300 Meter breite Fahrrinne, durch welche die Süder- in die Norderelbe abfließt.
59 **Rainville:** Aussichtspunkt am Elbhang in Ottensen, benannt nach dem von dem französischen Emigranten César Lubin Claude Rainville (1767–1845) 1799 begründeten und bis 1867 bestehenden Restaurant mit Weltruf.

Die Preußen werden gewußt haben, daß weder in Harburg noch in dem hügeligen Gelände um Harburg ein Österreicher war. Sonst hätten sie den Übergang in Passagierdampfern und Schuten am hellen Tage nicht wagen können. Eine Batterie hätte alle Schiffe mit Soldaten vernichtet und die Truppen dem sicheren Untergang geweiht. Voller Schmerz konstatierten wir, daß die Österreicher das vorübergehend befreite Holstein verlassen und den Preußen preisgegeben hatten. Preußisch werden, das schien schlimmer als die dänische Fremdherrschaft. Denn Dänemark war ein freies Land, aber Preußen hatte schon einige Proben seiner Freiheitsfeindschaft gegeben. Hatte man doch schon 1865 die Redakteure der „Schleswig-Holsteinischen Volkszeitung" nach Perleberg geschleppt.[60] Preußen war das Land der brutalen Demagogenverfolgung. Preußen hatte 1848 durch den Waffenstillstand von Malmö Schleswig-Holstein verraten, um die Truppen gegen Deutsche zu verwenden.[61]

Das war das Bild aus den Tagesunterhaltungen über Preußen. Die größten Deutschpatrioten waren die ärgsten Preußenfeinde. Es war begreiflich. Man konnte sich das befreite Schleswig-Holstein nur als selbständigen Staat im Deutschen Bund denken, und selbst in den Kreisen, in denen man für ein Deutsches Kaiserreich schwärmte, stellte man sich dieses als Bundesstaat oder noch öfter als Staatenbund vor, in dem alle Gliedstaaten mit gleichen Rechten ausgestattet werden. Es war aber klar, daß Schleswig-Holstein, an Preußen angegliedert, viel weniger Selbständigkeit haben würde, wie es unter Dänemark besaß. Preußen konnte Schleswig-Holstein wenig lieben. Die agrarische Provinz war viel mehr an Dänemark und England gefesselt als an Deutschland. Aus Dänemark bezogen die Bauern Magervieh, und das Fettvieh, die Butter usw. fanden auf dem Londoner Markt Absatz. Preußen war selbst Agrarstaat, konnte also nur Konkurrent werden. Politisch stand Preußen in dem schlimmsten Geruch: der Unterdrücker der Revolution von 1848. Alte Erinnerungen an die Demagogenverfolgung, an die Konterrevolution usw. waren in der Konfliktszeit neu belebt und hatten in Schleswig-Holstein ein Echo gefunden, zumal die Österreicher in Holstein während der Dauer der Okkupation die Verbreitung aller gegen Preußen gerichteten Schriften nicht nur geduldet, sondern direkt gefördert hatten. Als dann die Nachricht von der Niederlage von Königgrätz kam, gab es große Trauer. Wieviel Mädchen hatten nicht ihren Bräutigam, wieviel Kinder ihren Vater verloren? Magnus verlor viele Kunden, und bald war es auch mit meiner Arbeit vorbei.

---

60 Der Sachverhalt ist unklar, denn die „Schleswig-Holsteinische-Volkszeitung" wurde erst 1877 gegründet.
61 Zum **Waffenstillstand von Malmö** vgl. S. 86, Anm. 7.

Gescheiterte Berufspläne

Eine Reihe von Wochen war ich ohne Arbeit. Ich half Ludwig Schmidt, und wenn wir dort genug Vorrat hatten, dann gingen wir spazieren, bauten Luftschlösser und politisierten. Jeden Morgen wurden freilich die „Altonaer Nachrichten" und „Hamburger Nachrichten" eingesehen, ob nicht Tabakzurichter gesucht wurden. Endlich gegen Herbst [1866] fand ich Arbeit bei Vogel in der Fuhlentwiete in Hamburg.[62] Hier bekam ich sogar 3,60 M pro Woche. Weil ich des Mittags nicht nach Hause kommen konnte, erhielt ich täglich einen Schilling = 7½ Pfennig zu verzehren. Ich konnte dafür etwas Zubrot kaufen. Die Arbeit bei Vogel gefiel mir sehr. Dort arbeiteten einige Zigarrenarbeiter, die bei verstärktem Chor im Hamburger Stadttheater mitwirkten. Durch deren Vermittlung konnte ich als Statist mitwirken. Ich bekam zwar nichts dafür, aber ich war glücklich, das Leben und Treiben hinter den Kulissen ansehen zu können. Auch war es eine Seligkeit, große Bühnenkünstler aus nächster Nähe beobachten zu können.

In der Mittagszeit schwärmte ich am Jungfernstieg und an den Alsterarkaden. Die in den Kunsthandlungen ausgestellten Stahlstiche und die Porträts der Schauspieler konnte ich immer und immer wieder betrachten. Da ich im nächsten Jahr konfirmiert werden sollte, so tauchte die Frage auf, was ich werden wollte. Stellte ich die Frage, was ich werden möchte, dann tauchte eine Zauberwelt in meinem Kopfe auf. Ein großer Gelehrter, der zugleich ein großer Künstler, wenn möglich Schauspieler, Sänger, Dichter und Komponist ist und so nebenbei alle Rätsel der Welt löst. Ich wollte die Welt sehen und dort, wo die Natur noch Geheimnisse hat, diese enthüllen. Ich hatte aber Einsicht genug, daß diese Schwärmereien nur Luftschlösser waren. Der Junge ohne Schulbildung erkannte, daß ich dabeibleiben mußte, die großen Geister zu bewundern. Etwas näher lag mir die Welt der Erfindungen. Hatte ich schon in meiner ersten Arbeitsstätte den Wunsch gehabt, eine Dampfmaschine bauen zu können, so tauchten jetzt andere Gedanken in meinem Hirn auf. Die Nähmaschinen waren eingeführt. Stundenlang stand ich also vor einem Nähmaschinenladen und sah die Mädchen nähen. Da dachte ich dann: Die Nähmaschine ist erfunden und kann höchstens noch verbessert werden. Aber wie vielgestaltig ist das Gebiet menschlicher Tätigkeit. Welch gewaltiges Gebiet steht dem Erfinder offen. Bald von jeder Arbeit, die ich sah, dachte ich, daß sie mit Maschinen schneller und besser gemacht werden kann. Der Weg zum Ruhm des Erfinders geht durch die Werkstatt des Maschinenbauers. So reifte mein Plan, Maschinenbauer zu werden. Aber nicht nur der Ruhm des

---

62 Gemeint ist die Zigarrenhandlung von **E. und C. Vogel** in der Fuhlentwiete 24 in Hamburg.

Erfinders belebte meine Phantasie. Die großen Dampfer hatten Maschinisten. Diese mußten Maschinenbauer sein. Als Maschinist eines Dampfers konnte ich hinaus in die Welt. Den Ganges kannte ich schon. So oft ich meinem Vater das sagte, daß ich Maschinenbauer werden wolle, antwortete er: „Wenn das nur nicht zu teuer wird."

Als ich dann zum Konfirmandenunterricht mußte, da mußte ich meine Stelle bei Vogel aufgeben und näher bei der Wohnung eine Arbeitsstätte suchen. Ich fand diese auch bei Bernhard Voigt in der Westerstraße in Altona.[63] Der hatte Arbeit für A. B. Cohen in Hamburg.[64] Es war eine ganz angenehme Arbeitsstätte. Frau Voigt hatte Mittagstisch. Oft bekam ich mittags etwas Essen. Der Sonnabend war aber ein schlimmer Tag. Nun wurde ich mit den Plagen eines Lasttieres bekannt. Am Sonnabend wurde abgeliefert. Die Zigarren wurden, in großen Kisten verpackt, auf einer sogenannten schottischen Karre, einem zweirädrigen Ziehwagen, geladen und nach Hamburg gefahren, und zurück ging es dann mit entladener Karre.

So lernte ich auch genau die Steigungen und Gefälle der Straßen kennen. Von der Westerstraße bis Kleine Bergstraße war es eben. Von der Kleinen Bergstraße bis Johannesstraße etwas Steigung. Von dort bis Grund starkes Gefälle, dann über St. Pauli etwas Steigung, der Neue Steinweg eben und der Alte Steinweg starkes Gefälle. Konnte ich bei ebener Straße meinen Karren gut ziehen oder schieben, dann waren die Steigungen und Gefälle eine große Plage, die mich oft an den Rand der Verzweiflung brachte. Beim Herunterfahren mußte alle Kraft angewandt werden, um zu vermeiden, daß ich nicht gegen Lastwagen geworfen und überfahren wurde, und bei Steigungen reichte oft die Kraft nicht, die Karre vorwärts zu bringen. Macht man die Wege zu Fuß, dann sind es kleine Wegstrecken, die man in fünf bis sechs Minuten gehen kann. Aber an einen Wagen gefesselt, den man nur mit Aufwendung aller Kraft in Bewegung setzen kann, dann wird die kurze Straße mit Steigung immer länger, je mehr man seine Kraft erschöpft. In fast unsichtbare Fernen rücken die Häuser, von denen man weiß, daß sie am Ende der Steigung stehen. Immer steiler wird der Weg, und man hat das Gefühl, als schleppe man seinen Karren an einem ganz steilen Berg hinauf. Noch schlimmer wird es, wenn statt trockener Luft es regnet oder gar schneit. Der Weg ist glatt, bei jedem Schritt rutscht man aus. Immer noch einmal muß der Schritt gemacht und die Arbeitsleistung wiederholt werden. Mit wie inniger Teilnahme habe ich da nicht meine Leidensgenossen, die Lastpferde, betrachtet, die

---

63 Gemeint ist die Zigarrenarbeiterwerkstatt von **Bernhard Voigt** in der Westerstraße 24 in Altona. Bernhard Voigt ist nur bis 1875 im Altonaer Adressbuch nachweisbar.

64 Gemeint ist die Zigarrenfabrik von **A. B. Cohen & Co** in der Admiralitätsstraße 80 in Hamburg.

täglich solchen Plagen ausgesetzt sind. Manches Mal glückte es, daß ich mich hinten mit einer Hand an einem Lastwagen anfassen und selbst mitziehen lassen konnte. Nicht selten hatte ich Bedenken, dieses Experiment bei einem schwer beladenen Wagen zu machen. Ich dachte an die armen Tiere, die ihre Kraft schon aufs Äußerste anspannen mußten und nicht selten noch geprügelt wurden. Hierbei dachte ich dann an meine Maschinenbauer- und Erfinderlaufbahn und dachte als erste Erfindung an eine Straßenlokomotive, die in Städten an Straßen mit Steigungen aufgestellt und als Vorspann benutzt werden soll[te].

Bald brachen aber alle Maschinenbauer- und Erfinderluftschlösser zusammen. Eines guten Tages mußte ich mein bestes Zeug anziehen, es bestand eigentlich nur aus einer Hose, die nicht so sehr geflickt war, denn Jacken hatte ich nur eine. Aber einen weißen Kragen mußte ich beschaffen und nun ging's zur Maschinenfabrik von Lange & Zeise, die zu Ostern Lehrlinge einstellen wollte.[65] Als Bedingung wurden 400 M Lehrgeld gefordert. 400 Mark, das war ein Kapital! Wie ein begossener Pudel schlich ich heim. Es wurden dann noch mehrere Versuche gemacht, aber immer wurden nach meinen damaligen Begriffen Summen als Lehrgeld gefordert, die nur ein Kapitalist hat. An diesem Lehrgeld scheiterten alle meine Luftschlösser und brachten die Welt um alle Erfindungen, die ich in meiner Phantasie bis auf wenige Einzelheiten fertig hatte. Es bedurfte ja nur noch der Ausführung und wenn ich erst Maschinenbauer war, dann würde ich das Fehlende leicht finden und den Rest der Aufgabe lösen. Aber das Lehrgeld war das Hindernis.

Noch vor der Konfirmation stand ich an der Schwelle eines ähnlichen Gewerbes. Bei der Suche nach einer neuen Arbeitsstelle fand ich, daß in der Werkstatt für Feinmechanik von Deutschbein ein Lehrling gesucht wurde.[66] Ich schnell entschlossen! Ich sagte, kann ich keine großen Maschinen bauen, dann mache ich feine Messungsinstrumente oder sonst physikalische Instrumente. Ich rannte sofort hin. Der Inhaber der Werkstatt schien auch nicht abgeneigt, mich in die Lehre zu nehmen. Obwohl meine Schulbildung doch sehr minimal war. Er stieß sich aber daran, daß meine Eltern in Ottensen wohnten. Er sagte, ich solle in den nächsten Tagen wieder vorfragen. Zwei Tage sah ich in den Läden wie Campbell und ähnlichen Geschäften alle Gegenstände an.[67] In Gedanken baute ich schon die kompliziertesten Instrumente. Als ich dann wieder fragte, erhielt ich einen ablehnenden Bescheid. Die Stelle war besetzt.

---

65 Gemeint ist die Maschinen- und Dampfkesselfabrik **Lange & Zeise** am Bahrenfelder Kirchenweg 1 in Ottensen.
66 Gemeint ist die Werkstatt von **R. Deutschbein** auf den Hohen Bleichen 14 in Hamburg.
67 Gemeint ist der Laden für mathematische und nautische Instrumente, **Campbell**, Wm & Co, Neuerwall 52 in Hamburg.

So verstrich der letzte Winter meiner Schulzeit. Der Pastor sorgte dafür, daß wir noch sehr viel Bibelsprüche, Gesangbuchverse lernten, und der Umstand, daß ich fünf Jahre fast nur Religionsunterricht gehabt und den größten Teil des Denkens darauf konzentriert hatte, hatte zur Folge, daß wir Abendschüler beim Pastor nicht nur mit den Tagesschülern, sondern selbst mit den Schülern der höheren Schulen Schritt hielten. Mehrfach wurden wir als Muster vorgeführt. Bibel und Gesangbuch waren die Lerngebiete, auf welchen wir Schritt hielten. Da bei uns in der Familie der Winter 1866/67 kein besonderes Unglück brachte, so bekam ich zur Konfirmation einen „neuen" Anzug.[68] Eigentlich war nur die Mütze wirklich neu. Das andere waren getragene Sachen, aber sie sahen noch so gut aus, daß ich in meinen Augen ein vornehmer Konfirmand war. So sollte ich nun ins Leben treten und den Kampf ums Dasein aufnehmen.

Vielfach spricht man von einer abgeschlossenen Bildung durch die Schule. Was mir die Schule geboten hatte, war nicht viel. Noch heute kann ich ein vollständiges Verzeichnis meines in der Schule oder selbst in der Schulzeit erworbenen geistigen Rüstzeugs geben. In Wedel war ich in einer leidlich guten Volksschule gewesen. Von 1857 bis 1862 hatte ich die Unterklassen absolviert. Dort hatte ich Anfangsgründe der deutschen Grammatik gelernt, aber Deutsch war meine schwächste Seite. Im Rechnen war ich besser, ebenso in Geographie. Hauptsache war auch dort Religion. Mit großem Interesse las ich die Lesestücke in Harders Lesebuch.[69] Der Besuch der Abendschule hatte in den acht Stunden wöchentlich nur eine Fortbildung in der Religion gebracht. Sonst nur noch Schönschreiben, wovon ich auch nichts profitierte. Selbst fortgebildet hatte ich mich in Geographie. Ich hatte einen Atlas von Vogel mit Randzeichnungen. Zur Erklärung der Randzeichnungen gab es einen Band Naturbilder und einen solchen Geschichtsbilder. Diese beiden Bände hatte ich durchstudiert und dann die paar Bände Shakespeare, Lessing und Schiller und eine Anzahl Romane gelesen.

War meine Schulbildung sehr schwach, so hatte ich doch in der Schule des Lebens manches gelernt und erfahren. In der Cichorienfabrik, in Tabakfabriken hatte ich schwer arbeiten müssen. Manchen Tag war ich ohne Nahrung. Nebenbei hatte ich Einblick in die verschiedensten Lebensverhältnisse bekommen, den Verfall von Menschen durch den Schnaps gesehen. Auch vom Sexualleben wußte ich mehr, als selbst den Schülern der höheren Schulen als sexuelle Aufklärung gegeben wurde. Nach dieser Richtung war ich den Jah-

---

68 Hermann Molkenbuhr wurde am Sonntag Lätere, den 31. März 1867 konfirmiert, lfd. Nr. 49 im Confirmationsregister für das Kirchspiel Ottensen.
69 Vgl. zu Harders Lesebuch S. 89, Anm. 17.

ren vorausgeeilt. Meine Jugend war eigentlich abgeschlossen, als wir Ende März 1862 von Wedel nach Ottensen zogen. An Stelle der Spiele der Jugend war die harte Fabrikarbeit getreten. Die Sorge im Kampf ums tägliche Brot hatte manche trübe Stunde gebracht. Aber ich war fromm und hoffte, für jede Plage im Himmel belohnt zu werden. Also etwas sonniges Leben der Kleinstadt und manches Leben aus den dunklen Winkeln der Fabrikstadt hatte ich durchlebt. Aber meine aus der Wedeler Schule stammenden Schulbücher warf ich nicht fort. Mein fester Wille war, die Lücken im Wissen auszufüllen, und noch oft nahm ich das Rechenbuch, um einige Aufgaben zu rechnen.

Meine Pläne über das, was ich werden wollte, waren alle zusammengebrochen; ich hatte nur noch einen negativen Plan. Fest war der Entschluß, nicht Zigarrenarbeiter zu werden. Die mit Tabakdunst und Staub angefüllten Räume waren das Grab jugendlichen Frohsinns geworden. Ich dachte zu lernen und hoffte, einst den Eingang zu einem Lebensweg zu finden, der zur glücklichen Zukunft führt. Lernen war fast eine Leidenschaft geworden. Ein dummer Mensch war nach meiner Meinung das bemitleidenswerteste Geschöpf. Obwohl ich geistig fast alle meine Altersgenossen und Schulkollegen überragte, so war ich mir doch darüber klar, daß mein Wissen nur ganz minimale Anfänge waren. Immer versuchte ich, einen Überblick über alle Wissensgebiete zu gewinnen. Ich studierte Bücherkataloge und erhielt so eine dunkle Ahnung, daß man ein ganzes Leben mit Lernen ausfüllen kann. Die Erkenntnis kam früh, daß Lernen ein viel größerer Genuß ist als Schnapstrinken und Tanzen. Die Zeit und das Geld, was andere in Schnaps verschwendeten, das alles wollte ich aufwenden, mein Wissen zu erweitern. Lernen war in meinen Augen keine Mühe, sondern ein Genuß. Immer hatte ich einen Spruch aus meinem Schulbuch im Gedächtnis, der folgenden Wortlaut hatte:

> „Wer nicht weiß und nicht weiß, daß er nicht weiß,
> Der bleibt in Ewigkeit in doppelter Unwissenheit.
> Wer nicht weiß und weiß, daß er nicht weiß,
> der ist es, der noch vielleicht die Wissenschaft erreicht."[70]

So blickte ich immer mehr auf die Lücken meines Wissens und kam immer mehr zu der Überzeugung, daß ich eigentlich die ganze Jugendzeit verloren hatte. Ich glaubte, in höheren Schulen könne man dem Menschen das Wissen eintrichtern.

---

[70] Abgedruckt in Friedrich Harders Lesebuch (vgl. S. 89, Anm. 17), S. 625 (Spruch Nr. 11 der „Sprüche von Verschiedenen" ohne Angabe eines Autors).

Vorläufig blieb ich Tabakzurichter. Eine meiner ersten Stellen war bei einem Hausarbeiter, der den Namen meschuggener Niemeyer hatte.[71] Es war wohl die Bude, in welcher Arbeiter des tiefsten Sumpfes arbeiteten. Nur ein frommer Katholik saß dort. Er war ein unglücklicher Mann. Sein ganzes Gesicht war von Lupus zerfressen.[72] Sonst hatte Niemeyer nur Säufer. Er hatte acht Arbeitsplätze, aber in der Woche oft 20 Arbeiter. Sonst tüchtige Arbeiter, die durch den Schnaps heruntergekommen waren, kamen und machten Zigarren. Niemeyer selbst hatte auch Schnaps. Da kamen dann die Arbeiter und wollten ihre Flasche gefüllt haben. Dann hieß es: erst arbeiten! Für die ersten 25 oder 50 Stück gab es etwas Schnaps, aber am Abend forderten sie regelmäßig das Geld für die Zigarren, die noch nicht versoffen waren. Niemeyer wohnte in Altona, hatte aber in Ottensen seine Arbeit. Da habe ich dann in den paar Monaten, die ich dort arbeitete, fast alle versunkenen Geschöpfe kennengelernt. Tüchtige Arbeiter, die, wenn sie nicht dem Schnapsteufel verfallen wären, sich manchen Lebensgenuß verschaffen konnten. So kampierten sie auf dem Boden, aßen minderwertiges Essen, gingen in Lumpen gehüllt und soffen. Sie ließen sich auch alles bieten.

In dieser Gesellschaft schloß ich mich an den mit Lupus behafteten Katholiken an. Thiel war sein Name.[73] Er trank keinen Schnaps, sondern ging mehrmals in der Woche in die Kirche. Er schwärmte von den Wundern der Heiligen, über die Allmacht und die Güte Gottes. Selbst sein furchtbares Leiden hielt er für eine von Gott gesandte Prüfung. Er freute sich förmlich, durch seine Geduld das Maß seiner Frömmigkeit beweisen zu können. Und doch waren die religiösen Gespräche mit Thiel es, die in mir die ersten Zweifel an der Offenbarungsreligion wachriefen. Thiel wies darauf hin, daß doch der Protestantismus nur das Werk ungläubiger Katholiken sei. Da kam mir doch der Gedanke, daß [sich] das Christentum in seiner ursprünglichen Gestalt ähnlich zum Judentum verhalte wie der Protestantismus zum Katholizismus. Gewiß hatte ich als Junge davon geträumt, ein Gelehrter zu werden. Arzt, Naturforscher, Rechtsanwalt oder was ähnliches. Pastor zu werden, war mir aber nie in den Sinn gekommen, und doch plagte ich mich in jener Zeit viel mit theologischen Fragen ab.

---

71 **Hans Heinrich Niemeyer** (1826->1879), aus Quickborn stammender Zigarrenarbeiter, hatte seine Wohnung in der Adolphstraße 46 in Altona.
72 **Lupus vulgaris**: Form der Hauttuberkulose, bei der sich im Gesicht bräunlich-gelbe Flecken über Knötchen bilden, die in Geschwüre übergehen und mit Narben abheilen können.
73 **Johann Ludwig Eduard Thiel** (1822–1870), Zigarrenarbeiter aus Altona. Das Sterberegister der katholischen Gemeinde St. Joseph in Altona 1870 lfd. Nr. 19 vermerkt als Todesursache „Gesichtskrebs".

Auf der Suche nach Kultur: von St. Pauli bis Friedrich Schiller

Mein Sonntagsvergnügen blieb, wie ich es während der Schulzeit getrieben: am Morgen an der Elbe, nachmittags auf St. Pauli. St. Pauli hatte in den sechziger Jahren einen besonderen Reiz für die Jugend. Von Wedel her war ich gewohnt, daß der Jahrmarkt ein Fest war. Wir hatten viermal im Jahr Markt. Aber viel mehr als der Wedeler Jahrmarkt bot St. Pauli. Welche Kostbarkeiten wurden dort nicht feilgeboten: Kokosnüsse, Datteln, Feigen, Käse, Himbeerlimonade, Taschentücher, Eisenwaren, Bücher usw. Die Bücherkarren boten besondere Anziehungspunkte für mich. Von Getränken reizte nicht nur die Himbeerlimonade, die trank ich zwar. Aber ein gutes Buch hatte doch mehr Anziehungskraft. Ein Glas Himbeerlimonade war in weniger als einer Minute getrunken. Ein Buch gab längeren Genuß. In meiner Knabenzeit hatten auch die Drehorgel mit den Mordgeschichten und auch der sanfte Heinrich mit seiner Gesellschaft großen Reiz. Eine Drehorgel, drei Damen und Heinrich sangen in der Regel etwas schlüpfrige Lieder: „Das Krinolinenlied", „Das größte Portemonnaie".[74] Ferner war dort ein Bassist, der Waldmanns Lieder sang; Krabbe, ein Jongleur, machte die schwierigsten Sachen.[75]

Dannenberg mit seinem Volkstheater.[76] Er stand in großer Ritterrüstung vor der Tür und animierte das Publikum zum Besuche seines Musentempels. Er rief: „Treten Sie gefälligst näher, meine Herrschaften, und versäumen Sie nicht, die heutige Vorstellung zu besuchen. Aufgeführt wird nur heute zum ersten Male, neu für diese Bühne eingerichtet: „Heiße Dinge oder der Gang nach dem Eisenhammer", großes Ritterschauspiel mit Gesang in 5 Aufzügen.[77]

---

74 **„Das Krinolinenlied"** nach Krinoline (franz) Reifrock: Es gab in den 1850er und 1860er Jahren mehrere Spottlieder auf die Krinolinenmode. Vermutlich meint Molkenbuhr das plattdeutsche Lied „Dat nehe Leed von de Crinoline" des Hamburger Straßensängers und Drehorgelspielers Christian Hansen (1822–1879), abgedruckt in: Helmut Glagla, Hamburg im plattdeutschen Drehorgellied des 19. Jahrhunderts, Hamburg 1974, S. 201ff. Das Lied **„Das größte Portemonnaie hat Ludewig"**, Verfasser unbekannt, entstanden um 1850, wurde nach einer Polkamelodie gesungen.
75 **Ludolf Waldmann** (1840–1919), gebürtiger Hamburger, seit 1885 Wohnsitz in Berlin, Komponist, zumeist auch Texter sowie Verleger populärer Lieder wie zum Beispiel „Die alten Deutschen tranken noch eins", „Fischerin, du kleine", „Denke Dir, mein Liebchen", „Sei gegrüßt, du mein schönes Sorrent" oder das niederländische Volkslied „O Good, verlaat mijn Neerland niet", weniger Erfolg mit Operetten („Inkognito") und Singspielen; **Krabbe**: keine näheren Angaben möglich.
76 **Friedrich Eduard Dannenberg** (1817–1885), Schauspieler und Theaterbesitzer, übernahm 1851 das „Elysiumtheater" am Spielbudenplatz Nr. 23/24 in St. Pauli, eröffnete 1861 am Spielbudenplatz Nr. 15 im ehemaligen „Hammonia-Theater" sein „Hamburger Volkstheater".
77 Der erste Namensbestandteil des „Ritterschauspiels", das in dieser Form nicht nachweisbar ist, „Heiße Dinge" ist in der Lesart sehr unsicher, der zweite Teil „Der Gang nach dem Eisenhammer" ist eine Ballade von Friedrich Schiller.

Abb. 12: Der Schauspieler Friedrich Dannenberg in Ritterrüstung.

Man sieht hier keine Puppen oder Marionetten, sondern eine Gesellschaft von mehr als 16 Personen. Erster Platz kostet 4 Schilling, zweiter Platz zwei Schilling und Kinder die Hälfte."

Auch dieses Theater habe ich besucht. Und wie es bei uns Jungen üblich war, auch mitgewirkt. So z. B. im „Freischütz", in dem Dannenberg den „Samuel" spielte. Er trat nie von ebener Erde auf. Sondern er hatte hinter den Kulissen einen Tisch gestellt, von dem er herunter auf die Bühne sprang. Er kam aus der Luft. Aus der Hölle von unten konnte er nicht kommen, da seine Bühne keine Versenkung hatte. Vorn auf der Bühne stand in der Wolfsschlucht ein Baumstamm, auf dem eine Eule saß. Hinter dem Baumstamm saß ein Mädchen, das der Eule Leben gab. Die Eule hatte nach der Mechanik eines Hampelmanns bewegliche Flügel, diese mußte das Mädchen in Bewegung halten und dabei immer schreien „U U I". Bald hatten wir das kapiert. Wenn dann das Mädchen eine Pause machte, um auch Max und Caspar zu Wort kommen zu lassen, dann schrien wir solange „U U I". Als wir es zu arg machten, trat Dannenberg aus den Kulissen und sagte: „Jungens, ich sag euch, seid ruhig!" Je mehr Mattler warnte, desto lauter wurden wir. Sonntags dauerte so eine Vorstellung eine Stunde. Im Volksmund hieß Dannenberg noch immer „Mattler".[78] Bei der letzten Vorstellung trat Mattler noch einmal vor und verkündete, was am nächsten Tag gespielt werden würde. Eines Tages spielte sich dabei folgender Dialog ab. Dannenberg sagte: „Morgen wird aufgeführt zum ersten Male, neu für diese Bühne eingerichtet ... Stimmen aus dem Publikum: „Och Matt-

---

78 Dannenbergs Spitzname **„Mattler"** geht auf den Erbauer des „Elysiumtheaters" Johann Gottfried Ehrenreich Mattler (1772–1843) zurück.

ler, mi licks in Mors." Mattler: „Mi og en paar mal – großes Ritterschauspiel mit Gesang in fünf Aufzügen."[79]

Dort waren Menagerien, Tingeltangel und auch die Bordelle, die St. Pauli den üblen Ruf verschafft haben. Bordelle nicht versteckt, sondern Häuser mit kleinen Tanzsalons, wo die Mädchen tanzten. Am Montag des Altonaer Marktes gingen nicht nur Männer, sondern auch Frauen in diese Bordelle, und oft beteiligten sie sich am Tanz. Zu den täglichen Sehenswürdigkeiten gehörte auch die Arena, neben gymnastischen Produktionen bestiegen Kolter und Weitzmann ein Turmseil.[80] Sie fuhren Kinder in einem Schubkarren übers Seil. Das alles ohne Entree. Ich hatte freilich schon 1865 Blondin gesehen, der im „Neuen Raben" seine Produktion auf dem Turmseil ausführte.[81]

In den ersten Jahren 1862 bis 1865 war ich immer zufrieden, wenn ich einen Teil gesehen hatte. Jetzt mußte ich die Bücherkarren durchsuchen, und wenn ich dann ein Buch fand, aus dem ich Belehrung schöpfen oder einen Kunstgenuß erlangen konnte, dann war ich zufrieden. Ein merkwürdiger Zufall trieb mich zur Naturwissenschaft. Zwei Gedichte über Spanien waren meine Lieblingsgedichte: Geibels „Zigeunerknabe im Norden", der klagt [dar-]über, daß er die Schönheiten des Ebro nicht sieht[82] und das spanische Volkslied:

> „Nach Sevilla, nach Sevilla,
> wo die hohen Prachtgebäude
> in den breiten Straßen stehen –
> aus den Fenstern reiche Leute,
> schön geputzte Frauen sehen;
> dorthin sehnt mein Herz sich nicht."[83]

---

79 „Och Mattler mi licks ...": „Ach Mattler, leck mich im ..." Mattler: „Mich auch ein paar mal – großes" usw.
80 Gemeint sind der in Groß-Wardein in Ungarn geborene Hochseilartist **Wilhelm Kolter** (1795–1888) und sein aus Nürnberg stammender Schwiegersohn **Robert Weitzmann** (1819–1866). Vermutlich hat Hermann Molkenbuhr Kolter und Weitzmann während eines Gastspiels in der Zeit vom 2. Mai bis zum 30. Juli 1866 gesehen.
81 **Blondin**, der „Held des Niagara" (vgl. S. 43, Anm. 22), trat ab Juli 1865 für mehrere Wochen im „Neuen Raben" auf.
82 Gemeint ist Emanuel Geibels Gedicht **„Der Zigeuner*bube* im Norden"** (vgl. S. 36, Anm. 4.)
83 Gemeint ist das Gedicht **„Nach Sevilla!"** (1804) von Clemens Brentano (1778–1842), das von Luise Reichardt (1780–1826) vertont wurde; vgl. Gedichte von Clemens Brentano in neuer Auswahl, Frankfurt am Main 1854, S. 307; Franz Kugler, Robert Reinick (Hrsg.), Liederbuch für deutsche Künstler, Berlin 1833, S. 228 f.

Der Strand des Ebro, Sevilla, Saragossa waren Städte, wohin mich die Sehnsucht trieb. „Escorial" hatte ich als Junge selbst gebaut, d. h. aus einem Modellierbogen ausgeschnitten und zusammengeklebt, und über die Schönheit der Alhambra hatte ich auch manches gehört. Jetzt fand ich auf der Karre ein Buch mit einem Bild von Sevilla. Es war ein Band von Meyers Volksbibliothek. Außer der Beschreibung Sevillas war in dem Band ein Abschnitt aus Humboldts „Kosmos" über die „Siderischen Systeme der Erscheinungen".[84] Da wurde der Blick in die Sternenwelt gelenkt. Ich las über Sternbilder und die Entfernungen der Sterne von der Sonne. Welch eine neue Welt, die ich doch sonst immer vor Augen gehabt hatte, entstand nun in meiner Phantasie. Da ein Band der Volksbibliothek für einen oder zwei Schilling zu haben war, kam ich selten, ohne einen neuen Band gekauft zu haben, von St. Pauli. Es kamen aber recht viele Worte darin vor, die ich nicht verstand. Ich mußte ein Fremdwörterbuch haben. Hierzu bot sich Gelegenheit. Bei Richter in Hamburg erschien Cubaschs Fremdwörterbuch in Lieferungen.[85] Auf dieses Fremdwörterbuch abonnierte ich. Nun war für längere Zeit mein verfügbares Geld für das Fremdwörterbuch in Anspruch genommen und doch empfand ich, welch viele Aufschlüsse mir das Buch gab. Manchen Satz, der mir sonst ein Buch mit sieben Siegeln gewesen wäre, verstand ich nun. Lange Zeit beschäftigte ich mich nun mit der Sternenwelt. Ich hatte auch das Glück, bald einen Band mit einer Sternkarte zu erwischen. Nun konnte ich die Sternbilder erkennen. Ich wußte, daß sie der Wegweiser für den Seemann sind. Jeder Stern ist eine Welt.

Welch mannigfaltige Welten entstanden nun in meiner Phantasie. Die Art, wie die Entfernungen gemessen werden, das war nun das Ziel meines Wissensdranges. Ich las einen Aufsatz über Bessels „Messung des 61. Sternes im Sternbild des Schwans".[86] Ebenso Foucaults Pendelversuch.[87] Ich machte

---

84 In den Jahren 1853 bis 1856 erschienen in dem von dem Verleger **Joseph Meyer** (1796–1856) in Gotha 1826 gegründeten Bibliographischen Institut 102 Bände der Reihe „Meyer's Volksbibliothek für Länder-, Völker- und Naturkunde". Obwohl die Bände, die alle 14 Tage erschienen, Stahlstiche enthielten, waren sie mit vier Silbergroschen vergleichsweise preiswert. Der Artikel über Sevilla ist im Bd. 101, S. 145–161 abgedruckt. Der Beitrag ist nicht illustriert; Molkenbuhr verwendet hier also „Bild" im Sinne von Beschreibung. Nicht im Bd. 101, sondern im Bd. 43 von „Meyers Volksbibliothek" ist der Beitrag „Humboldts Naturgemälde. (Aus dem Kosmos) A. Siderische Sphäre der Erscheinungen" enthalten (S. 5–67). Möglicherweise waren diese beiden Bände in einem Band zusammengebunden. **Siderisch** (lat.): auf die Sterne bezogen.
85 Gemeint ist: Neues Fremdwörterbuch. Ein erklärendes und verdeutschendes Handbuch der gebräuchlichsten in der deutschen Sprache vorkommenden Fremdwörter, von Carl Cubasch, Verlag Richter, Hamburg.
86 **Friedrich Wilhelm Bessel** (1784–1846), Handlungsgehilfe aus Minden/Westf., dann über autodidaktische Studien Astronom, seit 1810 Professor für Astronomie an der Uni-

dann auch praktische Versuche. Dabei hatte ich die Unvorsichtigkeit begangen, an Stelle eines dünnen Drahtes eine Hanfschnur zu benutzen. Erst war ich erfreut, eine Abweichung des Pendels von der ursprünglichen Linie beobachten zu können. Als aber mein Pendel anfing, eine Linie, die eine regelrechte 8 war, zu beschreiben, da merkte ich, daß irgend etwas nicht stimmt, und bei einigem Nachdenken kam mir die Erkenntnis, daß nicht die Achsendrehung der Erde, sondern die gedrehte Schnur der Grund der Abweichung war. Jeder sternklare Himmel war ein Genuß für mich. Als ich fast alle Sternbilder zusammen hatte, da erwachte wieder die Sehnsucht nach dem Süden. Die Magellanschen Wolken und das Kreuz des Südens wollte ich mit eigenen Augen sehen.[88] Mehrfach tauchte jetzt der Plan auf, Seemann zu werden. Aber ich war ein schlechter Turner, und wenn ich die Schiffsjungen und Matrosen in den Masten beim Festmachen der Segel sah, dann wurde mir schon etwas schwindlig. Ich hörte aber, daß es Aufgabe der Jungen sei, gerade die Toppsegel zu bedienen. Die beste Schule für den Schiffsjungen war die Fahrt auf einem Blankeneser Trampfahrer.[89] Aber die Blankeneser Schiffer waren berüchtigt durch ihre an Schiffsjungen verübten Grausamkeiten.

Von der Erdgeschichte hatte ich das größte Interesse an Erdbeben und Vulkanen. Hierüber las ich auch Humboldts Aufsätze. Außerdem erwischte ich einen Band von Buffons Naturgeschichte, der Buffons Darstellung von

---

versität Königsberg und Direktor der dort zwischen 1811 und 1813 neu erbauten Sternwarte, 1811 Dr. h.c. der Universität Göttingen, Mitglied der preußischen Akademie der Wissenschaften; das Verzeichnis seiner Schriften umfasst 385 Titel, darunter grundlegende Werke der messenden und theoretischen Astronomie; der von Molkenbuhr erwähnte Aufsatz beschäftigt sich mit der 1839 erschienenen Untersuchung „Bestimmung der Entfernung des 61sten Sterns des Schwans", in der Bessel die erste genaue Angabe über die Entfernung eines Fixsterns vorlegte, wodurch das Weltbild des Kopernikus bestätigt wurde.

87 **Jean Bernard Léon Foucault** (1819–1868), französischer Physiker, leistete wichtige Forschungsbeiträge zur Elektrizitäts-, zur Wärmelehre und zum Magnetismus; 1850 bestimmte er mit einem Drehspiegelverfahren die Lichtgeschwindigkeit, 1850/51 demonstrierte er die Erdrotation mit dem Foucaultschen Pendelversuch. Dabei hatte Foucault im Pantheon in Paris ein in der Kuppel aufgehängtes Pendel in Schwingungen versetzt, dessen Schwingungsebene eine gleichmäßige Drehung zeigte.

88 Die nach dem portugiesischen Seefahrer und Weltumsegler Fernão de Magellan (1480–1521) benannte Große und Kleine **Magellansche Wolke**, die beiden erdnächsten Galaxien, und das Sternbild „**Kreuz des Südens**" sind mit bloßem Auge, allerdings nur auf der Südhalbkugel, zu sehen.

89 **Trampfahrer:** von dem englischen Wort „tramp" (Landstreicher, Vagabund) abgeleiteter Spottname für ein nicht im festgelegten Liniendienst, sondern in „wilder Fahrt" beliebig eingesetztes Frachtschiff.

Vulkanen und Erdbeben gab.[90] Speziell wurde darin der Ausbruch des Vesuvs geschildert, der den Untergang von Pompeji und Herkulaneum herbeigeführt hat. Von der Physik hatte ich am meisten Interesse für Elektrizität und Magnetismus. Außer den Schilderungen, die ich in Humboldts Aufsätzen fand, las ich Spezialabhandlungen in der Volksbibliothek.[91] Die Elektrisiermaschinen erregten mein Interesse. Nicht die wirtschaftliche Ausnutzung, wie sie in dem Betrieb des Telegraphen lag, hatte großes Interesse, sondern die Gewitter; das Nordlicht, also die ungezähmten Naturkräfte bildeten [den] Gegenstand meiner Spekulation. Namentlich dachte ich darüber nach, ob durch die Elektrisiermaschine die Elektrizität erzeugt wird oder ob nur im Luftraum vorhandene Elektrizität gesammelt wird. Um diese Zeit entdeckte ich einen Antiquar auf dem Steinweg. Der verkaufte Bücher erheblich billiger als die Händler auf der Karre. Dort kaufte ich für einen Spottpreis Barths „Reisen und Entdeckungen in Nord- und Zentralafrika" und für einige Groschen kurze Zeit später reichlich 20 Bände von Herders Werken.[92] Dort im Keller sahen wir noch viele Bücher, die im Laufe der Zeit gekauft werden sollten. Aber eines Tages lasen wir in der Zeitung, daß Rühen wegen gewerbsmäßiger Hehlerei verhaftet sei.[93] Große Mengen Gold- und Silbersachen, optische Instrumente und andere Erträgnisse von Diebstählen waren dort gefunden. Was ich an Büchern hatte, wurde gelesen.

Durch Herder kam ich dann wieder mehr zur schönen Literatur. Herder war nun mein Ratgeber. Dichter, die von Herder gelobt wurden, merkte ich

---

90 **Georges Louis Leclerc, Conte de Buffon** (1707–1788), französischer Naturforscher, Privatgelehrter, seit 1739 Verwalter des Botanischen Gartens in Paris, Verfasser einer auf 44 Bände angelegten „Histoire naturelle générale et particulière", in der sich Buffon für die auf Beobachtung und Experiment begründete Naturwissenschaft einsetzt. Diese zu den meist verbreiteten und übersetzten Werken der Aufklärung gehörende Naturgeschichte wurde unter dem Titel „Allgemeine Historie der Natur: nach allen ihren besondern Theilen abgehandelt; nebst einer Beschreibung der Naturalienkammer Sr. Majestät des Königs von Frankreich" in den Jahren 1750 bis 1785 in Deutschland veröffentlicht.
91 Gemeint sind etwa die Aufsätze: „Elektricität und Magnetismus" von Otto Ule in Bd. 27, S. 11–49 von Meyers Volksbibliothek und „Von der Luftelektricität und dem Gewitter" von Heinrich Buff in Bd. 11, S. 22–30.
92 **Heinrich Barth** (1821–1865), Geograph und Afrikaforscher, 1840/41 Italienreise, 1844 Promotion, 1845 bis 1848 Reise von Frankreich aus rund um das Mittelmeer, 1848 Habilitation, 1849 bis 1855 große Forschungsreise durch Afrika nördlich des Äquators, deren bahnbrechende wissenschaftliche Erkenntnisse er in der 5 Bände umfassenden Edition „Reise und Entdeckungen in Nord- und Central-Africa in den Jahren 1849 bis 1855" (1857/58) vorlegte, weitere Reisen nach Kleinasien, seit 1863 Professor für Geographie an der Universität Berlin.
93 Gemeint ist das Buchantiquariat von **E.J.H. Rühen** auf dem Neuen Steinweg 35 in Hamburg.

[mir]. Wenn ich dann ein Buch von diesen Dichtern sah, wurde es gekauft. Lange Zeit schien [sich] mir das ganze Geistesleben in der Zeit vor Herder abgespielt [zu] haben. Gewiß hatte ich in Meyers Volksbibliothek einen Geistesschatz, dessen Verfasser alle später gelebt hatten, aber das waren Naturforscher. Humboldt, Liebig, Schleiden, Ule las ich auch gerne und hatte aus deren Aufsätzen solche Anregungen erhalten, daß die Dichterwelt längere Zeit bei mir zurückgedrängt wurde.[94]

Meine nächste Arbeitsstätte hätte schon dahin führen können, mich mit dem Sozialismus bekannt zu machen. Angeekelt von der Umgebung bei Niemeyer, wo nur der lupuskranke Thiel für mich Interesse hatte, hatte ich sonntags nach anderer Arbeit gesucht. Ich fand solche bei Gottfried Haake in der Adolphstraße in Altona.[95] Dort arbeitete Kommunismus-Möller, der erste sozialistische Kandidat für die Reichstagswahlen in Altona.[96] Möller war eine

---

94 **Justus Freiherr von (seit 1845) Liebig** (1803–1873), Chemiker, 1824 bis 1852 Professor für Chemie in Gießen, seit 1852 in München, modernisierte den chemischen Universitätsunterricht und popularisierte die Chemie als Wissenschaft („Chemische Briefe" ab 1841), bedeutende Forschungen auf den Gebieten der technischen, analytischen und vor allem der organischen Chemie, Erfinder des Fleischextrakts, Begründer der modernen Düngelehre und der Agrikulturchemie („Die organische Chemie in ihrer Anwendung auf Agrikultur und Physiologie" 1840); **Matthias Jakob Schleiden** (1804–1881), Botaniker, zunächst Jurist, nach Selbstmordversuch 1831 Studium der Botanik, 1850 bis 1862 Professor der Botanik in Jena, 1863 bis 1864 in Dorpat, danach Privatgelehrter, veröffentlichte das epochemachende Standardwerk „Grundzüge der wissenschaftlichen Botanik" (2 Bde. 1842 und 1843), daneben zahlreiche Untersuchungen, auch populärwissenschaftliche Schriften wie „Beiträge zur Botanik" (1844) und „Die Pflanze und ihr Leben" (1847). Aufsätze Schleidens finden sich auch in der „Gartenlaube"; **Otto Ule** (1820–1876), Publizist, gründete 1851 „Die Natur. Zeitschrift zur Verbreitung naturwissenschaftlicher Kenntnisse und Naturanschauungen für Leser aller Stände", mit der er ebenso wie mit zahlreichen Büchern und Aufsätzen wie z.B. „Physikalische Bilder" (1857), „Die Wunder der Sternenwelt" (1860) oder „Die neuesten Entdeckungen in Afrika, Australien und der arktischen Polarwelt" (1861) die populär-naturwissenschaftliche Bewegung einleitete. Ule war von 1863 bis 1866 und erneut von 1869 bis 1870 Mitglied des Preußischen Abgeordnetenhauses für die Fortschrittspartei.
95 Lediglich in der Ausgabe des Altonaer Adressbuches von 1868 ist ein Zigarrenarbeiter **G. Haake** (Molkenbuhr schreibt Haack) unter der Adresse Adolphstraße 21 in Altona aufgeführt.
96 **Heinrich Möller** (1840–<1904), aus Appen stammender Zigarrenarbeiter, später Kolporteur und Hausknecht, ADAV, Kandidat des ADAV im 8. schleswig-holsteinischen Wahlkreis Altona bei den Wahlen zum Konstituierenden Norddeutschen Reichstag am 12. Februar 1867, Ausweisung aus Hamburg und Umgegend am 27. Dezember 1880, die bereits am 3. August 1881 wieder aufgehoben wurde; in einem Artikel für den „Vorwärts" Nr. 204 vom 31. August 1904 mit dem Titel „Aus den Kinderjahren der Bewegung" schreibt Molkenbuhr über Möller, dieser sei „bis zu seinem Lebensende" Anhänger Weitlings geblieben.

sympathische Erscheinung. Ein langer, hagerer Mann mit prächtigem Organ. Er war ein leidenschaftlicher Vertreter Weitlingscher Ideen. Wohl war er Mitglied des Allgemeinen Deutschen Arbeitervereins, aber aus[ge]prägter Lassalleaner war er so wenig wie damals die meisten Mitglieder. Wilhelm Weitling hatte in Hamburg noch viele Anhänger.[97] Diese hatten sich bei Gründung des Allgemeinen Deutschen Arbeitervereins diesem angeschlossen, und sie hatten, weil sie die konsequentesten Vertreter proletarischer Interessen waren, die Führung im Verein.

Ein Gegensatz zu Möller war Reisdorf, ein kleiner, verwachsener Herr.[98] Er schwärmte für die Einigung Deutschlands, wie sie in Turnvereinen, Schützengilden und Gesangvereinen vertreten wurde. Anlehnend an den Schluß von „Bastiat-Schulze" glaubte er, die Einigung durch die Vertretung Lassallescher Grundsätze herbeizuführen.[99] Reisdorf war ein guter Vorleser. In der Hauptsache begnügte er sich damit, in eine Zigarrenfabrik zu gehen und eine Lassallesche Rede vorzulesen. Solange er las, war er erträglich. Schlimm aber war es, wenn er mit der Diskussion begann. Dann rückte der deutsche Kaiser in den Vordergrund. Denn ohne Kaiser konnte er sich kein einiges Deutschland denken. Über diese Frage stieß er dann mit Möller und mit einem dort arbeitenden Zigarrenarbeiter Lemmel zusammen.[100] Bekämpfte Möller Reisdorfs politische Ansichten, so war Lemmel politisch Republikaner, aber

---

97 **Wilhelm Weitling** (1808–1871), frühsozialistischer Theoretiker aus Magdeburg, gelernter Schneider, während eines mehrjährigen Aufenthaltes in Paris 1837 Anschluss an den „Bund der Gerechten", in dessen Auftrag er 1838 seine erste Schrift „Die Menschheit, wie sie ist und wie sie sein sollte" verfasste, 1841 Übersiedlung in die Schweiz, dort 1842 Veröffentlichung seines Hauptwerkes „Garantien der Harmonie und Freiheit", wegen blasphemischer Aussagen in seinem 1845 erschienenen Buch „Das Evangelium des armen Sünders" Verhaftung und Abschiebung nach Deutschland, Auswanderung nach New York, kurzfristige Rückkehr während der Revolution von 1848, nach völligem Scheitern seiner publizistischen Projekte 1849 endgültige Emigration in die USA; gilt als erster deutscher sozialistischer Theoretiker (Beiname „Handwerkersozialist").
98 **Johann Hinrich Reisdorf** (1834–1868), aus Wellendorf, einer Bauernschaft von Borgloh stammender Zigarrenarbeiter in Neumühlen, Katholik, ADAV, Agitator, ertrank bei einem Bootsunfall auf der Elbe am 1. Juli 1868.
99 Gemeint ist Lassalles ökonomisches Hauptwerk, **„Herr Bastiat-Schulze von Delitzsch"**, abgedruckt in: Ferdinand Lassalle, Gesammelte Reden und Schriften, hrsg. und eingel. von Eduard Bernstein, Bd. 5, Berlin 1919. Dort heißt es auf den Schlussseiten 353 bis 355, dass der Klassensieg der Arbeiter über das Bürgertum die Vorbedingung für die nationale Einheit Deutschlands sei. Erst durch den „Massenschritt der Arbeiterbataillone" werde die deutsche Nation gerettet.
100 Im Hamburger, Altonaer bzw. Ottensener Adressbuch ist kein Zigarrenarbeiter namens **Lemmel** oder Lämmel verzeichnet, ein „Arbeitsmann" Lemmel bzw. ein „Bronzearbeiter" Lämmell dürften kaum gemeint sein. Wahrscheinlich wohnte Lemmel aufgrund seiner von Molkenbuhr erwähnten ausgiebigen Reisen nur als Untermieter.

sonst Anhänger der Fortschrittspartei. Da Reisdorf nicht bei Haake arbeitete, kam er nur am Montag oder sonst an einem Tag, an dem er nicht arbeitete. Er nahm sich einen oder zwei Tage in der Woche und auch einige Zeit in der Mittagsstunde, [um] für Lassallesche Grundsätze zu agitieren. Reisdorf war körperlich und geistig etwas verschroben. Das kam auch in seinem Äußeren zum Ausdruck. [Im] Winter und im Sommer war er immer gleich gekleidet und zwar mit Strohhut, Winterüberzieher und weißem Turneranzug. Möller war ein schwacher Arbeiter. Er mußte sich anstrengen, sich zu ernähren, und doch wurde er oft zur Agitation verwendet. Eine Beschäftigung, wofür es um jene Zeit keinerlei Vergütung gab.

Eine eigenartige Erscheinung war Lemmel, um jene Zeit mein Ideal. Er war ein Mann mit seltener Energie. Ein flotter Arbeiter, der täglich 300 Zigarren machte. Hatte er die fertig, dann ging er. In der Regel war er um fünf Uhr mit seinem Pensum fertig. Nebenbei studierte er Sprachen. Auf dem Arbeitstisch hatte er sein Vokabelbuch. Sein Tagewerk war: 300 Zigarren machen, einige hundert Vokabeln lernen und abends im Hamburger Bildungsverein Grammatik von Deutsch, Französisch, Englisch und Italienisch [...] studieren. Einige Jahre zog er im Frühjahr los: nach Rom, Neapel und [in die] Französische Schweiz. Er suchte sich Reisegesellschaften als Dolmetscher anzuschließen und sich so seine Zeche zu verdienen.

Aus den Debatten zwischen Möller und Lemmel habe ich wenig profitiert. So großes Interesse wie ich in meinen Schuljahren für Politik hatte, war die Politik, nachdem meine Ideale zusammengebrochen waren, bei mir in den Hintergrund getreten. Als Knabe hatte ich für ein befreites Schleswig-Holstein und auch wohl für ein einiges Deutschland mit dem Kaiser von Österreich an der Spitze geschwärmt. Wir waren nun Preußen, und Österreich war uns fremder als je. Aber auch die Literatur, die mein ganzes Denken und Fühlen in Anspruch nahm, zog mich von den politischen Tagesfragen ab. Mehr geistige Berührungspunkte hatte ich mit dem bei Haake arbeitenden Ernst Kinder.[101] Kinders Bruder Heinrich Kinder war auch früher Zigarrenarbeiter und jetzt Schauspieler, eine der hervorragendsten Kräfte von Carl Schultzes Theater.[102] Auch Ernst Kinder bereitete sich auf die Bühnenlaufbahn vor und nahm die Mitarbeiter als Versuchskaninchen. Diese mußten seine Rezitationen anhören. Bald rezitierte er Gedichte, dann wieder Teile

---

101 **Ernst Kinder** (1831–1896), in Preetz geborener Zigarrenarbeiter und Gelegenheitsschauspieler.
102 **Heinrich Kinder** (1833–1907), in Kirch-Barkau/Holstein geborener Schauspieler, 1852 Debüt am Hamburger Aktientheater, 1866 bis 1875 Engagement am Carl-Schultze-Theater, 1875 bis 1895 am Stadttheater in Hamburg, feierte große Erfolge mit plattdeutschen Rollen.

aus Dramen. Mir schien Kinder schon ein Stern erster Größe, dem nur noch die Anerkennung fehlte. Es ist ihm zwar einige Male gelungen, Engagements zu finden, aber er brachte es nie zu Hauptrollen, selbst nicht in den kleinen Theatern.

Im ganzen stand das Niveau der Unterhaltungen der Zigarrenarbeiter bei Haake auf einer höheren Stufe als im Durchschnitt der Zigarrenfabriken. Hierzu mochte die Anwesenheit einer Zurichterin mit [...] beitragen. Therese Meggers war eine recht hübsche Tochter eines Zigarrenarbeiters. Sie war wohl 16 bis 17 Jahre alt und eine sehr tüchtige Zurichterin. Mädchen in dem Alter waren um jene Zeit noch Ausnahmen in Fabriken. In der Regel waren es Jungen, auf die keine Rücksicht genommen wurde. Nun trat aber ein Umschwung ein. Mit Einführung der preußischen Gewerbeordnung wurden die kleinsten Kinder von 9 und 10 Jahren aus der Fabrik verbannt.[103] Da mußte dann für Zurichtung etwas mehr ausgegeben werden. Ein kräftiger Knabe mußte schon dort sein, um beim Abliefern die Karre zu schieben. Bei Haake war es auch meine Arbeit. Ebenso das Anfeuchten. Dieses wurde im Freien auf dem Hof gemacht. Im Sommer war es nicht schlimm. Aber im Winter bei starkem Frost so einige hundert Pfund Tabak durch kaltes Wasser ziehen und ausschwenken, das war mit großem Ungemach verbunden. Eines Tages wurde ich von Haake entlassen. Den Grund kenne ich nicht mehr, aber wahrscheinlich wird die Ursache sein, daß ich mehr an Astronomie, Chemie, Philosophie und Literatur dachte als an Tabakzurichten. Haake, dem mehr an meiner Arbeit mit den Fingern als an den Geistesprodukten lag, wollte einen Zurichter haben, der mehr an seine Arbeit dachte.

Jetzt war ich längere Zeit arbeitslos. Ich ging zwar täglich aus, Arbeit zu suchen, aber ich fand keine. Beim Arbeitsuchen sah ich auch darauf, etwas anderes zu finden: Laufbursche, Kontorbote oder auch als Steward auf einem Passagierdampfer. Ich muß aber keinen Vertrauen erweckenden Eindruck gemacht haben, denn nie gelang es, eine Stelle zu erhalten. Einige Stunden ging ich am Hafen und in den Straßen [spazieren], sah die Bilderläden, in erster Linie die Schauspielerbilder, ging zum Wasserschout, wo die Mannschaften der Dampfer angemustert wurden, aber eine Stelle als Steward war nie frei.[104] Schließlich nahm ich die Vermittlung von meiner Cousine ihrem Mann in Anspruch. Er war Oberkoch auf der „Germania". Er war ein fran-

---

103 Mit der Übernahme der preußischen Kinderschutzverordnungen in Schleswig-Holstein im Jahr 1867 wurde das Mindestalter für die „regelmäßige Arbeit in Fabriken" auf 12 Jahre festgelegt. Da die Begriffe „regelmäßige Arbeit" und „Fabrik" nicht genauer definiert waren, wurden die Verordnungen nicht selten unterlaufen.
104 **Wasserschout:** im Bremer und Hamburger Hafen derjenige Beamte, der die An- und Abmusterung der Schiffsmannschaften beaufsichtigt.

zösischer Koch. Früher Küchenchef bei dem wegen seiner Schlemmerei bekannten Parish, dann hatte er ein vornehmes Restaurant in Teufelsbrücke.[105] Seine Absicht war, die Kundschaft des berühmten Restaurants von Jacob hinüber nach Teufelsbrücke zu ziehen.[106] Dabei war Curel, so hieß er, bankrott gegangen.[107] Er hatte dann ein Restaurant mit Tanzsalon in Bahrenfeld gekauft, welches seine Frau verwaltete. Dort half meine Mutter in der Küche. Er selbst fuhr als Oberkoch auf einem Passagierdampfer, was damals ein sehr einträgliches Geschäft war.

Aber trotz der Protektion gelang es nicht, die gewünschte Stewardstelle zu finden. Ich war zu unbeholfen, war schlecht gekleidet. Der Obersteward lehnte es ab, mich zu nehmen. Curel war bereit, mich als Kochsmaat, also zum Kartoffelschälen, Gemüseputzen, Tellerwaschen und ähnliche Arbeiten zu nehmen; er stellte mir in Aussicht, daß ich nebenbei kochen lernen könne. Aber die Arbeiten der Kochsmaaten schienen mir noch niedriger als die des Tabakzurichters. Ich wollte nach oben. Ich betrachtete die Handarbeit nur als Durchgang zu höheren Sphären.

Wenn meine Mutter außer dem Hause arbeitete, mußte ich die Hausarbeit machen. Aber meine Bücher zogen mich mächtig an. Schlechte Stiefel hinderten mich, zu viel auszugehen. Nun rezitierte ich meine Dramen. „Hamlet" und „Don Carlos" waren die Hauptdramen für das Einstudieren von Rollen. Sonst las ich, was mir Anregungen zum Denken gab. War auch „Nathan der Weise" immer noch mein Lieblingsstück – und doch konnte ich es Nathan nicht verzeihen, daß er Recha nicht lesen gelehrt hat. Nur vom Erzählen soll sie lernen, aber wer kann alles Wissenswerte erzählen?[108] Wie soll der Lernende wissen, daß er es richtig verstanden hat? Ich las dieselben Sachen immer wieder, weil mir dann erst das Verständnis kam.

Gewiß, vieles habe ich nicht verstanden und manches falsch, und doch freue ich mich, daß ich nicht Ausgaben gehabt habe wie die Ausgabe von

---

105 Gemeint ist das Landhaus der Familie **Parish** an der Elbchaussee in Nienstedten, das von dem aus Schottland stammenden Kaufmann John Parish (1742–1829) erbaut worden war und das – bis 1872 in Familienbesitz – für seine rauschenden Feste berühmt war.
106 Gemeint ist das bis heute (2006) bestehende **Gasthaus Jacob** an der Elbchaussee 401–403, dessen Name auf seinen Gründer Daniel Louis Jacob zurückgeht.
107 **François Hillarion Curel** (1817–1888), französischer Koch und Restaurantbesitzer in Bahrenfeld.
108 Im 5. Akt, 6. Aufzug, Vers 3528 ff. von Gotthold Ephraim Lessings „Nathan der Weise" (1779) gesteht Recha, Nathans Adoptivtochter, Sittah, der Schwester des Sultans Saladin, dass ihr Vater sie nicht lesen gelehrt habe, weil er „die kalte Buchgelehrsamkeit" zu wenig liebe.

Schillers Werken von Bellermann im Verlag des Bibliographischen Instituts.[109] In Gedichten die prosaische Aufklärung: Erst, was das Gedicht bedeuten soll und dann die Erklärung für jeden etwas dunklen Ausdruck. Ich weiß nicht, ob Schiller nicht oft sagen würde, daß er doch etwas anderes hat sagen wollen, als Bellermann behauptet. Aber selbst wenn der Erklärer immer das Richtige trifft, dem leidenschaftlichen Leser zerstört er die schönsten Genüsse. Durch das Lesen guter Dichtungen wird der Geist in Schwingungen versetzt. Die kühnste Phantasie wird angeregt. Eine Welt baut sich im Geiste des Lesers auf. Manches schöne, phantastische Bild wäre nicht entstanden, wenn immer die Erklärung daruntergestanden hätte.

Ich las und deklamierte. Oft besuchte ich Schmidt, um dort mit Ludwig Luftschlösser zu schmieden. Jene Zeit beschreibt Otto Ernst in „Asmus Sempers Jugendland" ziemlich zutreffend.[110] Bei Schmidt verkehrten auch alte Zigarrenarbeiter: A. Haberland, der schon 1848 als Todtenbündler aus Preußen ausgewiesen war. Er war ein Bremer, der gut Zigarren machte, aber jede Woche ein, zwei, zuweilen auch drei Tage herumsoff.[111] Er arbeitete bei Heinrich Braasch, dem späteren Vorstandsmitglied der sozialdemokratischen Partei.[112] Durch Haberland erhielt ich Arbeit bei Braasch, der Hausarbeit für Söllner in Hamburg hatte.[113]

Dort fand ich eine etwas gemischte Gesellschaft. Alle Arbeiter waren vorzügliche Arbeiter und hielten bis auf Haberland auf vornehmes Auftreten.

---

109 **Ludwig Bellermann** (1836–1915), Berliner Germanist und Lehrer, Direktor des Gymnasiums zum Grauen Kloster in Berlin 1893 bis 1911, Herausgeber der Dramen Sophokles und 1895 der Werke Friedrich Schillers in der Reihe „Meyers Klassiker-Ausgaben" des Bibliographischen Instituts in Leipzig.

110 In Otto Ernsts Roman **„Asmus Sempers Jugendland"** (1904) taucht Hermann Molkenbuhr in der Figur des Heinrich Moldenhuber auf.

111 Ein Zigarrenarbeiter namens **A. Haberland** ließ sich in den Altonaer und Hamburger Adressbüchern nicht identifizieren. Der **„Todtenbund"** war eine revolutionäre Geheimgesellschaft, die Anfang der 1850er Jahre gegründet wurde. Nachweisen lässt sich der „Todtenbund" vor allem in Bremen, wo seine Aktivisten nach der Auflösung der „Bürgerschaft" 1852 einen bewaffneten Aufstand planten und verhaftet wurden. Insofern stimmt der von Molkenbuhr hergestellte Bezug des „Todtenbundes" zu Bremen, aber nicht zum Jahr 1848.

112 **Heinrich Braasch** auch *Brasch* (1842–1919), in Güstrow geborener Zigarrenarbeiter, später zeitweilig Kaufmann und Besitzer einer Weiß- und holländischen Warenhandlung, seit 1867 in Altona ansässig, ADAV, 1875 als Nachfolger Wilhelm Hasenclevers Mitglied im Vorstand bzw. Zentralwahlkomitee der SAPD, Disponent der Hamburger Genossenschaftsdruckerei, Delegierter auf dem Parteitag in Gotha 1876, Ausweisung aus Hamburg und Umgegend am 30. Oktober 1880, Ausweisung aufgehoben im Januar 1882, Rückzug ins Privatleben.

113 Gemeint ist die Zigarrenfabrik von **Traugott Söllner & Co** auf den Hohen Bleichen 43 und 44 in Hamburg.

Abb. 13: Titelbild des Romans „Asmus Sempers Jugendland" von Otto Ernst.

Vom Sozialismus war auch dort keine Spur. Die Gebrüder Siegellack aus Düsseldorf hatten nebenbei ein Kirchenamt in der katholischen Kirche.[114] Hagen, ein Kölner, war ein guter Bariton, der durch seinen Gesang die Liebe einer Schönen im Nachbarhause zu erobern suchte.[115] Friedrich Poppendieck hatte schon eine Hausbesitzertochter erobert, aber die Eltern waren gegen die Heirat.[116] Diese und noch eine Anzahl, deren Namen und Gestalten im Laufe der Zeit verwischt sind, arbeiteten dort. Ich erhielt bei Braasch höheren Lohn, als ich sonst je erhalten hatte. Freilich das Abliefern war noch schwerer. Mit 200 bis 300 Pfund war mein Karren bepackt. Jeden Montag wurde ein Faß Bier getrunken, welches ich von der Aktienbrauerei holen mußte, also einige Kilometer auf den Schultern tragen mußte. Die ganzen Arbeiter waren Biertrinker. Nur Haberland trank Schnaps. Außerdem waren es Don Juans, die fast alle damit rechneten, durch Heirat etwas Vermögen zu erwerben.

Um jene Zeit ging ich zu weiterem Kunstgenuß vor. Einige der Arbeiter waren regelmäßige Besucher der Gemäldegalerie im Anbau der Börse, der Stamm der Kunsthalle.[117] Auch ich ging dorthin und ließ zum ersten Mal Malerei und Bildhauerkunst auf mich wirken. Unter den Bildern waren Wraskes „Niobiden" und Spangenbergs „Walpurgisnacht", die den größten Eindruck auf mich machten.[118] In der Skulpturensammlung sah ich dann Gipsabgüsse und Marmorkopien, über die ich schon manches gelesen: „Laokoon", „Apollo

---

114 **Franz Josef Siegellack** (1838->1868) und **Friedrich Wilhelm Siegellack** (1841->1880), aus Düsseldorf stammende Zigarrenarbeiter, waren seit 1864 bzw. 1869 in Hamburg gemeldet. Friedrich Wilhelm Siegellack wanderte in die USA aus, wo er während der Volkszählung 1880 in New York lebte.
115 **Peter Joseph Hagen** (1839–1902), in Bonn geborener Zigarrenarbeiter.
116 **Friedrich Poppendieck** (1843–1893), aus Halberstadt stammend, seit 1864 in Altona ansässiger Zigarrenarbeiter, später Zigarrenfabrikant.
117 1850 wurde in Hamburg die erste öffentliche **Gemäldegalerie** in einem Seitenflügel der Börse eröffnet. Da die Räumlichkeiten sehr begrenzt waren und die Sammlungen rasch anwuchsen, wurde 1869 ein eigenes Gebäude, die Kunsthalle, eingeweiht.
118 **Johann Christian Wraske** (1817–1896), Porträt- und Historienmaler, gebürtiger Hamburger, 1841 bis 1846 Zeichenlehrer am dortigen Waisenhaus, 1848 bis 1852 Studium an der Düsseldorfer Kunstakademie, (Gründungs-) Mitglied des Düsseldorfer Künstler-Vereins Malkasten 1848 bis 1860, in Düsseldorf entstand mit den „Niobiden" 1858 auch eines seiner bekanntesten Werke, das 1859 in den Bestand der Hamburger Kunsthalle gelangte; **Gustav Adolf Spangenberg** (1828–1898), Historien- und Genremaler, gebürtiger Hamburger, lebte von 1851 bis 1857 zu Studienzwecken in Paris, seit 1858 dauerhaft in Berlin, seit 1869 Akademieprofessor. Die 1862 entstandene und im selben Jahr in die Hamburger Kunsthalle gelangte „Walpurgisnacht" zählt neben dem „Zug des Todes" (1876), einem Zyklus von Luther-Bildern und den Wandgemälden des Treppenhauses der Universität Halle zu seinen bekanntesten Arbeiten.

Abb. 14: „Die Niobiden" von Johann Christian Wraske aus der Hamburger Kunsthalle.

von Belvedere", „Mediceische Venus", Michelangelos „Moses".[119] Es war ein großer Genuß. Da wollte es der Zufall, daß ich auf der Karre Winckelmanns Werke fand und für einige Groschen kaufte.[120] Jetzt wurde Kunstgeschichte getrieben. Was an Kopien der von Winckelmann beschriebenen Werke vor-

---

119 Gemeint sind: die **„Laokoongruppe"** (um 50 v. Chr.) der rhodischen Bildhauer Hagesander, Polydoros und Athanodoros, Original in den Vatikanischen Museen; die berühmteste Statue Apolls, der **„Apoll von Belvedere"**, die römische Marmorkopie einer dem Leochares zugeschriebenen griechischen Bronze (um 330 v. Chr.), Original in den Vatikanischen Museen; die „Venus von Medici" oder **„Mediceische Venus"**, die Marmorkopie eines griechischen Originals aus der römischen Kaiserzeit, im Besitz der Uffizien in Florenz; der **„Moses"** (1513 f.) von Michelangelo in der Kirche San Pietro in Vincoli in Rom.

120 **Johann Joachim Winckelmann** (1717–1768), Begründer der Archäologie und der Kunstgeschichte, armer Handwerkersohn aus Stendal, zunächst Hilfslehrer und Bibliothekar bei Dresden, nach Übertritt zum Katholizismus seit 1755 in Rom, seit 1763 Oberaufseher über alle Altertümer in und um Rom, Verfasser bahnbrechender Schriften zur Antike, darunter sein Hauptwerk „Geschichte der Kunst des Altertums" (1764), mit denen er das ästhetische Urteil über die griechische Antike bis heute beeinflußte („edle Einfalt, stille Größe"), 1768 in Triest ermordet.

handen war, wurde oft stundenlang betrachtet und dann wieder der Aufsatz Winckelmanns gelesen. An dem Gesehenen suchte ich dann festzustellen, wie weit das Bild, welches ich aus der Beschreibung Winckelmanns mir gemacht hatte, mit der Nachbildung übereinstimmte. So entstand nun das ganze Rom mit seinen Kunstschätzen in meiner Phantasie. Dieses Träumen bot mir manchen Genuß. Leider war es nicht vereinbar mit meiner Arbeit.

Bei Braasch blieb ich den ganzen Sommer 1868 und auch noch in den Winter 1869 hinein. Meine Mittel erlaubten mir, fast jeden Sonntag das Hamburger Stadttheater zu besuchen. In meinen religiösen Ansichten vollzog sich jetzt ein Umschwung. Direkt abstoßend wirkte auf mich der fromme Siegellack. Er zog mit dem Pfarrer durch Holstein zu Taufen, Trauungen und anderen kirchlichen Handlungen. Es war für ihn Geschäft. Um diese Zeit kamen die freireligiösen Redner: Reichenbach, Uhlich, Elßner, Czerski und andere nach Altona.[121] Die Philosophie in deren Reden fand meinen Beifall. Zugleich hatte ich jetzt Verwendung für meine Naturstudien. Je weiter ich mich mit dem Studium der Naturwissenschaft befaßte, um so mehr fand ich den Herrgott als Triebkraft im Weltall überflüssig. Die Triebkraft im Weltall schien mir sonst so nötig. Nun hatte ich eine Ahnung vom Gravitationsgesetz, von dem Gesetz der Schwere, von den chemischen Vorbedingungen organischen Lebens usw. Im Sommer 1868 kam Reisdorf auf tragische Weise

---

121 **Andreas Reichenbach** (1841–1899), Theologe und Schriftsteller, aus ärmlichsten Verhältnissen stammend, Theologiestudium in Freiburg, 1865 Eintritt in die Kongregation zum Heiligen Geist und Herzen Maria in Paris, 1866 Austritt und seit 1867 freireligiöser Prediger und Schriftsteller religiöser wie historischer Werke, u.a.: „Christentum Christi und Christentum der Kirche" (1873), „Die einheitliche Weltanschauung" (1884), „Martin Behaim. Ein deutscher Seefahrer aus dem 15. Jahrhundert" (1889); **Leberecht Uhlich** (1799–1872), Theologe, Mitbegründer der freireligiösen Bewegung der „Lichtstrahlen" 1841, seit 1845 evangelischer Pfarrer an der Katharinenkirche in Magdeburg, 1847 suspendiert, Kirchenaustritt, Gründung der Freien Gemeinde in Magdeburg, 1848 Wahl in die preußische Nationalversammlung, populärer Wanderprediger, Mitbegründer des „Bundes freier religiöser Gemeinden" 1859; **Christian Elßner** (1823–1896), aus Schlesien stammender, ursprünglich katholischer Theologe, aus Anlass der Heilig-Rock-Wallfahrt 1844 Wechsel zur Deutsch-Katholischen Bewegung, Sympathisant der Revolution von 1848, zeitweise wegen Gotteslästerung im Gefängnis, Mitbegründer des „Bundes freier religiöser Gemeinden" 1859, Gründer und Herausgeber der freireligiösen Zeitschrift „Die Morgenröthe", 1877 bis 1892 Pfarrer der Freien Protestanten, gab 1882 sein Grundsatzwerk „Materialien zum Religionsunterricht und zur Selbstbelehrung für Schule und Haus in den freiprotestantischen Gemeinden" heraus; **Johann Czerski** (1813–1893), Theologe, trat 1844 in Schneidemühl aus der katholischen Kirche aus und gründete eine „christlich-apostolisch-katholische-Gemeinde", mit der er sich 1845 der Deutsch-Katholischen Bewegung anschloss, 1845 Exkommunikation, trat seit 1860 als Wanderredner des „Bundes freier religiöser Gemeinden" auf, Verfasser von „Rechtfertigung meines Abfalls von der römischen Hofkirche" (1845).

ums Leben. Er machte mit 4 Zigarrenarbeitern eine Partie auf der Elbe. Das Boot kenterte. Vier Mann ertranken, nur Jacob Simonsen, ein notorischer Verbrecher, wurde gerettet.[122]

Simonsen war ein Schulkamerad von mir und von seiner Mutter zum Verbrecher erzogen. Seine Mutter verleitete ihn, Zigarren zu stehlen und zu verkaufen. Für das Geld wurden Näschereien gekauft. Später setzte Jacob das Geschäft fort. Unzählige Male kam er mit kleinen Gefängnisstrafen davon. Später folgten jahrelange Zuchthausstrafen. Kaum hatte er eine Strafe verbüßt, dann stahl er wieder. Aber immer Kleinigkeiten. Für die im Gefängnis geleistete Arbeit hatte er, da er ein flotter Arbeiter war, nicht allein so viel Lohn erhalten, daß er sich ernähren konnte, sondern er hätte mit Leichtigkeit so viel übrig gehabt, alle gestohlenen Sachen zu kaufen. Er war aber zum Verbrecher erzogen und brachte nun die größte Zeit seines Lebens im Gefängnis und Zuchthaus zu.

Um diese Zeit kam in Cottas Verlag eine billige Ausgabe von Schillers Gedichten heraus.[123] Sie kostete 2½ Silbergroschen. Diese Ausgabe kaufte ich mir. Ich hatte zwar manches Gedicht Schillers gelesen. Aber nun wurden alle Gedichte von „Hektors Abschied" bis „Semele" durchgenommen.[124] Eine Anzahl Gedichte wurde auswendig gelernt, damit ich sie in Gedanken durchnehmen konnte. So schwelgte ich monatelang in der Gedankenwelt Schillers. Jetzt wurde eine Jagd nach Büchern von Schiller angestellt. Nach einigen Monaten hatte ich Schillers sämtliche Werke, aber nicht zwei Bände derselben Ausgabe. Jede Zeile wurde vielfach gelesen. Man konnte keine Zeile aus Schiller sagen, von der ich nicht hätte sagen können, wo sie zu finden war. Wohl sah ich im Theater Schillers Stücke, aber immer schien es mir, als wenn die Bearbeiter immer die schönsten Stellen weggelassen hätten. Neben Schiller las ich nun mit Vorliebe Gedichte. Matthissons „Elegie, gesungen in den Ruinen eines alten Bergschlosses" und das „Mondscheingemälde" waren neben Schiller meine schönsten Gedichte.[125] Außerdem schwärmte ich

---

122 **Jacob Simonsen** (1851–1904), aus Tönning stammend, Sohn des Zigarrenarbeiters Hans Friedrich Simonsen, wurde zusammen mit Hermann Molkenbuhr am Sonntag Lätere, den 31. März 1867 konfirmiert, später selbst Zigarrenarbeiter.
123 Gemeint ist die Ausgabe: „Gedichte" von Friedrich von Schiller, Stuttgart, Verlag der J. G. Cotta'schen Buchhandlung, 1867.
124 „**Hektors Abschied**" und „**Semele**" bilden das erste und das letzte der in der Fußnote zuvor genannten Ausgabe abgedruckten Gedichte. Vgl. auch Schillers Werke, Nationalausgabe, Bd. 2,1 Gedichte, hrsg. von Norbert Oellers, Weimar 1983, S. 199 („Hektors Abschied") und Bd. 5: Kabale und Liebe, Kleine Dramen, hrsg. von Heinz Otto Burger und Walter Höllerer, Weimar 1957, S. 111-136 („Semele").
125 **Friedrich von Matthisson** (1761–1831), aus der Nähe von Magdeburg stammender Lyriker, ab 1778 Studium der Theologie und der Philologie in Halle, als Lehrer und Er-

für Lenau.[126] Mein ganzes Denken und Fühlen war auf die Ideale der Phantasie eingestellt. Wohl hatte ich manchen Tag nichts zu essen. Besonders schlimm war es, was oft vorkam, daß ich keine Stiefel hatte. Zu neuen Stiefeln reichte das Geld nie. Es wurden alte gekauft. Wenn ein Stiefel zerrissen war und hatte ich Glück, daß an einem anderen Paar noch ein leidlicher Ersatz vorhanden war, dann kümmerte es mich wenig, wenn sie sonst verschieden waren. Mein äußeres Aussehen kümmerte mich wenig, ich schwelgte in Seligkeit, wenn es mir gelang, in Schillers Gedankenwelt einzudringen.

Es trat schon damals bei mir hervor und ist auch später so geblieben, daß ich in der Regel nur für ein bestimmt umgrenztes Gebiet Interesse habe. Immer kehrt mein Denken auf dieses Gebiet zurück. An sich kann es sich um ein scheinbar trockenes, uninteressantes Thema handeln. Immer wird es wieder vorgenommen. Das Tote erhält Leben, und es gewährt immer große Freude, wenn man schließlich scheinbar komplizierte Fragen in all ihre Einzelheiten auflöst, jede Einzelheit kennt und dann das Zusammenwirken beachtet.

So wurde ein Stück von Schiller nach dem anderen vorgenommen. Diese Schillerstudien wurden mehrere Jahre getrieben. Selbst Stücke wie die Posaszene aus „Don Carlos", die ich auswendig wußte, wurden immer wieder vorgenommen, um mich ganz in die Gedankenwelt Schillers einzuleben. Den ganzen Winter plagte ich mich mit den „Briefen über die ästhetische Erziehung des Menschen". Zwischendurch wurden die historischen Arbeiten gelesen, so z.B. „Geschichte des Abfalls der Niederlande", und dann wieder „Don Carlos" vorgenommen, „Geschichte des Dreißigjährigen Krieges" und „Wallenstein". Das kritische Denken beschränkte sich zunächst darauf, ob eine anderswo gehörte oder gelesene Ansicht mit den Schillerschen Ansichten im Widerspruch stand. Sonst war ich reiner Idealist. Das größte Glück des Menschen fand ich im Genuß des Schönen. Und waren die schönen Parks an der Flottbeker Chaussee, wenn im Frühlingssonnenschein alles grünte und blühte, in meinen Augen nicht ebenso schön als in den Augen der Villenbe-

---

zieher tätig, 1809 vom württembergischen König geadelt, ab 1811 als Theaterintendant bzw. Oberbibliothekar in Stuttgart, seit 1828 im Ruhestand in Wörlitz; von Zeitgenossen wie Schiller hoch geachtet, gilt der heute Vergessene als formvollendeter, aber epigonaler Lyriker. Die Gedichte sind abgedruckt in: Friedrich von Matthisson, Gedichte, Leipzig 1890, S. 13–16 („Elegie. In den Ruinen eines alten Bergschlosses geschrieben") und S. 40 f. („Mondscheingemälde").

126 **Nikolaus Lenau** (1802–1850), österreichischer Schriftsteller, einer der bedeutendsten Lyriker der Spätromantik, ab 1819 Studium der Philosophie, Medizin und Jura in Wien und Preßburg, nach Erbschaft 1829 freier Schriftsteller, 1831 Fortsetzung des Medizinstudiums in Heidelberg, 1832 Auswanderung in die USA, von wo er 1833 enttäuscht zurückkehrte, Verstärkung seiner Schwermut durch berufliche und private Rückschläge, 1847 Einlieferung ins Irrenhaus, 1850 Tod in geistiger Umnachtung.

wohner? Oder hörten im Stadttheater die im ersten Rang und Parkett sitzenden Leute eine andere Oper als ich auf der Galerie? Fand ich etwas schön, sei es in der Natur, im Theater, in einer Gemäldegalerie oder Stellen in einem Buch, dann schwelgte ich im Genuß. An die Bekümmernisse der Armut war ich so gewöhnt, daß sie Alltagsleben waren, denen ich durch jeden Genuß des Schönen entrann. Gewiß beneidete ich die Besucher des Parketts, aber viel weniger um den bequemen Sitz als darum, daß sie täglich im Parkett und ich nur alle paar Wochen einmal auf der Galerie sitzen konnte.

Meine höchste Freude hatte ich an dem Gesang der hochdramatischen Sängerin Therese Schneider: Bertha im „Prophet", Valentine in „Hugenotten", Donna Anna in „Don Juan".[127] In zweiter Reihe kamen der Heldentenor Coloman Schmid und der Bariton Zottmayr und der lyrische Tenor Vary.[128] Die beiden letzten sind auch verkommen und haben in den letzten Tagen ihres Lebens die Bitterkeit der Armut in vollen Zügen kosten müssen.

Politischer Streit unter den Zigarrenarbeitern

Etwas mehr in den Vordergrund trat für mich die Frage, ob ich denn mein Leben lang Tabakzurichter bleiben oder einen Beruf erlernen wolle. Die Zigarrenarbeiter gehörten um jene Zeit zu den gut bezahlten Arbeitern. Löhne, wie sie bei Braasch ausbezahlt wurden, wurden weder von Bauhandwerkern noch von Holz- und Metallarbeitern verdient. Ich entschloß mich, eine Lehrstelle als Lehrling in einer Zigarrenfabrik anzunehmen. Eine solche fand ich

---

127 **Therese Schneider** (1839–1909), Sopranistin, Debüt 1864, Engagement am Stadttheater in Hamburg 1866 bis 1869 (Antrittsrolle: Valentine in „Hugenotten"), 1870 bis zu ihrem Bühnenabschied 1880 am Hoftheater in Karlsruhe, wo sie den Titel einer Großherzoglichen Kammersängerin erhielt (Beiname „die Unermüdliche"). Gemeint sind die Opern „Le Prophète" (Der Prophet) 1849 und „Les Huguenots" (Die Hugenotten) 1836 von Giacomo Meyerbeer und „Don Giovanni" (Don Juan) 1787 von Wolfgang Amadeus Mozart.

128 **Coloman Schmid** (1829–1905), österreichischer Tenor, nach Engagements in Österreich, Ungarn und Russland seit 1857 an zahlreichen renommierten deutschen Opernhäusern tätig, darunter 1864 bis 1865 an der Berliner Hofoper und 1865 bis 1867 am Stadttheater in Hamburg; **Ludwig Zottmayr** (1829–1899), Opernsänger, Debüt 1855 in Nürnberg, 1859 bis 1865 erster Bariton am Hoftheater in Hannover, 1865 bis 1867 am Stadttheater in Hamburg, in den 1860er/70er Jahren einer der bestbezahlten und beliebtesten deutschen Sänger, 1865 erster „König Marke" in der Uraufführung von Richard Wagners „Tristan und Isolde", 1880 Bühnenabschied, Selbstmord in einem Wohnstift für Bühnenveteranen in Weimar; zu dem lyrischen Tenor **Rudolf Vary** sind bisher keine biographischen Angaben möglich. 1870 und 1871 wird Vary im Hamburger Adressbuch als Mitglied im Ensemble des Hamburger Stadttheaters genannt.

bei Wilhelm Thiele.[129] Schon als Schuljunge hatte ich zweimal bei ihm gearbeitet. Wilhelm Thiele war aus Bremen. Er war der uneheliche Sohn einer Schauspielerin und, wie er annahm, eines sehr reichen Vaters. Erzogen war er in der Familie eines Schuhmachers, aber er hatte, als er mündig wurde, noch eine Summe Geldes ausbezahlt bekommen. Er war wohl ein wenig erblich belastet, d. h. als Don Juan. Ein recht hübscher Mann mit schöner Tenorstimme, dabei flotter Arbeiter. Er führte aber einen ständigen Kampf mit Gerichtsvollziehern, die immer pfänden wollten. Wo er gewesen war, in Bremen, Braunschweig, Hannover und Hamburg, hatte er für die Fortpflanzung des edlen Geschlechtes, dem er entsprossen war, gesorgt. Aus Hamburg war er ausgewiesen. Es gehörte ja zu den Eigentümlichkeiten der Kleinstaaterei, daß der lästige gefallene „Ausländer" ausgewiesen werden konnte. Schulden machen und nicht bezahlen war auch ein solcher Ausweisungsgrund. Schließlich hatte er in Ottensen geheiratet. Er hatte aber immer zwei Wohnungen. Eine Wohnung, in der er arbeitete, und eine Wohnung zum Wohnen. Die zweite Wohnung hatte aber seine Schwägerin gemietet, und alle darin befindlichen Mobilien waren nominelles Eigentum der Schwägerin. Er hatte Hausarbeit für Durchbach.[130] Seine Arbeitsstätte, in der ca. 12 Arbeiter beschäftigt waren, hatte er im Parterre in der Eulenstraße, wo seine Schwägerin, die zwar als Köchin diente, eine Wohnung in der ersten Etage hatte.

Ausgemacht war, daß ich ein Jahr lernen sollte für einen Wochenlohn von 3,60 M. Das erste, was ein Zigarrenarbeiter lernen muß, ist zurichten. Das konnte ich zwar schon, weil ich es schon seit 5 Jahren trieb. Aber da Thiele nur einen Zurichter hatte, mußte ich Blatt zurichten. Es wurde mir zwar gesagt, daß ich Wickelmachen solle, sobald genügend Vorrat war.[131] Neben Blatt zurichten mußte ich anfeuchten, losmachen, abliefern und abends auch Tabak schmuggeln. Denn Thiele trieb neben der Hausarbeit auch eigene Fabrikation. Wenn einmal einige Arbeiter bummelten, dann kam ich einige Stunden zum Wickelmachen und auch mit zum Einrollen. Es waren aber immer nur einige Stunden in der Woche. Die Arbeiter gefielen mir dort auch ganz gut.

Zum ersten Male traf ich außer Möller, der bei Haake arbeitete, wieder einen Sozialdemokraten. Johann Schaack war sein Name. Schaack war wenig

---

129 **Philipp Wilhelm Thiele** (1832->1879) aus Bremen stammender Zigarrenarbeiter, hatte seine Werkstatt in der Eulenstraße 13a in Ottensen.
130 Gemeint ist die Zigarrenfabrik **Durchbach & Ziegenbein** in der Arnoldstraße 3 in Ottensen.
131 Vgl. zum **Wickelmachen** S. 79, Anm. 98.

geeignet, Proselyten zu machen.[132] Er war unglaublich eitel und, wie es bei eitlen Menschen die Regel ist, sehr dumm. Wie seine Dummheit und Eitelkeit ausgenutzt wurden, dafür möge folgende Episode dienen. Auf dem Hof war eine weiße Ziege. Eines Tages ging ein Arbeiter, Wilhelm Lühr war sein Name, zum Hof, und als er wieder hereinkam, stand er hinter Schaack.[133] „O", sagte Lühr, „Du hast ja schon viele weiße Haare." „Unsinn", erwiderte Schaack. Lühr sagte: „Soll ich Dir es beweisen? Halt einmal still!" Er zupfte ihm ein oder mehrere Haare aus und gab ihm ein Haar hin. Schaack hielt das Haar gegen seine dunkle Weste und wurde bleich vor Kummer. „Sind da noch mehr?" sagte Schaack. „Gewiß", antwortete Lühr und fing nun an, die glatte Frisur Schaacks zu durchwühlen. Das Spiel wurde fast täglich wiederholt. Und immer betrachtete Schaack mit sorgenvollem Blick die weißen Haare. Einmal als Schaack Lühr wieder aufforderte, weiße Haare zu suchen, rief Lühr mir zu: „Du geh einmal in den Hof und hole eine Handvoll Ziegenhaar, Schaack will wieder weiße Haare sehen." Zum Gaudium der Mitarbeiter und auch wohl zur Freude Schaacks wurde nun die Sache aufgeklärt. Lühr hatte Schaack zwar Haare ausgezogen und ihm täglich seine peinlich glatte Frisur in Unordnung gebracht, aber die weißen Haare, die er ihm zeigte, waren Haare der weißen Ziege.

Im Sommer 1869 bildeten die modernen Organisationen der Arbeiterbewegung oft den Gegenstand der Debatte. Die Zigarrenarbeiter hatten alle Kranken-, Sterbe- und Reisekassen, die miteinander in einem Kartellverhältnis standen. Wer Mitglied werden wollte, mußte 6 Schilling, d. h. 45 Pf. Eintritt zahlen. Er hatte in den ersten 13 Wochen keinen Anspruch, zahlte aber wöchentlich 6 Schilling Beitrag. Nach Ablauf der Karenzzeit zahlte er 4 Schilling und hatte nun Anspruch auf ein Jahr Krankengeld und freien Arzt und Medizin. Wenn ein Mitglied starb, mußte jedes Mitglied 4 Schilling Extrabeitrag zahlen, die das Sterbegeld bildeten. 12 Mitglieder mußten die Leiche begleiten. Ebenso wurde Beitrag für überzählige Kranke erhoben. Die Kassen standen in einem Kartellverhältnis. Das durchreisende Mitglied einer solchen Kasse erhielt Reisegeld. Das zureisende Mitglied trat mit denselben Rechten, die es in der Heimat gehabt hatte, in die Kasse ein. Solche Kassen bestanden – außer in Hamburg und Altona – in Bremen, Braunschweig, in verschiedenen Orten Holsteins, aber auch in Dänemark und Schweden. Die Reisen Hamburger Zigarrenarbeiter führten nur selten nach dem Süden. Wohl

---

132 Ein Zigarrenarbeiter **A. Johann Schaack** ist bis in die 1880er Jahre hinein im Altonaer Adreßbuch nachweisbar; **Proselyt** (griechisch): ursprünglich ein zum Judentum übergetretener Heide, im Sinne von Neubekehrter, Anhänger.
133 **Wilhelm Lühr** (1842–1903), aus Heide in Holstein stammender Zigarrenarbeiter, zunächst in Altona, seit 1894 in Hamburg ansässig.

Abb. 15: Friedrich Wilhelm Fritzsche.

kamen von dort, speziell aus Belgien, Rheinland, Westfalen, aus Sachsen usw. Zigarrenarbeiter, aber der Hamburger ging nicht nach dort, weil die Löhne niedriger, die Arbeitsweise eine andere war; desto leichter entschloß man sich nach Dänemark und Schweden zu gehen. Fast überall waren dort Hamburger Werkführer. Der Zigarrenarbeiter sagte oft, der arbeitet bei Hirschsprung oder Rasmussen.[134] Man hielt es nicht für nötig zu sagen, daß diese Fabriken in Kopenhagen waren. Sie blieben bei [einem] solchen Abstecher Mitglied einer Krankenkasse.

Jetzt kam Fritzsches Allgemeiner Deutscher Tabakarbeiterverein oder Centralverein, wie er kurz genannt wurde.[135] Ursprünglich war der Centralverein in der Hauptsache Reisekasse, in der das Reisegeld nach zurückgelegten Meilen bezahlt wurde. Wohl kamen Mitglieder des Centralvereins zugereist und bildeten in Hamburg eine Mitgliedschaft. Fritzsche war selbst mehrfach dort und suchte die Hamburg-Altonaer Kassen zum Anschluß zu bewegen. In Hamburg stand der Verein unter Leitung von Eschwege und in Alto-

---

134 Die Zigarrenfabriken **„Hirschsprung"** (1826–1974) und **„Alexander Rasmussen"** (1796–1955) in Kopenhagen zählten in den 1860er Jahren zu den größten ihrer Branche in Dänemark.
135 **Friedrich Wilhelm Fritzsche** (1825–1905), Zigarrenarbeiter, 1863 Mitbegründer des ADAV und Mitglied in dessen zentralem Vorstand, 1865 Gründer und Vorsitzender (bis 1878) des Allgemeinen Deutschen Zigarrenarbeitervereins (und seiner Nachfolgeorganisationen), der ersten gewerkschaftlichen Zentralorganisation seit 1849, die seit 1867 auch eine Mitgliedschaft in Hamburg besaß, 1868 Mitbegründer des Allgemeinen Deutschen Arbeiterschaftsverbandes, 1875 SAPD, MdR 1868 bis 1871, 1877 bis 1881, 1881 Auswanderung in die USA, Gastwirt in Philadelphia; Nachruf in: „Hamburger Echo" Nr. 34 vom 9. Februar 1905 („Friedrich Wilhelm Fritzsche").

na unter Junges Leitung.¹³⁶ Da sich die Mehrheit der Hamburg-Altonaer Zigarrenarbeiter als Glied der nordischen Gruppe fühlte, hatten sie wenig Neigung, sich von Dänemark und Schweden zu trennen, um Anschluß an das übrige Deutschland zu erlangen. Da aber der Centralverein auch die Krankenversicherung aufnahm und nun die aus Süddeutschland Zugereisten gegen Krankheit versichert waren, wurde das Drängen nach Anschluß stärker. Bald hatten die Centralvereinsmitglieder in Altona eine Mehrheit, und nun beschloß eine Mehrheit in der Generalversammlung in Altona den Anschluß an den Centralverein. Die Kasse ging mit allen Aktiva und Passiva über zum Centralverein. Junge wurde neben Methe Bevollmächtigter.¹³⁷ Die Opposition unter Schlichtings Führung gründete nun die alte Kasse von neuem.¹³⁸ Thieles ganze Bude mit Ausnahme von Schaack schloß sich dem Verein Schlichtings an. Auch mein Bruder Hinrich, der ja inzwischen ausgelernter Zigarrenarbeiter war, folgte diesem Zug. Die Fritzschesche Gruppe hatte aber bald noch einen zweiten Stoß. Als Fritzsche sich von Schweitzer trennte, wurde als zweite Konkurrenz die Tabakarbeitergewerkschaft gegründet.¹³⁹ Doch dieses kam erst im Herbst.

---

136 **Sally Eschwege** (1818–1901), Zigarrenarbeiter, später Zigarrenfabrikant, Mitglied der Deutsch-Israelitischen Gemeinde zu Hamburg, Vorsitzender des 1848 gegründeten „Hamburger Cigarren-Arbeiter-Vereins", der sich am 1. Mai 1869 dem Allgemeinen Deutschen Zigarrenarbeiterverein Fritzsches anschloss, seit 4. März 1859 Hamburger Bürger, trennte sich später von der Sozialdemokratie und schloss sich der Deutsch-Freisinnigen Partei an; der Altonaer Vorsitzende des Zigarrenarbeitervereins **Heinrich Junge** ist im Adressbuch nicht eindeutig zu identifizieren.

137 **Heinrich Methe** (1843–1897), in Reichenbach bei Kassel geborener Zigarrenarbeiter, SDAP, Delegierter des Eisenacher Kongresses 1869, Vorsitzender des Tabakarbeitervereins in Altona, Mitglied im Vorstand der Altonaer SDAP, am 10. Mai 1881 aus Hamburg und Umgegend ausgewiesen, Emigration in die USA, dort Mitglied der Cigar Makers International Union und der Socialistic Labor Party; Nachruf in: „Hamburger Echo" Nr. 211 vom 10. September 1897 („Zigarrenmacher Heinrich Methe").

138 **Heinrich Schlichting** (1833–1905), aus Roge im Kreis Oldenburg stammender Zigarrenarbeiter, später Zigarrenfabrikant in Altona.

139 **Johann Baptist von Schweitzer** (1833–1875), Rechtsanwalt, Präsident des Arbeiterbildungsvereins in Frankfurt am Main 1861/1862, 1863 ADAV, 1864 bis 1867 Mitglied des ADAV-Vorstands, 1864 bis 1871 Redakteur des ADAV-Zentralorgans „Social-Democrat" in Berlin, 1867 bis 1871 Präsident des ADAV, 1868 bis 1871 Präsident des Allgemeinen Deutschen Arbeiterschaftsverbandes, MdR 1867 bis 1871, 1872 Ausschluss aus dem ADAV, Verfasser zahlreicher politisch-satirischer Schriften und Theaterstücke. Als es über die Frage, ob es statt Einzelgewerkschaften einen einheitlichen Unterstützungsverband geben sollte, zum Bruch Fritzsches mit Schweitzer kam, wurde im September 1869 als Konkurrenz zu Fritzsche die **„Allgemeine Tabak- und Zigarrenarbeitergewerkschaft"** gegründet, der Georg Winter als Präsident vorstand.

Vorläufig gingen unsere Einnahmen im Hause erheblich zurück. Ich hatte sonst doch 6 M abgeliefert und mein jüngster Bruder 3 M. Er war Ostern konfirmiert und in die Buchdruckerlehre gekommen. Er erhielt nun im ersten Lehrjahre zwei Mark. Mein Vater erhielt immer noch 9 M Wochenlohn. Also einschränken mußte die Familie sich sehr. Mit Lesestoff war ich noch versehen. Denn mit den Schillerstudien war ich noch lange nicht zum Abschluß. Der Sommer 1869 brachte auch etwas zu sehen. In Altona war Gewerbeausstellung und in Hamburg die erste große Gartenbauausstellung.[140]

Als reichlich vier Monate verstrichen waren und ich statt mit Wickelmachen und Einrollen den ganzen Tag mit Zurichten beschäftigt wurde, fragte ich oft, wann denn meine wirkliche Lehrzeit beginnen solle. Thiele sagte dann, daß Röper und Dahncke, die auch bei ihm gelernt haben, auch so lange mit Zurichten beschäftigt worden seien und doch tüchtige Arbeiter waren, als die Lehrzeit beendet war.[141] Ich machte geltend, daß doch ein kleiner Unterschied zwischen diesen früheren Lehrlingen und mir sei. Keiner der früheren Lehrlinge sei vorher im Tabak beschäftigt gewesen. Sie mußten Tabak anfassen lernen. Die hatten auch eine 1½-jährige Lehrzeit gehabt. Was diese nach einer Lehre von drei bis vier Monaten konnten, das konnte ich, als ich eintrat. Thiele versicherte, daß es seine Sorge sei, wie ich das Zigarrenmachen lerne. Er lasse sich keine Vorschriften machen. Um ihn nun zu zwingen, Zurichter anzunehmen, begann ich, recht langsam zu arbeiten, so daß es oft an dem nötigen Deckblatt fehlte. Das gab dann zu derber Auseinandersetzung Anlaß. Als ich dann eines Morgens statt um 6 Uhr erst nach 7 Uhr kam, wurde ich fortgeschickt. In großer Aufregung lief ich den Tag umher und brütete allerlei Rachepläne. Schließlich begnügte ich mich damit, Thiele eine Mahnung zuzustellen, in der ich die Auszahlung der Differenz zwischen dem Lohn, den ich als Zurichter verdient hätte und dem Lohn, den ich erhalten hatte, forderte. Thiele sagte aber meinem Vater, daß ich nur wiederkommen solle. Hierzu konnte ich mich nicht entschließen.

Ich suchte andere Arbeit und fand sie bei Manöver, einem Düsseldorfer von ähnlicher Herkunft wie Mignon.[142] Manövers Onkel war gleichzeitig sein

---

140 Vom 27. August bis zum 15. Oktober 1869 fand in Altona eine große Industrieausstellung mit über 2500 Ausstellern statt, die durch eine Vieh- und eine Hundeausstellung ergänzt wurde. Vgl. Altonaisches Adressbuch für 1870, S. 223–236. Die Gartenbauausstellung in Hamburg fand vom 2. bis 12. September 1869 statt. Vgl. „Hamburg. Die internationale Gartenbauausstellung", in: „Gartenlaube", Jg. 1869, S. 452–455 und S. 624–626.
141 Die Lesart der Namen der beiden Zigarrenarbeiter **Röper** und **Dahncke** ist unsicher. In dieser Form sind sie nicht nachweisbar.
142 **Mignon**, eine Figur aus Johann Wolfgang Goethes Roman „Wilhelm Meisters Lehrjahre", ist das Kind einer inzestuösen Beziehung zweier Geschwister. Ob der aus Düssel-

Vater. Auch ein Zigarrenmacher mit etwas Künstlernatur. Er hatte in seiner Vaterstadt Düsseldorf [die] Kunstschule besucht. Als dann seine Schwester schwanger wurde und ziemlich offen der Bruder als Vater des Kindes bezeichnet wurde, war Christian Manöver nach Holland geflüchtet. Er hatte später in Belgien und Dänemark gearbeitet und traf dann nach einigen Jahrzehnten den Sohn und Neffen.

Bei Manöver arbeiteten mehr Sozialdemokraten. In den Wochen waren die Lauenstein-Krawalle.[143] Ein Meister der Lauensteinischen Wagenfabrik, wo Streik war, hatte einen Streikenden erschossen. Das hatte zur Folge, daß jeden Abend Auflauf war. Da Manöver in der zweiten Woche, als ich dort arbeitete, seine Arbeiter reduzieren mußte, wurde ich entlassen, weil nun Manövers Frau die Zurichtung allein besorgen konnte. Frau Manöver war eine Frau, die mich etwas in Schwärmerei versetzte.[144] Eine junge, schlanke Frau, die immer vergnügt war und sehr schön sang. Da sie auch Opernfreundin war, sang sie viel aus Opern. Ich habe die Frau nie in meinem Leben wiedergesehen.

Bei meiner nächsten Arbeitsstätte kam ich schon einmal an die Bewegung heran. Jedoch lernte ich sie nun von einer Seite kennen, die wenig anziehend war. Es war um die Zeit des Eisenacher Kongresses, da trat ich bei Methe, dem Bevollmächtigten des Fritzscheschen Centralvereins, in Arbeit.[145] Geib

---

dorf stammende und seit 1864 in Hamburg wohnhafte **Arnold Manöver** (1845–1899), unehelicher Sohn der Josepha Manöver (1823–1863), tatsächlich einem Inzestverhältnis mit dem in Lennep gebürtigen Zigarrenarbeiter **Christian Manöver** (1827->1880) entstammte, lässt sich nicht nachweisen. Christian Manöver lebte zumindest zeitweilig in Manchester. Arnold Manöver zog 1876 nach Bremen, von wo aus er 1899 in die USA auswandern wollte. An Bord des Dampfers „Lahn" starb er während der Überfahrt von Southampton nach New York an Lungentuberkulose.

143 In der Lauensteinischen Wagenfabrik traten am 29. Juli 1869 500 Metallarbeiter in den Ausstand, um eine drohende Kürzung der Akkordlöhne abzuwehren. Die Streikenden, deren Zahl zeitweise bis auf 1300 anstieg, wurden durch Spenden aus der Bevölkerung unterstützt. Der Konflikt verschärfte sich, als Anfang September ein Arbeiter vom Direktor (nicht Meister) der Fabrik erschossen wurde. Am 21. September wurde der Streik abgebrochen, nachdem Konzessionen, u. a. die Entlassung des Direktors, durch die führenden Aktionäre der Fabrik erreicht waren.

144 Falls Molkenbuhr seine Arbeitszeit bei Arnold Manöver korrekt erinnert, war sein Arbeitgeber zu diesem Zeitpunkt noch nicht verheiratet, lebte aber womöglich schon mit seiner späteren, aus Eckernförde stammenden Frau **Dorothea Vorbeck** (1845–1932) zusammen, die er am 14. Januar 1872 heiratete. Die Ehe wurde 1890 geschieden.

145 Vom 7. bis 9. August 1869 tagte in Eisenach ein allgemeiner deutscher Arbeiterkongress, auf dem die Sozialdemokratische Arbeiterpartei gegründet wurde. Vgl. Protokoll über die Verhandlungen des Allgemeinen Deutschen sozial-demokratischen Arbeiterkongresses zu Eisenach am 7., 8. und 9. August 1869, Leipzig 1869 [Nachdruck 1976].

Abb. 16: August Geib.

war zurückgekehrt, um Bericht zu erstatten.[146] Ich wurde von Methe aufgefordert, mit in die Versammlung zu kommen. Als Geib erschien und seine Rede begann, machte er großen Eindruck auf mich. Seine Rede dauerte aber nicht lange, denn kaum hatte er die Gründung der neuen Partei erwähnt, da begann ein Höllenlärm: Schuft, Verräter, gekauftes Subjekt und ähnliche Ausdrücke wurden mit Lärmstimme gerufen, bis die Versammlung aufgelöst wurde. Methe und seine Arbeiter und vielleicht ein Dutzend mehr suchten Geib, York, Praast und andere Delegierte des Kongresses zu decken.[147] Aber ich zog entrüstet von dannen.

Bald nachdem brach auch der Zwist mit Fritzsche aus. Fritzsche kam nach Hamburg, um in Tütges Salon an einer

---

146 **August Geib** (1842–1879), Handlungsgehilfe, seit 1864 Buchhändler in Hamburg, ADAV, Bevollmächtigter des ADAV für Hamburg, 1869 Mitbegründer der SDAP, Mitglied des SDAP-Parteiausschusses als Kassierer 1873 bis 1875, in dieser Funktion auch Mitglied der SAPD-Führung bis 1878, seit 1869 mehrfach Präsident der sozialdemokratischen Parteitage, MdR 1874 bis 1877.

147 **Theodor York** (1830–1875), aus Breslau stammender Tischler, Mitbegründer des ADAV, Mitglied des ADAV-Vorstands bis 1869, Bruch mit dem ADAV und Mitbegründer der SDAP 1869, deren Parteisekretär 1871 bis 1873, Vorsitzender der Gewerkschaft der Holzarbeiter und Tischler seit 1868, starb in der Neujahrsnacht des Jahres 1875; **Rudolph Praast** (1841–1898), aus Friedland in Mecklenburg stammender Schuhmacher, ADAV, seit dem Eisenacher Kongress 1869 SDAP, 1873/74 1. Vorsitzender der SDAP, 1875 bis 1878 Mitglied im Aufsichtsrat und Expedient des „Hamburg-Altonaer Volksblattes", 1878 Reichstagskandidat im achten schleswig-holsteinischen Wahlkreis Altona, 1880 aus dem nördlichen Belagerungsgebiet ausgewiesen, Emigration in die USA; Nachruf in: „Vorwärts" Nr. 173 vom 27. Juli 1898 („Totenliste der Partei. Rudolph Praast").

Versammlung teilzunehmen.[148] Auch hier wurde ich von Methe aufgefordert mitzukommen. Als Fritzsche mit Methe, Hasselmann (nicht der Redakteur des „Neuen Social-Demokrat"), Th. Thiel, Kutzscher und noch einer Anzahl Freunde den Saal betrat, hatte die Versammlung schon begonnen.[149] Richter-Wandsbek sprach über die Schandtaten Fritzsches.[150] Vorläufig konnte Fritzsche nicht zur Tribüne kommen, denn quer über den Saal hatten sich die Gegner Fritzsches postiert und sich gegenseitig eingehakt. Wohl hatten Methe und Fritzsche Th. Thiel und Hasselmann mitgenommen als starke Männer. Gegen diese Taktik versagte die Kraft: Das Durchdringen der Reihen war unmöglich. Kutzscher war aber guter Turner und ein ganz vorzüglicher Feuerwehrmann. Er wußte Rat. Bald war aus einem benachbarten Geschäft eine Wäscheleine geholt. Kutzscher voraus, gefolgt von Fritzsche, Hasselmann, Methe, Thiel usw., gingen sie über die Galerie. Schnell hatte er die Leine an einem Tischbein befestigt, Thiel und Hasselmann setzten sich auf den Tisch, und nun rutschte Kutzscher als erster an der Leine hinab zur Bühne. Ihm folgte Fritzsche. Kaum hatte Fritzsche den Boden berührt, da stürmten wohl hundert Mann die Tribüne, und wer nur ein Stück von Fritzsches langem Gehrock erwischen konnte, griff zu und zerrte ihn herunter. Der Gehrock wurde dabei zur Jacke. In der Versammlung wurde dann die Allgemeine Deutsche Tabakarbeitergewerkschaft gegründet und Winter zum Präsidenten gewählt.[151] Also auch hier war wieder der Streit unter Arbeitern der Gegen-

---

148 Gemeint ist das Versammlungslokal „**Tütges Salon**" am Valentinskamp 41 in Hamburg.
149 **Johann *Bernhard* Hasselmann** (1844–1878), Zigarrenarbeiter aus Freudenberg, ADAV, in seinem Nachruf im „Hamburg-Altonaer Volksblatt" Nr. 38 vom 28. März 1878 („Aus Altona. Todesfall") gilt er als *„der allbekannte, langjährige Parteigenosse Bernhard Hasselmann. In den Jahren 1869 bis 1874 entwickelte derselbe eine außerordentliche Tätigkeit. Der Verstorbene hinterläßt Frau und drei unmündige Kinder in der allerbittersten Noth."*; **Th. Thiel**, Zigarrenarbeiter, hatte laut Altonaer Adressbuch 1869 seine Werkstatt in der Großen Bergstraße 213 in Altona; **Adolph Kutzscher** (1845->1879), in Dresden geborener Zigarrenarbeiter, ADAV, Bevollmächtigter der Allgemeinen Tabak- und Zigarrenarbeitergewerkschaft in Ottensen, wird letztmals 1880 im Altonaer Adressbuch erwähnt.
150 **Ernst Bernhard Richter** (1839–1883), in Dresden geborener Zigarrenarbeiter, spätestens 1865 ADAV, Delegierter auf fast allen Generalversammlungen (Parteitagen) des ADAV, dessen Vorstandsmitglied 1865, 1870 und 1872, 1866 bis 1868 Anschluss an den LADAV der Gräfin Hatzfeld, führendes Mitglied der Zigarrenarbeiterbewegung, einer der herausragenden Redner und Agitatoren des ADAV, Gründer zahlreicher ADAV-Gemeinden, mehrfach Reichstagskandidat, 1876 auf dem Gothaer Parteitag der SAPD Parteiausschluss wegen parteischädigenden Verhaltens, Anschluss an den Bräuerschen ADAV/Hamburg, zuletzt Gastwirt in Wandsbek, wo er am 18. Juni 1883 verstarb.
151 **Georg Winter** (1842->1915), in Ottensen geborener Zigarrenarbeiter, seit 1866 Mitglied des ADAV, einer der erfolgreichsten Agitatoren in Holstein, 1869 bis 1874 Bevollmächtigter des ADAV in Altona und Präsident der Allgemeinen Tabak- und Zigarrenarbeiter-

stand der Verhandlungen. Über den Zweck der Bewegung wurde wenig gesagt. Richter hatte behauptet, Fritzsche sei ein Lump, und Methe, Kutzscher und ihre Freunde hielten Fritzsche für einen Heiligen. Eine Erscheinung nahm mich gegen Fritzsche ein. Am nächsten Tag kamen alle Freunde Fritzsches zusammen, hier richtete der biedere Hasselmann, den ich schon aus der Zeit kannte, als ich bei Braasch arbeitete, einige Fragen an Fritzsche. Die Antworten fielen so aus, daß Hasselmann sich der Gewerkschaft anschloß.

Jetzt wurde in Ottensen eine größere Fabrik eingerichtet. Meister war Ludwig Fischer.[152] Ich fragte nach Arbeit und wurde auch angenommen. Hier brauchte ich keine Karre zu schieben. Neben mir waren zwei Zurichterinnen und noch ein konfirmierter Zurichter, ein kleiner, verwachsener Mann, dort beschäftigt. Als Zigarrenarbeiter arbeiteten dort die ganzen Sänger des Gesangvereins „Teutonia". Fischer war selbst Mitglied. Nur ein erster Tenor, der Maler war, fehlte. Außer den „Teutonia"-Sängern war ein kleiner Bassist von der „Harmonie" in Hamburg, Max Tiedemann, ein sehr eifriger Sozialdemokrat; und eine Anzahl junger Leute aus Heide.[153] Gleich am ersten Tag wurde ausgemacht, daß Fischer noch zwei Mann einstellen müsse, aber es müßten eingeübte Tenoristen sein. Endlich fand man einen Tenor, der zwei Durchschnittssänger ersetzte. Rennemüller war sein Name, aber mit seiner Arbeit war es sehr schwach bestellt.[154] Fischer erklärte, mit diesem Tenor solle es dauern […], während sonst wohl öfter Arbeiterwechsel eintreten würde. Der Fabrikant machte gute Miene zum bösen Spiel. Einmal, in Gegenwart des Fabrikanten, mußte Rennemüller das Neithardtsche Lied „Den Schönen Heil"

---

gewerkschaft, 1871 bis 1874 Mitglied im Vorstand des ADAV, 1872 bis 1874 dessen Vizepräsident, bei den Reichstagswahlen 1871 und 1874 Kandidat des ADAV im 5. schleswig-holsteinischen Reichstagswahlkreis, im August 1874 Auswanderung mit Zwischenaufenthalt über Großbritannien in die USA aus Furcht vor Inhaftierung wegen seines politischen Engagements, betrieb zunächst ein Zigarrengeschäft in New York, Anschluss an die Socialistic Labor Party der USA, Delegierter auf den Parteitagen der SLP 1875 bis 1883, zeitweise Mitglied der Parteiführung der SLP und Herausgeber ihres Parteiorgans, der „Arbeiter-Stimme", aktiv in der Gewerkschaft Cigar Makers International Union (CMIU), verlegte seinen Wohnsitz zeitweilig nach Milwaukee und eventuell auch nach St. Louis, zumindest hielt er am 2. Februar 1915 die Trauerrede auf den in St. Louis verstorbenen Max Stöhr („Hamburger Echo" Nr. 61 vom 13. März 1915 („Max Stöhr"); im Totenregister von St. Louis bis 1923 ist Georg Winter nicht registriert.

152 **Ludwig Fischer** (1842->1870), Zigarrenarbeiter aus Oberzwehren; in welcher Fabrik Fischer der Meister war, konnte bisher nicht nachgewiesen werden.
153 **Max Tiedemann** (1843->1880), Zigarrenarbeiter, wanderte 1875 in die USA aus, wo er während der Volkszählung 1880 in New Haven, Connecticut lebte.
154 **Carl Rennemüller** (1827->1898), aus Göttingen stammender Zigarrenarbeiter in Altona.

singen.[155] Der Fabrikant mußte zugeben, daß für eine sangesfrohe Schar der Mann, wenn nicht unersetzlich, so doch schwer zu ersetzen war. „An der schönen blauen Donau" war damals die Glanznummer der „Teutonia"; Lieder von Mendelsohn, Zöllner usw. wurden in großer Zahl gesungen.[156]

Dazwischen wurde über Sozialismus und sehr viel über den Streit in den Reihen der Tabakarbeiter diskutiert. Ich war Gegner der Sozialdemokraten. Was Tiedemann an Eifer zu viel hatte, war ein Manko in seinen Kenntnissen. Nicht selten brachte ich ihm kleine Niederlagen bei. Schließlich wählte er den Weg, auf dem er mich hätte gewinnen können, indem er mir Lesestoff gab. Aber hier zeigte sich auch wieder, daß das eifrige Mitglied des Allgemeinen Deutschen Arbeitervereins kein Lassalleaner war. Er gab mir Weitlings „Garantien der Harmonie und Freiheit".[157] In Weitlings Idealstaat war mir zu viel spartanische Enthaltsamkeit. Gewiß kannte ich die Leiden der Armut, aber ich bewahrte immer die Hoffnung, daß mir es auch innerhalb der kapitalistischen Gesellschaft besser gehen könne. Namentlich die Kunst, die mein angebeteter Gott war, kam bei Weitling zu kurz. Wie leicht Tiedemann es gehabt hätte, mich zu sich hinüberzuziehen, das habe ich erst drei Jahre später erfahren. Fischer selbst war ein netter, intelligenter Mann. Die beiden Zurichterinnen Amalie und Luise waren hübsche, lebensfrohe Kinder. Den Herbst 1869 bis im Frühjahr 1870 blieb ich bei Fischer.

---

155 Gemeint ist das Lied **„Den Schönen Heil! Beim frohen Becherklange"**, Verfasser unbekannt, Komponist Heinrich August Neithardt, Erstdruck unbekannt, in Gebrauchsliederbüchern seit 1837. **Heinrich August Neithardt** (1793–1861), Komponist und Dirigent, zunächst Militärmusiker, großer Erfolg mit seinem Lied „Ich bin ein Preuße, kennt ihr meine Farben" (vgl. S. 145, Anm. 164), 1839 königlicher Musikdirektor, 1843 Unter-, seit 1845 alleiniger Dirigent des Berliner Domchores, komponierte Militärmusik, Männerquartette, geistliche und weltliche Lieder.
156 Gemeint ist der populärste Walzer von Johann Strauß Sohn (1825–1899) **„An der schönen blauen Donau"** (1867); **Carl Friedrich Zöllner** (1800–1860), Gesangslehrer und Komponist, gründete 1833 den ersten Zöllnerverein, dem zahlreiche weitere Männergesangvereine folgten, veranstaltete 1859 durch Vereinigung von 30 seiner Vereine ein Musikfest in Leipzig, nach seinem Tod schlossen sich seine Vereine zum „Zöllner-Bund" zusammen, komponierte hauptsächlich Lieder für Männerchor und gemischten Chor, darunter als sein populärstes Lied „Das Wandern ist des Müllers Lust" (1844).
157 Die **„Garantien der Harmonie und Freiheit"** sind das 1845 erschienene Hauptwerk von Wilhelm Weitling.

Der Tod des Vaters

Weihnacht 1869 war Ausverkauf der bankrott gegangenen Buchhandlung von Lorenz Hestermann.[158] Dort kaufte ich eine illustrierte Ausgabe von Schillers Gedichten sowie Goethes Gedichte und Goethes „Faust". Die billige Ausgabe von Schillers Gedichten hatte mir so großen Genuß bereitet, daß ich in diesem Werk die Krone der Literatur sah, und aus Pietät kaufte ich das Buch. Von dieser Zeit an rückte Goethe in meinen Augen an die Seite Schillers. Für lange Zeit blieb „Faust" meine hauptsächlichste Lektüre. Die ersten Akte von „Faust" lernte ich auswendig. Aber auch in den Gedichten fand ich solche, die ich den besten Gedichten Schillers gleichstellte. Der Band Schillers Gedichte wurde das Lieblingsbuch von Otto Schmidt (Dichter Otto Ernst). Er kam oft mit seiner Mutter bei uns zum Besuch.[159] Dann besah er die Bilder von Schillers Gedichten. Er selbst schildert in der Schillernummer der „Jugend", welchen Eindruck dieses Buch auf ihn gemacht hat.[160]

Ich hatte aber die unangenehmste Arbeit, denn ich mußte den ganzen Tabak anfeuchten und losmachen. War weniger zugerichteter Tabak in Vorrat, dann wurde abends nach Feierabend losgemacht, das hatte dann zur Folge, daß wir bis 9 oder gar 10 Uhr arbeiten mußten, ohne dafür extra bezahlt zu erhalten. Ich wollte freie Abende haben, um an der Chaussee spazieren zu können und auch wollte ich Zeit zum Lesen haben. Im Frühjahr 1870 verschlechterte sich unsere Lage weiter. Mein Vater wurde krank und mußte sich zu Bett legen. Er war nicht gegen Krankheit versichert. Ich erhielt Arbeit bei Dethlefs in der Hasgiebelstraße in Altona.[161] Ich mußte zwar wieder Karre schieben, aber das war nur einmal in der Woche, während ich bei Fischer an drei bis vier Abenden in der Woche nacharbeiten mußte.

Im Sommer kam dann wieder die politische Diskussion in Fluß. Ein Hohenzollernprinz sollte König von Spanien werden, während Frankreich Einspruch erhob.[162] Schon schien die Frage erledigt, als plötzlich die Kunde

---

158 Gemeint ist die „Buch-, Kunst- und Musikalienhandlung, Fabrik praktischer und wohlfeiler Lehrapparate, Veranschaulichungs- und Beschäftigungsmittel" von **Lorenz Hestermann** in der Reichenstraße 15 in Altona.
159 **Friederike Schmidt** geb. Dürr (1822–1908), stammte aus Kiel, Ehefrau von Asmus Ludwig Schmidt und Mutter von Otto Ernst (Schmidt).
160 Otto Ernst, „Was war uns Friedrich Schiller?", in: „Die Jugend" Nr. 52 vom 23. Februar 1899, S. 868 f.
161 Gemeint ist vermutlich der Zigarrenarbeiter **F. bzw. F.H.E. Dethlefs** (Molkenbuhr schreibt Detlev), der von 1866 bis 1877 im Altonaer Adressbuch aufgeführt ist.
162 Der spanische Thron war seit der Vertreibung der Königin Isabella II. (1830–1904) im September 1868 vakant. Die von Bismarck (letztlich erfolglos) betriebene Thronkandidatur des **Prinzen Leopold von Hohenzollern-Sigmaringen** (1835–1905) aus der katholischen Linie des Hauses Hohenzollern löste über die „Emser Depesche" den Deutsch-Französischen Krieg von 1870/71 aus.

kam, Frankreich stelle unerfüllbare Forderungen. Es kam zur Kriegserklärung. Wie die Kriegserklärung wirkte, davon macht sich der Mensch, der es nicht miterlebt hat, keinen Begriff. Auf dem Schützenhof war sogenanntes Abonnementskonzert. Wöchentlich einmal. Das hatten schon die Österreicher gehabt, jetzt spielte die Kapelle des zweiten Schlesischen Grenadierregiments Nr. 11, welches in Altona in Garnison lag. Wir waren regelmäßig Zaungäste. Hinter dem Schützenhof war eine Weide, wo wir im Grase lagerten und der Musik lauschten. Jetzt hörten wir, daß eine Ansprache gehalten wurde. Dann wurde die „Wacht am Rhein" gespielt.[163] Das ganze Publikum sang mit. Als das Lied zu Ende war, kamen „Ich bin ein Preuße", „Heil Dir im Siegerkranz" und dann wieder die „Wacht am Rhein".[164] Endlich kam auch mein Bruder, der in der Druckerei der „Altonaer Nachrichten" lernte. Er hatte das Plakat mit der Proklamation. So entstand ein Rausch wie der vom Weihnachtsabend 1863. Nur, daß jetzt nur die „Wacht am Rhein" gesungen wurde. In den Straßen waren ein Leben und eine Aufregung sondergleichen.

In den nächsten Tagen erhielten Reserve und Landwehr Einberufungsordres.[165] Als Dethlefs am Sonnabend zum Abliefern kam, wurde ihm mitgeteilt, daß er sämtliche Arbeiter entlassen müsse. Er allein konnte weiterarbeiten. Damit war auch ich brotlos. Mit derselben Hiobspost kam auch Hinrich nach Hause. Auch er war entlassen. Nun hatten wir schon die schlimmen Folgen des Krieges. Der Vater krank, wir zwei großen Brüder arbeitslos, nur Wilhelm behielt seine Lehrstelle. Die ganze Familie konnte mit einem Einkommen von wöchentlich 2,40 M rechnen, davon mußte eventuell noch Medizin für den kranken Vater gekauft werden. Jetzt blieb kein anderer Weg, als wenigstens für Arzt und Medizin die Armenkasse in Anspruch zu nehmen. Armenarzt war Dr. Jessen, der stellte fest, daß unser Vater an Vitium cordis litt.[166] Die Krankheit brachte starke asthmatische Anfälle.

---

163 Gemeint ist die „Kriegshymne" Deutschlands gegen Frankreich im Krieg 1870/71 **„Die Wacht am Rhein"** (1840) des Kaufmanns und Dichters Max Schneckenburger (1819–1849), Musik von Karl Wilhelm (1815–1873).
164 Gemeint sind das Preußen-Lied **„Ich bin ein Preuße**, kennt ihr meine Farben" (1831) des Lehrers und Schriftstellers Bernhard Thiersch (1793–1855), Musik von Heinrich August Neithardt (1793–1861) und die preußische Volkshymne **„Heil dir im Siegerkranz**, Herrscher des Vaterlands" (1793) von Balthasar Gerhard Schumacher (1755->1807), gesungen nach der Melodie der englischen Königshymne „God save the King/Queen".
165 Mit **Reserve** sind die nach ihrem aktiven Militärdienst als Reservisten verwendeten Soldaten gemeint; die **Landwehr** war derjenige Teil des preußischen bzw. deutschen Heeres, der alle wehrpflichtigen Männer im Alter von 17 bis 40 Jahren umfasste, die nicht zu den regulären Einheiten eingezogen wurden bzw. freiwillig Dienst leisteten.
166 **Dr. C.W. Jessen**, Dr. med. & chir., zugleich Wundarzt, war erst seit 1869 in Ottensen niedergelassen und taucht lediglich bis 1871 im örtlichen Adressbuch auf, so dass er wahrscheinlich seinen Wohnsitz mit unbekanntem Ziel verlegt hat. **Vitium cordis** (lat.): medizinisch für Herzschwäche, Herzfehler, auch Herzklappenfehler.

Gleich in der ersten Woche nach der Kriegserklärung erschien ein Aufruf, daß Leute sich zur Küstenwehr melden sollten. Auch ich rannte hin. Teils aus patriotischer Begeisterung und dann auch in dem Bewußtsein, daß ich vorläufig nur dadurch helfen könne, wenn ich die Familie von einem Esser befreite. An einem Sonntagmorgen sollten die Gemeldeten im Fuhrhaus in Blankenese antreten. Dort fanden sich dann einige hundert Mann ein. Es wurde uns gesagt, daß die Küstenwehr unter dem Kommando des Generals Vogel von Falckenstein stehe und den Zweck habe aufzupassen, wenn französische Kriegsschiffe kommen.[167] Die nähere Instruktion würde den Mannschaften erklärt werden, die einberufen würden. Bereithalten mußten sich alle. Direkt eingestellt wurden vorläufig nur Schiffer und Lotsen, die das Fahrwasser an der Küste kennen. Ich mußte also zu Hause bleiben.

Vorläufig waren wir gespannt, wie der Krieg laufe. Auch unser kranker Vater folgte mit großer Spannung dem Lauf des Krieges. Mein Bruder brachte die neuesten Nachrichten mit, denn in der Druckerei der „Altonaer Nachrichten" wurden die zum öffentlichen Anschlag bestimmten offiziellen Kriegsdepeschen gedruckt. Wohl richteten wir unsere Lebenshaltung auf das Einfachste ein, aber das wenige mußte fast alles geborgt werden. Etwas Arbeit bekam mein ältester Bruder Hinrich. Ein Hausarbeiter, der allein weiterarbeiten sollte, durfte wöchentlich 1750 Zigarren abliefern, da er kein sehr schneller Arbeiter war und höchstens 1300 bis 1400 fertig bekam, konnte Hinrich die fehlenden 350 bis 400 Stück machen, womit er dann 4 bis 5 M in der Woche verdiente.

Der Zustand unseres Vaters verschlimmerte sich mehr und mehr, und unsere Lebenshaltung wurde weiter herabgedrückt. Denn die Lieferanten weigerten sich, weiter zu borgen. Als die Not am größten, erhielten wir von Verwandten meiner Mutter, von Heinsohn in Wedel, zwei Sack Kartoffeln und einen Sack mit Weißkohl und Steckrüben. Nun hatten wir doch eine Reihe von Wochen wenigstens Kartoffeln. Da der Arzt Diätvorschriften für unseren Vater machte und meine Mutter ihm unsere Lage schilderte, schlug Jessen vor, meinen Vater ins Krankenhaus zu bringen. Jessen bewirkte, daß unser Vater auf Kosten der Armenkasse aufgenommen wurde. Als wir dann am Sonntag, den 2. Oktober [1870] ihn besuchen wollten, wurde uns mitgeteilt, daß er am 1. Oktober verstorben sei. Es fehlte nun an Geld für die Beerdigung.

---

167 **Eduard Vogel von Falckenstein** (1797–1885), preußischer Berufssoldat, 1864 im Krieg gegen Dänemark Chef des Generalstabes, 1865 General der Infanterie, besetzte 1866 während des Deutsches Krieges Hannover und zwang die hannoversche Armee bei Langensalza zur Kapitulation, 1870 Generalgouverneur der deutschen Küstenlande mit Sitz in Hannover, von wo aus er die Küstenverteidigung organisierte und eine freiwillige Seewehr schuf, MdR 1867 bis 1871 (Freikonservative Partei).

Auch diese mußte auf Kosten der Armenkasse besorgt werden. Als wir dann am folgenden Mittwoch zur Beerdigung kamen, empfanden wir den Fluch der Armut. Man hatte die Leiche des prächtigen Mannes in eine viereckige Kiste gepackt. Unsere Mutter war durch die Aufregung und Entbehrung in der letzten Zeit selbst krank geworden. Sie lag zu Bett. Auf dem Weg nach Hause verabredeten wir, unserer Mutter zu erzählen, daß der Vater zwar einen einfachen, schmucklosen Sarg bekommen, aber nicht in glatter Kiste beerdigt sei.

Mitte Oktober bekam auch ich eine für mich günstige Arbeitsstelle. Th. Thiel, den ich als Begleiter Fritzsches erwähnte, hatte Hausarbeit für Durchbach.[168] Er durfte wöchentlich 3000 Zigarren liefern. Zur Fertigstellung hatte er vier Arbeiter behalten, so daß jeder wöchentlich 600 machen konnte. Zwei der Arbeiter waren freilich bei ihm in Kost und Logis. Aber Thiel war ein gutmütiger, aber dummer Mensch. Da seine Arbeiter nicht zurichten wollten, hatten sie beschlossen, einen Zurichter anzustellen und dem von je 1000 Zigarren 1,80 M Lohn zu geben. Es war also eine Art Halbtagsstelle. Aber Thiel sagte zu mir, daß ich in der freien Zeit Wickel machen könne und auch mich im Einrollen üben könne. Ich ging mit einer Leidenschaft ans Werk, um möglichst bald Zigarrenarbeiter zu werden. In ein paar Wochen war ich ein so flotter Wickelmacher, daß ich fast die ganzen 3000 Wickel machte. Als sich nun das Geschäft hob und die Arbeiter wieder voll beschäftigt waren, machte ich einen Lehrvertrag mit Thiel, wonach ich nur zur Aushilfe mit zurichtete und Wickel für ihn machte. Wenn ich mit einrollte, bekam ich die Hälfte des Lohnes, also 7,50 M für 1000. Nach Ablauf des zweiten Monats sollte ich als ausgelernter Zigarrenarbeiter beschäftigt werden. Es wurde dann auch ein anderer Zurichter angenommen, so daß ich nun voll mit Zigarrenmachen beschäftigt war.

Thiel war ein sehr grobknochiger Mann mit riesigem Kopf. Er versicherte immer, daß er als junger Mann stets Glacèhandschuhe und Zylinderhüte getragen und immer in den feinsten Kreisen verkehrt habe. Wir zweifelten daran, daß es Ziegenfelle von solchen Dimensionen gab, um für Thiel passende Handschuhe daraus zu machen. Mit den Zylinderhüten stimmte es, denn er trug jetzt noch die Reste aus den vergangenen, schönen Zeiten. Gewiß hatte er Zeiten des Wohlstandes gehabt. Eine Zeitlang lieferte er die Zigarren für einen Großhändler. Seine Vorgänger waren bei der Arbeit wohlhabend und Fabrikanten geworden. Thiel machte so große Aufwendungen für Tabak, indem er das an Havanna und Kuba hineinarbeiten ließ, was seine

---

168 Gemeint ist die Zigarrenfabrik **Durchbach & Ziegenbein**, die am 1. Mai 1870 von der Arnoldstraße in die Petersstraße in Ottensen umgezogen war.

Vorgänger angeblich geliefert hatten.[169] Der Großhändler starb, aber Thiels Mittel reichten nicht, das Geschäft zu übernehmen.

Die Arbeiter bei Thiel waren dem Tode geweiht. Ein Verheirateter mit Namen Reinhold und ein kleiner Sachse, Busch, waren hochgradig schwindsüchtig. Ferner arbeitete dort ein Däne, Siewald Carstensen.[170] Dieser war der zukünftige Schwager von Thiel. Thiels Schwester war etwas verwachsen und betrieb eine sehr einträgliche Wäscherei. Als die Arbeit wieder flott vorwärtsgehen konnte, legte sich Reinhold und starb nach wenigen Wochen. Bald nachher erkrankte Thiel an Pocken. Es war aber ein leichter Fall. Schwerer erkrankte Carstensen. Er kam ins Krankenhaus und starb dort. Am Fastnacht Montag wurde er beerdigt. Am Rande des Grabes stand sein Freund Busch. Als Busch etwas Erde auf den Sarg werfen wollte, löste sich eine Scholle und Busch stürzte in die Grube. Busch mochte das für ein böses Omen halten. Er war leichenblaß. Am Abend trank er noch viel. Bald nachher legte er sich. Er ging ins Krankenhaus. Als wir ihn an einem schönen, warmen Sonntag besuchten, sagte er uns, daß er jetzt in der Besserung sei. Sobald die warmen Tage häufiger würden, werde er in seine Heimat reisen. Dort sei das Klima besser. Nur die schlechte Luft habe ihn krank gemacht. Wenige Tage später erhielten wir Nachricht, daß Busch verstorben sei. Am folgenden Sonntag wurde er in der Nähe des Grabes beerdigt, in welches er bei der Beerdigung seines Freundes hineinstürzte.

Über Lassalle zum ADAV

Wir drei Brüder mußten nun zunächst die Schulden des vorigen Jahres bezahlen. In der Zigarrenfabrikation setzte eine sehr flotte Konjunktur ein. Die Fabrikanten drangen darauf, daß die Hausarbeiter mehr lieferten. Einen hübschen Trick, viele Arbeiter zu bekommen, machte Carl Klein in Firma Klein und Butschke.[171] Klein gab seinen Arbeitern freiwillig eine Zulage von 1 M pro Tausend und versicherte, daß er bereit sei, noch eine Mark zuzulegen, wenn die anderen Fabrikanten auch mehr zahlen. Das hatte nun zur Folge, daß Zigarrenarbeiter-Versammlungen einberufen wurden. Klein rief die Fabrikanten zusammen und suchte sie scharf zu machen, jede Forderung der

---

169 Thiel verarbeitete also tatsächlich, anders als etwa Johann Magnus (vgl. S. 99), die teuren lateinamerikanischen Tabaksorten.
170 Die drei genannten Zigarrenarbeiter **Reinhold**, **Busch** und **Carstensen** sind in den Adressbüchern und den Kirchenbüchern von Ottensen bzw. Altona der Jahre 1870 und 1871 nicht nachweisbar.
171 Gemeint ist die Zigarrenfabrik von **Carl Klein & Butschke** in der Großen Rabentwiete 12b in Ottensen.

Abb. 17: Georg Wilhelm Hartmann.

Arbeiter abzulehnen. Als die Arbeiter vielfach in geschlossenen Trupps zu den Fabrikanten gingen, standen Kleins Agenten in der Nähe der Geschäftslokale. Sie sagten, daß alle von Klein gut bezahlte Arbeit erhalten könnten. In der Tat kaperte er mit diesem Trick einige hundert Arbeiter. Wir bekamen eine Mark Zulage und bald darauf eine weitere Mark. Nebenbei wurde wenig darauf gesehen, wie die Zigarren aussahen. „Mehr liefern", war die Parole. So war ich gerade in der günstigsten Periode, die je die Zigarrenarbeiter erlebt haben, ins Geschäft hineingekommen.

Theater wurde jetzt fleißig besucht. Im Sommer ließ ich mir einen wirklich neuen Anzug nach Maß machen. Auch neue, angemessene Stiefel schaffte ich an und abonnierte auf die Militärkonzerte im Schützenhof. Ich war also nicht mehr Zaungast. Im Herbst trat ich in den Arbeiterbildungsverein ein, um Lemmel nachzueifern. Zum Lernen bestimmter Fächer kam ich aber nicht. Wohl nahm ich am Deutschunterricht teil. Sonst las ich und studierte zunächst den ganzen „Kosmos" von Humboldt durch. Ich besuchte die Vorträge und beteiligte mich auch an den an die Vorträge anschließenden Diskussionen. An diesen Diskussionen beteiligten sich auch die Sozialdemokraten. Geib, Hartmann und einige andere Redner des Allgemeinen Deutschen Arbeitervereins sowie der Eisenacher Partei waren Mitglied.[172] Sehr oft aber kam der Streit der Eise-

---

172 **Georg Wilhelm Hartmann** (1844–1909), in Immenhausen geborener Schuhmacher, später Gastwirt, ADAV, seit 1871 Reichstagskandidat, 1875/76 Mitglied des SAPD-Parteivorstands, nach dessen Auflösung des Zentralwahlkomitees mit Sitz in Hamburg, im April 1880 im zweiten Hamburger Reichstagswahlkreis in einer Nachwahl zum ersten sozialdemokratischen Reichstagsabgeordneten der Hansestadt gewählt (MdR bis 1881),

nacher mit den Lassalleanern in die Debatte, und wir ärgerten uns, daß hierdurch die Debatte von dem Thema abgelenkt wurde. Das trug dazu bei, in mir den Entschluß reifen zu lassen, einmal gehörig gegen die Sozialdemokraten loszuziehen.

Im Frühjahr 1871 hatte ich zwar einige Wählerversammlungen besucht und Bräuer und Winter reden hören.[173] Bräuer war noch annehmbar, wenn er auch oft etwas konfus war. Verständlicher war Winter, aber er verletzte etwas mein patriotisches Gefühl. In Ottensen hatte man die Rabentwiete in Bismarckstraße und den Weg zum Kirchhof umgetauft.[174] Winter sagte, daß die Rabentwiete den Namen davon hatte, daß dort früher eine Diebesbande gehaust habe, von der man sagte, sie stehlen wie die Raben. Freilich sei es eigentlich verwerflich, einem in vielen Beziehungen nützlichen Vogel die bürgerlichen Ehrenrechte abzuerkennen. Wenn die Stadtväter von Ottensen glauben, daß Bismarckstraße ein mehr passender Name sei, dann möge das zutreffen. Für den Weg nach dem Kirchhof sei der Name Moltkestraße auf jeden Fall schon deshalb sehr passend, weil Moltke so manchen zum Tode geführt habe.[175] Bräuer wäre in Altona bald gewählt worden. In der Stichwahl siegte Rudolf Schleiden.[176] In Ottensen wurde der Landesparteiler Jensen gewählt.[177]

Oktober 1880 Ausweisung aus Hamburg, die nach Einreichung eines Gnadengesuchs rückgängig gemacht wurde, wodurch Hartmann innerhalb der Partei sein Ansehen verspielte; Nachruf in: „Hamburger Echo" Nr. 189 vom 15. August 1909 („Georg Wilhelm Hartmann gestorben").

173 **Carl August Bräuer** (1828–1907), Schneider, Bevollmächtigter des ADAV in Hamburg, Mitglied des ADAV-Vorstands 1866/67 und 1870 bis 1872, lehnte den Parteiausschluß des von ihm verehrten vormaligen ADAV-Präsidenten Johann Baptist von Schweitzer im Mai 1872 ab und führte 1873, als er als Bevollmächtigter abgesetzt und aus dem ADAV ausgeschlossen wurde, die Spaltung der Altonaer ADAV-Gemeinde herbei, gründete nach dem Gothaer Vereinigungsparteitag von SDAP und ADAV 1875 eine zur Bedeutungslosigkeit verurteilte Splittergruppe unter dem alten Namen ADAV (die sogenannten „Bräuerianer") mit Sitz in Hamburg. Nachruf in: „Hamburger Echo" Nr. 79 vom 5. April 1907 („Carl August Bräuer").

174 Die beiden Straßenbenennungen nach Bismarck und Moltke hatte das Ottensener Ortskollegium Anfang Dezember 1870 beschlossen und Ende Januar 1871 vollzogen.

175 **Helmuth Graf (seit 1870) von Moltke** (1800–1891), preußischer Berufssoldat, seit 1828 im Großen Generalstab, 1835 bis 1839 Militärberater des Osmanischen Reiches, 1857 bis 1888 Chef des Generalstabes, 1871 Generalfeldmarschall, galt durch die preußisch/deutschen Siege in den Kriegen 1866 und 1870/71 als erfolgreichster Feldherr seiner Zeit, große Popularität in Deutschland (Beiname „der große Schweiger"), MdR 1867 bis 1891, Deutschkonservative Partei, Md Preußisches Herrenhaus 1872 bis 1891.

176 Im 8. schleswig-holsteinischen Wahlkreis Altona-Stormarn hatte Carl August Bräuer im ersten Wahlgang der Reichstagswahlen am 3. März 1871 mit 3875 Stimmen knapp vor Rudolf Schleiden gelegen, der 3872 Stimmen erreichte. Die Abgabe von 830 zersplitter-

1872 begann bei mir die Vorbereitung zur Bekämpfung der Sozialdemokratie damit, daß ich in Versammlungen ging und einige Broschüren von Lassalle kaufte. Im Bildungsverein stellte man immer die Selbsthilfe von Schulze-Delitzsch über die Staatshilfe Lassalles.[178] Welche Bewandtnis es mit der Staatshilfe habe, darüber war ich mir nicht klar. Ich kaufte zunächst das „Arbeiter-Programm". Hier wurde ich sehr angenehm enttäuscht. Statt der erwarteten Konfusion las ich eine geschichtsphilosophische Abhandlung von seltener Klarheit. Am nächsten Sonnabend kaufte ich „Die Wissenschaft und die Arbeiter". Bald darauf „Das Offne Antwortschreiben" und „Bastiat-Schulze".[179] Als ich auch diese Schriften gelesen, es war im August 1872, da

---

ten Stimmen machte eine Stichwahl nötig, bei der Schleiden mit 7406 Stimmen gegenüber 6062 für Bräuer das Mandat eroberte. **Rudolf Schleiden** (1815–1895), Jurist, 1843 bis 1848 Mitarbeiter der deutschen Abteilung der dänischen Regierung in Kopenhagen, während der Revolution von 1848/49 Mitglied des Vorparlaments und des Fünfzigerausschusses, Vertreter der provisorischen Regierung in Berlin, nach Verbannung aus Schleswig-Holstein 1853 bis 1862 Gesandter Bremens, 1862 bis 1864 der drei Hansestädte in Washington, 1864 bis 1866 in London, MdR 1867 bis 1874, Liberale Reichspartei.

177 **Otto Jensen** (1819–1908), Jurist, Mitarbeiter beim Obergericht in Glückstadt, verweigerte nach dem Tod des dänischen Königs Friedrich VII. 1863 dessen Nachfolger Christian IX. den Treueid, nach 1864 Mitarbeiter in der Regierung Schleswig-Holsteins, enger Vertrauter des Herzogs Friedrich, MdR 1867 bis 1874, Schleswig-Holsteinische Landespartei, zuletzt Landgerichtsdirektor in Aurich. Im 6. schleswig-holsteinischen Wahlkreis Elmshorn-Pinneberg kam Georg Winter bei der Reichstagswahl 1871 mit 1815 Stimmen nicht in die Stichwahl, die Jensen knapp gegen seinen konservativen Konkurrenten gewann.

178 **Hermann Schulze-Delitzsch** (1808–1883), Jurist, seit 1841 Richter in Delitzsch, 1848 Mitglied der preußischen Nationalversammlung und 1849 der zweiten preußischen Kammer, nach Strafversetzung 1850 Abschied aus dem Staatsdienst, danach Anwalt und volkswirtschaftlicher Schriftsteller, Begründer der bürgerlichen Genossenschaftsbewegung, schuf 1849 die erste Selbsthilfeeinrichtung für Schuhmacher und Tischler in Delitzsch, 1850 die erste Kreditgenossenschaft (Volksbank), 1859 Anwalt der Dachorganisation „Allgemeiner Verband der deutschen Erwerbs- und Wirtschaftsgenossenschaften", Gegner Ferdinand Lassalles („Capitel zu einem deutschen Arbeiterkatechismus. Sechs Vorträge vor dem Berliner Arbeiterverein", 1863), 1859 Mitbegründer des Nationalvereins, 1861 der Deutschen Fortschrittspartei, 1868 der Hirsch-Dunckerschen Gewerkvereine, MdL Preußen 1861 bis 1872, MdR 1867 bis 1883 (Deutsche Fortschrittspartei).

179 Gemeint sind die Schriften von Ferdinand Lassalle: „Arbeiter-Programm. Über den besonderen Zusammenhang der gegenwärtigen Geschichtsperiode mit der Idee des Arbeiterstandes" (Berlin 1862), „Die Wissenschaft und die Arbeiter" (Zürich 1863), „Offnes Antwortschreiben an das Zentralkomitee zur Berufung eines Allgemeinen Deutschen Arbeiterkongresses zu Leipzig" (Zürich 1863) und sein ökonomisches Hauptwerk „Herr Bastiat-Schulze von Delitzsch. Der ökonomische Julian oder Kapital und Arbeit" (Berlin 1864).

Abb. 18: Mitgliedskarte Hermann Molkenbuhrs im Sozialdemokratischen Verein für Ottensen und Umgegend, nach dem 1. Oktober 1890.

ging ich am Sonnabend wieder in Versammlung und trat an den Tisch, wo der Kassierer, Weißkopf Schröder, saß und ließ mich in die Listen des Allgemeinen Deutschen Arbeitervereins einschreiben.[180]

Nicht weit von dem Tisch stand der Bevollmächtigte Georg Winter. Er trat an mich heran und deutete auf die Mitgliedskarte und sagte: „Laß einmal sehen!" Als er sah, daß ich Mitglied sei, sagte er: „Du mußt morgen mit nach Oldesloe und dort in Versammlung sprechen." Ich sagte, dazu sei ich nicht fähig. Winter aber sagte, Widerspruch gelte nicht. Jedes Mitglied müsse tun, was im Interesse des Vereins geboten sei. Im übrigen sei ich nicht allein dort. Eduard Meyer gehe auch hin.[181] Meyer werde über einige Tagesfragen sprechen und ich könne über das „Offne Antwortschreiben" sprechen: „Sonntag Mittag 1 Uhr fährt der Zug. Reisegeld bekommst Du ersetzt." Ich hörte noch in der Versammlung die Rede an, ging dann aber sofort nach Hause, um mein „Offnes Antwortschreiben" vorzunehmen. Die Nacht schlief ich wenig. Immer dachte ich an meine Rede.

---

180 Zu dem Kassierer **Schröder** sind bisher keine Angaben möglich.
181 **Eduard Meyer**, ADAV, wird in Versammlungsberichten des „Neuen Social-Demokrat" der Jahre 1871 bis 1873 häufiger als Redner, Rezitator, Beisitzer und Schriftführer erwähnt, in der Nr. 71 vom 23. Juni 1872 ist ein sechsstrophiges Gedicht Meyers abgedruckt („Den Parteigenossen zu Altona zum Stiftungsfest"). Aufgrund der Häufigkeit des Namens Meyer waren bisher keine weiteren Angaben recherchierbar.

Am anderen Morgen nahm ich schnell wieder mein „Antwortschreiben" zur Hand. Es einfach nachplappern widerstand meinem Gefühl. Ich blieb immer an dem Gedanken haften, daß die Arbeiter sich organisieren müssen, um eine so starke politische Macht zu werden, daß sie die Gesetzgebung in ihrem Klasseninteresse gestalten können. Mittags rannte ich zum Lübecker Bahnhof, wo ich Eduard Meyer traf. Er sagte mir, daß er plattdeutsch spreche. Meyer war eine echte Schulmeisternatur. Seine ganze Welt bestand aus lauter Kleinigkeiten. Für Leute, die schwerfällig im Denken sind, war er ein prachtvoller Dozent. Er griff ein allbekanntes Tagesereignis auf und drehte und wendete es hin und her. Wohl passierte es ihm, daß er in einer Stunde zwölfmal dasselbe sagte, aber er sagte es immer mit anderen Worten. Wie meine Rede ausgefallen ist, darüber habe ich kein Urteil. Nur das weiß ich, daß ich in den 24 Stunden von dem Augenblick an, in dem ich den Auftrag zum Reden erhielt, bis zu meiner Abreise von Oldesloe genau erfahren habe, was Lampenfieber ist.

Wohl nahm ich mir vor, gründlich zu studieren und wenn ich nach meiner Meinung so weit war, daß ich andere Leute etwas lehren könne, auch hinauszugehen. Dazu bedurfte es aber nach meiner Meinung noch langer Vorbereitung. Ich nahm am Donnerstag an der Mitgliederversammlung teil, wo ich denn auch erfuhr, was es zu bedeuten hatte, wenn immer auf der Tagesordnung stand: Fragekasten. Auf einem Tisch vorne im Saal stand ein Briefkasten. Erst wurden alle Kleinigkeiten besprochen, Dinge, die man sonst in Vorstandssitzung[en] erledigt. Dann kam der Fragekasten dran; Winter nahm eine Frage nach der anderen aus dem Kasten und verlas sie. Meldeten sich nicht freiwillig Genossen zur Beantwortung der Frage, dann gab Winter beliebig einem Genossen das Wort. Oft gab es dann Debatten, woran ich mich auch beteiligte, wenn nach meiner Meinung Fragen falsch beantwortet waren.

Die Prosperitätsperiode nach dem Krieg trug viel dazu bei, die Zigarrenarbeiter der Partei zuzuführen. Thiels Bude war zwar kein Ideal, aber es wurde dort flott verdient. Der gutmütige Thiel konnte freilich recht böse werden, wenn wir über dumme Menschen sprachen. Immer glaubte er, daß er gemeint sei. In der ersten Zeit hatte ich eine größere Zahl Kollegen, die auch dem Schnaps verfallen waren. Auch eine Zurichterin war dort, die sehr verkommen war. Sie wurde Kognaklise genannt. Am weitesten war sie während der Kriegszeit 1870/71 herunter gewesen. Sie war ohne Arbeit und schlecht gekleidet. Damals war sie in ihrer Verzweiflung mit einer Kollegin losgegangen und hatte versucht, in einem Bordell Unterkunft zu finden. Da aber auch diese Geschäfte schlecht gingen, hatte sie ein konzessioniertes Bordell nicht gefunden, aber sie war schließlich in einer Kneipe, in der Soldaten verkehrten, untergekommen. In einer Dachkammer kampierte sie, sie bekam vom Wirt etwas Essen, von den Gästen Schnaps und für den Geschlechtsverkehr auch einige Groschen. Als dann die Zigarrenfabrikation wieder flotter ging, suchte sie sich wieder Arbeit und kam bei Thiel in Arbeit. Sie war eine tüchtige Zurichterin und auch sehr fleißig. Aber eine Flasche mit Schnaps hatte sie immer in der Tasche. Aber auch die Liebeslust war selbst bei dem Leben in dem Bordell niedrigster Sorte nicht zerstört. Verliebt war sie in einen großen, schlanken Zigarrenarbeiter, den sie vor dem Krieg kennengelernt hatte. Als sie bei Thiel arbeitete, erfuhr sie, daß Reiß, so war sein Name, erkrankt sei und im Krankenhaus liege.[182] Sie besuchte ihn dort und brachte kleine Geschenke hin. Sie versäumte keinen Besuchstag. Zugerichteten Tabak hatten wir immer so viel, daß sie mittwochs nachmittags erst nach 5 Uhr zu kommen brauchte, denn von 2 Uhr bis 4 ½ [Uhr] war Besuchszeit. Auch sparte sie Geld, um ihren Liebsten nach seiner Entlassung etwas pflegen zu können. Sie fand zwar wenig Gegenliebe, aber das beeinträchtigte ihre Liebe nicht. Sie sagte, sie könne sogar das Schnapstrinken einstellen, wenn Reiß es verlange. Als Reiß aus dem Krankenhaus entlassen war, mußte sie mit ihm zusammenarbeiten, und da er zu seiner früheren Arbeitsstelle zurückkehrte, benutzte sie die erste Gelegenheit, auch dort als Zurichterin unterzukommen.

Längere Zeit hatten wir ein buntes Gemisch von Zurichtern, aber keinen, der genügte. Endlich, als Thiel wieder Zurichter suchte, meldete sich Emilie Holm. Sie forderte zwar erheblich höheren Lohn, als Thiel anlegen wollte. Da aber Emilie als sehr flotte Arbeiterin bekannt war, entschloß Thiel sich, Emilie und einen weiteren Arbeiter anzustellen. Emilie war der direkte Gegensatz von der Kognaklise. Sie ging äußerst elegant gekleidet und liebte auch Unterhaltung über Kunst und Sozialismus. Sie war eines der wenigen Mädchen, die regelmäßig Versammlungen besuchte und auch die sozialistische Literatur kannte. Sie besuchte zwar Tanzsalons, aber ihr Hauptvergnügen waren doch Theater und Konzerte. Es war eine eher kleine als mittlere Figur. Sie war schön gewachsen, hatte ein recht hübsches Gesicht, hellblondes Haar und wunderbar schöne, blaue Augen.

Als an den ersten Tagen Thiel einen seiner beliebten Scherze machte, indem er von dem braunen, nicht appetitlich aussehenden Kleister auf den Türdrücker schmierte, damit der nächste, der hineinkam, sich die Hand beschmutzen sollte, hatte Emilie das Unglück, das Opfer zu sein. Das war für sie besonders peinlich, weil sie helle Handschuhe trug. Als Thiel über den gelungenen Scherz so herzhaft lachte, erklärte Emilie ganz ruhig, daß das

---

182 Ein Zigarrenarbeiter namens **Reiß** ist in den Hamburg-Altonaer Adressbüchern nicht eindeutig nachweisbar.

Nilpferd im Zoologischen Garten ähnliche Witze mache. Es beschmutze den Rand des Beckens und schlage mit dem Schwanz hinein, damit die neugierigen Beobachter beschmutzt werden. Der Vergleich war so treffend, daß Thiel nur noch Nilpferd genannt wurde.

Jetzt wurden Lassalles Schriften gründlich gelesen. Auch Thiel las Lassalle. Und beim Lesen des „Hochverrats-Prozesses" suchte er die verschiedenen fremden Worte oder Sätze mit Hilfe des Schulbuches seiner Tochter zu übersetzen. Nur selten gelang es. Einmal kam er zum Ziel. Lassalle sagt: „Es ist der Hochverrat am ius."[183] Hier halfen das französische Lehrbuch und seine Tochter. „Ius", sagte Thiel, „wird Schüh ausgesprochen und heißt Brühe!" Da die Arbeiter sich alle dem Allgemeinen Deutschen Arbeiterverein anschlossen und die Erkenntnis sich Bahn brach, daß zur Zeit der Reichstagswahl größere Summen erforderlich seien, als die Mitglieder Beiträge, die Tellersammlung der Volksversammlungen und die Überschüsse der Feste brachten, so wurde eine Parlamentswahlkasse gegründet, zu der jeder Arbeiter wöchentlich 10 Pf. beisteuerte. Ähnliche Kassen wurden in allen Fabriken geschaffen, wo die Sozialdemokraten die Mehrheit hatten.

So kam der Tag, an welchem Lassalles Totenfeier sein sollte. Der 31. August wurde immer gefeiert. Es war eine Art Gottesdienst. Der Saal ganz schwarz ausgeschlagen. Auf der Bühne ein schlecht gemaltes Transparent, welches Lassalle auf dem Totenbett darstellte. Vorn auf der Bühne eine Büste Lassalles. Nur ernste Sachen durften von der Musik gespielt und von den Sängern gesungen werden. Zwei Festreden standen auf dem Programm. Nun machte aber die Polizei einen dicken Strich durch den schönen Plan. Der Polizeigewaltige dekretierte: „Entweder werden die Frauen aus dem Saal entfernt oder es dürfen keine Festreden gehalten werden." Die […] Feier mit Festreden sei eine Versammlung eines politischen Vereins, an der Frauen nicht teilnehmen dürfen. Das Festkomitee entschloß sich zum Fortfall der Festreden. Ernst Bernhard Richter sollte seine Festrede am Montag, den 2. September halten. Nun trat Max Schulz hervor.[184] Max Schulz war Berliner und arbeitete in Hamburg in der „Reform"-Druckerei. Schulz war ein guter Rezitator. Nach jedem Lied erschien er auf der Bühne, um soziale Dichtungen vorzutragen. Sicher hätte kein Redner nur annähernd solch zündende Worte in die Massen schleudern können, wie Schulz es an dem Abend fertig-

---

183 Vgl. „Der Hochverrats-Prozess wider Ferdinand Lassalle vor dem Staatsgerichtshofe zu Berlin am 12. März 1864", in: Ferdinand Lassalle, Gesammelte Reden und Schriften, hrsg. und eingel. von Eduard Bernstein, Bd. 4, Berlin 1919, S. 59–174, Zitat S. 121.
184 Der aus Berlin stammende Buchdrucker **Max Schulz** wird in Artikeln des „Neuen Social-Demokrat" 1872 und 1873 als Agitator erwähnt. In den Adressbüchern ließ er sich nicht eindeutig nachweisen.

Abb. 19: Gemälde von Ferdinand Lassalle auf dem Totenbett.

brachte. Richter und Radenhausen waren entrüstet, daß Winter sich gebeugt hatte.[185] Sie sagten: „Man hätte es zur Auflösung kommen lassen müssen und dann den Rechtsweg beschreiten müssen." Winter war anderer Meinung. Er wollte die Einnahme nicht entbehren, die die Totenfeier brachte.

Einen Grund zur Beschreitung des Rechtsweges könne man schon in den nächsten Tagen ohne große Unkosten haben. Es wurde dann zum Montag, den 2. September eine Versammlung einberufen, in der Richter über Sedan reden sollte.[186] Richter war ein Mann von seltener Begabung. In seinem Äußeren hatte er wenig Sympathisches. Ein Mann von stattlicher Figur, aber ein Gesicht, das als abschreckendes Beispiel für einen Prediger der Antialkoholiker von unbezahlbarem Wert gewesen wäre. Die Nase und deren Umge-

---

185 **Heinrich Radenhausen** (1816–1885), in Friedrichstadt geboren, Parfümerie- und Pomadenfabrikant in Altona, ADAV, Journalist in Parteizeitungen unter dem Pseudonym „Nobis Bene", Gründer und Sponsor der Agitatorenschule in Altona, 1878 nach Querelen Ausschluss aus dem sozialdemokratischen Volksverein Altona, galt den Polizeibehörden in Schleswig als eine der „staatsgefährlichsten Personen", weshalb er im Oktober 1880 aus dem nördlichen Belagerungsgebiet ausgewiesen wurde, ließ sich in Uetersen als Drogist nieder, sein (abgelehntes) Gnadengesuch vom 21. Februar 1881, in dem er sich von der Sozialdemokratie distanzierte, stand einem wohlwollenden Nachruf nicht im Wege: „Bürgerzeitung" Nr. 283 vom 3. Dezember 1885 („Uetersen 25. November").
186 Vgl. den Artikel von Nobis bene (= Heinrich Radenhausen) „Die Altonaer Sedanfeier" im „Neuen Social-Demokrat" Nr. 103 vom 6. September 1872.

bung waren so vom Alkoholdunste verbrannt, daß man es mit Recht als Brandruine bezeichnen konnte. Er hatte kleine, stechende, graue Augen. Aber das fast abstoßende Äußere verschwand, wenn man ihn reden hörte. Es war eine mehr dramatische Leistung. Richter war kein Dozent, der sich an den Verstand wendete. Sein Wissen war nicht bedeutend. Aber kein Mensch verstand es so wie er, sich an das Gemüt zu wenden. So sprach er am Montag über Sedan. Mit den grellsten Farben schilderte er die Greuel des Schlachtfeldes: die Qualen der Verstümmelten, die Not der Krüppel und die Trauer der Mütter, die die hoffnungsvollen Söhne, die Stütze ihres Alters, verloren hatten. Solch ein Tag der Trauer werde aber von den Herrschenden zum Feste gemacht. Sie halten Fackelzüge und Festgelage. So weit kam Richter, da sprang der überwachende Beamte auf und erklärte die Versammlung für aufgelöst. 9½ Uhr sollte aufgelöst werden, so lautete die Abmachung. Hätte Richter nicht durch seine Rede die Versammlung zur Auflösung gebracht, dann wären eine Reihe Genossinnen, unter ihnen Frau Salomon, Frau Radenhausen, Sophie Schuldt, Emilie Holm und andere in den Saal gekommen und hätten sich in die vordere Reihe gesetzt.[187]

Beim Verlassen des Saales gingen Richter und Winter in die Gaststube. Auf der Straße traten Johann Hasselmann und einige andere Genossen in Aktivität. Schnell waren Züge formiert, die die „Marseillaise" anstimmten. Dieses Lied wurde nach jeder Versammlung gesungen. Ein Zug marschierte die Große Bergstraße hinauf. Ein anderer Zug durch die Reichenstraße nach St. Pauli und machte dann kehrt. Bei der Prinzenstraße spaltete sich der Zug, wovon eine Hälfte durch die Prinzenstraße, Mühlenstraße und Palmaille, die andere Hälfte die Königstraße hinaufmarschierte. Vom Bahnhof ab sollte der Fackelzug der Sedanfeierer, Kampfgenossen und Gymnasiasten, marschieren. Als der Zug den Bahnhofsplatz verlassen hatte und die Musik die „Wacht am Rhein" begann, erscholl aus einigen tausend Kehlen die „Marseillaise". Es wurde so laut gesungen, daß selbst nicht weit von der Militärmusik kein Ton von der „Wacht am Rhein" zu hören war. Hasselmann, der die Führung des Zuges hatte, brachte dann von Zeit zu Zeit den ganzen Zug zum Stehen. Endlich war die Hoheschulstraße erreicht. Vor dem Christianeum war eine Rednerbühne gebaut, aber nur vereinzelt erreichten Sedanfeierer den Platz.[188] Festrede gab es nicht. Die Spießbürger waren in großer Angst um ihre Söhne. Kein Mensch dachte an Gewalttaten. Aber man hörte die Meinung: Sollen

---

187 **Sophie Catharina Schuldt** (1845–1891), geboren in Glückstadt, spätere Ehefrau von Otto Reimer; Molkenbuhr schreibt hier irrtümlich „Marie Schulte". Zu den anderen Frauen sind aus den in der Einleitung genannten Gründen keine Angaben möglich.
188 **Christianeum:** das zu dieser Zeit größte und angesehenste Gymnasium Schleswig-Holsteins.

wir [die] Totenfeier Lassalles ohne Festrede feiern, dann sollen die Patrioten auch nicht reden. Die verdorbene Sedanfeier hatte dann ein Nachspiel, welches darin bestand, daß alle Versammlungen verboten wurden. Es dauerte mehrere Wochen, bevor wieder Versammlungen stattfinden konnten, aber Frauen durften sich nicht blicken lassen. Die eifrigen Genossinnen kamen aber doch – nur, daß sie statt im unteren Teil des Saales auf der Galerie in den hinteren Reihen Platz nahmen.

Die Versammlungen waren für die Tabakarbeiter nicht nur das Feld ihrer politischen Betätigung, sondern auch Arbeitsbörse. Hausarbeiter suchten Arbeiter und auch die Zurichterinnen, die nun allgemein wurden, gingen in Versammlungen, um zu hören, ob ihnen nicht besser bezahlte Arbeit, als sie zur Zeit hatten, angeboten wurde.[189] Wir lebten eben in der Zeit, wo Tabakarbeiter aller Art gesucht wurden. Lohnerhöhungen wurden oft bewilligt, sobald der Hausarbeiter erklärte, er könne für den Lohn keine Arbeiter finden. Die Versammlungen hatten um jene Zeit eine vielfache Bedeutung. Wie der fromme Katholik seine Kirche, so mußte der Lassalleaner mindestens zweimal in der Woche Versammlung besuchen. In der Volksversammlung war Tellersammlung, deren Erträgnis eine gute Einnahmequelle für die Partei war. Die Unkosten waren nicht groß: eine Anzeige im „Neuen Social-Demokrat"; Plakate, die von den Genossen ohne Entschädigung an die Ecken geklebt wurden. Später übernahm ein eifriger Genosse, der Dienstmann war, das Plakatankleben für 60 Pf. Die Redner erhielten entweder gar nichts oder, wenn sie von auswärts kamen, Reisegeld III. Klasse und für den Tag der Versäumnis 1½ Taler. Aber auch ein politisches Bedürfnis war für die Versammlungen vorhanden. Wohl war jedes Mitglied Abonnent des „Neuen Social-Demokrat". Der erschien dreimal in der Woche. Auf jeder Zigarrenfabrik wurde auch ein bürgerliches Blatt gehalten.

Der Agitatorenschüler

In den Versammlungen wurden nun oft die Tagesfragen besprochen und die Stellung der Zeitungen zu den Tagesfragen kritisiert. Dabei war es gleichgültig, was auf der Tagesordnung der Versammlung stand. An diese hielt sich höchstens der erste Redner. Nachher gab es oft ein buntes Durcheinander. Viele Genossen redeten. Mancher produzierte dummes Zeug, aber eine große Schar übte sich im öffentlichen Sprechen. War doch die Versammlung fast das einzige Mittel, neue Anhänger zu werben. Wie es zu geschehen habe,

---

189 Gemeint ist, dass weibliche Zurichterinnen gegenüber männlichen Zurichtern die Regel wurden.

darüber gingen die Ansichten auseinander. Bräuer war strammer Lassalleaner. Er sprach fast nur über den Inhalt Lassallescher Broschüren. Richter war Dramatiker, der die Massen für Freiheitskämpfe zu begeistern suchte. August Hörig war ein politischer Kopf, der vorwiegend an die Freiheitskämpfe von 1848 anknüpfte und oft auf die Geschichte und Bestrebungen der Parteien in Preußen einging.[190] Ein sehr praktischer Agitator und Organisator war Georg Winter. Das Pathetische lag ihm ganz fern. Er war Satiriker von Geburt und verstand es meisterhaft, seine Gegner der Lächerlichkeit preiszugeben. Winter war länger im politischen Leben tätig, als er Sozialdemokrat war. 1864 hatte er in Neumünster gearbeitet, und als damals Schleswig-Holstein von Dänemark losgerissen wurde, beteiligte er sich an der Agitation für den Augustenburger. Später als Sozialdemokrat sagte er uns Jungen immer: „Ihr dürft nichts sagen, was die Leute nicht verstehen. Wenn Ihr in Versammlungen sprechen wollt, dann geht so früh, als es geht, in den Ort und unterhaltet Euch mit den Arbeitern. Dann werdet Ihr hören, was diese Leute denken, über was sie sich unterhalten und daran müßt Ihr anknüpfen. In einer Versammlung wird nie aus einem Mucker oder Patrioten ein Sozialdemokrat. Wenn Ihr ihn nur dahin bringt, daß er an seiner bisherigen Auffassung anfängt zu zweifeln, dann bekommen wir ihn bald."

Der ganze Sozialismus bestand um jene Zeit in der Forderung der Produktiv-Genossenschaften mit Staatshilfe. Mehr wurden die demokratischen Forderungen in den Vordergrund gerückt: allgemeines, gleiches und direktes Wahlrecht, Preßfreiheit, Redefreiheit usw. Die Revolutionierung der Köpfe bestand in der Hauptsache darin, die Menschen an den Gedanken zu gewöhnen, daß eine Umwälzung kommen muß, daß aber die letzte Entscheidung nur durch Gewalt herbeigeführt wird. Der Satz aus Lassalles „Franz von Sickingen": „Alles Große, was sich wird vollbringen, dem Schwert zuletzt verdankt es sein Gelingen", wurde viel gebraucht.[191] In unserem ganzen Denken und Fühlen standen wir der 48er Bewegung viel näher als irgend etwas anderem.

---

190 **August Hörig** (1834–1884), Zigarrenarbeiter aus Düben bei Bitterfeld, seit 1867 in Hamburg, Bevollmächtigter des Hamburger ADAV, Delegierter auf den GV des ADAV 1872 und 1873, Mitglied im Vorstand des ADAV 1871 bis 1873, Delegierter auf den Parteitagen der SAPD in Gotha 1875 bis 1877, zog sich nach Erlass des Sozialistengesetzes von der Sozialdemokratie zurück.

191 Es handelt sich um die beiden von Ulrich von Hutten gesprochenen Schlussverse des 3. Aktes, 3. Auftritt aus Ferdinand Lassalles 1859 erschienener historischer Tragödie **„Franz von Sickingen"**. Der erste dieser beiden Verse lautet allerdings korrekt: „Und alles Große, was sich jemals wird vollbringen". Vgl. Ferdinand Lassalle, Gesammelte Reden und Schriften, hrsg. und eingel. von Eduard Bernstein, Bd. 1, Berlin 1919, S. 149–345, Zitat S. 224.

Die revolutionäre Literatur der 40er Jahre wurde viel gelesen: Harro Harrings „Die Schwarzen von Gießen", „Die Dynastie", „Moses zu Tanis".[192] Besonders gern gelesen wurden Rudolf Dulons „Tag ist angebrochen", „Vom Kampf um Völkerfreiheit", „Gruß und Handschlag" usw.[193] Soziale und revolutionäre Dichtungen von Herwegh, Freiligrath, Püttmann, Glaßbrenner, Meißner, Robert Prutz, Heine.[194] Mit Zitaten aus diesen Dichtern und den

---

[192] **Harro Paul Harring** (1798–1870), Revolutionär und Schriftsteller, aktiver Teilnehmer an Befreiungsbewegungen in ganz Europa, u.a. am Philhellenenaufstand der Griechen gegen die Türken 1821, am Savoyerfeldzug zur Einigung Italiens 1834, ständig ausgewiesen bzw. auf der Flucht, mehrfach inhaftiert, Verfechter der Idee eines deutschen Nationalstaates, Teilnehmer am Hambacher Fest 1832, von 1843 bis 1848 in Brasilien und den USA, kurzfristige Rückkehr nach Deutschland während der Revolution 1848, davon kurzzeitig in Hamburg, Selbstmord in London 1870. Verfasser autobiographisch gefärbter Romane, gesellschaftskritischer Dramen und politischer Lyrik, darunter die von Molkenbuhr erwähnten Veröffentlichungen: „Die Schwarzen von Gießen und der Deutsche Bund" (2 Bände 1831), „Die Dynastie. Trauerspiel in fünf Aufzügen" (1859) und „Moses zu Tanis. Historisches Drama" (1859).

[193] **Rudolf Dulon** (1807–1870), reformierter Prediger und Schriftsteller mit sozialistischer Tendenz, wurde im Zuge der Revolution von 1848 Pfarrer in Bremen, 1851 von Mitgliedern seiner Kirchengemeinde beim Bremer Senat der Verleugnung der wesentlichen Glaubenslehren, der Verhöhnung des Evangeliums und der offenen Feindschaft gegen das Christentum bezichtigt. Nachdem ein Gutachten der Heidelberger Theologischen Fakultät die Vorwürfe bestätigt hatte, wurde Dulon 1852 vom Senat auch unter Hinweis auf seine politische Gesinnung abgesetzt. Einer drohenden Haftstrafe entzog er sich durch die Emigration in die USA. Molkenbuhr meint die Schriften Rudolf Dulons: „Der Tag ist angebrochen! Ein prophetisches Wort" (1852), „Vom Kampf um Völkerfreiheit. Ein Lesebuch fürs deutsche Volk" (1849) und „Gruß und Handschlag. An meine Gemeinde in Süd und Nord" (1853).

[194] **Hermann Püttmann** (1811–1874), Journalist und Schriftsteller, schrieb „Tscherkessenlieder" (1841) und „Sociale Gedichte" (1845), schloss sich in der Revolution 1848/49 den Berliner Aufständischen an, geriet nach anfänglich engem, in der gemeinsamen Herkunft aus Elberfeld bzw. Barmen begründetem Kontakt mit Friedrich Engels in Gegensatz zu diesem und Karl Marx, da er und seine Freunde (Spottname „wahre Sozialisten") für eine friedliche Lösung der sozialen Frage eintraten, emigrierte 1854 nach Australien; **Adolf Glaßbrenner** (1810–1876), Satiriker und Humorist, liberaler Journalist an verschiedenen Zeitschriften und Zeitungen, die mehrfach verboten wurden, führte in seinen Veröffentlichungen „Berlin, wie es ist und – trinkt" (32 Hefte 1832 bis 1850), „Buntes Berlin" (15 Hefte 1837–1853) und „Berliner Volksleben" (3 Bände 1846) die unteren Volksschichten (z.B. die Figur „Eckensteher Nante") und den Berliner Dialekt („Zille des Wortes") in die Literatur ein. Seine im Vormärz erschienenen Schriften, darunter sein Hauptwerk, das Epos „Neuer Reineke Fuchs" (1846), sollten die politischen und gesellschaftlichen Missstände anprangern. 1850 aus Berlin und anschließend aus Neustrelitz als Führer der dortigen Demokratischen Partei ausgewiesen, ließ er sich in Hamburg nieder, von wo er 1858 unter Verzicht auf weitere politische Betätigung nach Berlin zurückkehren durfte; **Alfred Meißner** (1822–1885), österreichisch-böhmischer Schriftsteller, Vertreter des revolutionären „Jungen Österreich", Durchbruch mit den revolutio-

Übersetzungen aus der englischen Arbeiterdichtung wurden unsere Reden gespickt. Daneben lasen wir Louis Blancs „Reform der Arbeit", Steins „Geschichte des Sozialismus und Kommunismus in Frankreich".[195] Gewiß würden manchem Prinzipienwächter die Haare zu Berge gestanden haben, wenn er unsere Reden gehört hätte. Ein Umstand bewahrte uns vor Versumpfung: Die Mitglieder waren nur Arbeiter. So viel, wie wir uns auch an die 48er Demokratie anlehnten, der Grundgedanke war immer, daß die Arbeiterklasse die übergroße Mehrheit des Volkes sei und die Herrschaft ergreifen müsse. Das Mißtrauen gegen Angehörige anderer Gesellschaftsklassen war nie größer als um jene Zeit. Waren doch die roten Revolutionäre von 1848 die Nationalliberalen von 1871.

Wir hatten in Altona nur einen Menschen aus dem Bürgerstand, den Parfümeriefabrikanten Radenhausen. Ein kleiner, dicker Herr, ein Bruder des Philosophen Christian Radenhausen.[196] Radenhausen war Korrespondent des

---

nären „Gedichten" (1845) und dem lyrischen Epos „Ziska" (1846) über die Hussitenbewegung, das von der österreichischen Zensur verboten wurde, 1847/48 und 1849/50 während zweier längerer Aufenthalte in Paris enger Kontakt zu Heinrich Heine („Heinrich Heine. Erinnerungen", 1856), neben „Revolutionären Studien aus Paris" (1849) Verfasser von Dramen und zahlreicher Romane und Erzählungen (18 Bände Gesammelte Schriften 1871 bis 1873); **Robert Prutz** (1816–1872), Journalist und Schriftsteller, promovierter Philologe, seit 1839 Mitarbeiter der „Halleschen Jahrbücher", bedeutender politischer Lyriker des „Jungen Deutschland", Gedicht an den „Rhein" (1840), „Gedichte" (1841), „Neue Gedichte" (1843), beruflich schikaniert und polizeilich gemaßregelt, 1843 Anklage wegen Majestätsbeleidigung für seine gesellschaftssatirische Komödie „Die politische Wochenstube", 1849 bis 1859 Professor für Literaturgeschichte in Halle, neben Lyrik, Dramen und sozialen Romanen auch Verfasser literaturwissenschaftlicher Abhandlungen.

195 **Louis Blanc** (1811–1882), französischer Sozialtheoretiker und Frühsozialist, legte 1840 in seinem Buch „L'organisation du travail" (auf deutsch: Die *Organisation* der Arbeit (nicht die *Reform*) seine Kritik der kapitalistischen Gesellschaftsordnung dar, die durch Arbeiterproduktionsgenossenschaften mit Staatshilfe überwunden werden sollte, wurde 1848 Mitglied der provisorischen Regierung, 1848 bis 1870 im Exil in Belgien und England, 1870 Rückkehr nach Paris, Gegner der Commune, 1871 Mitglied der Nationalversammlung; **Lorenz von Stein** (1815–1890), Staatsrechtler und Sozialwissenschaftler, 1846 bis 1850 Professor in Kiel, 1855 bis 1888 in Wien; legte systematische Untersuchungen zur Geschichte, zur Gesellschafts-, Volkswirtschafts-, Finanzwissenschafts- und Verwaltungslehre vor, darunter: „Der Socialismus und Communismus des heutigen Frankreichs. Ein Beitrag zur Zeitgeschichte" (1842), „Geschichte der socialen Bewegung in Frankreich von 1789 bis auf unsere Zeiten" (3 Bände 1850), „System der Staatswissenschaften" (2 Bände 1852–1856), „Lehrbuch der Volkswirtschaft" (1858), „Lehrbuch der Finanzwissenschaft" (1860), „Verwaltungslehre" (8 Bände 1865–1884).

196 **Christian Radenhausen** (1813–1897), geboren in Friedrichstadt, Ingenieur, philosophischer Schriftsteller, Werke u.a.: „Isis, der Mensch und die Welt" (1863), „Osiris, Welt-

„Neuen Social-Demokrat". Er schrieb unter dem Pseudonym „Nobis bene". Das war auch die Inschrift am Nobistor in Altona.[197] Radenhausens Spezialität war es, Mißstände Altonas zu kritisieren. Das Altonaer Schulwesen, die Ausbeutung der Frauen, die Säcke nähten, der Wergzupferinnen und ähnliche Sachen kritisierte er durch Wort und Schrift. Auch war er dabei, junge Kräfte für die Agitation auszubilden. Wohl hatten wir in den Mitgliederversammlungen bei den Punkten „Fragekasten" und „Verschiedenes" viele Redner. So z. B. Leinhos, ein Schneider mit verkrüppelten Beinen, aber einem eigentümlichen Charakterkopf.[198] Ein zitronengelbes Gesicht mit großen, schwarzen Augen. Das Gesicht war umrahmt von fast blauschwarzem Haar und Bart. Leinhos war groß in Kleinigkeiten. Er war fast immer Revisor, und immer entdeckte er einige Posten, bei denen einige Groschen gespart werden konnten. Hierüber konnte er lange Reden halten. Aber sein Talent versagte jedes Mal, wenn er über politische Gegenstände reden sollte.[199]

Der Tischler Köhnke, der Zimmerer Wiemer, der Marmorschleifer Kaufmann und eine Anzahl mehr versuchten, die Debatten zu beleben.[1] In Ottensen

---

gesetze in der Erdgeschichte" (3 Bde. 1874–1876), „Christentum ist Heidentum, nicht Jesu Lehre" (1881).
197 Das **Nobistor** an der Grenze zwischen Altona und Hamburg wurde Anfang des 19. Jahrhunderts abgerissen. Es trug das Altonaer Stadtwappen und die Inschrift „Nobis bene, nemini male" („Uns zum Guten, niemandem zum Schaden"), die auch auf den Mitte des 19. Jahrhunderts an dieser Stelle errichteten Grenzzeichen aus Gußeisen angebracht waren. Die seit Mitte des 18. Jahrhunderts geltende Torsperre zwischen Hamburg und Altona wurde 1860 aufgehoben.
198 **Ernst Leinhos** (1839->1919), aus Sachsen-Weimar-Eisenach stammender Schneider und Inhaber einer holländischen Warenhandlung in Altona, seit 1898 in Wandsbek ansässig, wo er letztmals 1920 im Adressbuch erscheint, ohne dass sich bisher sein Tod nachweisen ließ, ADAV, Ende der 1860er Jahre Bevollmächtigter des ADAV in Lübeck, Delegierter auf der GV des ADAV 1873, Gegner der Parteieinigung 1875, Delegierter auf der ersten und zweiten GV der Splitterpartei ADAV-Hamburg 1876 und 1877, auch Mitglied in dessen Vorstand.
199 An dieser Stelle beginnt die dritte Kladde der „Erinnerungen" mit der Überschrift Hermann Molkenbuhrs „Erinnerungen III Von 1872 – 1876 im Sommer".
1 In Anzeigen des „Social-Demokrat", des „Neuen Social-Demokrat" und des „Hamburg-Altonaer Volksblattes" werden ein Tischler **H. Köhnke** und einmal ein Zimmerer **W. Wiemer** genannt, ohne daß sie sich in den Hamburger Adressbüchern eindeutig nachweisen ließen; **Heinrich Bernhard Kaufmann** (1841–1908), aus Magdeburg stammend, seit 1870 in Altona ansässig, erscheint im Altonaer Adressbuch unter verschiedenen Berufsbezeichnungen, als Inhaber einer Steinzeughandlung, als Marmorarbeiter, Marmorschleifer, Steinhauer und schlicht als Arbeiter, fungierte als Schriftführer in sozialdemokratischen Versammlungen.

waren [es] Köster, Stablot, Henningsmeier, Stegen, Kühl, Heerhold usw.[2] Für die großen Agitationsreden hatten wir nur wenige Kräfte: in Hamburg Hartmann, Hörig, Bräuer, Schalmeyer, in Altona Reimer, Rackow, Radenhausen, in Ottensen Georg Winter, Walther.[3] Da wir mit Versammlungsreden

---

2 **Detlef Köster** (1845–1903), geboren in Meddewade im Kreis Stormarn, Zigarrenarbeiter, später Gastwirt, Kassierer des Ottensener ADAV, trennte sich nach Erlass des Sozialistengesetzes von der Sozialdemokratie und wurde zunächst Fortschrittler, dann Konservativer; die Lesart des Agitators **Stablot** ist unsicher, es könnte auch Stabbert heißen, womit dann **O. Stappert** aus Ottensen, der 1873 Delegierter auf der GV des ADAV war, gemeint sein könnte; **Friedrich Henningsmeier** (1850–1909), in Altona geborener Zigarrenarbeiter, ADAV, seine Ausweisung aus Hamburg und Umgegend vom Januar 1882 wurde bereits im Juli 1882 zurückgenommen, Rückkehr nach Altona, seit 1891 in Hamburg wohnhaft; **Georg Daniel Stegen** (1836–1890), in Lüneburg geborener Zigarrenhändler, ADAV, Agitator, nach Erlass des Sozialistengesetzes Anschluß an die Fortschrittspartei, trotzdem im Oktober 1880 Ausweisung aus Hamburg und Umgegend, Rücknahme im Oktober 1881, nachdem Stegen sich von der Sozialdemokratie distanziert und den „Theaterclub Thalia" als sozialistische Tarnorganisation denunziert hatte, Anschluß an die Christlich-Soziale Arbeiterpartei Adolf Stoeckers; Nachruf in: Hamburger „General-Anzeiger" Nr. 282 vom 2. Dezember 1890 („Der sehr bekannte Zigarrenarbeiter Stegen…"); **Heinrich Joachim Friedrich** *auch* **Frederik Kühl** (1834–>1896), aus Rendsburg stammender Tischler, ADAV, Delegierter auf der GV des ADAV 1872; **Friedrich Heerhold** (1831–1894), aus Holzthalleben stammender Weber, Kolporteur, Mitglied und Bevollmächtigter des ADAV in Ottensen 1864 bis 1874, Delegierter auf der GV des ADAV 1874 und auf dem Gothaer Vereinigungskongreß 1875, Agent der SDAP in Ottensen 1875 bis 1878, Mai 1881 Ausweisung aus Hamburg und Umgegend, Rückkehr nach Gesuch um Rücknahme der Ausweisung 1884; Nachruf in: „Hamburger Echo" Nr. 158 vom 11. Juli 1894 („Friedrich Heerhold").

3 **Carl Schalmeyer** (1839–1923), in Hamburg geborener Metallarbeiter, ADAV, 1870 Delegierter auf der GV des ADAV, 1871 Reichstagskandidat des ADAV in allen drei Hamburger Wahlkreisen, wandte sich von der Sozialdemokratie ab und den Antisemiten zu, erwähnt in „Erinnerungen eines Hamburger Proletariers", S. 28; **Otto Reimer** (1841–1892), in Lauenstein bei Hannover geborener Zigarrenarbeiter, ADAV, seit 1867 Bevollmächtigter des Zigarrenarbeiterverbandes und 1873 bis 1875 des ADAV in Altona, 1875 bis 1876 Mitglied des zentralen SAPD-Parteiausschusses, Oktober 1880 Ausweisung aus dem nördlichen Belagerungsgebiet, Emigration in die USA, Rückkehr 1890, MdR 1874 bis 1877 für den 9. schleswig-holsteinischen Wahlkreis Oldenburg-Segeberg, Nachruf in: „Vorwärts" Nr. 53 vom 3. März 1892 („Otto Reimer †"); **Heinrich Rackow** (1844–1916), Hamburger Kaufmann, ADAV, Agitator, 1874 in der Nachfolge Otto Reimers Leiter der Agitation für Schleswig-Holstein, 1874 Wahl zum Hauptkassierer des ADAV und Expedienten des „Neuen Social-Demokrat", Übersiedlung nach Berlin, nach der Parteieinigung 1875 Redakteur der „Berliner Freien Presse" und Geschäftsführer der Genossenschaftsdruckerei, nach Ausweisung aus Berlin im November 1878 Emigration nach London, dort Mitglied im Kommunistischen Arbeiterbildungsverein; Nachruf in: „Hamburger Echo" Nr. 73 vom 26. März 1916 („Heinrich Rackow"); **Hermann Walther** (1850–>Februar 1903), aus Pöhlitz in Pommern stammender Zigarrenarbeiter, ADAV, einer der führenden Agitatoren des ADAV in Holstein, Mitglied der 18 Männer umfassenden Kommission,

die Welt erobern wollten, galt es, neue Kräfte heranzuziehen. Hierfür wurde eine Agitatorenschule gegründet.[4] Eine Schule mit Lehrer? Nein. Denn der „ausgebildete" Agitator fehlte. In Radenhausens Wohnung wurde ein großes Speisezimmer, in welchem Radenhausen auch seine Bibliothek aufgestellt hatte, zur Verfügung gestellt. Hier versammelten sich die jungen Kräfte. Viele in dem Bewußtsein, nun bald ein zweiter Cicero oder Demosthenes zu werden.[5]

Die Eröffnungsrede hielt Radenhausen, der uns mitteilte, daß die Grundlage aller Beredsamkeit das Wissen sei. Er sagte: Man dürfe immer nur über solche Dinge sprechen, die man genau kennt. Man muß selbst die Schwächen seiner eigenen Ausführung kennen. Damit wir das lernen, was in Büchern steht, könnten wir seine Bibliothek benutzen, aber immer nur in dem Zimmer, welches im Winter immer geheizt wurde. Es solle aber keiner den Versuch machen, Bücher leihen zu wollen. Er gab uns den Rat, auch selbst die Bücher, die wir später noch wieder gebrauchen wollen, nie auszuleihen. Viel lieber könne man seine Frau ausleihen, denn man habe eine größere Sicherheit, eine verliehene Frau als ein ausgeliehenes Buch zurückzuerhalten.

Da wir die Lehre Lassalles verbreiten wollten, galt es vorläufig, diese Schriften vorzunehmen. Mit dem „Arbeiter-Programm" sollte der Anfang gemacht werden, und da sollte jeder es zu Hause noch einmal gründlich durchnehmen. Winter gab einige praktische Agitationswinke, indem er erzählte, wie er es anfange, um von den Gedankengängen der Dorfbewohner zum Sozialismus zu kommen. Am nächsten Tag ging es dann los. Aber es zeigte sich bald, daß der Geist des „Arbeiter-Programms" sich sehr versteckt hatte. Die Glücklichsten hatten sich einige Teile auswendig gelernt. Heyer, Weigel,

---

die einen Programm- und Organisationsentwurf für die Vereinigung von ADAV und SDAP ausarbeiten sollte, 1875 Delegierter auf dem Vereinigungskongreß in Gotha, bei den Reichstagswahlen 1877 und 1878 Kandidat im 5. schleswig-holsteinischen Wahlkreis Norder- und Süderdithmarschen, 1877/78 Expedient der „Schleswig-Holsteinischen Volkszeitung", im Dezember 1880 aus Hamburg und Umgegend ausgewiesen, Emigration in die USA, zunächst nach New York, Mitglied der Socialistic Labor Party und führender Aktivist der Zigarrenarbeitergewerkschaften CMIU und CMPU.

4 Einen Artikel mit dem Titel „Die Agitatorenschule", der die Passagen aus den „Erinnerungen" inhaltlich, aber nicht wörtlich wiedergibt, hat Hermann Molkenbuhr in der „Schleswig-Holsteinischen Volkszeitung" Nr. 81 vom 27. Mai 1922 veröffentlicht.

5 **Markus Tullius Cicero** (106–43 v. Chr.), römischer Staatsmann und Philosoph, trat neben seinen philosophischen Schriften vor allem mit seinen Reden hervor, in denen er den Führungsanspruch des Senats gegen totalitäre Tendenzen verteidigte („Reden gegen Catilina", „Reden gegen Antonius"); der attische Redner und Staatsmann **Demosthenes** (384–322 v. Chr.), von dem 61 Reden überliefert sind, versuchte in seinen Reden die griechische Stadtstaatenwelt gegen den makedonischen Großmachtanspruch zu verteidigen.

Dieterle und ich wollten von dem Auswendiglernen nichts wissen.⁶ Wir warfen Fragen auf nach den historischen Ereignissen, die Lassalle erwähnte, z. B. nach den Bauernkriegen, um zu wissen, was die Bauern gefordert und weshalb deren Forderungen nicht revolutionär waren. Dort saßen dann einige Dutzend Zukunftsredner, die durch das Aufwerfen solcher Fragen nicht klüger, sondern verwirrter wurden. Ich glaube, Winter war es, der die Geschichte von John Law in den Vordergrund schob.⁷ Er sah in Law das Vorbild der Gründer à la Strousberg usw., aber die meisten Schüler fanden es nur bemerkenswert, daß Law in Gegenwart der Damen pissen will.⁸ Sie entrüsteten sich höchstens darüber, daß die Damen daran keinen Anstoß genommen.⁹

---

6 **Julius Heyer** (1845–1903), Zigarrenarbeiter aus Altona, Mitglied des ADAV, sozialdemokratischer Agitator, zuerst in Hamburg, dann als Inhaber eines Zigarrengeschäftes 1876 bis 1893 in Lübeck, wo er sich zu einem orthodoxen Lassalleaner zurückentwickelte, 1876 und 1877 Delegierter auf den Parteitagen in Gotha; Nachruf in: „Hamburger Echo" Nr. 177 vom 1. August 1903 („Julius Heyer"); **Christian Weigel** auch **Weigelt**, Zigarrenarbeiter, ADAV, Redner und Schriftführer in sozialdemokratischen Versammlungen, Delegierter auf der GV des ADAV 1874 in Hannover, letzte Erwähnung im „Hamburg-Altonaer-Volksblatt" am 9. Oktober 1877, läßt sich in den Hamburger Adressbüchern nicht nachweisen, bei Laufenberg, Bd. 1, S. 475 steht über Weigel: *„ein wirksamer Redner, aber schwacher Arbeiter, versank er in Armut und starb nach wenigen Jahren bereits an der Auszehrung"*. **F. W. Dieterle**, Zigarrenarbeiter, war 1869 Delegierter auf dem Gründungskongreß der SDAP in Eisenach, dann wohl Rückkehr zum ADAV, Dieterle erscheint letztmals 1877 im Altonaer Adressbuch, ohne daß sich bisher sein Verbleib klären ließ.

7 **John Law** (1671–1729), schottischer Wirtschaftstheoretiker und Bankier, entwickelte eine Geldtheorie über die größere Wertbeständigkeit des durch Boden gedeckten Papiergeldes gegenüber dem Metallgeld, erwarb ein großes Vermögen als Spieler und Spekulant, 1716 Gründer einer Privatbank in Frankreich, 1717 der Handelsgesellschaft „Compagnie d'Occident" zur Ausbeutung der französischen Kolonien in Nordamerika, die er 1719 mit der ostindischen und chinesischen Handelsgesellschaft zur „Compagnie des Indes" vereinigte, 1720 Bankrott infolge hochspekulativer Aktiengeschäfte; die dadurch ausgelöste Finanzkrise Frankreichs zwang Law zur Flucht nach Venedig.

8 **Bethel Henry Strousberg** (1823–1884), Eisenbahnunternehmer, baute 1861 mit englischem Kapital Eisenbahnstrecken in Ostpreußen, danach als Generalunternehmer in Preußen, Russland, Ungarn und Rumänien, Aufbau eines Imperiums aus Zuliefererindustrien, beides finanziert durch die Ausgabe von Aktien, daneben Immobilienhandel und Erwerb großer Ländereien, Konkurs 1875, in Russland 1875 bis 1877 in Haft, Rückkehr nach Deutschland, Verlust seines riesigen Vermögens, darunter des von ihm erbauten Palais in der Wilhelmstraße, das Sitz der englischen Botschaft wurde; Strousberg wurde in der deutschen Öffentlichkeit, vor allem in Eduard Laskers „Antigründerrede" (1873), als Typus des verantwortungslosen Spekulanten der Gründerzeit gebrandmarkt, wogegen er die Rechtfertigungsschrift „Dr. Strousberg und sein Wirken, von ihm selbst geschildert" (1876) verfasste.

9 Die Anekdote, **John Law** habe sich sechs vornehmer französischer Damen, die ihn zur Überlassung von Aktien drängen wollten, dadurch vergeblich zu entledigen versucht, indem er ein natürliches Bedürfnis vorschützte, kolportiert Liselotte von der Pfalz in einem

Im übrigen suchten wir die Gründerperiode agitatorisch gut auszuschlachten.[10] Die Inseratenteile der Zeitungen waren angefüllt mit Prospekten von Aktiengründungen. Strousbergs glänzende Feste wurden in den Zeitungen geschildert, da war es uns klar, daß in wenigen Jahren die ganze Produktion von den Aktiengesellschaften aufgesogen sein würde. Für uns Arbeiter war der Umschwung erträglich. Die Löhne stiegen sehr schnell. Nach unserer Theorie sollte der Übergang zum Großbetrieb die Arbeitslosigkeit steigern und die Löhne drücken. Statt dessen stiegen [die] Nachfrage nach Arbeitern und der Lohn. Eine teilweise Erschütterung unserer Theorie brachte der Gründerkrach. Nun brachen die Großunternehmungen zusammen, und viele Vertreter des Bürgertums triumphierten, indem sie sagten: „Da seht ihr es, der Großbetrieb kann sich nur in Zeiten der Prosperität halten. Er bricht schneller und gründlicher zusammen als der Kleinbetrieb."

Obwohl Radenhausen Marx' „Kapital" hatte, gingen nur wenige an diese für uns etwas schwere Kost. Ich ließ es durch meinen Bruder aus der Buchdruckerbibliothek besorgen und machte vergebliche Versuche, mich durch das erste Kapitel hindurchzuarbeiten. Vorläufig tat mir der „Bastiat-Schulze" mehr Dienste. Schulze-Delitzsch war der Prophet des Bürgertums. Er war der von den „Altonaer Nachrichten" und ähnlichen Blättern gefeierte Mann. Da war die gut präparierte Polemik besser zu gebrauchen. Wenn wir auch annahmen, daß Marx darin recht hatte, daß die geschilderte Vergangenheit Englands die Zukunft Deutschlands sei, so glaubten wir doch, daß diese Zukunft noch in sehr weiter Ferne liege.

Das ganze Wirtschaftsleben Schleswig-Holsteins, also unseres Agitationsgebietes, hatte noch wenig Spuren großkapitalistischer Entwicklung. In den Wohnungen der Arbeiter surrte an den Winterabenden das Spinnrad. In jedem Dorf war ein Weber, der Leinwand und Beierwand webte.[11] Die Weber waren meistens unsere Stützpunkte. In Elmshorn war zwar eine mechanische We-

---

Brief vom 23. November 1719. Vgl. Elisabeth Charlotte Herzogin von Orleans, Briefe aus den Jahren 1676–1722, hrsg. von Wilhelm Ludwig Holland, Bd. 4 (1719), Hildesheim u.a. 1988, S. 321 f. Diese Anekdote gibt Ferdinand Lassalle in seinem „Arbeiter-Programm" wieder, um die jede sittliche Grundhaltung vergessende Geldgier der oberen Stände zu illustrieren. Vgl. Ferdinand Lassalle, Gesammelte Reden und Schriften, hrsg. und eingel. von Eduard Bernstein, Bd. 2, Berlin 1919, S. 139–202, hier S. 157–159.

10 Die **Gründerperiode** umfaßte die Zeit zwischen der Gründung des Deutschen Reiches im Januar 1871 und der Wirtschaftskrise von 1873 (dem „Gründerkrach"). Ausgelöst wurde der zweijährige Wirtschaftsboom durch den Abbau von Zöllen und die Kriegsentschädigung des im Deutsch-Französischen Krieg unterlegenen Frankreich. Die Gründerjahre beschleunigten den Durchbruch der industriellen Revolution in Deutschland.

11 **Beierwand** oder gebräuchlicher **Beiderwand** ist eine Webtechnik für ein Mischgewebe aus Leinen und Wolle.

berei, aber die verschwand auch wieder. In Neumünster waren viele Tuchmacher. Die Schuhmacher in Elmshorn, Barmstedt, Preetz und Heide arbeiteten für den Verkauf, zum Teil sogar für den Export, aber wirkliche Fabriken im kapitalistischen Sinn waren höchstens die Zementfabriken in Itzehoe und Lägerdorf, die Zuckerfabrik in Itzehoe, die Glasfabriken in Ottensen. Die im Dienste des Großkapitals stehenden Arbeiter zählten nur nach wenigen Hunderten. Unser Hauptanhang waren die Tabakarbeiter, die Schuhmacher, Schneider, Former in kleinen Eisengießereien, die Weber und sonst Kleinbauern und ländliche Tagelöhner. In die von Winter empfohlene Agitationsmethode paßte Marx nicht hinein. Nach Winters Vorschlag sollten wir uns zunächst mit den Leuten unterhalten und uns in deren Gedankengänge einleben, dann ermitteln, womit die Leute unzufrieden sind, und nun sollten wir nachweisen, daß die Ursachen der Mißstände in der gegenwärtigen Staats- und Gesellschaftsordnung begründet sind und nur durch den Sozialismus beseitigt werden könnten.

Selbst Lassalle lag uns schon etwas fern, da Lassalle die preußische Fortschrittspartei und die Kämpfe während der Konfliktszeit zum Gegenstand seiner Kritik macht. Lassalle kam uns nur darin gelegen, weil die Liberalen Schleswig-Holsteins sich der Fortschrittspartei anschlossen und diese als den Hort der Freiheit priesen. Da war dann oft Gelegenheit, Lassalle fast wörtlich gebrauchen zu können. Nun wurden Lassalles Agitationsschriften gründlich durchgenommen. Leider blieben die meisten am Worte haften. Heyer, Weigel und ich suchten die Gedankengänge auf, und in manchen Fällen ist es uns gelungen nachzuweisen, daß selbst fanatische Lassalleaner Sätze aussprachen, die im Widerspruch zu Lassalle standen. Ein bißchen Talmudismus mag dabei untergelaufen sein.[12] So konnten wir agitieren, d.h. für den Sozialismus wirken, und doch Materien behandeln, die dem Denken unserer Zuhörer nahestanden.

Zum Talmudismus war Heyer besonders veranlagt. Er war das Gegenteil männlicher Schönheit. Ein magerer Mann mit fast bartlosem Gesicht von pergamentartiger Farbe mit roten Augen. Seine entzündeten Augen hatte er vom vielen Lesen bei schlechtem Licht. Er wohnte bei seiner Tante in einem dunklen Keller, wo es selbst am Tage an ausreichendem Licht fehlte. Dort studierte er des Nachts bei Beleuchtung von Talglicht. Heyer ließ sich nicht rasieren. Er hatte am unteren Teil des Gesichts einige Dutzend ganz hellblonder Haare, die eher Schweinsborsten als Barthaar glichen. Wurden sie zu lang,

---

12 **Talmudismus:** abgeleitet vom hebräischen Wort Talmud, der Sammlung der Gesetze und religiösen Überlieferungen des nachbiblischen Judentums. Hier abwertend gebraucht: Jemand, der zum Talmudismus neigt, ist buchstabengläubig und bleibt immer am Wortlaut kleben.

dann wurden sie mit der Schere entfernt. Heyer hatte ein sehr hohes, kreischendes Organ. Er war aber ein ernsthafter Mann. Lange hatte er Fichtes Schriften studiert. Die „Reden an die deutsche Nation", „Der geschlossene Handelsstaat", „Die Bestimmung des Gelehrten" usw. hatte er gründlich durchgenommen.[13] Nach Heyers Ansicht mußten die Menschen erst zur Sittlichkeit erzogen werden, bevor sie reif für den Sozialismus wurden. Mit diesen Ansichten trat er in die Agitation ein. Später studierte er Marx, und er gab nicht eher nach, als bis er sich in die Gedankengänge eingelebt hatte. Bei allem Fleiß war und blieb er Bücherwurm. Wie sein Äußeres ihn davor bewahrte, unsittlich zu werden, so nahm auch sein Denken trotz vieler Schärfen doch immer den Charakter der Buchgelehrsamkeit an. Was nicht in seine Formel paßte, war falsch. Heyer suchte immer die abstrakten Gedanken der Gelehrten zu verwenden, während Weigel und ich mehr Ästhetiker waren und die Dichter in der Politik zu verwenden suchten. Während Heyer immer von der Erziehung zum Denken sprach, glaubten Weigel und ich durch Begeisterung für das Schöne des Freiheitskampfes die Menschen in Bewegung setzen zu können. Um die Reden zu würzen, wurden fleißig Zitate aus Freiheitsdichtern gebraucht. Aus der Dichterwelt studierte ich nun Johann Gottfried Seume. Im „Spaziergang nach Syrakus" und in den „Apokryphen" fand ich manchen Satz, den ich in der Agitation verwendete.[14]

Mehr als mir lieb und für meine Ausbildung gut war, wurde ich nun in der Agitation verwendet. Agitieren war immer mit Unkosten verknüpft, denn die Auslagen wurden nur teilweise ersetzt. Für Versammlungen am Sonntag nachmittag wurde in der Regel nur das Fahrgeld vierter Klasse ersetzt. Da aber die Abendzüge der Altona-Kieler Bahn keine vierte Klasse hatten, nahmen wir Retourbilletts und zahlten die Differenz aus eigener Tasche. Für Versammlungen an Wochentagen mit einem Tag Arbeitsversäumnis gab es drei Mark.

---

13 Gemeint sind die Schriften Johann Gottlieb Fichtes: „Reden an die deutsche Nation" (1808), „Der geschloßne Handelsstaat. Ein philosophischer Entwurf als Anhang zur Rechtslehre und Probe einer künftig zu liefernden Politik" (1800) und entweder „Einige Vorlesungen über die Bestimmung des Gelehrten" (1794) oder „Fünf Vorlesungen über die Bestimmung des Gelehrten" (1811).

14 **Johann Gottfried Seume** (1763–1810), Schriftsteller, nach Abbruch seines Theologiestudiums in Leipzig 1781 auf einer Reise nach Paris Gefangennahme durch hessische Werber und Verschiffung in die USA, 1783 Rückkehr, Desertion, Gefangennahme durch preußische Werber, Freikauf, 1787 Privatlehrer in Leipzig, 1793 Sekretär eines russischen Generals in Warschau, seit 1801 Korrektor des Verlags Göschen in Grimma, das Ausgangspunkt einer Reise nach Sizilien 1802 und einer weiteren nach Rußland, Finnland und Schweden 1805 war, die er in den kulturhistorisch bedeutenden Reiseschilderungen „Spaziergang nach Syrakus 1802" (1803) und „Mein Sommer 1805" (1806) beschrieb; seine Aphorismensammlung „Apokryphen" erschien posthum 1811.

> **Altona.** Mittwoch, 11. März, Abends 8½ Uhr, in Heinsohn's Salon
>
> **Parteiversammlung.**
>
> Tagesordn.: 1) Was bedeutet heute Weltmarkt? Referent: Herr Molkenbuhr. — 2) Verschiedenes und Fragekasten.

> **Für Ottensen.**
>
> **Parteiversammlung**
>
> Montag, den 4. Mai, Abends 8½ Uhr, in „Carlsruhe",
>
> Tagesordn.: Vortrag von H. Molkenbuhr und Fragekasten.
>
> F. Seerbold.

Abb. 20: Zwei Versammlungsankündigungen des ADAV aus dem „Neuen Social-Demokrat" mit dem Redner Hermann Molkenbuhr am 11. März 1874 in Altona bzw. 4. Mai 1874 in Ottensen.

Bevollmächtigter für Altona wurde Otto Reimer. Da er sich ganz der Agitation widmen sollte, erhielt er ein Monatsgehalt von 35 Talern. Auch Hasenclever kam nach Altona.[15] Mit ihm wurde ein großer Festzug gemacht. Es wurde bekannt gemacht, daß Hasenclever abends 8 Uhr 30 auf dem Altonaer Bahnhof eintreffen werde. Am Bahnhof versammelten sich einige tausend Arbeiter. Hasenclever setzte sich in offene Equipage und zog nach Wittmacks Salon; da dieser aber die Menschen nicht fassen konnte, fand noch eine zweite Versammlung bei Koppelmann statt.[16] Wegen des Umzuges wurden Winter und Hasenclever angeklagt und verurteilt. Der Prozeß hatte insofern einen üblen Nebenklang, als festgestellt wurde, daß Hasenclever gar nicht am Abend

---

15 **Wilhelm Hasenclever** (1837–1889), Lohgerber, 1864 ADAV, 1865 bis 1876 Mitarbeiter an den ADAV-Zentralorganen „Social-Demokrat", „Agitator" und „Neuer Social-Demokrat", 1866 bis 1868 und 1870 bis 1871 Sekretär, 1868 bis 1870 Kassierer im ADAV-Vorstand, 1871 bis 1875 Präsident des ADAV, 1875 bis 1876 einer der Vorsitzenden im SAPD-Parteivorstand, 1875 bis 1876 Redakteur des „Hamburg-Altonaer Volksblattes", 1876 bis 1878 des „Vorwärts" in Leipzig, 1881 Ausweisung aus Leipzig, 1884 aus Berlin, MdR 1869 bis 1871, 1874 bis 1878 (1874 bis 1877 für den 8. schleswig-holsteinischen Wahlkreis Altona-Stormarn), 1879 bis 1888.

16 **Equipage** (franz.): elegante Kutsche. Gemeint sind die Versammlungslokale **Wittmacks Salon** in der Großen Bergstraße 27 und **Koppelmanns Salon** in der Großen Rosenstraße 95 in Altona.

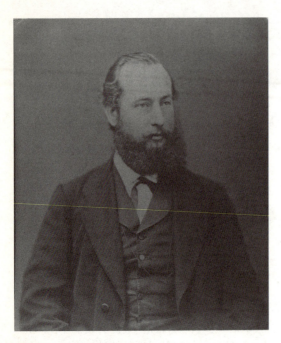
Abb. 21: Wilhelm Hasenclever.

gekommen, sondern schon am Tag vorher in der Wirtschaft „Kehrt ein" gewesen war.¹⁷ Die Wirtin und deren Schwester von „Kehrt ein" waren ganz interessante Erscheinungen. Körperlich eher hübsch als häßlich, waren sie geistreiche Gesellschafterinnen. Es gab kein Gebiet der Unterhaltung, auf welchem Madame „Kehrt ein" nicht mitmachte. Interessant machten sie sich auch dadurch, daß sie ihren Namen nicht nannten. Sie hatten nur ein großes Schild mit der Aufschrift „Kehrt ein". Die Unterhaltung war, wie der Gast sie haben wollte. Wurde die Unterhaltung etwas schlüpfrig, dann spielte die Madame keineswegs die Prüde, sondern sie ließ sich auf derbe Zoten ein, gab aber der Unterhaltung bald eine Wendung, die auf andere Gebiete führte. Der Umstand, daß die Polizei wußte, Hasenclever sei in der Wirtschaft gewesen, gab Winter den Verdacht, die Frau stünde im Dienste der Polizei. Er sagte mehrfach am Schlusse der Versammlung: „Kehrt nicht ein!" Einige Jahre später hatte sie eine Wirtschaft in Eimsbüttel, und da klagte sie mir, daß Winter ihr großes Unrecht zugefügt habe. Nicht der Verdacht des Politikers, sondern der Ärger des abgeblitzten Don Juans habe sich in den Worten „Kehrt nicht ein" Luft gemacht. Sie habe sich nicht gewehrt, weil sie keine Heilige sei und auch als Geschlechtswesen das Leben genieße. Weil Winter erfahren hatte, daß sie mit einem körperlich schönen, aber verheirateten Genossen schöne Stunden verlebte, sei er dreister geworden und habe den Gekränkten gespielt, als sie ihn nicht liebte. Sicher war sie eine gefährliche Gegnerin, wenn sie im Dienste der Polizei stand. Ich glaube aber nicht, daß die Altonaer Polizei sich um jene Zeit schon Spitzel hielt. Die Geheimfonds wurden damals von Brumm verwaltet, der selbst ein schroffer Gegner der politischen Verfolgungen war.¹⁸ Er war vorzüglicher Kriminalist und

---

17 Gemeint ist die Wirtschaft **„Kehrt ein"**, bis Mai 1872 in der Großen Freiheit 40 in Altona, danach in der Königstraße 29 in Altona.
18 Zu **Heinrich Ludiwg Adolf Brumm** vgl. S. 70, Anm. 75.

setzte seinen Riecher daran, schwere Verbrecher zu greifen. Um dieses Ziel erreichen zu können, so sagte er, müsse die Polizei beim Publikum so beliebt sein, daß sie überall Unterstützung finde.

Die Spaltung des Hamburger ADAV

In Hamburg klang die Berliner Generalversammlung nach.[19] Schweitzer war abgeschoben. Bräuer und die Hamburger Delegierten standen auf Schweitzers Seite. In den Mitgliederversammlungen wurde nur um die Frage für oder *gegen* Schweitzer diskutiert. Bräuer und dessen Freunde gaben sich alle erdenkliche Mühe, Schweitzer für die Bewegung zurückzugewinnen. Einmal, als Schweitzer nach Hamburg kam, um der Aufführung eines seiner Stücke beizuwohnen, hat Bräuer den ganzen Tag das Hotel belagert, aber zum Gaudium seiner Gegner Schweitzer nicht gesprochen. Schweitzer hatte vor der „ehrlichen Haut" Bräuer keine große Achtung. Bräuer war eine philosophische Natur. Er hielt die Sätze von der größten Bedeutung, die er selbst nicht verstand. Diese Sätze zitierte er mit Vorliebe. Weil er so großen Respekt vor der Wissenschaft hatte und er Schweitzer für den größten Gelehrten der Gegenwart hielt, war er ein so treuer Anhänger Schweitzers. In den Debatten hatte er oft, gestützt auf Lassalles „Wissenschaft und die Arbeiter", gesagt, daß die Wissenschaft im Bunde mit den Arbeitern unüberwindlich sei.[20] Durch den Ausschluß Schweitzers habe man sich von der Wissenschaft getrennt und dadurch der Bewegung die beste Kraft geraubt. Wohl benutzten wir Schweitzers Schriften, den „Todten Schulze wider den lebenden Lassalle", den „Schlingel", die „Gans" und die „Aufsätze aus dem Social-Demokrat".[21] Wir

---

19 Vgl. Protokoll der Generalversammlung des Allgemeinen Deutschen Arbeiter-Vereins zu Berlin vom 22. bis 25. Mai 1872, [Berlin, ohne Jahr], abgedruckt in: Dieter Dowe, (Hrsg.): Protokolle und Materialien des Allgemeinen Deutschen Arbeitervereins (inkl. Splittergruppen), Berlin/Bonn 1980; S. 271–338. Auf diesem Parteitag wurde der ehemalige Präsident des ADAV, Johann Baptist von Schweitzer, faktisch aus dem ADAV ausgeschlossen.
20 Vgl. Ferdinand Lassalle, Die Wissenschaft und die Arbeiter. Eine Verteidigungsrede vor dem Berliner Kriminalgericht gegen die Anklage, die besitzlosen Klassen zum Haß und zur Verachtung gegen die Besitzenden öffentlich aufgereizt zu haben, abgedruckt in: Ferdinand Lassalle, Gesammelte Reden und Schriften, hrsg. und eingel. von Eduard Bernstein, Bd. 2, Berlin 1919, S. 203–284.
21 Gemeint sind die Schriften von Johann Baptist von Schweitzer: „Der todte Schulze gegen den lebenden Lassalle" (1868), sein Theaterstück „Ein Schlingel" – eine nationalökonomisch-soziale Humoreske in einem Akt (1867), neu abgedruckt in: Ursula Münchow (Hrsg.), Aus den Anfängen der sozialistischen Dramatik I, Berlin (Ost) 1973, S. 1–32, sein Einakter zur Frauenfrage „Eine Gans" (1869) und seine Artikel im Parteiorgan „Social-Demokrat", als dessen alleiniger Herausgeber er von 1864 bis 1871 fungierte.

glaubten aber, daß die Bewegung, die durch Lassalles Tod nicht zum Stillstand gekommen war, auch Schweitzer entbehren könne.

Oft wurde Bräuer vorgehalten, daß Schweitzer 1871 gesagt hatte, als Bräuer daran war, in Altona in den Reichstag gewählt zu werden, man solle nur Bräuers Wahl verhindern, denn die ganze Partei sei blamiert, wenn der verrückte Schneider gewählt werde.[22] Nach langem Bitten und Betteln erhielt Bräuer endlich einen Brief von Schweitzer mit der Überschrift: „An meine persönlichen Freunde im Allgemeinen Deutschen Arbeiterverein".[23] Bräuer ließ diesen Brief in der Druckerei der Witwe Kahlbrock drucken.[24] Die Druckerei lieferte sonst nur Drehorgellieder. Bräuer und seine Freunde verteilten den Brief vor der Tür der Volksversammlung. Daraus machte man ihm die größten Vorwürfe. Der Brief behandelte innere Angelegenheiten der Partei; es wurde darin aufgefordert, eine Einigung mit den Eisenachern herbeizuführen. Man sagte, das gehört in die Mitgliederversammlung, der Öffentlichkeit gegenüber dürfen innere Angelegenheiten nicht erörtert werden. Damit hatte nun Bräuer den Boden in Altona verloren, und es wurde beschlossen, daß ein Mann, der sich so wenig um Parteidisziplin kümmerte, nicht mehr Reichstagskandidat sein könne.

Gewiß war die Frage der Vereinigung auch in Hamburg häufiger erörtert. Hier bestand die Eisenacher Partei aus Leuten, die von den strammsten Lassalleanern für gute Sozialdemokraten gehalten wurden. Geib, York, Praast waren früher Mitglieder des Allgemeinen Deutschen Arbeitervereins gewesen. Und auch die Mitglieder der Eisenacher waren früher Mitglieder des Allgemeinen Deutschen Arbeitervereins. War es doch eine charakteristische Erscheinung, die bewies, daß die Arbeiter nicht hinter einem Leithammel herlaufen. Bis 1869 waren Geib, York und Praast die vorzüglichsten Redner und beliebtesten Führer. Sie trennten sich vom Allgemeinen Deutschen Arbeiterverein, der nun von Rednern fast völlig verlassen war, aber nur einige Dutzend Mitglieder folgten den Führern. Damals hieß es, Schweitzer ist der Abgott, der Prophet, dem die gläubige Masse folgt. Gewiß hatte man 1869 Schweitzer im großen Triumphzug durch Hamburg geführt, und nun wurde sein Brief mit großer Kälte aufgenommen.[25]

---

22 Zur Reichstagswahl 1871 im 8. schleswig-holsteinischen Wahlkreis Altona-Stormarn vgl. S. 150.
23 Schweitzers Brief vom November 1872 „An meine persönlichen Freunde im Allgemeinen Deutschen Arbeiterverein" ist abgedruckt in: Politische Aufsätze und Reden von J. B. von Schweitzer, mit Einleitung und Anmerkungen hrsg. von Franz Mehring, Berlin 1912, S. 315–321.
24 Gemeint ist die Druckerei von Joachim **Kahlbrock** Witwe am Grünersood 52 in Hamburg.
25 Johann Baptist von Schweitzer hatte sich 1869 im April und im November in Hamburg aufgehalten. Besonders der Besuch am 14. November übertraf „an Großartigkeit alles bis-

Wenn man sich nicht für die Einigung begeisterte, hatten die bekannten Eisenacher keine Schuld. Die fanatischen Lassalleaner bedauerten den Verlust so hervorragender Kräfte. Was sie zu Gegnern einer Einigung machte, war das Urteil über die Eisenacher, die sie nicht kannten. In Süd- und Mitteldeutschland hatten sich große Teile der Volkspartei den Eisenachern angeschlossen, und da hatte man Zweifel, ob diese Volksparteiler wirkliche Sozialdemokraten geworden seien. Hierüber dachten die Arbeiter Hamburgs ähnlich wie Marx noch später über die Mitglieder des Arbeitervereins. Marx hielt die Mitglieder des Allgemeinen Deutschen Arbeitervereins und diese hielten die Eisenacher in Süd- und Mitteldeutschland für nicht vollwertige Sozialdemokraten. Jetzt spielte man den Schweitzer von 1869 gegen den Schweitzer von 1872 aus. Schweitzer hatte doch oft gesagt, daß die Eisenacher gar keine Sozialdemokraten, sondern nur ein abgesplitterter Teil der Volkspartei seien. Alle Vorgänge der Berliner Generalversammlung hatten nicht vermocht, Schweitzer so in der Hochachtung herabzusetzen wie dieser Brief. Er ist Eisenacher geworden, sagte man, und damit war Schweitzer erledigt.[26]

Die Altonaer Bewegung hatte einen riesenhaften Aufschwung zu verzeichnen. Wittmacks großer Saal reichte nicht mehr für die Sonnabendversammlungen. Jetzt traten die Frauen trotz des Versammlungsverbotes zusammen.[27] Sie kamen zwar in die Versammlungen, durften sich dort aber nicht sehen lassen. Die Frauen sagten, daß jeder Gesangsklub, jeder kleine Verein eine Fahne habe, die Partei muß auch eine solche haben. Ein Komitee, welches aus Emilie Holm, Sophie Schuldt, später Frau von Otto Reimer, Frau Salomon und Fräulein Baumgarten bestand, wollte eine Fahne beschaffen. Es wurden Sammellisten angeschafft und nun begannen die Frauen mit der Sammlung. Besondere Fähigkeit Geld zu [be]schaffen, hatte Emilie Holm. Ihr schönes Gesicht und die schönen, großen, blauen Augen machten manchen Groschen los. Mit besonderer Vorliebe wandte sie sich an solche Leute, von denen sie wußte, daß sie sonst nichts für die Partei hergaben. So war

---

her dagewesene", da sich 10.000 Menschen zu seinem Empfang am Bahnhof eingefunden hatten und Schweitzer, der im offenen Wagen fuhr, bis zu seinem Hotel am Jungfernstieg begleiteten. „Social-Demokrat" Nr. 49 vom 25. April 1869 („Über die dreitägige Reise des Präsidenten") und Nr. 135 vom 17. November 1869 („Aus Hamburg berichten wir zur Reise des Präsidenten").

26 In diesem Tenor ist etwa eine Abrechnung mit Schweitzer im „Neuen Social-Demokrat" Nr. 147 vom 18. Dezember 1872 gehalten („Herr Jean Baptist von Schweitzer nöthigt uns dazu…").

27 Das Preußische Vereinsgesetz von 1850, das erst 1908 durch das Reichsvereinsgesetz abgelöst wurde, verbot Frauen die Mitgliedschaft in politischen Vereinen und die Teilnahme an politischen Versammlungen.

ich Zeuge, als sie einen sonst flotten Zigarrenarbeiter, der immer auf die Sozialdemokraten schimpfte, dazu bewog, einen Taler auf der Liste zu zeichnen. Als die Frauen nach dem ersten Fischzug zusammentraten und ihr Geld ablieferten, sahen sie, daß sie sich keine großen Beschränkungen aufzuerlegen brauchten. Es wurde teure Seide gekauft und eine der vornehmsten Fahnenstickerinnen mit der Ausführung betraut. Im November sollte Fahnenweihe sein. Weil voraussichtlich Wittmacks Salon nicht reichen werde, wurde der Englische Garten genommen.[28] Die ganze Sache paßte Winter nicht. Er war Gegner, daß so großer Luxus getrieben werde. Er glaubte, eine einfache Wollfahne hätte denselben Zweck erfüllt. Die Frauen erklärten, daß sie das Geld gesammelt hätten und die Partei habe ja nur die Fahne anzunehmen. Die Einnahmen von der Fahnenweihe würden ja ohnehin in die Parteikasse fließen. Die Frauen hatten 2000 Karten für das Fest drucken lassen und auch sehr bald verkauft. Immer wurden neue Karten gedruckt. Die Fahnenweihe sollte sich folgendermaßen vollziehen: Erst Konzert von der Musik-Kapelle des Hanseatischen Infanterieregiments Nr. 76. Dieser Teil wurde von dem Militärkommando gestrichen. Es mußten also Zivilmusiker spielen. Dann sollte die Fahne von einer Anzahl weißgekleideter, junger Mädchen an Reimer übergeben werden, und später sollte Georg Wilhelm Hartmann eine Festrede halten. Die jungen Mädchen, die keinen Bräutigam hatten, wurden für den Abend an Agitatorenschüler zum Schutz übergeben. Da Sophie Schuldt den Prolog sprach, auf den Reimer antworten mußte, so war dieses Paar zusammen. Ich hatte Emilie Holm zu führen. Das Fest verlief glänzend, aber auch der große Englische Garten erwies sich als zu klein. Der programmmäßige Tanz konnte erst gegen 4 Uhr beginnen, denn vorher konnte keine Tanzfläche freigemacht werden. Für die Parteikasse brachte das Fest über 1000 M. Das söhnte Winter mit der Sache aus.

Ich blieb mit Emilie bis zum Schluß, und es war nach 7 Uhr, bevor wir unsere Garderobe hatten. Für Emilie hatte die Sache ein kleines Nachspiel. Sie arbeitete bei einem Hausarbeiter, der eine furchtbar eifersüchtige Frau hatte, die sich schon immer ärgerte, wenn Emilie dem Herrn Bartz ihr freundliches Gesicht zuwandte.[29] Bartz und Frau waren auch auf dem Fest, aber sie

---

28 Die Fahnenweihe fand am 25. November 1872 statt; Bericht im „Neuen Social-Demokrat" Nr. 140 vom 1. Dezember 1872. Das Damenkomitee war in einer Frauenversammlung am 6. August 1872 gewählt worden. Versammlungsanzeige im „Neuen Social-Demokrat" Nr. 88 vom 2. August 1872. Ausführlicher Bericht über die Entstehung und weitere Geschichte der Altonaer Parteifahne auch in „Hamburger Echo" Nr. 512 vom 25. November 1922 („Zum Fahnenjubiläum der Altonaer Partei").
29 Im Altonaer Adreßbuch erscheint bis 1884 ein Zigarrenarbeiter, später Zigarrenfabrikant **M. W. Bartz**, der 1872 in der Rothestraße 26a in Ottensen wohnte.

hatten das Unglück, sich zu verlieren. Frau Bartz war gegen 8 Uhr und ihr Gemahl zwei Stunden später heimgekommen. Als Frau Bartz die Kleider ihres Mannes reinigte, leerte sie die Taschen und fand, was eine eifersüchtige Frau nur zu gern findet, einen schlagenden Beweis von der Untreue ihres Mannes in Gestalt eines Paares weißer Damenglacéhandschuhe. Schleunigst wurde der Mann geweckt, damit er Rechenschaft über die Herkunft der Handschuhe gab. Er sagte schlaftrunken: „Es sind Emiliens Handschuhe." Nähere Auskunft, wie er zu den Handschuhen komme, fragte Frau Bartz nicht mehr. Danach würde auch keine eifersüchtige Frau fragen, das weiß sie ganz genau. Als Emilie des Nachmittags zur Arbeit kam, wurde sie mit einer guten Schimpfkanonade empfangen, in der Ausdrücke wie gemeine Hure usw. eine nicht untergeordnete Rolle spielten. Nach langem Bemühen erfuhr Emilie dann, daß Frau Bartz ganz genau wisse, daß der verlorene Ehemann von Emilie gefunden und ent- und verführt sei. Sowie Emilie das erfuhr, rannte sie sofort nach unserer Wohnung, um mich sofort als Entlastungszeugen vor das Forum der Frau Bartz zu stellen. Die näheren Umstände der Ursache des Streits kannte sie noch nicht. Ich sollte nur bezeugen, daß, wenn Bartz wirklich entführt oder verführt sei, daß dann ein anderes Mädchen das Verbrechen begangen habe. Als ich dann der wütenden Frau gegenübergestellt wurde, beteuerte ich hoch und heilig, daß ich von Mitternacht, also zu einer Zeit, als Frau Bartz noch ihren Mann hatte, bis morgens, als Emilie ihre Wohnung betreten und dort noch Kaffee für uns gekocht hatte, mit ihr zusammen war. Wir hatten nämlich auf dem Heimweg frischen Kuchen vom Bäcker geholt und in Emiliens Wohnung verzehrt. Da schüttelte Frau Bartz noch immer ungläubig den Kopf. Jetzt griffen wir zu einem anderen Mittel und nannten eine ganze Anzahl Genossen und Frauen, die mit uns den Heimweg angetreten, die auch frisches Gebäck gekauft hatten und die alle bezeugen konnten, daß Bartz nicht dabei war. Da endlich rückte Frau Bartz mit ihrem Beweis hervor, gab ihn aber nicht aus der Hand, sondern zeigte nur die Handschuhe und sagte: „Wollen Sie leugnen, daß es Ihre Handschuhe sind?" „Nein", sagte Emilie, „die habe ich gleich nach Übergabe der Fahne ausgezogen und auf den Tisch gelegt."[30] Als dann frisches Bier gebracht wurde, habe Bartz die Handschuhe eingesteckt, damit sie nicht naß würden. So wurde Frau Bartz um ihr höchstes Glück gebracht. Denn für eine eifersüchtige Frau kann es doch keinen schöneren Augenblick geben, als einen wirklichen Beweis für die Untreue des Mannes zu finden.

In der nächsten Zeit entwickelte sich zwischen Emilie und mir eine Art Liebesverhältnis. Wir trieben alles, was Verliebte treiben, nur in einem Punkt

---

30 Hier wurde Molkenbuhrs sinnverdrehendes „Ja" durch „Nein" ersetzt.

Abb. 22: Otto Reimer.

wichen wir von gewöhnlichen Liebespaaren ab. Während sonst Verliebte von Heirat sprechen, waren wir uns einig im Nichtheiraten. Emilie war eine eifrige Genossin und sie war der Meinung, ein Agitator dürfe nicht heiraten. Er müsse sich ganz der Partei widmen. Schon die Agitationstouren kosten die Partei mehr Geld, wenn der Agitator verheiratet ist. Durch das Nichtheiraten werde der Partei für jeden Tag Agitation 1,50 M gespart. Trotzdem war unser Verhältnis ein recht inniges. War ich sonntags zur Agitation nach außerhalb und kehrte mit den letzten Zügen heim, dann konnte ich mit Sicherheit darauf rechnen, von Emilie am Bahnhof empfangen zu werden. Wir blieben dann noch immer einige Zeit zusammen. Erst mußte ich Bericht über die Versammlung geben. An Sommerabenden gingen wir dann die Elbchaussee hinunter, setzten uns auf eine einsame Bank und plauderten oft bis zum Morgengrauen. Wenn ich dann nach Hause kam, schlief ich auch noch nicht. In Gedanken setzte ich die Unterhaltung fort und hatte die lebhafte Sehnsucht, dauernd mit Emilie zusammen zu sein. Reimer setzte ebenso den Verkehr mit Sophie Schuldt fort. Auch sie mögen die Heirat als in weiter Ferne liegend behandelt haben, denn Reimer konnte mit seinem Monatsgehalt von 35 Talern ebensowenig an Gründung eines Hausstandes denken wie ich mit meinem Einkommen. Bei Reimer trat aber eine Komplikation ein, indem dessen Freundin gar bald Anwartschaft hatte, Mutter zu werden.

Die Volksversammlungen wurden nach der Fahnenweihe nach dem Englischen Garten verlegt. Obwohl der Saal fast doppelt so viel Menschen faßte wie Wittmacks Salon, so war auch dieser Saal fast immer gefüllt. Nur für die Parteiversammlungen war der Saal zu groß, und [es] wurde dort nicht so viel verzehrt, daß die Unkosten für Beleuchtung und Heizung gedeckt wurden. Allein die Parteiversammlungen wollte Wittmack auch nicht behalten. Diese wurden nun bei Heinsohn am Gählersplatz abgehalten. Um aber Heinsohn, dessen Lokal fast nur von Hafenarbeitern und Mädchen der Wollfabriken oder Kaffeeläden besucht wurde, auch ein Fest zukommen zu lassen, wurde für sein Lokal ein Fest arrangiert mit beschränkter Kartenausgabe. Das Fest sollte am Silvesterabend [1872] stattfinden. Einige hundert Karten waren ausgegeben, da kam die Verordnung, daß an Vorabenden von Festtagen Tanzmusik nicht gestattet sei. Diese Verordnung war auf der dänischen Sabbatordnung begründet. Es wurde die Parole ausgegeben, daß die Besucher vor 10 Uhr kommen sollten. Die Agitatorenschüler hatten für Unterhaltung zu sorgen. Da wurde dann viel deklamiert. Ich deklamierte „Ein Umkehren" von Freiligrath und „Die kranke Lise" von Herwegh, Heyer „König Langohr I." von Heine.[31] Weigel hielt die Festrede. Es war ein selten vergnügtes Fest. Selten ist wohl in Heinsohns Salon so viel verzehrt [worden] wie in dieser Neujahrsnacht. Mehrfach pochten Polizei und Wächter an die Tür, aber es wurde nicht geöffnet. Erst als der Morgen graute, trennten sich die Festteilnehmer.

Am 4. Januar 1873 lernte ich nun den größten Teil der hervorragenden Redner des Allgemeinen Deutschen Arbeitervereins kennen. Hasenclever hatte eine Vorstandssitzung nach Hamburg einberufen, wo über die Wirren in Hamburg und über die Vorbereitungen zur Reichstagswahl beschlossen werden sollte. Am Abend vorher fand eine Volksversammlung im Englischen Garten statt. „Die Krebsschäden der heutigen Gesellschaft" lautete die Tagesordnung, über die Wilhelm Hasselmann aus Berlin als erster Redner sprach.[32] Hasselmanns Artikel waren meine Lieblingslektüre im „Neuen Social-Demokrat". Aber von dem Redner war ich doch enttäuscht. So monoton hatte ich selten einen Menschen sprechen hören. Verschiedene Redner des Abends hatte ich zwar früher schon gehört; zum ersten Mal sah ich hier Karl Frohme.[33] Als Hasenclever ihm das Wort gab, nannte er ihn „Frohme aus dem

---

31 „**Ein Umkehren**", abgedruckt in: Ferdinand Freiligraths sämtliche Werke in zehn Bänden, hrsg. von Ludwig Schröder, Bd. 6: Neuere politische und soziale Gedichte, Leipzig 1907, S. 75–78; „**Die kranke Lise**", eigenständiger Teil des Doppelgedichtes „Vom armen Jakob und von der kranken Lise", abgedruckt in: Herweghs Werke in einem Band, ausgewählt und eingel. von Hans-Georg Werner, Berlin und Weimar ^{4}1980, S. 133f.; „**König Langohr I.**", abgedruckt in: Heinrich Heine. Sämtliche Werke, Bd. 4: Nachlese zu den Gedichten (1831–1848), Almansor, William Ratcliff, hrsg. von Hans Kaufmann, München 1964, S. 54–58.
32 **Wilhelm Hasselmann** (1844–1916), nach abgebrochenem Chemiestudium 1866 ADAV, Redakteur mehrerer sozialdemokratischer Zeitungen, darunter des „Social-Demokrat" 1867 bis 1871 und des „Neuen Social-Demokrat" 1871 bis 1876, MdR 1874 bis 1877, 1878 bis 1881, im August 1880 auf dem Parteitag Schloß Wyden in der Schweiz wegen anarchistischer Tendenzen aus der SAPD ausgeschlossen, danach Emigration in die USA.
33 **Karl Frohme** (1850–1933), Maschinenbauer, 1867 ADAV, 1870 bis 1875 besoldeter Agitator des ADAV, daneben journalistische Tätigkeit, 1876 bis 1878 Redakteur des „Volksfreund" in Frankfurt am Main, Tabakhändler und Redakteur in Frankfurt, von dort Ausweisung 1887, 1890 bis 1914 Redakteur des „Hamburger Echo", MdR 1881 bis 1924, davon 1884 bis 1918 für den 8. schleswig-holsteinischen Wahlkreis Altona-Stormarn.

Gefängnis". Frohme war gerade aus dem Gefängnis entlassen nach Verbüßung einer Strafe, die über ihn wegen einer in Bremen begangenen Majestätsbeleidigung verhängt worden war.[34] Frohme war immer ein Stück Vergangenheit. Er lebte in der revolutionären Periode seines Lebens und war nun in seiner äußeren Erscheinung ein Student der vormärzlichen Zeit. Diese Haare! Ein kräftiger, schlanker Mann mit mindestens einen halben Meter langem Haar. Er war zwar nicht rasiert, aber Bart hatte er auch nicht. Er war der personifizierte Barbierboykott. Frohme suchte in der äußeren Redeform Richter nachzuahmen, aber aus dem, was er sagte, hörte man, daß er philosophische Werke gelesen hatte. Freilich hatte er sich um jene Zeit noch nicht ganz in die Schriften des heiligen Chrysosthomus' und Thomas von Aquins eingesponnen.[35] Er führte damals etwas Zigeunerleben, in welchem er die schlimmsten Abgründe des Lebens kennenlernte, und suchte diese Kenntnisse mit den Kenntnissen aus Büchern zu verwerten. Seine etwas poetisch angelegte Natur liebte das Gemisch von Pastor und Schauspieler. In den Reden wandte er sich viel mehr an die Empfindungen als an den Verstand. Er war aber ein wirkungsvoller Redner. Mit echt Berliner Reden führten sich die Gebrüder Kapell ein.[36] Der Volksversammlung vom Sonnabend folgte am Sonntag eine

---

34 Karl Frohme war kurz vor Weihnachten 1872 nach vier Monaten Haft in sieben verschiedenen Gefängnissen wieder auf freien Fuß gesetzt worden, was er den Lesern des „Neuen Social-Demokrat" in dessen erster Nummer vom 1. Januar 1873 bekanntgab („An die Parteigenossen!").

35 **Thomas von Aquin** (1225–1274), Theologe und Philosoph, Heiliger (Fest am 28. Januar), Schüler von Albertus Magnus in Köln, bedeutendster Vertreter der scholastischen Theologie, schuf mit seinem Hauptwerk „Summa Theologiae" die bis heute gültige Synthese zwischen Glauben und Wissen, Heiligsprechung 1323, Erhebung zum Kirchenlehrer 1567; **Johannes Chrysostomus** (354–407), einer der fünf großen griechischen Kirchenväter, Heiliger (Fest am 13. September), 381 Diakon, 386 bis 397 Priester und Prediger an der Patriarchalkirche von Antiochia, 397 bis zu seiner Verbannung 404 Patriarch von Konstantinopel, wo ihm seine Predigten den Beinamen „Goldmund" (Chrysostomus) einbrachten.

36 **Otto Kapell** (1841–1896), Zimmermann, wie sein Bruder August gebürtiger Berliner, Mitglied des ADAV und 1870 bis 1873 seines Vorstands, Mitbegründer und Leiter der Gewerkschaftsorganisation der Zimmerer und Redakteur des Organs der Zimmerer, des „Pionier", mehrfach Reichstagskandidat, zuletzt 1877 in Berlin, während des Sozialistengesetzes 1880 Ausweisung aus Hamburg, nach erfolgreichem Antrag auf Aufhebung Rückkehr nach Hamburg 1881, Tätigkeit als Biergroßhändler, weiterhin Mitglied der Sozialdemokratie, Nachruf in: „Hamburger Echo" Nr. 249 vom 23. Oktober 1896 („†Otto Kapell"); **August Kapell** (1844–1922), Zimmermann, 1869 ADAV, Agitator, Vorsitzender der eingeschriebenen Hilfskasse des deutschen Zimmerervereins und Mitarbeiter des „Pionier", MdR 1877 bis 1878 für den 11. Breslauer Wahlkreis Reichenbach, nach 1878 Schankwirt in Hamburg, Oktober 1880 Ausweisung aus Hamburg und Umgegend, Aufhebung 1881, Abkehr von der Sozialdemokratie, 1884 bis 1898 in Breslau, danach wieder in Hamburg als Biergroßhändler tätig.

Vorstandssitzung in Hamburg, wo der Schweitzersche Vorschlag erörtert wurde, und am Montag sollte eine Mitgliederversammlung in Hamburg sein.[37]

Die Mitgliederversammlung war auf jeden Fall ein Unikum. Der Vorstand, d.h. Hasenclever und sein Anhang, wollten Bräuer und seinen Anhang vor den Mitgliedern anklagen, weil Bräuer gegen die Leitung des Vereins hetzte. Bräuer hatte aber keine Neigung, die Rolle des Angeklagten zu übernehmen, er wollte selbst anklagen. Er wollte nach Schweitzers Rezept handeln und Hasenclever und seine Freunde vor die Frage stellen, ob sie eine Einigung mit den Eisenachern wollten. Ferner sollte der Schweitzersche Brief „An meine persönlichen Freunde im Allgemeinen Deutschen Arbeiterverein" vom November 1872 die Grundlage der Anklage bilden. Schweitzers Gegner sollten nun die Beweise bringen für Schweitzers Schuld. Und es sollte weiter nach Schweitzers Vorschrift verfahren werden. Würde der Schuldbeweis für Schweitzer erbracht, dann war es klar, daß Tölcke, Hasenclever, Hasselmann usw. Mitschuldige seien.[38]

Der erste Akt dieser Episode war die Kartenkontrolle. In Hamburg wurde kein Mensch eingelassen, der nicht Mitglied des Allgemeinen Deutschen Arbeitervereins war. Jeder, der hineinwollte, mußte durch Mitgliedskarte nachweisen, daß er bis zum letzten Monat seine Beiträge bezahlt hatte. Viele Vorstandsmitglieder, darunter auch Hasenclever, hatten keine Karte bei sich. Sie wurden deshalb vorläufig nicht eingelassen. Dieser Mangel war aber bald behoben, denn die Altonaer Mitgliedskarten trugen auch den Berliner Stempel. Es wurde nur die Karte für 1873 ausgestellt, auf der dann der Monat Januar quittiert wurde. Die Türsteher waren nur das erste Hindernis. Als Hasenclever nach Eröffnung der Versammlung in seiner Würde als Präsident den Vorsitz übernehmen wollte, wich Bräuer nicht vom Platz. Er erklärte, daß nach dem Hamburger Vereinsgesetz der Einberufer verantwortlich für die Ruhe und Ordnung sei und dafür zu sorgen habe, daß keine anderen Gegenstände verhandelt würden, als bei der Polizei angemeldet sind. Mit diesem

---

37 Die Versammlung für die Mitglieder des ADAV aus Hamburg, Altona und Umgegend fand am 6. Januar in Tütges kleinem Salon, Valentinskamp 41 statt. Anzeige im „Neuen Social-Demokrat" Nr. 3 vom 5. Januar 1873. Ausführliche Berichte im „Neuen Social-Demokrat" Nr. 4 vom 10. Januar („Hamburg, 7. Januar. Geschlossene Mitgliederversammlung") und Nr. 5 vom 12. Januar 1873 („Über den Vorfall in der Mitgliederversammlung"); der **Schweitzersche Vorschlag** betraf die Vereinigung der beiden Arbeiterparteien.

38 **Carl Wilhelm Tölcke** (1817–1893), geboren in Eslohe/Westf., Gerichtssekretär, Entlassung auf Grund seiner Teilnahme an der Revolution 1848/49, danach Rechtsberater und Journalist, 1864 ADAV, 1865/1866 Präsident und bis 1874 Vorstandsmitglied des ADAV, Wegbereiter der Parteieinigung 1875, seit 1875 Mitarbeiter der „Westfälischen Freien Presse" in Dortmund, mehrfach Reichstagskandidat, 1891 Mitglied der Kommission des Erfurter Programms.

Verkriechen hinter dem reaktionären Vereinsgesetz und der Polizei verschlechterte Bräuer seine Position derart, daß nun auch viele seiner Anhänger sich gegen ihn erklärten. Eine Weile wurde hin- und hergestritten, und als offenbar die Mehrheit der Versammlung sich auf Seite Hasenclevers stellte, schloß Bräuer die Versammlung.

Jetzt rief Hasenclever den Vorstand wieder zusammen, der nun den Beschluß faßte, Bräuer aus dem Allgemeinen Deutschen Arbeiterverein auszuschließen. So einfach, wie man sich das dachte, war der Beschluß nicht auszuführen. Bei der Polizei war Bräuer als Bevollmächtigter gemeldet. Alle Anmeldungen über Versammlungen, Veränderungen im Vorstand usw. mußten von Bräuer gemacht werden. Bräuer dachte aber nicht daran, sich abzumelden, sondern er blieb bei der Polizei Bevollmächtigter. Er hätte auch die Leute ausgeschlossen, die seinen Ausschluß verfügt hatten. Da man Bräuer gegen seinen Willen nicht entfernen konnte, mußte man sich von Bräuer entfernen. Es mußte eine neue Mitgliedschaft gegründet werden. Vorläufig wurde die Sache in Versammlung erörtert. Da die Polizei verlangte, daß Mitgliederversammlungen des Allgemeinen Deutschen Arbeitervereins von dem Bevollmächtigten Bräuer einberufen wurden, so wählte man den Ausweg, die Angelegenheit in einer Maurerversammlung zu erörtern, wozu alle Mitglieder des Allgemeinen Deutschen Arbeitervereins Zutritt hatten. Paul Grottkau aus Berlin führte den Vorsitz.[39] Es ging sehr stürmisch zu. Einmal bei einem Lärm schwang Grottkau die Glocke mit solchem Schwung, daß sie zersprang. Zum Bevollmächtigten der neuen Mitgliedschaft wurde Hartwig gewählt, der sich durch eine Lärmstimme auszeichnete.[40] Hartwig brüllte schon in kleinen Versammlungen. Bei den stürmischen Versammlungen, die voraussichtlich in der nächsten Zeit kommen würden, war Hartwig der rechte Mann, denn so viel Lärm, daß ihn Hartwig [nicht] überschrie, konnte keine Versammlung machen.

---

39 **Paul Grottkau** (1846–1898), Maurer, seit 1870 Mitglied im ADAV und im Allgemeinen Deutschen Maurerverein, seit 1871 dessen Präsident, 1871/72 und 1873/74 Mitglied des ADAV-Vorstands, seit 1875 in der Redaktion der „Berliner Freien Presse", Januar 1878 Auswanderung in die USA, dort Redakteur sozialdemokratischer Zeitungen, u.a. der „Arbeiterzeitung" und des „Vorboten" in Chicago, seit 1889 der „Kalifornia Arbeiterzeitung" in San Francisco; Nachruf in: „Illustrirter Neue Welt-Kalender für das Jahr 1900", S. 71f.
40 **Thomas Hartwig** (1844–1901), Maurer aus Holstendorf, ADAV, Mitbegründer des Allgemeinen Deutschen Maurervereins, nach der Abspaltung der „Bräuerianer" 1873 erster Bevollmächtigter der neugegründeten Hamburger Mitgliedschaft des ADAV, 1887 Verurteilung zu einem Jahr Gefängnis wegen Majestätsbeleidigung, 1888 Ausweisung aus Hamburg und Umgegend, nach 1890 erneutes Engagement in Partei und Gewerkschaft, Selbstmord aus Schwermut. Nachruf in: „Vorwärts" Nr. 156 vom 7. Juli 1901 („Totenliste der Partei").

Abb. 23: Paul Grottkau.

Eine nicht sehr schöne Nebenwirkung hatte das Arrangement. Durch die Neugründung der Mitgliedschaft wurde Bräuer von seinen Gegnern befreit. Er behielt die Bibliothek, die Fahne und die Kasse. Da nach der letzten Abrechnung zirka 20.000 M Geld vorhanden war, so hatte Bräuer die Mittel zur Herausgabe der Broschüre über „Die Wirren im Allgemeinen Deutschen Arbeiterverein" und zur Herausgabe seines „Sozialdemokrat", des wöchentlich einmal erscheinenden Vereinsorgans.[41] Sehr viel böses Blut und leidenschaftliche Stimmung gegen Bräuer machte die Broschüre über die „Wirren". Dieses Machwerk, welches Bräuer nicht geschrieben hatte, welches er aber mit seinem Namen deckte, hatte auch keine Spur von grundsätzlichem Inhalt. Es waren persönliche Angriffe und was für welche! Die glimpflichsten waren die, welche die Vorstandsmitglieder beschuldigten, daß sie keine Beiträge gezahlt hatten. Der Suff und vor allen Dingen die Liebesbedürfnisse und deren Befriedigung wurden in behaglicher Breite mitgeteilt. Winter wurde vorgeworfen, daß er auf seinen Agitationsreisen mit Frauen und Töchtern der Genossen gar oft hinter den Hecken anzutreffen wäre.[42] Da Winters Haupttätigkeitsgebiet die Marsch war, so konnte er leicht die sachliche Unkenntnis des Verfassers nachweisen, indem er alle Kenner der Marsch aufforderte, ihm einen Platz zu nennen, wo in der Marsch Hecken sind. Dort könne man sich höchstens in Gräben verkriechen. Diese seien aber mehr geeignet, einen überhitzten Menschen abzukühlen, als sich als Don Juan zu betätigen.

---

41 Gemeint ist die Broschüre: „Zur Aufklärung. Die Wirren im Allgemeinen Deutschen Arbeiter-Verein", hrsg. von Hamburger Mitgliedern obigen Vereins, Hamburg 1873. Die Schrift erschien in einer Auflage von 20.000 Exemplaren und war über Carl August Bräuers Privatadresse zu beziehen.
42 Vgl. ebda. S. 17, wo es über Georg Winter heißt: „Heuböden und Heuschober, Knicken und Hecken sind für ihn der liebste Aufenthalt."

Ganz unbegründet waren die Vorwürfe nicht. Mancher Agitator trank mehr Schnaps, als es im Interesse unserer Sache lag. Oder richtiger: Die Sache wurde nicht selten geschädigt durch den nicht nüchternen Agitator. Der Schnapsgenuß gehörte um jene Zeit noch viel mehr zu den Gewohnheiten der Arbeiter als jetzt. Bei den Agitationen war der Agitator darauf angewiesen, entweder Genossen zu besuchen oder in Herbergen zu kampieren. Beim Verzehren mußte schon das billigste Getränk genommen werden. Ein Schnaps kostete 5 Pf. Aber auch beim Besuch von Genossen wurde oft Schnaps angeboten. War ein Mensch nicht ganz fest, dann war es ein Wunder, bei dem Agitationsleben kein Schnapstrinker zu werden. Winters Leidenschaft war weniger der Schnaps als die Weiber. Obwohl er eine recht hübsche Frau hatte, so schielte er nicht nur nach schönen Weibern, sondern er drängte sich gern so nahe an sie heran, bis er auf Widerstand stieß. Durch seinen schlagfreudigen Witz wußte er sich dann zurückzuziehen, wenn er sein Ziel nicht erreichte. Sicher ist aber, daß, wenn er ein frommer Katholik gewesen wäre, hätte er in der Beichte von den Übertretungen des sechsten Gebotes wohl immer mehr als dreiviertel der Zeit ausfüllen müssen.[43] Wurden ihm in Genossenkreisen über seine Liebesabenteuer Vorwürfe gemacht, dann führte er zur Entschuldigung an, daß die Frauen die schlimmsten Gegner seien. Erst wenn die Frauen sehen, daß die Agitatoren genießbare Menschen sind, dann halten sie ihre Männer nicht von der Bewegung zurück.

Schwärmerei für Literatur

Mein Leben erhielt durch die Tätigkeit in der Partei eine Richtung, die wohl für mein ganzes ferneres Leben von Einfluß gewesen ist. Der Umstand, daß ich ungefähr gleichzeitig Zigarrenarbeiter, Sozialdemokrat und Agitator wurde, trug dazu bei, daß ich eigentlich nie in meinem Leben Zigarrenarbeiter wurde. Grübeln über politische und ökonomische Probleme lenkte immer von der Arbeit ab. Hätte ich es überwinden können, mit meinen Gedanken bei der Arbeit zu sein, dann hätte ich es zu der Fertigkeit bringen können, eine gut laufende, nicht zu langsame Maschine zu werden. Gedanken und Tastsinn müssen bei dem Anfänger beim Zigarrenmachen zusammenwirken. Erst mit der Zeit kann der Tastsinn die Gedanken ersetzen. Bei mir wurden die Gedanken abgelenkt. Deshalb blieb ich ein langsamer, mäßiger Arbeiter. Die Folge war, daß ich wenig verdiente. Die Agitation kostete damals den Agitator mehr, als sie einbrachte. Mangel an Geld zwang mich, mich von den Vergnügungen meiner Arbeitskollegen und Schulkameraden zurückzuhalten.

---

43 **Das sechste Gebot** (nach Martin Luther): „Du sollst nicht ehebrechen!"

Zu Hause hatte ich freilich, was sich ein junger Mann wünschen kann, und was ich jedem Menschen wünsche: Meine Mutter war ein prächtiges, herzensgutes Weib, welches geistig so regsam war wie selten Frauen. In Wedel erzogen, war sie so fromm, wie nur eine kleinstädtische Frau sein konnte. Reinlichkeit war bei ihr fast zur Manie entwickelt. Staub war in keinem Winkel der Wohnung zu finden. Sie war auch nicht böse, wenn wir mit schmutzigen Stiefeln kamen, denn die Wohnung mußte nach ihrer Auffassung täglich zweimal gewischt werden. Alle freie Zeit benutzte sie zum Lesen. Gute Romane waren ihre Lieblingslektüre. Als ich aber die Lassalleschen Schriften ins Haus brachte, las sie auch diese, und sie wurde eine klar denkende Sozialistin. Politisch war sie immer nüchtern und konnte den früher oft gebrauchten großen Phrasen keinen Geschmack abgewinnen. Ähnlich wie ich dachten auch meine Brüder. Beide waren etwas kritische Naturen. Hinrich ging in der Selbstkritik etwas weit, er schätzte all sein Können sehr niedrig ein. Er hatte am meisten von dem Ordnungs- und Reinlichkeitssinn meiner Mutter. Aber meine Mutter und Brüder waren fast die einzigen Menschen, mit denen ich wirklich befreundet war.

Außer dem kleinen Liebesverhältnis mit Emilie Holm verkehrte ich dann noch mit Heyer und Weigel. Dieser Umgang befriedigte mich nicht. So entwickelte sich in mir eine Eigenschaft, wie sie vielleicht bei Spiritisten gefunden wird. Ich hatte einen eigenen Drang, die Personen kennenzulernen, deren Schriften ich las. Sie brauchten nicht zu leben. Zunächst prägte ich mir ihr Bild in Gedanken ein. Ich mußte das Bild so im Gedächtnis haben, daß der Mensch lebt. Dann las ich nicht nur die Bücher, sondern ich unterhielt mich mit dem Mann, der das Buch geschrieben hatte. Ich suchte aus ihren Gedanken herauszufinden, welche Stellung sie zu Fragen einnehmen würden, über die sie nicht geschrieben hatten. Besondere Freude machte es mir, wenn ich später Sätze fand, die ich früher als wahrscheinlich angenommen hatte. Am meisten war mir diese Unterhaltung mit dem Afrikareisenden Heinrich Barth und mit Johann Gottfried Seume geglückt.[44] Schriften, die ich nicht so beleben konnte, waren erst von geringem Eindruck auf mich. Mit der Zeit glückte es bei vielen Dichtern und Denkern. Je mehr mir solche Unterhaltungen Genuß bereiteten, um so weniger Interesse hatte ich für wirklich lebende Menschen. Sie waren in der Unterhaltung meistens viel banaler als die Freunde in der Phantasie.

Diese Umstände haben viel dazu beigetragen, daß ich mein Leben lang ein gesellschaftlicher Tölpel geblieben bin. Als junger Mensch muß man

---

44 Zu **Heinrich Barth** und **Johann Gottfried Seume** vgl. S. 120, Anm. 95 bzw. S. 168, Anm. 14.

tanzen und sich bewegen lernen. Ich lernte beides nicht und blieb in Gesellschaft unbeholfen. Oft hatte ich das Bedürfnis, mich an andere Menschen anzuschließen, aber immer hatte ich das Gefühl, daß ich lästig werde und deshalb zog ich mich immer wieder zurück. Die Freunde, deren Geistesprodukte ich in stiller Klause genoß, blieben mir treu. Ja, ich darf sagen, daß die Fertigkeit, einen Genuß in der Unterhaltung mit dem Dichter, Maler, Bildhauer oder Forscher zu sehen, sich steigerte. Bei allem Lesen und Beschauen blieb ich Kritiker. Beim Lesen von Dramen machte ich oft Pausen, um die gelesene Szene in Gedanken spielen zu sehen. Um jene Zeit hatte ich in der Kunst Freude an zwei Richtungen, am klassischen Altertum und an Landschaftsbildern der Malerei und der Dichtkunst. Die gedichteten Landschaften boten oft größeren Genuß. Matthissons „Elegie, gesungen in den Ruinen eines alten Bergschlosses" konnte ich stundenlang im Gedächtnis wiederholen. Da wuchs die Ruine zum Schloß. Die ganze Landschaft belebte sich, bis der Zahn der Zeit alles zernagte und die Vergessenheit das Grab deckte. Der Mondschein weckte Matthisons „Mondscheingemälde", Lenaus „Schilflieder", speziell das fünfte:[45]

> „Auf dem Teich, dem regungslosen,
> Weilt des Mondes matter Glanz,
> Flechtend seine bleichen Rosen
> In des Schilfes grünen Kranz.
>
> Hirsche wandeln dort am Hügel,
> Blicken in die Nacht empor,
> Manchmal regt sich das Geflügel,
> Träumerisch im tiefen Rohr.
>
> Weinend muß mein Blick sich senken,
> Durch die tiefste Seele geht
> Mir ein süßes Dein Gedenken
> Wie ein stilles Nachtgebet."

Bei der Beschäftigung mit Gedichten erwachte dann immer wieder der Hang zur Schauspielerei. Insofern suchte ich den Agitator mit dem Schauspieler zu verbinden, indem ich Freiheitsgedichte auswendig lernte und auf Arbeiterfesten rezitierte. Die Freiheitslieder von Herwegh, Freiligrath, Meißner,

---

[45] **„Elegie – in den Ruinen eines alten Bergschlosses geschrieben"** und **„Mondscheingemälde"** abgedruckt in: Gedichte von Friedrich von Matthisson, Leipzig [1890], S. 13–16 und 40f. **„Schilflieder"**, abgedruckt in: Nikolaus Lenau, Sämtliche Werke und Briefe in sechs Bänden, hrsg. von Eduard Castle, Erster Band, Leipzig 1910, S. 18–20, „Schilflied Nr. 5" auf S. 20, wo es aber in Strophe 1, Vers 2 *„holder"* und nicht „matter Glanz" heißt.

Heine, Sallet, Prutz wie auch die sozialen Dichtungen Englands waren viel mehr Requisiten unserer Agitation, als es später der Fall sein konnte.[46] Wir standen der Zeit, in der diese Dichtungen entstanden sind, viel näher. Die Tagespolitik beschäftigte uns nur in soweit, als der kapitalistische Staat aufgebaut wurde. Das Elend der Kleinstaaterei des Deutschen Bundes war noch in frischer Erinnerung. Wenn wir das Werdende mit anderen Augen betrachteten als Marx und Engels, so lag es nicht daran, daß Lassalle und Schweitzer von Bismarck geblendet oder gar bestochen waren, sondern weil auch viele reaktionäre Hindernisse hinweggeräumt waren, unter denen die Arbeiter besonders gelitten hatten. Die Gründerperiode war zweifellos revolutionär, sie war doch die Folge des Milliardensegens.[47] Anfangs profitierten die Arbeiter davon, weil die Löhne rapid stiegen. Als dann 1873 der Krach eintrat, war auch für uns der Zeitpunkt der Kritik gekommen. Hier wurden wir vielleicht stärker an die Seite der Agrarier gedrängt, als uns lieb war. Die Schriften von Meyer wie „Politische Gründer", Glagau: „Der Börsen- und Gründungsschwindel in Berlin" boten uns das Material.[48] Aber auch Laskers „Antigründerrede" wurde benutzt.[49] In dieser Zeit wäre vielleicht eine populäre

---

46 Zu Herwegh, Freiligrath, Meißner und Prutz vgl. S. 38, Anm. 6, S. 89, Anm. 18, S. 160, Anm. 94; **Friedrich von Sallet** (1812–1843), Lyriker und Erzähler des Vormärz, 1824 bis 1829 Kadett in Potsdam, 1830 wegen einer Satire auf das preußische Militär zunächst zu 10 Jahren Haft verurteilt, dann zu zwei Monaten Arrest begnadigt, 1834 bis 1837 Kriegsschule in Berlin, 1838 Abschied vom Militär, seine „Gedichte" (1835) und „Gesammelten Gedichte" (1835) enthalten teilweise Kritik am preußischen König, sein „Laien-Evangelium" (1842) wurde von der Kirche als atheistisch kritisiert.
47 Zur **Gründerperiode** vgl. S. 166, Anm. 10.
48 **Rudolf Hermann Meyer** (1839–1899), Journalist und Schriftsteller, 1870 bis 1874 Redakteur der „Berliner Revue", entzog sich einer Gefängnishaft wegen Beleidigung Bismarcks, die in seiner 1877 erschienenen Schrift „Politische Gründer und die Corruption in Deutschland" enthalten war, durch Flucht ins Ausland, volkswirtschaftlicher Redakteur in Wien, lebte 1885 bis 1889 als Farmer in Kanada, Rückkehr nach Wien; konservativer, antisozialistischer Sozialpolitiker, Veröffentlichungen u.a.: „Der Emancipationskampf des vierten Standes", 2 Bde, 1874/1875, „Ursachen der amerikanischen Konkurrenz", 1883; **Otto Glagau** (1834–1892), Journalist und Publizist, Mitarbeiter u.a. der „Nationalzeitung" und der Zeitschriften „Gartenlaube" und „Daheim", veröffentlichte 1874 in der „Gartenlaube" eine antisemitisch gefärbte Artikelserie über die Ursachen des Gründerkrachs, die 1876 auch in Buchform unter dem Titel „Der Börsen- und Gründungsschwindel in Berlin. Gesammelte und stark vermehrte Artikel der ‚Gartenlaube'" erschien; in seinem Buch „Der Börsen- und Gründungsschwindel in Deutschland" (1877) stellte er die Behauptung auf, daß 90 Prozent aller Gründer Juden gewesen seien, wandte sich mit seiner Schrift „Der Bankerott des Nationalliberalismus und die ‚Reaction'" (1878) gegen den Liberalismus, gab 1880 bis 1888 die antisemitische Zeitschrift „Der Kulturkämpfer" heraus.
49 **Eduard Lasker** (1829–1884), Jurist, MdL Preußen 1865 bis 1879, MdR 1867 bis 1884, trat 1866 aus der Fortschrittspartei aus und war Mitbegründer der Nationalliberalen Par-

Broschüre von Marx oder Engels angebracht gewesen. Aber die Alten in London sahen in der Bewegung des Allgemeinen Deutschen Arbeitervereins ein von Schweitzer eingeleitetes Treiben, wodurch die Proletarier Bismarck zugetrieben werden sollten.[50]

Ich hatte bei Thiel aufgehört und arbeitete bei Dittmann mit lauter strammen Genossen zusammen. Als Dittmann seine Arbeit aufgeben mußte, ging ich zu Spicht.[51] Im August 1873 hatte ich ein besonderes Pech, welches aber auch als Glück bezeichnet werden konnte, weil es mir Zeit zum Lesen gab. An einem Sonntag nachmittag war Versammlung im „Süßen Kringel", Hörig und ich sprachen.[52] Nach der Versammlung, als es schon dämmerte, machten wir noch eine Spaziertour. Da trafen wir Kutzscher und einige seiner Freunde. Kutzscher hatte eine große Kavalleriepistole. Er wollte uns erschrecken und schlich hinter uns her, um zwischen uns durchzuschießen. Es knallte ein Schuß, und da sah ich, daß mein Rock und meine Hose voll Funken saßen. Als ich das Feuer abklopfte und merkte, daß in meiner Hose ein Loch war, war ich nicht wenig aufgeregt, denn es war ein fast neuer Anzug, den ich höchstens dreimal getragen hatte. Aber dann entdeckte ich, daß nicht nur in der Hose, sondern auch noch im Bein ein mehrere Zoll tiefes Loch war. Ich ging noch an demselben Abend zum Arzt, der Papierpfropfen und Tuchreste herausfischte. Da ich am nächsten Tag nicht gehen konnte, mußte ich mich krank melden. Sechs Wochen lag ich oder richtiger saß ich zu Hause.

Diese Zeit benutzte ich zum Studium. Zunächst wurden Thiers „Geschichte der französischen Revolution", „[Geschichte] des Konsulats und des Kaiserreichs", zwischendurch auch immer Lassalles Broschüren durchgenom-

---

    tei, Führer ihres linken Flügels, einer der einflußreichsten Parlamentarier etwa bei der Beratung der Norddeutschen Bundesverfassung von 1867 und den Reichsjustizgesetzen von 1877, deckte 1873 im Reichstag mit seiner später in Broschürenform publizierten „Antigründerrede" (gemeint ist: „Laskers Rede über die Mißbräuche bei den modernen Gründungen", Berlin 1873) Unregelmäßigkeiten bei der Vergabe von Eisenbahnkonzessionen auf („Gründerschwindel"), die zum Rücktritt des preußischen Handelsministers führten, parlamentarischer Gegenspieler Bismarcks, lehnte im Gegensatz zur Mehrheit seiner Partei die Schutzzollpolitik und das „Sozialistengesetz" ab, leitete 1880 die Spaltung der Nationalliberalen („Sezession") ein, Mitbegründer der „Liberalen Vereinigung".

50 An dieser Stelle hat Hermann Molkenbuhr vier Zeilen gestrichen. Sie lauten: *„Im Herbst 1873 setzte dann die Wahlbewegung ein. Ich wurde neben meinem Bruder Hinrich in das Wahlkomitee für den sechsten schleswig-holsteinischen Wahlkreis gewählt. Unser hauptsächlichstes Agitationsmaterial schöpften wir aus Bebels Broschüre über „Die Tätigkeit des Reichstages 1871–1874 ".*

51 Die Zigarrenarbeiter **Dittmann** und **Spicht** sind in den Hamburg-Altonaer Adressbüchern nicht eindeutig zuzuordnen.

52 „**Süßer Kringel**" war das Versammlungslokal des Gastwirts Hörmann am Bahrenfelder Steindamm in Ottensen.

men.[53] Die Kenntnis der Geschichte der Revolution war insoweit von großem Nutzen, weil der Begriff „Revolutionär" beim Bürgertum anfing, anrüchig zu werden. Die Gegner gefielen sich darin, in Versammlungen die größten Schreckensbilder aus der Geschichte der großen Revolution und der Kommune vorzutragen. Aus Lassalle wußte ich, daß die Revolution die Geburt der bürgerlichen Gesellschaft war. Nun konnte ich doch dem Gegner ganz anders dienen wie sonst. Neben der Kenntnis der Geschichte jener Zeit aus deutschen Quellen auch die Verhältnisse aus französischen Quellen zu kennen, gab mir die Fähigkeit objektiver zu urteilen.

Nach meiner Heilung trat ich bei Paul Eduard Nölting in Arbeit.[54] Eine Fabrik ganz eigener Art. Jeder Tag brachte einige Versammlungen. Dort waren reichlich 40 Mann beschäftigt. Walther, Heyer, Weigel, Hartwig und andere Intelligenzer arbeiteten dort. Sowie eine Frage aufgeworfen wurde, die allgemeine Beachtung verdiente, dann übernahm Hartwig den Vorsitz. Allgemeine Ruhe war dann geboten, und nun mußten sich alle, die etwas sagen wollten, zum Worte melden. So wurde regelrecht diskutiert, bis die Debatte zum Abschluß kam. Es war die Fabrik eine Sozialistenschule, wie es wohl wenige gegeben hat. Auch die weniger regsamen Geister fanden Gefallen an diesen Diskussionen. Selbst die Zurichterinnen, unter denen sich mehrere befanden, die sonst in ihrem ganzen Lebenswandel auf der Stufe tiefstehender Fabrikarbeiterinnen standen, hatten einen großen Respekt vor den Arbeitern, die sich an den Debatten beteiligten. Debatten wurden nicht nur über politische Themata gehalten, sondern auch über Theater, Kunst, Naturwissenschaft usw. Speziell Naturwissenschaft wurde gepflegt. Unter den Arbeitern befanden sich einige Sammler, deren Sammlungen von Lehrern von höheren Schulen angekauft wurden.

Hier machte ich die Bekanntschaft einer Genossin von eigenartigem Charakter. Es war ein großes, schlankes, hübsches Mädchen. Christine war ihr

---

53 **Adolphe Thiers** (1797–1877), französischer Historiker und Politiker, 1832 bis 1836 mehrfach Minister, 1836 und 1840 Ministerpräsident und Außenminister, seit 1834 Mitglied der Academie française, Gegner Napoleons III., 1871 bis 1873 erster Präsident der dritten Republik, schloß 1871 den Frieden mit Bismarck und ließ den Aufstand der Pariser Commune niederschlagen; Molkenbuhr erwähnt die beiden wichtigsten Geschichtswerke Adolphe Thiers: die „Histoire de la Révolution française", 10 Bände 1823–1827 (auf deutsch zuerst 1825 bis 1828 unter dem Titel „Geschichte der französischen Staatsumwälzung" erschienen, später auch unter dem Titel „Geschichte der französischen Revolution") und die „Histoire du Consulat et de l'Empire", 20 Bände und 1 Atlas 1845–1862 (zeitgleich auf deutsch „Geschichte des Consulats und des Kaiserreichs"), welche zu einer liberalen Idealisierung der Revolution von 1789 und zur napoleonischen Legendenbildung wesentlich beitrugen.
54 Gemeint ist die Zigarrenfabrik von **Paul Eduard Nölting** in der Lobuschstraße 75 in Altona.

Vorname. Christine hatte einen Bräutigam gehabt. Ein großer, schöner Mann mit prächtiger Baritonstimme. Ein ausgezeichneter Sänger. Von diesem hatte Christine ein Kind. Als sie heiraten wollten, wurde ihr Bräutigam zum Militär ausgehoben und zu den Gardekürassieren angesetzt. Ferdinand, so hieß der Mann, wollte aber nicht drei Jahre in Berlin dienen. Er ging erst nach Kopenhagen und dann nach England. Christine, die ihren Ferdinand abgöttisch liebte, hoffte immer, ein Schreiben zu erhalten, worin sie aufgefordert wurde nachzukommen. Als aber das Gegenteil zutraf und Ferdinand immer seltener schrieb, und als dann noch das Kind starb, da trat mit Christine eine völlige Wandlung ein. Trotz der mangelhaften Schule hatte sie es zu hoher Intelligenz gebracht. Sie war eine sehr geschickte Arbeiterin und verdiente deshalb recht hohen Lohn. Nun aber verfiel sie in einen fast nymphomanen Zustand. Während sie bisher immer von ihrem Ferdinand geschwärmt hatte, sagte sie nun: „Ich will ihn gar nicht mehr, ich will überhaupt keinen bestimmten Mann. Ein freies Leben ist viel besser!" Sie mietete sich ein Zimmer, in welches sie ungeniert Männer einführen konnte, und führte ein Leben wie ein Sultan, so nannte sie es. Sie liebte viel, um das Leben zu genießen. Aber nie forderte sie von Männern materielle Unterstützung.

In der Arbeiterbewegung war sie ein Vorbild. Sie zahlte zur Parlamentswahlkasse, beteiligte sich an der Flugblattverbreitung und war dann nur Genossin, die dann nur für die Sache agitierte. Sie sagte, so wenig sie es einem Mann verzeiht, bei der Agitation sich zu besaufen, ebensowenig würde sie in solchem Falle ihrer Leidenschaft die Zügel schießen lassen. Vier bis fünf Jahre hat sie so gearbeitet und geliebt. Durch dieses Leben wurde sie körperlich sehr mitgenommen. Einmal erkrankte sie an Bluthusten.[55] Ich besuchte sie im Krankenhause. Da erklärte sie, daß die Ärzte ihr das heftige Lieben verboten haben. Tatsächlich besaß sie Energie genug, um ganz solide zu werden. Wenn man sie an die frühere Zeit erinnerte, sagte sie, daß sie jetzt die Männer entbehren könne, denn die heftigen Regungen seien abgestorben, jetzt gelte es nur, die Gesundheit zu schonen. Während sie erst scheinbar gesund wurde, bekam sie doch einen Rückfall und im Frühjahr 1878 starb sie. Wenn sie auch einem verfehlten Leben zum Opfer fiel, so waren doch alle, die sie kannten, einig in dem Urteil, daß es wenig Mädchen mit so natürlichen Anlagen gab wie Christine. Was sie las oder hörte, das begriff sie, und in den Debatten in Nöltings Fabrik bewies sie, daß sie auch den Sozialismus besser begriffen hatte als mancher Agitator.

---

55 **Bluthusten** kann verschiedene Ursachen haben, eher harmlose wie eine Bronchitis oder Blutungen im Mund bzw. im Hals-Nasen-Ohren-Bereich, aber auch solche lebensbedrohlicher Natur wie Lungen-Tuberkulose oder Lungenkrebs.

Die Reichstagswahl 1874

Jetzt wurde bekanntgemacht, daß am 10. Januar 1874 die Reichstagswahlen stattfinden sollten. Sofort wurde ein Wahlkomitee gebildet. In Altona hatte zwar Reimer die Leitung, aber er wurde im neunten Kreise aufgestellt. Winter sagte, daß der Kreis besser sei als irgendein anderer Kreis außer dem achten. Da Reimer in seinem Kreise oft reden mußte, wurde im Parteibureau Heinrich Groß, der eben erst von See gekommen war, beschäftigt.[56] Neben Groß übernahmen Drogand und Rackow die Leitung in Altona und für die Provinz.[57] Zur Agitation im nördlichen Teile des neunten Kreises wurde Walther und zur eigentlichen Leitung Hermann Gundelach bestimmt.[58] Ich wurde mit in das Wahlkomitee des sechsten Kreises gewählt. Aber ich mußte außer Schreckenbach und Weigel los zum Reden im sechsten Kreise.[59] Hier agitierte der Graf Baudissin für den Landesparteiler Jensen.[60] Der Graf gab uns Redefreiheit, und deshalb konnten wir in manchem Ort reden, wo wir sonst kein Lokal hatten. Wir benutzten als Material Bebels Broschüre über die Tätigkeit des

---

56 **Heinrich Groß** (1848–1914), Hamburger Schiffszimmermann, 1866 bis 1872 Seemann, ADAV, Vorsitzender des Allgemeinen Deutschen Schiffszimmerervereins mit Sitz in Hamburg, 1875 Mitbegründer und Vorsitzender der Allgemeinen Deutschen Schiffszimmerer-Genossenschaft, 1883 bis 1886 Gastwirt in der Thalstraße 45 in St. Pauli, 1887 Gründer des Organs „Der Werftarbeiter", Hauptkassierer der Allgemeinen Freien Kranken- und Sterbekasse, Verfasser des Buches „Die Geschichte der Schiffszimmerer und der Entstehung der allgemeinen deutschen Schiffszimmerergenossenschaft mit besonderer Berücksichtigung der hamburgischen Verhältnisse" (1907); Nachruf in: „Hamburger Echo" Nr. 269 vom 17. November 1914 („Heinrich Grosz").
57 **Ludwig Drogand** (1841–1889), aus Neumarkt im Regierungsbezirk Breslau stammender Hafenarbeiter, seit 1858 (mit Unterbrechungen) in Altona bzw. Hamburg ansässig, ADAV, Präsident des Hamburg-Altonaer Hafenarbeiter-Bundes, Delegierter auf dem Gothaer Vereinigungsparteitag 1875, seit 1875 Hamburger Staatsangehöriger, 1876/77 Mitglied im zehnköpfigen Wahlkomitee der drei Hamburger Reichstagswahlkreise; spätestens seit 1875 Gastwirt und in seinen letzten Lebensjahren wieder nur Arbeiter in St. Pauli, wo er am 26. Februar 1889 verstarb.
58 **Hermann Gundelach** (1847–1903), geboren in Wensen, Zigarrenarbeiter, ADAV, Agitator, Tanzordner und Annoncensammler für die sozialdemokratische „Gerichts-Zeitung", ausgewiesen aus Hamburg und Umgegend im November 1880, Ausweisung aufgehoben im Oktober 1882, Abkehr von der Sozialdemokratie, stand 1894 wegen Kautionsschwindels vor Gericht (Bericht im „Hamburger Echo" Nr. 248 vom 24. Oktober 1894 „Krankenkassengründer vor Gericht"), zuletzt als Bierreisender tätig.
59 **Otto Schreckenbach** (1845–1909), Zigarrenarbeiter aus Lößnitz/Kreis Zwickau, ADAV, Agitator, schloß sich 1875 als Gegner der Parteieinigung der Splitterpartei ADAV-Hamburg an, war Delegierter auf dessen GV 1876 und Mitglied in dessen Vorstand.
60 **Eduard Graf von Baudissin** (1823–1883), aus Friedrichsdorf stammender Rittergutsbesitzer, Führer der „Schleswig-Holsteinischen Landespartei" und Herausgeber der „Schleswig-Holsteinischen Landeszeitung", MdR 1867 bis 1874 für den 3. schleswig-holsteinischen Wahlkreis Schleswig-Eckernförde (Landespartei).

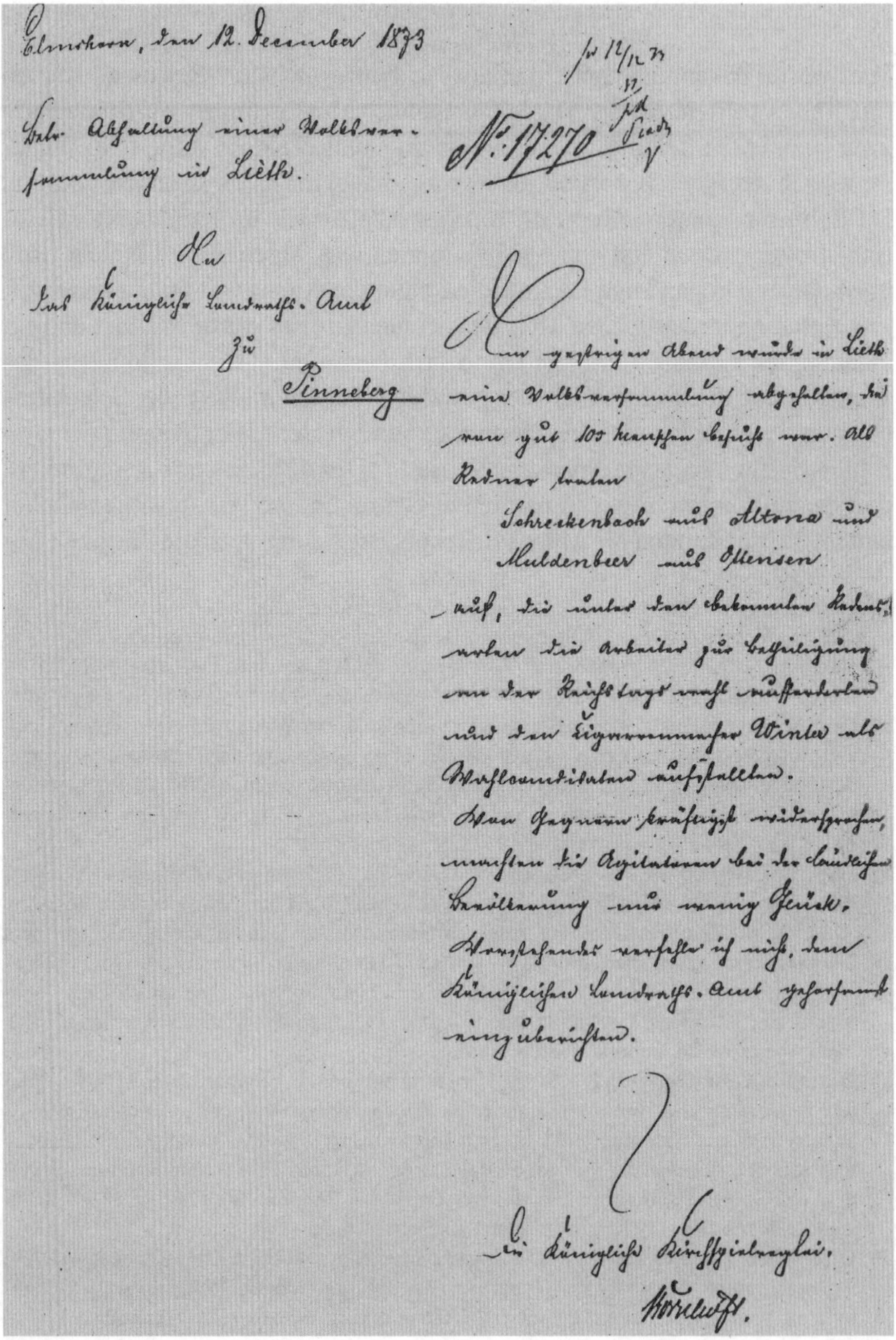

Abb. 24: Polizeibericht über eine Versammlung des ADAV am 11. Dezember 1873 in Lieth, in dem Hermann Molkenbuhr irrtümlicherweise als „Muldenbeer" aus Ottensen bezeichnet wird.

Reichstages.[61] Fast volle Bewegungsfreiheit hatten wir im neunten Kreise. Hier hofften die Junker, daß wir den Freisinnigen soviel Stimmen abnehmen sollten, daß der Konservative mit uns in Stichwahl komme. Nirgends ist wohl so grundsätzlich agitiert [worden] wie bei dieser Wahl in diesem Kreise.

Die Grundlage der Reden bildeten hier in der Regel die Mietsverträge der Insten. Ein Inste und seine Frau müssen einen erheblichen Teil des Jahres auf dem Gut arbeiten, wofür er ein Stück Land bekommt. Hier ist die Mehrarbeit nicht versteckt, sondern die Insten wissen ganz genau, daß sie heute für den Herrn und morgen für sich arbeiten. Nun sagten wir in Versammlungen, daß Ziel der Sozialdemokraten sei, die Ausbeutung zu beseitigen, also die Arbeitsleistung für den Herrn würde in einer sozialistischen Gesellschaft wegfallen. Das begriffen die Insten, und da fanden wir begeisterte Zustimmung. Da die Gutsherren die Parole ausgaben: „in erster Linie für den Konservativen, aber sonst lieber Reimer als Seelig, so bekamen wir soviel Stimmen, daß Seelig aus der Wahl verdrängt wurde, aber nicht nur der Fortschrittler Seelig, sondern auch der Konservative.[62] Das war freilich nicht gewünscht worden. Aber vorläufig hatten die Junker den sozialdemokratischen Zigarrenarbeiter als Reichstagsabgeordneten. Besonders aufgebracht über diesen Wahlausfall war der Landrat von Segeberg, Freiherr von Gayl.[63] Dieser brachte es sogar fertig, als Wahlkommissar seinen Ärger über die Wahl Reimers dadurch zum Ausdruck zu bringen, daß er in der Mitteilung Reimer per „Er" anredete.

Mein Agitationsgebiet war Elmshorn und Umgegend, Kaltenkirchen und die Gegend des Borsteler Gutes. In Elmshorn war früher eine Mitgliedschaft der Richtung Hatzfeld gewesen, und der frühere Bevollmächtigte der Hatzfelder, der Wollwarenhändler Diedrich Popp, war zwar der geistige Leiter der Genossen am Ort, aber er gehörte nicht zum Wahlkomitee.[64] Winter lag krank

---

61 Gemeint ist die von August Bebel anonym veröffentlichte Broschüre: „Die parlamentarische Thätigkeit des Deutschen Reichstags und der Landtage und die Sozial-Demokratie", Leipzig 1873.
62 **Wilhelm Seelig** (1821–1906), Nationalökonom, seit 1854 Professor für Nationalökonomie, Finanzwissenschaft und Statistik in Kiel, MdR 1871 bis 1874 (für den 9. schleswigholsteinischen Reichstagswahlkreis Oldenburg-Segeberg), 1890 bis 1893, MdL Preußen 1873 bis 1893, Deutsche Fortschrittspartei bzw. Deutsche Freisinnige Partei.
63 **Heinrich Carl Anton Ernst von Gayl** (1832–1895), Jurist, 1863 bis 1870 Landrat des Kreises Teltow in Brandenburg, 1870 bis 1877 Landrat des Kreises Segeberg, danach Regierungsrat in Magdeburg, Ehrenbürger von Magdeburg.
64 **Sophie Gräfin von Hatzfeld-Trachenberg** (1805–1881), wurde 1822 gegen ihren Willen mit einem Vetter verheiratet, 1833 Trennung des Ehepaares, 1846 Begegnung mit Ferdinand Lassalle, der die Gräfin in einem mehrjährigen, aufsehenerregenden Scheidungsprozeß als Anwalt vertrat; nach dem Tod Lassalles 1864 fühlte sie sich dessen politischem Erbe verpflichtet, trennte sich 1867 vom ADAV und gründete die Splitterpartei des Lassalleschen Allgemeinen Deutschen Arbeitervereins (LADAV oder „die Richtung Hatzfeld"); **Diedrich Popp** (1834–1903), Lederzurichter, später Wollwarenhändler in

> Erlaube mir hiermit einem geehrten Publicum, insbesondere den Parteigenossen, Freunden und Bekannten meine Tuch- und Bukskin-, Leinen-, Drell-, Manufactur- und Holländische Waarenhandlung; alle Art Wollen-Waaren, fertige Wäsche für Herren, Damen und Kinder, Slips, Cravatts, Pferdedecken, weiße Schlafdecken, Säcke, Maschinengarne und Zwirn, sowie auch Nähmaschinen bestens zu empfehlen.
>
> **D. Popp, Elmshorn,**

Abb. 25: Werbeanzeige des Wollwarenhändlers Diedrich Popp für sein Geschäft in Elmshorn.

im Bett. Also beide Wahlkreise, der fünfte und der sechste, mußten auf die Mitwirkung des Kandidaten verzichten. In Kurzenmoor wohnte der frühere Leiter der Wahl des Landesparteilers Jensen, der Bauer Schoof, ein Bruder des später so stark agrarischen Landtagsabgeordneten.[65] Schoof hatte sich mit dem Grafen Baudissin überworfen, weil die Landespartei gar zu wenig Opposition machte. Nun schloß Schoof sich offen der Sozialdemokratie an. Meine erste Tour war eine Versammlung in Elmshorn, in Seestermühe, in Strohdeich und Glückstadt. Dann mit Weigel zusammen in einer Versammlung der Landesparteiler in Elmshorn, darauf nach Bramstedt.

Hatte ich bisher immer Glück gehabt mit sauberem Logis, so lernte ich nun auch einmal die Kehrseite kennen. In Bramstedt hatten wir die Herberge. Das Versammlungslokal war die große Bauerndiele. Dehn, so hieß der Wirt, war auch Schweinehändler, und der Aufenthalt in Schweineställen hatte den Blick für Schmutz etwas abgestumpft.[66] Da es sehr kalt war, bestellte ich ein Glas Grog. Meinen Grog erhielt ich, aber es trieb allerlei weißes Zeug in dem Grog. Frau Dehn tröstete mich.[67] Sie sagte: „Es ist nichts Unreines, es ist nur Milch in dem Kessel gekocht." Es war also Milchgrog.

Elmshorn, 1868 bis 1871 Bevollmächtigter des LADAV in Elmshorn und Mitglied in dessen zentralem Vorstand, danach Anschluß an den ADAV, 1875 Delegierter auf dem Gründungskongreß der Splitterpartei ADAV-Hamburg.

65 **Wilhelm Schoof** (1834–1894), seit 1864 Eigentümer des Hofes Nr. 4 in dem Marschdorf Kurzenmoor (heute Gemeinde Seester), dessen größeren Teil er bis spätestens 1877 wieder verkaufte; Schoof blieb bis mindestens 1880 auf dem Hof Nr. 4 wohnen. **Johann Friedrich Schoof** (1826–1906), Hof- und Ziegeleibesitzer, Vorsitzender der Provinz Hannover und Mitglied des erweiterten Vorstands des Bundes der Landwirte, MdL Preußen 1867 bis 1906, Nationalliberale Partei bis 1897, nach Ausschluß fraktionslos.

66 **Hans-Christopher Dehn** (1834–1913), Schweinehändler und Inhaber der Gastwirtschaft „Zum Nordpol" in Bramstedt.

67 **Margareta Dehn** geb. Reimers (1843–1919), Ehefrau von Hans-Christopher Dehn.

Nach der Versammlung wurden wir in Zimmer, die neben der Diele lagen, gebracht, wo wir in recht feuchten, schmutzigen Betten übernachten sollten. War das schon nicht dazu angetan, süß zu schlummern, so kam noch hinzu, daß es an zu poltern fing, sobald das Licht aus war. „Du", sagte Weigel, „das sind Ratten, da wollen wir doch unsere Stiefel in Sicherheit bringen". Es wurde Licht gemacht, und die Stiefel wurden an einem Nagel an die Wand gehängt. Schließlich schlief ich doch ein. Kaum schlief ich, da flog mir etwas Kaltes und Hartes ins Gesicht. Ich fuhr hoch und merkte nun, daß mir eine Ratte durchs Gesicht gelaufen war. Ach, dachte ich, wenn das die Mutter wüßte, die würde das ganze Agitieren verwünschen!

Am nächsten Tag war ein furchtbarer Sturm. Wir sollten in Nützen sprechen. Weigel und ich beschlossen, erst zu Fuß nach Kaltenkirchen zu gehen, um dort die Bekanntmachung der Versammlung des folgenden Tages zu besorgen. Denn der Redner mußte nicht nur Reden halten, sondern sehr oft mußte er am Tag Handzettel austragen oder Flugblätter und Stimmzettel verbreiten. Der Marsch nach Kaltenkirchen war sehr anstrengend. Der Westwind blies mit solcher Heftigkeit über die Felder, daß wir uns nicht auf der Chaussee halten konnten. Um etwas Schutz zu haben, liefen wir im Chausseegraben. Mit großer Mühe erreichten wir Lentföhrden, wo wir warteten, bis der Omnibus kam. So kamen wir erst am Mittag nach Kaltenkirchen, wo wir dann gleich mit der Verteilung der Handzettel begannen. Mit Einbruch der Dunkelheit gingen wir nach Nützen. Ohne besondere Störungen verliefen die beiden Versammlungen.

Am Sonntag sollte Weigel nun in Ulzburg und ich in Hemdingen sprechen. Schon in früher Morgenstunde rückten wir aus. Weigel folgte dem Lauf der Chaussee nach Hamburg, und ich ging quer über die Heide. Ich kam auch in Hemdingen an, ein Dorf von 8 Kilometern Länge, welches die Eigentümlichkeit hatte, daß in beiden letzten Häusern ein Schmied wohnte, der auch eine Wirtschaft hatte, und beide hießen Krause.[68] Bei einem dieser Krauses sollte die Versammlung sein. Ich ging zunächst rechts. Als ich dann bei dem Krause war, sah ich schon von außen, daß es der verkehrte Krause war, denn er war nicht nur Schmied und Schankwirt, sondern auch noch Gemeindevorsteher. Das Wetter war sehr schlecht. Ein feiner Regen hatte schon die sehr schlechten Wege aufgeweicht. Auf dem schlüpfrigen Weg erreichte ich doch das richtige Haus. In der Gaststube saß ein Genosse aus Ottensen, der Handzettel verbreiten und den Vorsitz führen sollte. Aber nun erzählte er mir, daß

---

68 Einwohner von Hemdingen mit Namen **Krause** tauchen im VR vom 3. Dezember 1864 nicht auf, vertreten ist hingegen der Name Kruse. Die Gemeindeverwaltung von Hemdingen sah sich außer Stande, mit biographischen Angaben behilflich zu sein.

aus der Versammlung nichts werde, weil der Wirt sein Lokal nicht mehr hergeben wolle. Er habe nur zugesagt, weil Schoof ihm geschrieben. Da habe er geglaubt, es sei eine Versammlung der Landespartei. Die Teiler wolle er nicht haben. Nun wanderten Diedrich, so hieß der Genosse aus Ottensen, und ich nach Barmstedt.[69] Dort war auch Versammlung, in der Hein Wehrenberg sprechen sollte.[70]

Wehrenberg oder Hein Langensalza, wie er von den Hafenarbeitern genannt wurde, war in Altona eine sehr populäre Person. Er war der erste Hafenarbeiter, der sich dem Allgemeinen Deutschen Arbeiterverein angeschlossen hatte. Hein sprach immer plattdeutsch. Auch ging er immer im Arbeitszeug. Es war freilich nicht der Anzug, in welchem er arbeitete, denn er war Kohlenschauermann. Er kaufte sich nur Arbeitskleidung und trug den neuen Anzug so lange an Sonn- und Feiertagen, bis sein Arbeitsanzug defekt war, dann wurde der Sonntagsanzug auf Arbeit getragen und ein neuer Arbeitsanzug für sonntags gekauft. Wehrenberg war hannoverscher Dragoner gewesen und hatte bei dem Regiment gestanden, welches bei Langensalza preußische Karrees gesprengt hat. Diese Kriegserinnerungen spielten in seinen Reden eine große Rolle. Auch in Barmstedt hatte er gesagt, daß er 1866 Preußen totgeschlagen habe und dafür gelobt sei und sogar einen Orden erhalten hatte. Tapferkeit war eine hervorragende Tugend des biederen Wehrenberg. Aber dieses Stück Kriegsgeschichte paßte dem überwachenden Beamten nicht. Der tapfere hannoversche Soldat, der nun seine Tapferkeit in den Dienst des Sozialismus stellte, war dem Gendarmen ein Greuel. Er löste die Versammlung auf, verhaftete Wehrenberg, der dann wegen Vorbereitung zum Hochverrat angeklagt und vom Schwurgericht in Altona zu sechs Monaten Festung verurteilt wurde.[71] Diese Strafe verbüßte Wehrenberg in Magdeburg in Gesellschaft von Offizieren und Studenten, die dort Strafen wegen Duell zu verbüßen hatten.

Ich hatte vor der Hauptwahl noch in einer großen Anzahl von Versammlungen zu sprechen. In einer Versammlung in Seth bei Elmshorn hatte ich den

---

69 **Jürgen Diedrich** (1854->1881), aus Rendsburg stammender Zigarrenarbeiter, Buchhalter, Schriftführer sozialdemokratischer Versammlungen, am 10. Mai 1881 aus Hamburg und Umgegend ausgewiesen.

70 **Johann Heinrich („Hein") Wehrenberg** (1840–1875), Hafenarbeiterführer in Altona, ADAV, wird im „Neuen Social-Demokrat" Nr. 54 vom 9. Mai 1873 („Geheimnisse des Altonaer Polizeikellers") so beschrieben: *„An der Spitze der Hafenarbeiter steht ein energischer, handfester und als plattdeutscher Redner gewandter sogenannter ‚Kohlenjumper', Namens Langensalza, dessen Socialismus naturwüchsig und dessen Hingabe für die Arbeitersache, trotz seiner Mittellosigkeit, Bewunderung bei allen erhält."*

71 Berichte in: „Neuer Social-Demokrat" Nr. 52 vom 6. Mai 1874 und Nr. 94 vom 16. August 1874.

Elmshorner Bürgermeister als Gegner.[72] Dieser Herr hatte die Angewohnheit, seine politische Gegnerschaft mit der Stellung als überwachender Beamter zu verbinden. Plötzlich während meiner Rede sprang er auf und fing an zu reden. Als ich sagte, er solle warten, bis ich meine Rede geschlossen habe, erklärte er, daß er das nicht könne, weil er dann die Hauptsache vergessen habe. Schließlich drohte er, die Versammlung auflösen zu wollen, wenn man ihn nicht reden lasse. Mehrfach kam ich noch kreuz und quer durch den Wahlkreis. Am Vorabend der Wahl sprach ich noch in Ottensen und am Wahltag war ich in Bramstedt. Nun ging ich aber nach Schluß der Wahl noch nach Kellinghusen, solch einen Abscheu hatte ich vor den schmutzigen Betten und den Ratten in unserem Versammlungslokal.

Der Wahltag brachte uns zwei Mandate.[73] Anfangs glaubten wir sogar, drei Mandate zu haben, denn Reimer hatte auch im Fürstentum Lübeck die Mehrheit. Daß zu diesem Kreise auch noch die Stadt Oldenburg und das Fürstentum Birkenfeld gehörten, davon hatten wir keine Ahnung. Das Fürstentum Birkenfeld konnten wir sogar nicht einmal auf der Landkarte finden, weil wir es in der Nähe von Oldenburg suchten.[74] Winter kam im fünften Wahlkreis mit Lorentzen in Stichwahl.[75]

Da ich vor der Hauptwahl zweimal in Kellinghusen redete, einmal in einer von uns einberufenen Versammlung und einmal als Gegner gegen den Landesparteiler Dr. Griebel, wo ich ganz gut abschnitt, so wurde ich nun nach Kellinghusen gesetzt, um dort die Umgegend zu bearbeiten.[76] In Kellinghusen

---

72 **Johannes Bornhöft** (1831–1912), seit 1867 Kirchspielvogt in Elmshorn, mit Verleihung der Stadtrechte an Elmshorn 1870 zum Bürgermeister gewählt, amtierte bis 1888.
73 Wilhelm Hasenclever hatte im 8. schleswig-holsteinischen Wahlkreis Altona-Stormarn das Mandat für den ADAV gewonnen, Otto Reimer im 9. schleswig-holsteinischen Wahlkreis Oldenburg-Segeberg.
74 Der 1. Wahlkreis des Großherzogtums Oldenburg setzte sich aus drei, hunderte von Kilometern entfernten Gebieten zusammen: der Stadt Oldenburg und deren Umland, dem in Schleswig-Holstein gelegenen Fürstentum Lübeck, zu dem etwa Eutin und Malente zählten, und dem 502 km² großen Fürstentum Birkenfeld, das seit 1817 zum Großherzogtum Oldenburg gehörte. Es lag 40 km südöstlich von Trier im heutigen Bundesland Rheinland-Pfalz.
75 **Karl Lorentzen** (1812–1888), Philologe, Dr. phil., 1848 bis 1850 Mitglied der Landesversammlung in Schleswig, 1852 bis 1856 Mitarbeiter am Archäologischen Institut in Rom, 1857 bis 1859 Oberlehrer in Gotha, 1860 bis 1863 Redakteur und bis 1866 im diplomatischen Dienst der Augustenburger, MdR 1867 bis 1876 für den 5. schleswig-holsteinischen Wahlkreis Norder- und Süderdithmarschen, MdL Preußen 1867 bis 1870, 1873 bis 1879, zunächst Landespartei, dann Deutsche Fortschrittspartei, dann Nationalliberale Partei.
76 **Theodor Griebel** (1838–1875), Jurist, Dr. iur., Rechtsanwalt in Kiel, 1873 Mitbegründer der schleswig-holsteinischen Landespartei, seit 1874 Herausgeber der „Schleswig-Holsteinischen-Landeszeitung".

hatte ich eine liebe Gesellschaft. Schon der Gendarm Niederschild war recht gemütlich.[77] Er war ein alter dänischer Beamter und fühlte sich sehr bedrückt in den preußischen Verhältnissen. Er freute sich, daß wir so gegen die Herrschenden waren. Besonders hatte ich sein Herz dadurch erobert, indem ich in der Versammlung mit Dr. Griebel darauf hingewiesen hatte, daß die Landesparteiler früher es als schlimmsten Druck bezeichneten, daß Schleswig-Holstein mit Dänemark eine Personalunion habe, indem der König von Dänemark gleichzeitig Herzog von Schleswig-Holstein war. Die Arbeiter empfänden es nicht als Unglück, wenn der Augustenburger nicht Herzog sei. Ein Fürst mehr würde viel Geld kosten. Uns käme es darauf an, erträgliche politische und soziale Zustände für alle in ganz Deutschland zu erringen. Da könne die Kleinstaaterei ein Hindernis sein. Nicht das machen wir Preußen zum Vorwurf, daß es eine Anzahl Fürsten weggejagt habe, sondern, daß so viele Mißstände nicht beseitigt werden. Darüber, wie es mit dem Vereinsrecht, der Preßfreiheit, dem Arbeiterschutz usw. im selbständigen Herzogtum unter Leitung eines Herzogs bestellt sein werde, schweige das Programm der Landespartei.

Jetzt gingen wir auf die Dörfer. Fitzbek, das frommste Dorf, Rosdorf, Poyenberg usw. wurden mit Versammlungen beglückt. Da uns die Bauern feindlich gesinnt waren und auch Neigung hatten, uns durchzuprügeln, so betrachtete Niederschild [es] als seine vornehmste Pflicht, uns zu beschützen. War die Versammlung beendet, dann ritt er neben uns, bis wir auf sicherem Weg waren. In Poyenberg hatte man einen rechten Bauernstreich geplant. Als wir dort ankamen, hatten die Bauern schon ein Faß Bier aufgelegt und Schnaps bereitgestellt, wovon die Knechte so viel trinken konnten, wie sie wollten. Auch hatten sie in der Mitte der Diele eine Rednerbühne gebaut. Diese Mittelbühne gefiel mir nicht. Ich wollte die Versammlung vor mir haben, denn ich befürchtete, von hinten belästigt zu werden. Ich sprach deshalb von der Seite der Diele, wo ein Musikantenpult stand. Als ich reichlich eine halbe Stunde gesprochen hatte, begannen die Bauern, Lärm zu machen und das „Schleswig-Holstein-Lied" zu singen. Vergeblich bemühten der Vorsitzende und Niederschild sich, Ruhe zu schaffen. Wir mußten die Versammlung abbrechen. Später erfuhren wir auch den Grund, weshalb die Rednerbühne in der Mitte der Diele war. Sie stand nämlich direkt unter der Bodenluke. Man hatte mehrere Eimer Wasser auf den Boden geschafft, die uns während der Versammlung über den Kopf gegossen werden sollten. Dadurch, weil ich es ablehnte, von der Mitte aus zu sprechen, hatte ich den Bauern diesen „Spaß" verdorben.

---

77 Ein Gendarm **Niederschild** ließ sich weder in den DVR noch in den Beständen des Stadtarchivs Kellinghusen nachweisen. Vermutlich ist er nach 1864 nach Kellinghusen gekommen und hat es vor seinem Tod wieder verlassen.

In Kellinghusen fühlte ich mich sehr wohl. Ich wohnte in unserem Versammlungslokal. Der Wirt Harder war ein jovialer Mann. Die Frau war etwas kränklich, aber furchtbar vornehm. Sie hatte eine höhere Töchterschule besucht. Da sie sich gern über Literatur unterhielt, stand ich bei ihr in gutem Ansehen. Auch hatten sie eine grade nicht schöne, aber liebenswürdige Tochter, die sich gern mit mir unterhielt.[78] Weil ich für Kost und Logis gar nichts zu zahlen brauchte, schenkte ich der Tochter eine Gedichtsammlung. Außer der Familie Harder war die Familie Strüven, in der ich verkehrte. Strüven, ein Schuhmacher, war der örtliche Leiter.[79] Frau Strüven war eine sehr gute Frau, nur strafte sie mich für jeden Besuch damit, daß ich ihren furchtbar schlechten, sogenannten Kaffee trinken mußte. Der Kaffee war sehr gesund, völlig koffeinfrei, denn sie vermied es, nur irgendeine der giftigen Bohnen aus Arabien oder anderen Tropenländern zu verwenden. Gebrannter Roggen, Eicheln und Cichorien waren die Mittel, womit das Wasser braun gefärbt wurde. Dann gab sie mir auch immer sehr viel Haut der Milch. Ich trank aber immer schwarzen Kaffee, weil die Haut ein Brechmittel für mich war. Frau Strüven sagte aber: Erst durch die Milch erhalte der „Kaffee" den Wohlgeschmack, und die Haut sei das Beste an der Milch. Ich konnte mich auch gar nicht hüten vor der Strafe. Ich mochte vormittags, nachmittags oder abends kommen, sobald ich das Haus betreten hatte, kochte Frau Strüven das braune Wasser, welches sie mit dem Namen „Kaffee" bezeichnete.

Die Agitation außerhalb leitete der Zigarrenarbeiter Köhncke, der zum Zweck der Agitation von Altona nach Kellinghusen gezogen war. Köhncke war ein flotter Zigarrenarbeiter, der auch dort bei Hintze recht gut verdiente.[80] Auch Köhncke hatte sich gut eingelebt und mit der Tochter des Schuhmachers Kistenmacher ein Liebesverhältnis angefangen.[81] Die biedere Helene,

---

78 **Hans Harder** (1822->1874), aus Bramstedt stammender Tischler und Gastwirt, und seine Frau **Margarethe Harder** (1822->1874) aus Fehmarn hatten eine in Kellinghusen geborene Tochter **Helene Harder** (1855->1874). Da in den Kirchenbüchern kein Todesfall Harder verzeichnet ist, muß die Familie Kellinghusen mit unbekanntem Ziel verlassen haben.
79 **Johann Hinrich Strüven** (1845->1878), Schuhmacher in Kellinghusen, 1872 Gründungsmitglied des Kellinghusener ADAV, im Juni 1878 nach Altona umgezogen, wo er nur bis 1879 im Adressbuch aufgeführt wird.
80 **Hans Köhncke** (auch **Köhnke**) (1849–1940), Zigarrenarbeiter, ADAV, Agitator, Delegierter auf dem Gothaer Parteitag 1875, ließ sich 1877 als Zigarrenfabrikant dauerhaft in Kellinghusen nieder, betrieb eine Zigarrenfabrik, in der er während des Sozialistengesetzes ausgewiesene Sozialdemokraten beschäftigte, darunter auch Hermann Molkenbuhr. Einen Zigarrenfabrikanten namens **Hintze** hat es in Kellinghusen nicht gegeben.
81 **Claus Kistenmacher** (1811–1905), Hausvater und Schuhmacher in Kellinghusen; dessen Tochter **Anna Magdalena Kistenmacher** (1847–1888) heiratete am 7. April 1876 Hans Köhncke.

die Tochter des Wirtes Harder, und die Tochter Kistenmachers waren Freundinnen.[82] Beide spielten in dem Theaterklub Kellinghusens Hauptrollen. Köhncke blieb nach der Wahl in Kellinghusen. Die Bauern wollten den Agitator, der auf die Dörfer ging, los sein, und sie forderten von Hintze, Köhncke zu entlassen. Sonst würden sie keine Zigarren mehr von ihm kaufen. Köhncke wurde aus der Arbeit entlassen, aber seine Liebe zu Anna erlosch nicht. Er heiratete Anna und zog nach Altona. Dort erkrankte sie bald. Die Ärzte rieten aufs Land zu ziehen. Köhncke zog wieder nach Kellinghusen, und da Hintze ihn nicht in Arbeit nahm, wurde er selbst Fabrikant. Bald war er so weit, alle Zigarren, die er fertigstellte, absetzen zu können. Er wurde nicht nur Konkurrent von Hintze, sondern bald hatte er es dahin gebracht, Arbeiter einzustellen. Wie Köhnckes Geschäft sich vergrößerte, so schmolz Hintzes Geschäft zusammen. So entstand eine Fabrik, die zur Zeit des Sozialistengesetzes eine gute Stütze wurde. Es wurde eine Fabrik mit aus Hamburg ausgewiesenen Arbeitern, und die Bauern und Bürger Kellinghusens gewöhnten sich daran, recht viel Sozialdemokraten in ihrem Ort zu haben. Doch hiervon später.

Der Wahlausfall von 1874 hatte uns 180.319 Stimmen und den Eisenachern 171.354 Stimmen gebracht. Schleswig-Holstein lieferte 44.953 sozialistische Stimmen und zwei Mandate. Ich trat nach der Wahl bei Detlef Köster in Arbeit. Köster war Kassierer der Ottensener Partei. Nach der Wahl begannen die Verfolgungen. Für Schleswig-Holstein war es ein beliebtes Mittel, Versammlungslokale als unzureichend zu erklären. Bald sollte Feuergefahr vorhanden sein, oder man sagte: Das preußische Versammlungsgesetz fordert für die Beamten einen angemessenen Platz. Ein solcher angemessener Platz sei auf einer Bauerndiele nicht vorhanden. Also der größte Teil der Dörfer hatte kein Versammlungslokal, denn dort ist der Tanzsalon im täglichen Gebrauch Durchfahrt oder Bauerndiele, auf welche man vor Tanzvergnügungen feine, helle Bohlen legt.

Die Verfügungen der Schleswiger Regierung kamen auf recht merkwürdige Art zu meiner Kenntnis. In Wedel, also meinem Geburtsort, sollte Versammlung sein. Ich hatte das Lokal festgemacht und ging dann zum Bürgermeister Körner die Versammlung anzumelden.[83] Körner war ein Jugendfreund meines Vaters. Er fand erst, daß ich große Ähnlichkeit mit meinem Vater hatte. Ich mußte ins Wohnzimmer kommen und wurde dort den Frauen

---

82 Dieser Satz wurde umgestellt, da die Töchter in der Vorlage den falschen Vätern zugeordnet waren.
83 Bei **Körner** handelt es sich offensichtlich um eine Namensverwechslung von Hermann Molkenbuhr, denn als Bürgermeister von Wedel amtierte zwischen 1869 und 1887 der Hauswirt und Landmann **Johann Kleinwort** (1811–1894).

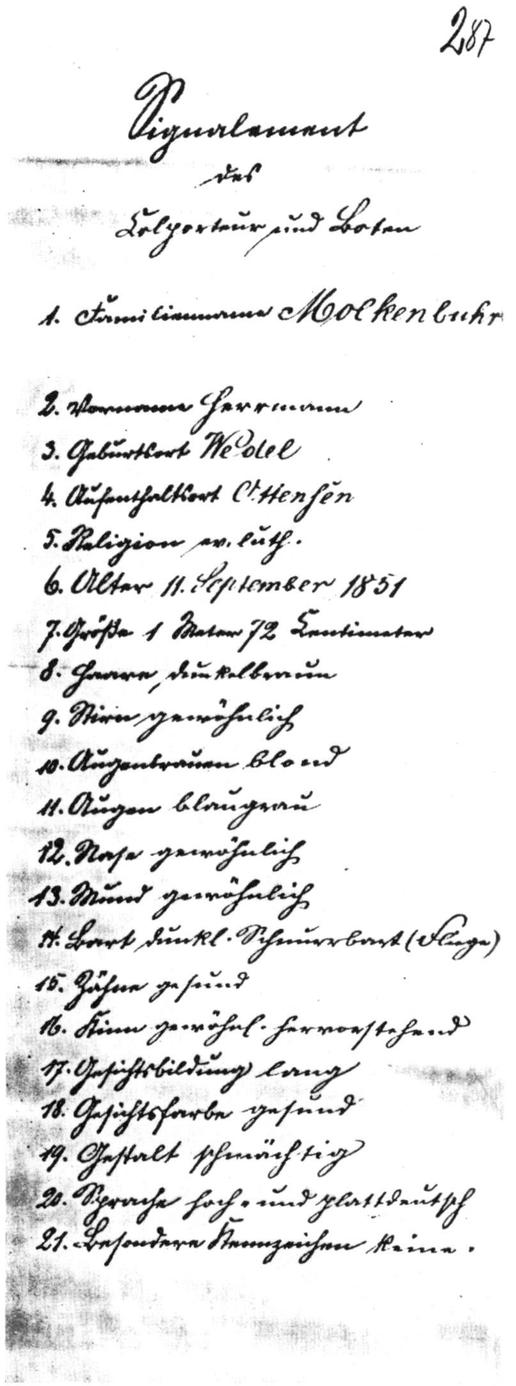

Abb. 26: Steckbrief („Signalement") Hermann Molkenbuhrs aus dem Jahr 1878.

vorgestellt und zum Kaffeetrinken eingeladen. Dann sagte Körner: „Junge, nimm Dich in acht, daß Du nicht gefaßt wirst. Es wird streng nach Euch gefahndet." Als ich bezweifelte, daß man uns etwas anhaben könne, weil wir doch auch die Gesetze kennen und beachten, sagte er: „Auf die Gesetze kommt es nicht an. Da kommen Verfügungen von der Regierung und vom Landrat, die bezwecken, die Agitation unmöglich zu machen." Ich war begierig zu wissen, was denn in diesen Verfügungen stehe. Da stand Körner auf, ging in sein Amtszimmer und holte ein Aktenbündel, übergab mir es und sagte: „Da, lese es selber." Da waren fein säuberlich geordnete Personalakten der Redner, Instruktionen, wie man Versammlungen im voraus verbieten oder auflösen könne. Diese Lektüre war eine sehr interessante. Denn es wurden nicht nur Vereinsgesetz und Strafgesetz [her]angezogen, sondern auch eine Reihe alter dänischer Verordnungen, z. B. die dänische Sabbatordnung usw. Gerade die Bezugnahmen auf die dänischen Verordnungen fielen mir auf. Ich sagte: „Ich meine, wir sind von dänischer Unterdrückung befreit." „Ja, ja", sagte Körner, „mir will es auch nicht in den Kopf, aber wenn es der Landrat und die Regierung anordnen, dann müssen wir uns fügen. Denn auch der Gendarm hat solche Instruktion." Ich versprach Körner, daß wir uns in Wedel so verhalten, daß er oder der Gendarm keinen Grund hätten, gegen uns vorzugehen.

Vorbereitungen zur Parteieinigung

Im Allgemeinen Deutschen Arbeiterverein und speziell in Altona kam es zu einigen Reibungen. Vorläufig hatte Winter nach Reimers Wegzug nach Berlin wieder die Leitung übernommen. Auch Stanzen Kammigan, der in Mitteldeutschland als stabiler Agitator tätig gewesen war, kehrte nach Hamburg zurück.[84] Kammigan hielt in einer Volksversammlung eine Rede voll unglaublicher Plattheiten und Wendungen, die mit Sozialismus oder Demokratie wenig gemein hatten. Diese Rede wurde Gegenstand der Erörterungen in der Mitgliederversammlung. Hiermit war ein Anlaß gegeben, der wohl dazu beitragen konnte, die Partei geistig vorwärtszutreiben. Aber eine Anzahl Redner fühlten sich doch bewegt, wenn sie die Sätze, die sie in Volksversammlungen gebraucht hatten, in Mitgliederversammlungen verteidigen sollten. Mehr als sonst wurde nun auch Marx' „Kapital" gelesen und auch wohl besser verstanden. Die Gründerperiode mit nachfolgendem Krach hatte auch die Gegner über Schulzes „Arbeiterkatechismus" hinausgebracht.[85] Besonders viel wurde die Krisentheorie erörtert.

Politisch war die Periode Tessendorf angebrochen.[86] Unglaublich hohe Verurteilungen in Berlin, Stettin und anderen Orten sowie die große Anzahl Anklagen schufen eine prekäre Situation. Winter hatte auch mehrere Anklagen. Nebenbei hatte er das Gefühl, daß die junge Generation ihm geistig über

---

84 **Franz Kammigan** (auch Kamigann) (1843–1905), die Herkunft des auch in der Presse verwendeten Spitznamens „Stanzen" ist nicht geklärt, Zigarrenarbeiter aus Leipzig, Gründungsmitglied des dortigen ADAV, seit Mitte der 1860er Jahre Agitator in Altona, unterbrochen durch 5 Jahre als stabiler Agitator in Köthen in Sachsen-Anhalt, Mitglied im Vorstand des ADAV 1873/74, Reichstagskandidat im Wahlkreis Reuß ältere Linie 1874, Ausschluß aus der SAPD wegen parteischädigenden Verhaltens Dezember 1875, Anschluß an den ADAV-Hamburg von Carl August Bräuer, Rückkehr in die SPD, seit 1901 in Leipzig im Vorstand des Wahlkomitees; Nachruf in: „Leipziger Volkszeitung" Nr. 198 vom 28. August 1905 („Franz Kammigan†").

85 Gemeint ist die Schrift von Hermann Schulze-Delitzsch, „Capitel zu einem deutschen **Arbeiterkatechismus**. Sechs Vorträge vor dem Berliner Arbeiterverein", Leipzig 1863.

86 **Hermann Tessendorf** (1831–1895), Jurist, Staatsanwalt in Burg und Magdeburg 1864 bis 1873, Staatsanwalt am Stadtgericht Berlin 1873 bis 1879, 1879 bis 1885 Senatspräsident an den Oberlandesgerichten Königsberg und Naumburg, 1885/86 Präsident des Strafsenats am Kammergericht Berlin, 1886 bis 1895 Oberreichsanwalt in Leipzig, engagierter Verfolger der Sozialdemokratie vor und während des Sozialistengesetzes.

den Kopf wuchs. Das brachte ihn zu dem Entschluß, Deutschland zu verlassen und nach Amerika zu gehen. Eines Tages kam er bei Köster an und sagte, er wisse genau, daß er zu mehreren Jahren Gefängnis verurteilt werden würde. Diese Strafe würde er nicht ertragen. Auch würde er der Partei viel Geld kosten. Würde man ihm das Geld zur Reise nach Amerika und etwas Taschengeld geben, dann würde er vorläufig nach England gehen und dort die Urteile abwarten. Seien es mehr als zwei Jahre Gefängnis, dann gehe er nach Amerika, sonst kehre er zurück, wobei dann das Geld als gegebener Vorschuß verrechnet werden könne. Winter wurde in Abwesenheit verurteilt, aber die Strafe fiel viel gelinder aus, als er erwartet hatte. Er kam aber nicht zurück. An seiner Stelle wurde nun Rackow zum Parteileiter gewählt.

Meine Literatur in diesem Jahr war Heinrich Heine. Hoffmann und Campe brachten die 18-bändige Ausgabe in 54 Lieferungen heraus. Diese hatte ich abonniert und nahm sie gründlich durch.[87] Nebenbei hatte ich Rousseaus „Gesellschaftsvertrag" und Fichtes „Reden an die deutsche Nation". Heine veranlaßte mich auch, Kants „Kritik der reinen Vernunft" anzuschaffen, aber damit wußte ich nichts anzufangen.[88] Ich konnte keinen Anschluß an Kant finden. Heine war nun mein Liebling. Die Satire hielt ich immer für eine gute Waffe. Gar oft hatte ich sie anzuwenden versucht. Nun konnte ich einen Meisterfechter im Gebrauch dieser Waffe beobachten. Aber auch der Inhalt reizte mich besonders. Hier war es der Band V. „Zur Geschichte der Religion und Philosophie in Deutschland". Sehr viel zitiert wurde der Abschnitt aus „Ratcliff" über die Klassengesetzgebung. Freilich befand sich dieses Zitat in der damals in der Partei viel verbreiteten Broschüre von Dr. Erismann „Über Verbrechen und Strafe".[89] Die Gedichte erweiterten meinen Schatz oder richtiger mein Repertoire für Rezitationen, das „Buch der Lieder" und die übrigen lyrischen Dichtungen meinen stillen Privatgenuß.

---

87 Gemeint ist die Ausgabe: Heinrich Heines sämmtliche Werke in 18 Bänden, Verlag Hoffmann und Campe, Hamburg 1874.
88 Gemeint ist die „Kritik der reinen Vernunft" (1781), eines der drei Hauptwerke von Immanuel Kant.
89 **Friedrich Erismann** (1842–1915), Schweizer Arzt, zunächst Augenarzt, Promotion 1867, 1869 bis 1872 Augenarzt in St. Petersburg, 1870 während eines Urlaubs in der Schweiz Eintritt in die Sozialdemokratische Partei Zürich, 1872 bis 1876 Studien zur Hygiene in München, 1877 Rückkehr in russische Dienste, 1881 bis 1896 Professor der Hygiene in Moskau, Entlassung aufgrund seiner sozialistischen Gesinnung, Rückkehr nach Zürich, 1901 Wahl zum Stadtrat von Zürich, 1904 bis 1915 Mitglied des Kantonsrates von Zürich, Initiator zahlreicher sozialpolitischer und -hygienischer Reformen, Verfasser zahlloser medizinischer Abhandlungen, teils in russischer Sprache. Gemeint ist die Broschüre von Dr. Friedrich Erismann: Verbrechen und Strafe vom naturwissenschaftlich socialistischen Standpunkte aus betrachtet, Berlin [1869]. Das Zitat aus Heinrich Heines „Ratcliff" dort auf S. 26f.

Das Jahr 1874 verschärfte dann noch die Gegensätze im Allgemeinen Deutschen Arbeiterverein. Im Auftrag der Frankfurter Generalversammlung hatte Tölcke die Broschüre über „Zweck, Mittel und Organisation des Allgemeinen Deutschen Arbeiter-Vereins" geschrieben.[90] Diese Broschüre erregte stark den Unwillen der Genossen. Bei dem Anwachsen der Stimmen glaubten wir, daß man die Frage erörtern müsse, ob nicht wenigstens bei Stichwahlen ein Zusammengehen mit den Eisenachern zu erzielen sei. Man sollte die Gegensätze weniger und mehr das Einigende hervorheben. Dieses geschah nicht in der Broschüre.

Dann kam die Generalversammlung in Hannover.[91] Dort schossen die Gegner Hasenclevers los. Formell richtete sich der Vorstoß gegen Grüwel, den Kassierer des Vereins und Expedienten des „Social-Demokrat", aber man sagte, daß Hasenclever an den Tagen, wenn die Zahlungen der Post eingingen, mit dem Drucker kneipen gegangen [sei] und den lustigen Posttag gefeiert hatte sowie, daß er Kenntnis von allen Schlampereien Grüwels hatte, ohne etwas dagegen zu unternehmen.[92] An Grüwels Stelle wurde Rackow in Altona gewählt, und an seine Stelle trat Ludwig Drogand. Altona hielt in seiner großen Mehrheit zu Hasenclever, obwohl in Berlin neben Hasselmann Otto Reimer die Führung der Gegner hatte. Anders war es in Hamburg. Dort standen Hartmann, Heinemann und die große Mehrheit gegen die offizielle Leitung des Vereins.[93] Heerhold in Ottensen nahm eine schwankende Haltung ein. Dazu kam, daß die rigorosen Verfolgungen, die überall einsetzten, etwas Furcht bei ihm auslösten. Er hob immer hervor, daß er eine große Familie zu versorgen habe und seine Stellung in der Mattigschen Buchhandlung verlieren würde, falls eine Bestrafung einträte.[94] Ich wurde darum zum Bevoll-

---

90 Gemeint ist die Broschüre: **„Zweck, Mittel und Organisation des Allgemeinen Deutschen Arbeiter-Vereins.** Ein Leitfaden für die Agitatoren, Bevollmächtigten und Mitglieder des Vereins", von Carl Wilhelm Tölcke, Berlin 1873. Tölcke hatte die Broschüre im Auftrag der zwölften Generalversammlung des ADAV, die vom 19. bis 24. Mai 1873 in Frankfurt am Main tagte, verfasst.
91 Vgl. Protokoll der Generalversammlung des Allgemeinen Deutschen Arbeiter-Vereins zu Hannover vom 26. Mai bis 5. Juni 1874, Berlin [1874], abgedruckt in: Dieter Dowe (Hrsg.): Protokolle und Materialien des Allgemeinen Deutschen Arbeitervereins (inkl. Splittergruppen), Berlin/Bonn 1980, S. 441–564.
92 **Wilhelm Grüwel** (1828–1892), aus Buch bei Berlin stammender Zimmermann, ADAV, Redakteur und Expedient des „Social-Demokrat", 1871 bis 1874 als Kassierer Mitglied im Vorstand des ADAV, mußte nach massiven Vorwürfen 1874 von seinem Amt zurücktreten, war als Kaufmann tätig und starb am 4. November 1892 in Berlin.
93 **F.J. Heinemann**, Zigarrenarbeiter, später Inhaber einer Gastwirtschaft in Hamburg, ADAV, 1875 Mitglied im Vorstand der Genossenschaftsdruckerei in Hamburg, 1876/77 Mitglied im zehnköpfigen Wahlkomitee der drei Hamburger Reichstagswahlkreise.
94 Gemeint ist die **Mattigsche** Buchhandlung in der Palmaille 80 in Altona.

Abb. 27: Carl Wilhelm Tölcke.

mächtigten des Arbeitervereins in Ottensen gewählt. Da Winter, der bisher Vizepräsident des Allgemeinen Deutschen Arbeitervereins gewesen war, auswanderte, wurde Conrad Wode in Verden Vizepräsident.[95]

Nun kam die Auflösung des Allgemeinen Deutschen Arbeitervereins für ganz Preußen. Der Sitz des Vereins wurde nach Bremen verlegt.[96] Um diese Zeit hatte Hasenclever eine Gefängnisstrafe von drei Monaten zu verbüßen. Conrad Wode war also regierender Präsident. Am 15. Oktober [1874] sollte eine Nachwahl in Dortmund stattfinden, wo Berger sein Mandat niedergelegt hatte und von unserer Seite Tölcke aufgestellt war.[97] Um eine kräftige Wahlagitation treiben zu können, wurde Geld eingefordert. Auch wir von Ottensen hatten einen kleinen Betrag geschickt. Da kam Köster eines Tages in die Arbeitsstube und sagte, ich solle einmal in die Wohnstube gehen, dort säße ein

---

95 **Conrad Wode** (1829–1889), in Hannover geborener Zigarrenarbeiter, später Gastwirt und Bierhändler, Mitbegründer und erster Bevollmächtigter des ADAV in Verden an der Aller, Mitglied im ADCAV, 1872 bis 1874 Sekretär des Deutschen Tabakarbeitervereins, 1874/75 Mitglied im Vorstand des ADAV und dessen Vizepräsident, Mitglied der vorbereitenden Kommission des Gothaer Programms, 1874, 1877 und 1878 Kandidat des ADAV bzw. der SAPD bei den Reichstagswahlen im 6. hannoverschen Wahlkreis (Verden, Achim), 1881 Auswanderung in die USA, dort in Boston verstorben.
96 Mit der Verlegung des Vereinssitzes des ADAV von Berlin nach Bremen am 10. Juni 1874 hatte Wilhelm Hasenclever vergeblich gehofft, Repressalien gegen den ADAV abzuwenden; ab 25. Juni 1874 wurde er in Berlin und dann in ganz Preußen verboten.
97 **Louis Berger** (1829–1891), Industrieller, Mitinhaber der Gußstahlfabrik Berger&Co. in Witten bis 1873, Mitbegründer des „Vereins zur Wahrung der gemeinsamen wirtschaftlichen Interessen in Rheinland und Westfalen" (Langnam-Verein) 1871, MdL Preußen 1865 bis 1891, MdR 1874 bis 1881, bis 1874 Deutsche Fortschrittspartei, danach fraktionslos (Gruppe Löwe-Berger). Berger hatte nach seinem Austritt aus der Deutschen Fortschrittspartei das Mandat im 6. westfälischen Wahlkreis Dortmund-Hörde am 11. April 1874 niedergelegt, konnte es aber in der fälligen Nachwahl am 15. Oktober 1874 erneut erobern.

Herr, der mich sprechen wolle. Als ich dort eintrat, sah ich zu meinem nicht geringen Erstaunen Carl Wilhelm Tölcke, von dem ich glaubte, daß er eifrig in Dortmund agitiere.

Tölcke sagte mir, er käme aus Zeitz, wo er Hasenclever im Gefängnis besucht habe. Er habe einen Plan, für den auch Hasenclever sei, der ihn beauftragt habe, alle Vorbereitungen zur Durchführung des Planes zu treffen. Der Plan bestehe nämlich darin, den Schlag der Behörden dadurch zu parieren, daß man nun eine Vereinigung mit den Eisenachern herbeiführe. Der hauptsächlichste Stein des Anstoßes sei durch die Behörden beseitigt. Die von Lassalle geschaffene Organisation könne ebensowenig aufrechterhalten werden wie die Eisenacher. Die paar Staaten, die das Verbindungsverbot, der gesetzliche Grund der Auflösung, nicht haben, bilden einen so geringen Bruchteil von Deutschland, daß wir damit die Bewegung nicht halten können. Wir sowie die Eisenacher müßten eine neue Organisation schaffen, und da ist es zu empfehlen, eine gemeinsame Organisation zu bilden. Der Vorschlag war nach meiner Meinung ganz gut. Aber die Organisation war doch nicht allein das Trennende. Ich dachte daran, daß nach unserer Meinung die Eisenacher in Süddeutschland und Sachsen zum größten Teile Volksparteiler und keine Sozialdemokraten waren. Tölcke beruhigte mich, indem er erklärte, daß die Eisenacher in Sachsen ebenso seien wie in Hamburg. Für die Hamburger hatte ich große Sympathie: Geib, York, Praast usw. waren Leute, die ich gerne als Mitkämpfer sehen würde.

Als Tölcke sah, daß meine Bedenken schwanden, erklärte er, dann solle ich nur mitkommen zu Geib. Dem habe er geschrieben, daß er in wichtiger Parteiangelegenheit mit ihm und einigen Genossen sprechen wolle. Geibs Laden betreten, war um jene Zeit für ein Mitglied des Arbeitervereins nicht so einfach. Bei der Wahl waren wir zwar alle dort gewesen und hatten uns die Broschüre über die Tätigkeit des Reichstages gekauft, aber ein solcher Grund lag nicht vor.[98] Na, es half nichts, ich mußte mit, schon um Zeuge zu sein, was Tölcke Geib bieten würde. Tölcke machte noch geltend, daß die Sache gemacht werden müsse, bevor Hasenclever aus dem Gefängnis komme. Scheitere der Versuch, dann könne man sagen, es seien unverbindliche Besprechungen. Die eigentlich verantwortliche Person habe wegen der Gefängnishaft nicht teilnehmen können. Geib und seine Freunde hätten dann nichts in der Hand, was sie als Angebot des Allgemeinen Deutschen Arbeitervereins bezeichnen können. Deshalb habe er auch Wode nicht mitgebracht. Vorläufig habe die Unterhandlung nur den Zweck, zu sondieren. Bei Geib

---

98 August Geib betrieb am Rödingsmarkt 12 in Hamburg eine Buchhandlung und Leihbibliothek. Zu Bebels Broschüre über die Tätigkeit des Reichstags vgl. S. 190, Anm. 61.

angelangt, trafen wir dort York, Auer, Praast, Hortermeyer, Geib und noch einige, die ich nicht kannte.[99] Tölcke trug seinen Plan vor. Alle waren darin einig, daß wenn die Vereinigung gelingen sollte, daß das der beste Hieb gegen Tessendorf und die preußische Regierung sei.

Zunächst sollte einmal ein Fühler ausgestreckt werden, ob für den Plan Stimmung unter den Mitgliedern vorhanden sei. Das sollte ich besorgen. Zunächst war es nicht leicht, eine Form zu finden, wie man es anfangen könne. Ich verfiel nun auf das Mittel, was man gewöhnlich anwandte, ich benutzte den Fragekasten. Eine Frage ungefähr folgenden Inhalts wurde formuliert: „Wäre es nicht angebracht, das Vorgehen der preußischen Behörden gegen die Organisationen des Allgemeinen Deutschen Arbeitervereins und der Eisenacher dadurch zu begegnen, daß man eine gemeinsame Organisation schafft und beide Parteien sich vereinigen?" Diese Frage legte ich in der nächsten Mitgliederversammlung in den Fragekasten. Als die Frage verlesen war, meldete ich mich zum Wort und gab eine Begründung, so gut ich konnte. Gegen meine Ausführungen sprachen Hartmann und einige mehr. Sie führten aus, daß das nur ein Einfall eines Grüblers sei. Komme man den Eisenachern mit solchem Vorschlag, dann werden wir als Antwort bekommen: „Schließt Euch uns an!" Also man werde fordern, daß wir Eisenacher werden.

Nun rückte ich mit meinen Erfahrungen heraus und machte dabei die Dummheit, daß ich sagte, der Vorschlag gehe von Tölcke aus und habe bereits zu Besprechungen mit den Eisenachern geführt, die zu weiteren Verhandlungen bereit seien. Schlimm war es, daß ich den Namen Tölcke genannt hatte. Dieser stand bei Hartmann und den führenden Personen, unter denen ein Heinemann eine große Rolle spielte, in viel schlechterem Licht als irgend ein Eisenacher. Alle wirklichen und vermeintlichen Sünden wurden nun hervorgesucht. Die ganze folgende Debatte war eine Debatte über Tölcke. Eines war aber erreicht. Es wurde in den nächsten Tagen trotzdem viel über die Einigung gesprochen und gesagt: Wir müssen warten, bis Hasenclever aus dem Gefängnis kommt, und dann werden wir ja hören, was der sagt. Bei dem Streit entstanden zwei Gruppen, die weniger für oder gegen die Einigung waren, als die Frage erörterten, wer soll die Verhandlungen führen. Die eine

---

99 **Ignaz Auer** (1846–1907), aus Dommelstadl bei Passau stammender Sattler, 1869 SDAP, 1872 Mitbegründer und bis 1873 Präsident des „Allgemeinen Deutschen Sattlervereins", 1873 bis 1874 Expedient des „Volksboten" in Dresden, 1874 bis 1877 hauptamtlicher Sekretär des Parteiausschusses der SDAP, seit 1875 der SAPD mit Sitz in Hamburg, 1879 bis zu seiner Ausweisung im Oktober 1880 Redakteur der „Gerichts-Zeitung" in Hamburg, 1890 bis 1907 einflußreiches Mitglied im Parteivorstand der SPD, MdR 1877 bis 1878, März 1880 bis 1881, 1884 bis 1887, 1890 bis 1907; ein Eisenacher Sozialdemokrat namens **Hortermeyer** ließ sich bisher nicht nachweisen.

Gruppe unter Führung von Richter, Hörig usw. wollte bei der Einigung möglichst die Lassalleschen Grundsätze gewahrt sehen. Während Hartmann, der erst die Einigung als Utopie bezeichnete, nun so weit ging, daß er den Namen „Anderthalb-Ehrlicher" erhielt.

Ich stand auf Seiten derjenigen, die möglichst die Lassalleschen Grundsätze wahren wollten. Die Gegensätze waren nach meiner Meinung nicht so groß. Denn unter den paar Eisenachern, die in Altona und Hamburg waren, hatte ich keinen kennengelernt, der Lassalle als überwunden ansah. Der politische Gegensatz kam weniger als der persönliche in die Erscheinung. Da war es mir dann gleichgültig, ob Hasenclever oder Bebel oder ob beide die Leitung hatten. Einige Abneigung hatte ich gegen Liebknecht wegen seiner Schwärmerei für Großdeutschland. Obwohl ich selbst früher für Österreich schwärmte, so war ich doch ein wenig kulturkämpferisch angehaucht und glaubte, daß durch Einbeziehung Österreichs ein Reich mit katholischer Mehrheit entstehen würde. Das hielt ich instinktiv für ein Unglück, obwohl Windthorst und das Zentrum um jene Zeit doch allerlei demokratische Anwandlungen hatten.[100]

In Hamburg-Altona wurden zur Vorbereitungskommission für Ausarbeitung eines Programmentwurfs die Kandidaten der „Vereiniger um jeden Preis", Hartmann und der lange Pommer Hermann Walther, gewählt.[101] Ich bekam damals auch eine Anklage wegen Fortsetzung eines aufgelösten Vereins und wurde vom Polizeigericht erst zu 14 Tagen Gefängnis verurteilt, was dann in der Berufungsinstanz, dem Kreisgericht, in 5 Taler umgewandelt wurde. Unsere Mitglieder- oder Parteiversammlungen konnten wir nicht mehr abhalten. Wenigstens konnten wir nicht in der Versammlung alle Kleinigkeiten der Agitation und der Verwaltung zur Abstimmung bringen. Für diese Zwecke wurden nun in Altona sowohl wie in Ottensen Kommissionen gebildet. In Ottensen bestand sie aus 15 Mann. Wir nannten sie Permanenzkommissionen. Ich behielt die Leitung bis zur Vereinigung.

Die Beitragserhebung wurde nun durch die „Lassallesche Westentaschen-Zeitung" besorgt. Eine 8-seitige Zeitung im Format von 11 zu 13 Centime-

---

100 **Ludwig Windthorst** (1812–1891), Jurist und Politiker, seit 1849 Abgeordneter der Zweiten Kammer des Königreichs Hannover, 1851 bis 1853 und 1862 bis 1865 Justizminister von Hannover, MdR und MdL Preußen 1867 bis 1891, schloß sich der 1870 gegründeten Zentrumspartei an und wurde deren unumstrittener Führer; entwickelte sich während des Kulturkampfes zum bedeutenden Gegenspieler Bismarcks.

101 Am 15. Dezember 1874 vereinbarten ADAV und SDAP die Einsetzung einer Kommission aus 16 Vertrauensleuten, die dann am 14. und 15. Februar 1875 auf einer Konferenz in Gotha einen Programm- und Organisationsentwurf für den Parteizusammenschluss erarbeiteten. Zu den acht Mitgliedern, die der ADAV in dieser Kommission stellte, gehörten Georg Wilhelm Hartmann und Hermann Walther.

tern erschien zuerst im Juli 1874 und zwar monatlich ein Mal. Sie kostete vierteljährlich 75 Pf. [Als] Text hatte die „Zeitung" nur ein Abonnentenverzeichnis. Diese Form der Beitragserhebung blieb bis Februar 1875. Vom 5. März 1875 bis 25. Juni 1875 erschien der wöchentlich einmal erscheinende „Agitator". Ein halber Bogen vom Format des „Neuen Social-Demokrat" kostete vierteljährlich 90 Pf. Den Vertrieb der Zeitungen hatte mein Bruder Hinrich.

Etwas vor Ostern war Hasenclever in Altona, und da ordnete er an, daß er am Sonnabend in Altona und am Sonntag in Ottensen sprechen wollte. Ich hatte aber den Genossen in Elmshorn versprochen, daß sie, sowie Hasenclever zu haben sei, ihn haben sollten. Da ich auf einen Brief, den ich Hasenclever geschrieben hatte, nicht rechtzeitig Antwort erhielt, so verabredete ich mit Drogand, daß es bei der Reise Hasenclevers nach Elmshorn bleibe. Ich schrieb nach Elmshorn, und alles wurde vorbereitet. Die Genossen von Uetersen, Pinneberg, Barmstedt, Horst und Glückstadt sollten alle kommen. Da wollte aber in letzter Stunde der Bürgermeister nicht. Er verbot die Versammlung wegen Palmensonntag.[102] Schließlich wurde doch auf Beschwerde bei der Regierung in Schleswig die Versammlungsbescheinigung erteilt.

Als dann Hasenclever kam, wollte er nicht in dem Bauerndorf, wie er es nannte, sprechen. Es bedurfte großer Anstrengung, Hasenclever für diese Versammlung zu gewinnen. Als wir dann am Sonntag hinfuhren, war der biedere Wilhelm doch voll befriedigt. Am Bahnhof hatten sich mehrere hundert Menschen angefunden, die ihn mit „Hurra" begrüßten. Als um vier Uhr die Versammlung beginnen sollte, war nicht nur das Lokal bis auf den letzten Platz gefüllt, sondern der große Garten stand auch gedrängt voller Menschen. Hier lernte Hasenclever noch recht interessante Menschen kennen. Die Gerber aus Elmshorn und Bramstedt begrüßten ihren berühmten Kollegen. In Elmshorn war ein sozialistischer Gerichtsschreiber, der wie wenige Genossen die sozialistische Literatur kannte. Er war überzeugter Marxist. So lange er in abhängiger Stellung war, blieb er Sozialist. 1878 wurde er gemaßregelt und wurde nun Steinzeughändler. Sein Geschäft reüssierte, und als er ein reicher Mann war, wurde er freisinnig. Carstens war sein Name.[103] Er unterschied sich insofern später von den Freisinnigen der Kleinstadt, als er nie in Sozialistenfurcht oder Sozialistenhaß verfiel.

---

102 Die Versammlung fand am 21. März 1875 statt. Versammlungsbericht im „Neuen Social-Democrat" Nr. 37 vom 26. März 1875 („Elmshorn, 22. März, Polizeischwierigkeiten und Volksversammlung").

103 **Christian Hinrich Carstens** (1843–1903), aus Schwabstedt bei Husum stammender Gerichtsschreiber, gründete 1878 die Steingutgroßhandlung „C.H. Carstens", die unter verändertem Namen bis 1970 in Elmshorn existierte.

Der Parteitag in Gotha 1875

Zum Vereinigungskongreß wurde ich neben Heerhold als Delegierter gewählt.[104] Die Reise dorthin war sehr vergnügt. Die schleswig-holsteinischen, Hamburger und Harburger Delegierten fuhren zusammen, natürlich IV. Klasse, nach Hannover. Hier wurde in der Neuen Straße beim Genossen Matthes Quartier genommen.[105] Hier trafen wir auch die Delegierten aus der Wesergegend. Das Nachtquartier war auch nicht sehr elegant. Die Betten waren zwar neu überzogen, aber sehr schwer. Kaum war das Licht ausgelöscht, da ging der Lärm an. Hier sind Wanzen, wurde aus allen Zimmern gerufen. Nun gab's keine Ruhe mehr. Ich hatte gesunden Schlaf. Von Wanzen wurde ich nicht geplagt. Heerhold, der mit mir in demselben Zimmer

Abb. 28: Hermann Molkenbuhr zur Zeit des Vereinigungsparteitages in Gotha 1875.

schlief, schimpfte, daß ich schlief. Ein Teil trieb die ganze Nacht Wanzenjagd. Heerhold schimpfte und ich schlief.

Am frühen Morgen ging die Reise weiter über Göttingen, Eichenberg, durchs Eichsfeld über Langensalza nach Gotha. Während der ganzen Zeit erzählte mir Heerhold über die Schönheiten Thüringens. Dort kenne man keine verfälschte Milch, keine verfälschte Butter usw. In Gotha wurden wir im „Schwan" einquartiert. Hasenclever und seine Freunde wohnten in der „Rosenau". Ich bestellte Brot und Wurst. Und richtig bekam ich keine verfälschte Butter aufs Brot, denn es war Brot ohne Butter. Als ich Heerhold darüber

---

104 Zum Verlauf des Parteitages vgl. das sehr knapp gehaltene Protokoll des Vereinigungs-Congresses der Sozialdemokraten Deutschlands, abgehalten zu Gotha vom 22. bis 27. Mai 1875, Leipzig 1875 [Nachdruck 1976].
105 Es handelt sich um die Wirtschaft des in Lübben geborenen Gastwirts **Adolf Matthes** (1844->1878) in der Neue Straße Nr. 45 in Hannover. Matthes zog 1878 nach Berlin um.

foppte, suchte er mir begreiflich zu machen, [daß] Butterbrot und Wurst überhaupt nicht schmecke. Aber die Wurst und das Brot seien viel besser als in Hamburg und Holstein. In der Wurst sei Knoblauch, das habe man im Norden nicht. Das stimmte, aber Knoblauch ist eine Pflanze, die ich im Pflanzenreich auf dieselbe Stufe stelle wie Wanzen im Tierreich. Beide belästigen mich durch den Geruch. Nun aber belästigte mich der Knoblauch mehr als auf der Herreise die Wanzen. Denn der Knoblauch verdarb mir das ganze Abendessen. Vor Wanzenstichen war ich ziemlich gesichert, aber schlimmer als Wanzen war der Knoblauch, der griff meine Geschmacksnerven mit unwiderstehlicher Gewalt an. Ich war glücklich zu erfahren, daß es in Gotha auch Wurstmacher gab, die knoblauchfreie Wurst herstellten.

Nun sah ich eine Reihe von Leuten, deren Namen ich kannte, die ich aber sonst nicht gesehen. Einer der ersten war Gabriel Löwenstein, den ich, bevor ich seinen Namen hörte, für Karl Marx hielt, dann Max Kayser, Dr. Dulk, Dr. Kirchner u. a.[106] Ziemlich spät traf Bebel ein. Auch von Bräuers Anhang hatten sich einige eingefunden, z.B. der kleine Liebisch aus Leipzig.[107] Als

---

106 **Gabriel Löwenstein** (1825–1911), Weber, seit 1869 Textilfabrikant in Fürth, 1869 Mitbegründer der SDAP in Eisenach, Redakteur der „Fränkischen Tagespost" in Nürnberg 1885 bis 1907, MdL Bayern 1893 bis 1905; **Max Kayser** (1853–1888), Handlungsgehilfe, SDAP, 1871 bis 1880 Redakteur, darunter mehrerer sozialdemokratischer Zeitungen, 1880 bis 1887 Mitinhaber eines Tabak- und Zigarrengeschäftes in Dresden, MdR 1878 bis 1887; **Albert Dulk** (1819–1884), Schriftsteller, Studium der Chemie, Promotion 1846, seine Habilitation wurde wegen der revolutionären Haltung seiner Dramen „Orla" (1844) und „Tschech" (Fragment 1846) abgelehnt, 1849/1850 Reise nach Ägypten, 1850 bis 1858 Domizil am Genfer See, praktizierender Polygamist, seit 1858 in Stuttgart, „Jesus der Christ" (Drama 1865), 1873 Anschluß an die Sozialdemokratie, Kandidaturen zum württembergischen Landtag 1876 und 1882, zum Reichstag 1878 und 1881 im Wahlkreis Stuttgart, 1878/79 noch vor Einführung des Sozialistengesetzes 14 Monate Haft wegen Religionsschmähung, Mitbegründer des „Allgemeinen Deutschen Freidenkerbundes" 1881; **Emil Kirchner** (1827–1878), Lehrer, Dr. phil., ursprünglich Anhänger Hermann Schulze-Delitzschs, dann ADAV, 1865 wegen seiner politischen Betätigung aus dem Staatsdienst entlassen, eröffnete daraufhin eine Privatschule, Mitglied der IAA, 1868 Wahl zum Vertrauensmann auf dem Nürnberger Vereinstag des VDAV, 1869 Übertritt zur SDAP. Emil Kirchner nahm am Gothaer Parteitag 1875 als Gast, nicht als Delegierter teil.
107 **Franz Seraphim Liebisch** (1840–1895), in Rumburg in Böhmen geborener Schneider, seit den 1860er Jahren in Hamburg, ADAV, Agitator, Delegierter auf den GV des ADAV 1868, 1870 und 1872, seit 1869 Vorsitzender des Allgemeinen Deutschen Schneidervereins, 1869 Übersiedelung nach Leipzig, orthodoxer Lassalleaner, schloß sich nach seiner Nichtzulassung zum Vereinigungsparteitag in Gotha 1875 mit den 20 Mitgliedern seiner Lassalle-Schule der von Carl August Bräuer gegründeten Splitterpartei ADAV (Hamburg) an und wurde dessen Vorstandsmitglied, seit 1877 Leipziger Bürger und sächsischer Staatsangehöriger, Mitinhaber eines Weißwarengeschäftes in Leipzig, meldete sich am 23. Juli 1895 nach Bad Elster ab, wo er nach Auskunft des dortigen Standesamtes einen Tag später verstarb.

in „Kaltwassers Brauerei" die Versammlung eröffnet wurde, ging es in- und außerhalb des Lokals lebhaft zu. Die Natur setzte mit einem starken Gewitter ein. Ein Blitz folgte dem anderen, und der Donner rollte, daß oft die Redner nicht zu verstehen waren. Man stritt um die Leitung der Geschäfte. Aber der ganze Ton ließ erkennen, daß die Redner Feinde von gestern waren. Ausdruck und Ton ließen durchblicken, daß jeder den anderen niederringen wollte. Da lief aber auch die eine oder andere heitere Episode mit unter. Der biedere Colditz, den ich, ich weiß nicht aus welchem Grunde, erst immer für Bebel hielt, meldete sich krampfhaft zum Wort.[108] Als Bock, der die Versammlung leitete, ihm das Wort gab, sagte er: „Koldewitz hat das Wort".[109] „Was", sagte Colditz, „Du nennst mich Koldewitz? Koldewitz ist ein Gegner, der, wenn er hier wäre, sofort hinausgeworfen werden müßte. Ich heiße Colditz, Colditz, Colditz und nicht Koldewitz." In der Aufregung über die falsche Namensnennung hatte Colditz sich so aufgeregt, daß er nun ganz vergaß, das zu sagen, was er eigentlich sagen wollte. Na, es war gut, daß Bock und Colditz beide Eisenacher waren, sonst hätte man in der Namensverwechslung eine Bosheit der Lassalleaner erblickt, und daran hätte die ganze Einigung in die Brüche gehen können.

Die Freunde der Einigung auf Seiten der Lassalleaner wurden freudig überrascht durch Bebels Auftreten. Während der Vorverhandlungen saß Bebel im Gefängnis.[110] Man sagte, daß die Verhandlungen deshalb so glatt verlaufen seien, weil Bebel, der der verbissenste Gegner der Lassalleaner sei, nicht teilgenommen habe. Nun trat Bebel mit all dem Feuer seiner Beredsamkeit für die Zulassung von Liebisch ein. Liebisch, der selbst über großen Wortreichtum verfügte, erklärte: „Ich vertrete zwar nur 100 Mitglieder, aber glauben Sie

---

108 **August Colditz** (1834–1911), Tuchmacher, seit 1874 Gastwirt in Crimmitschau, 1863 ADAV, 1869 Mitbegründer der SDAP in Eisenach, MdL Sachsen 1891 bis 1895. Colditz ist im Delegiertenverzeichnis des Gothaer Parteitages nicht verzeichnet, die von Molkenbuhr geschilderte Anekdote ist im Protokoll nicht enthalten. Möglicherweise gehörte Colditz zu den angereisten Delegierten, deren Mandat nicht anerkannt wurde.
109 **Wilhelm Bock** (1846–1931), Schuhmacher, 1867 ADAV, 1869 SDAP, 1873 bis 1878 Präsident der „Internationalen Gewerksgenossenschaft der Schuhmacher", 1875 bis 1920 Redakteur der jeweiligen Schuhmacher-Verbandsorgane, MdL Sachsen-Coburg-Gotha 1893 bis 1918, Vizepräsident des Landtags 1903 bis 1907, 1918/19 Vorsitzender des Rates der Volksbeauftragten in Gotha, MdR 1884 bis 1887, 1890 bis 1907, 1912 bis 1930, 1916 SAG, 1917 bis 1922 USPD, Mitglied der zentralen Kontroll-Kommissionen von SPD und USPD 1901 bis 1931, 1913 bis 1916 als Vorsitzender.
110 **August Bebel** war erst am 1. April 1875 nach Verbüßung einer wegen „Vorbereitung zum Hochverrat" und „Majestätsbeleidigung" verhängten Haftstrafe von 31 Monaten aus dem Gefängnis entlassen worden.

nicht, daß die hundert, die hinter mir stehen, Nullen sind, das sind Männer!"[111] Grillenberger benutzte die Gelegenheit, diesen Satz zu illustrieren.[112] Er zeichnete Liebisch und hinter ihm hundert Figuren, bei denen man nicht genau unterscheiden konnte, ob es Nullen oder Menschen seien. In den Augen von Liebisch und Genossen waren wir schon Verräter an den Lassalleschen Grundsätzen. Wenn aber Bebel den Lassalleanern so weit entgegenkommen wollte, daß selbst Liebisch, Bräuer und Genossen beitreten konnten, dann mußte er schon sehr tolerant sein. Sicher war, daß Bebels Rede für die Zulassung von Liebisch erkennen ließ, daß er ein begeisterter Befürworter der Vereinigung war. Liebisch wurde aber trotz Bebels Fürsprache nur als Zuhörer zugelassen. Das war der Grund sofort abzureisen. Es verstrich auch noch der Sonntag, bis man glücklich zur Bureauwahl kam und nun Hasenclever und Geib als Vorsitzende gewählt waren.

Bei der Programmdebatte kam auf meine Veranlassung der Ausdruck vom „Zerbrechen des ehernen Lohngesetzes" hinein. Liebknecht hatte in Anlehnung der Kritik von Karl Marx an dem Programmentwurf das Wort „ehern" bemängelt und gesagt, daß, wenn es ein ehernes Gesetz sei, dann sei es ein unwandelbares Gesetz, wie Goethe auch von den „ewigen, ehernen, großen Gesetzen" spreche.[113] Ich hielt dem entgegen, daß Johann Heinrich Voß, der doch auch ein Meister der Sprache sei, vom „Zerschmettern des ehernen Molochs" spreche.[114] Deute das Wort „ehern" Unwandelbarkeit an, dann könne ein eherner Moloch nicht zerschmettert werden.

---

111 Vgl. zur Liebisch-Debatte Protokoll Parteitag Gotha 1875, S. 15–18; Bebels Plädoyer für Liebisch S. 15f., in Liebischs abgedruckten Beiträgen ist das Zitat mit den Nullen nicht enthalten.
112 **Karl Grillenberger** (1848–1897), Schlosser, 1869 SDAP, 1874 bis 1878 Redakteur des „Nürnberg-Fürther Social-Demokrat", 1878 bis 1897 Geschäftsführer und Redakteur der „Fränkischen Tagespost" in Nürnberg, MdL Bayern 1893 bis 1897, MdR 1881 bis 1897.
113 Im Programmentwurf wurde „die Aufhebung des Lohnsystems mit dem ehernen Lohngesetz" gefordert. Vgl. Protokoll Parteitag Gotha 1875, S. 4; ebenda S. 36 und S. 41 die Stellungnahmen Liebknechts gegen das „eherne Lohngesetz", in denen das Goethe-Zitat nicht erwähnt wird. Molkenbuhrs Stellungnahme ist überhaupt nicht abgedruckt.
114 **Johann Heinrich Voß** (1751–1826), Schriftsteller und Übersetzer, trotz Herkunft aus ärmlichen Verhältnissen Studium der Theologie, Philosophie und Philologie in Göttingen, Redakteur des „Göttinger Musenalmanachs" 1875 bis 1880, seit 1882 Rektor der Lateinschule in Eutin, seit 1802 Privatgelehrter, zunächst in Jena, seit 1805 in Heidelberg; klassizistischer Lyriker, Essayist, bedeutender Übersetzer der Werke Homers, dessen „Ilias" und „Odyssee" erst durch Voß „Gemeingut der Gebildeten" in Deutschland wurden, und (gemeinsam mit seinen Söhnen Heinrich und Abraham) der Dramen Shakespeares, Gegner der Heidelberger Romantiker und des Katholizismus. Das Zitat konnte trotz intensiver Bemühungen (vgl. Einleitung S. 32) nicht nachgewiesen werden.

Abb. 29: Gemälde vom Parteitag in Gotha 1875: August Bebel spricht zu den Delegierten.

Eine heitere Episode führte Fritzsche herbei. Fritzsche hatte damals schon in seinem Äußeren etwas vom Patriarchen. Damals vielleicht mehr als später. Die übergroße Mehrzahl der Delegierten stand im jugendlichen Alter. Auch Liebknecht sah trotz seiner 50 Jahre viel jünger aus. Nur Dulk, Fritzsche und Löwenstein waren die Patriarchenerscheinungen. In hellem Zorn betrat Fritzsche mit dem Programmentwurf in der Hand die Tribüne und sagte: „Hier steht immer: Die sozialdemokratische Partei ‚verlangt'. Wie kann man so etwas ins Programm setzen? Ein Kind verlangt, der Mann fordert, und deshalb verlange ich, daß wir ‚fordern' setzen!" Da ‚verlangen' nach Fritzsche das Merkmal für das Kind war, fiel es auf, daß ein so großes Kind mit grauen Locken und grauem Bart verlangte, daß ‚fordern' gesetzt wird.[115] An Gegensätzen fehlte es nicht. Sie waren jedoch mehr persönlicher als prinzipieller Natur, denn jeder machte seinem Gegner den Vorwurf, Gegner der Vereinigung zu sein. Mit dem Programm war keiner recht zufrieden. Jeder fand in

---

115 Vgl. zur Debatte um die Worte „fordern – verlangen" im Gothaer Programm Protokoll Parteitag Gotha 1875, S. 45.

dem Programm manchen Satz, den er gerne gestrichen hätte, aber mit dem Streichen allein war es nicht getan. Kein Mensch machte solche Vorschläge, die als Verbesserungen angesehen wurden.

Ein beliebtes Spiel war es, Verschwörungen zu suchen. Hervorragende Verschwörersucher waren Schwekendieck, Bäthke und Reinders.[116] Um die Sucher immer in Bewegung zu halten, führten die Gebrüder Kapell, Frick und Klein in der Nähe eines Verschwörerriechers Gespräche, daß irgendwo eine Zusammenkunft sei.[117] Einmal wurde behauptet, daß an der Chaussee nach Friedrichroda eine Zusammenkunft von Hasenclever einberufen sei. Schwekendieck und seine Freunde wollten das Kapitol retten, aber sie wurden gründlich abgekühlt. Ein wolkenbruchartiger Regen ging den Abend nieder. Die Retter der Einigkeit waren auf offener Chaussee. Wie begossene Pudel kamen sie nach Mitternacht heim, und sie mußten zu ihrer Schande gestehen, daß sie die Verschwörer nicht gefunden hatten.

---

116 **Wilhelm Schwekendieck** (1839–1909), in Bentrup/Westfalen geborener Tischler, ADAV, Mitbegründer und erster Vorsitzender des Allgemeinen Tischlervereins 1872 bis 1874, Delegierter auf den GV des ADAV 1872 und 1873, Mitglied im Vorstand des ADAV 1873/74, Reichstagskandidat im 8. brandenburgischen Wahlkreis Brandenburg-Westhavelland 1874, Delegierter auf dem Vereinigungsparteitag in Gotha 1875, Ausweisung aus Berlin 1878, Ausweisung aus Hamburg 1880, Emigration in die USA, dort Mitglied der Möbelarbeiter-Union Nr. 7 in New York; Nachruf in: „Vorwärts" Nr. 22 vom 27. Januar 1910 („Unsere Toten."); **Albert Bäthke** (1841->1906), Drechsler, ADAV, Delegierter auf den GV des ADAV 1872 bis 1874, Vorsitzender des Allgemeinen Metallarbeiter Verbandes, Mitglied im Vorstand des ADAV 1874/75, Delegierter auf dem Vereinigungsparteitag 1875, ausgewiesen aus Berlin und Umgegend am 30. November 1878, begab sich nach London, wo er 1880 die Londoner Agentur der anarchistischen Zeitung „Die Freiheit" übernahm, lebte nach einem Hinweis in seiner Personalakte im LA Berlin 1906 noch in London; **Klaas Peter Reinders** (1847–1879), Tischler, später Fotograf in Breslau, 1867 ADAV, Mitbegründer der Genossenschaftsdruckerei in Breslau, Delegierter auf den GV des ADAV 1873 und 1874, Mitglied des SAPD-Parteiausschusses 1875 bis 1876, MdR 1878 bis 1879.
117 **Wilhelm Frick** (1843->1891), Färber, später Gastwirt, ADAV, seit 1873 in Bremen, Delegierter der Parteitage in Gotha 1875, 1876 und 1877, Mitbegründer und Redakteur der „Bremer Freien Zeitung" 1876 bis 1878, Reichstagskandidat in Bremen 1877, 1878 und 1881, zog sich 1884 von der Sozialdemokratie zurück, bis 1891 im Bremer Adressbuch nachweisbar, Todesort und -datum unbekannt; **Carl Klein** (ca. 1841->1876), aus Elberfeld stammender Musterzeichner im Schuhmachergewerbe, später Zigarrenhändler, führender Agitator des ADAV, 1868 bis 1871 dessen Bevollmächtigter in Elberfeld, dessen Vorstandsmitglied 1867 bis 1870, Delegierter auf den GV des ADAV 1865, 1867 bis 1871 und 1874, Präsident der Arbeiterschaft der Hand- und Fabrikarbeiter, Reichstagskandidat im Wahlkreis Dortmund 1871, Delegierter auf dem Gothaer Vereinigungsparteitag 1875, hauptamtlicher Redakteur der „Süddeutschen Volkszeitung" in Stuttgart 1875/76. Aufgrund kriegsbedingter Verluste der Melderegister in Wuppertal und Stuttgart und der Häufigkeit des Namens sind bisher keine exakten Lebensdaten zu ermitteln.

Wenig Arbeit machte die Beratung der Organisation im Kongreß. Man fragte nicht, was wünschenswert ist, sondern, was ist möglich? Hätten wir ein freies Vereinsrecht gehabt, dann wäre die Einigung wohl nicht zustandegekommen, denn dann hätten die Lassalleaner festgehalten an dem Statut des Allgemeinen Deutschen Arbeitervereins. Dieses war, wie die Vergangenheit bewiesen hatte, unmöglich. Da wir auf unsere ideale Organisation verzichten mußten, war es uns ziemlich einerlei, was an dessen Stelle trat. Größere Kämpfe kostete es, die Personen zum Vorstand zu finden. Da aber die Eisenacher Hasenclever und Derossi wählen wollten, war eigentlich nur Streit um die fünfte Person, denn Geib und Auer wurden von uns auch glatt angenommen, obwohl Auer eine seinem ganzen Naturell widersprechende Ungeschicklichkeit beging.[118] Als wir vor Schluß des Kongresses noch Zeit zu einer Sondersitzung der beiden Gruppen haben wollten, bekämpfte Auer den Antrag und sagte: „Wenn Sie sich nicht einigen können über die Personen, denen Sie vertrauen können, dann wählen Sie lieber Leute aus unseren Reihen. Wir sind zwar arm, aber ehrlich!" Was den groben Wilhelm Frick aus Bremen veranlaßte zu sagen, daß es noch immer kein Beweis für die Ehrlichkeit sei, wenn jemand da nicht gestohlen hat, wo nichts zu stehlen ist.[119]

Es gab dann noch eine stürmische Sitzung, die als Fortsetzung der Generalversammlung von Hannover gelten konnte.[120] Hartmann wurde so ausfallend gegen Hasenclever, daß Hasenclever den Vorsitz niederlegte. Erst als Hartmann sich bereit fand, seine Vorwürfe als nicht so schlimm gemeint zu bezeichnen, konnte die Sitzung beendet werden.[121] In der Nachmittagssitzung wurde dann der erste Vorstand gewählt. Die Gegner Hartmanns stimmten für

---

118 **Karl Derossi** (1844–1910), Hutmacher, seit 1869 ADAV, Parteisekretär des ADAV 1871 bis 1875, der SAPD 1875 bis 1878, seit 1879 Mitarbeiter der Expedition des „Sozialdemokrat" in Zürich, 1888 Emigration in die USA; Nachruf in: „Vorwärts" Nr. 138 vom 16. Juni 1910 („Karl Derossi gestorben").
119 Vgl. zur Spitze Auers gegenüber den Lassalleanern, die er ausdrücklich wiederholte: Protokoll Parteitag Gotha 1875, S. 23 und S. 29. Die Entgegnung Wilhelm Fricks ist dort nicht abgedruckt.
120 Auf der 13. Generalversammlung des ADAV vom 26. Mai bis 5. Juni 1874 in Hannover mußte der Parteikassierer Wilhelm Grüwel nach heftigen Vorwürfen zurücktreten, ein indirekter Vorstoß auch gegen den Präsidenten des ADAV, Wilhelm Hasenclever. Vgl. S. 202.
121 Dieser Eklat muss so prekär gewesen sein, dass er im Protokoll verschwiegen wurde und allenfalls aus Andeutungen rekonstruiert werden kann. Während der Debatte am Nachmittag des 27. Mai 1875 über die künftige Zusammensetzung des Vorstands wurde gegen Hartmann ins Feld geführt, er habe sich „namentlich heute morgen in einer gemeinen und verletzenden Weise geäußert". Vgl. Protokoll Parteitag Gotha 1875, S. 75. Das Protokoll behauptet aber an anderer Stelle, es habe gar keine Vormittagssitzung stattgefunden; vgl. ebenda S. 73.

Abb. 30: Fürst Günther Friedrich Carl II. von Schwarzburg-Sondershausen.

Ernst Bernhard Richter. Da aber die Eisenacher und die Gegner Hasenclevers geschlossen für Hartmann stimmten, erhielt Hartmann die Mehrheit.

Recht interessant war die Heimreise. Ich mußte mit Heerhold über dessen Heimat Holzthalleben. Zunächst von Gotha nach Erfurt, von dort nach Sondershausen. In Sondershausen wurde haltgemacht. Heerhold schwelgte in Jugenderinnerungen. Eine Fußtour nach dem Possen, dem fürstlichen Jagdschloß, wurde gemacht.[122] Der Weg ist prachtvoll. Oben beim Bärengraben trafen wir einen alten Herrn, der uns auf alle sogenannten Merkwürdigkeiten aufmerksam machte; er rief die Bären, die alle ans Gitter kamen und Feigen von ihm annahmen, und empfahl uns das Besteigen des Aussichtsturmes nicht zu versäumen, da es wenige Punkte mit Aussicht von ähnlicher Schönheit gebe. In Begleitung des alten Herrn betraten wir den Hofraum, um uns von dem Verwalter den Schlüssel zum Turm geben zu lassen. Hier fiel uns die besondere Höflichkeit des dort anwesenden Personals auf. Erst als wir erfuhren, daß der alte Herr, der uns begleitete, der Fürst von Schwarzburg-Sondershausen war, wurde die Höflichkeit erklärlich.[123] Der „Republikaner" Heerhold erklärte nun wieder, daß nicht nur die Milch, die Butter, Wurst und Käse, sondern auch die Fürsten in seiner Heimat besser seien als anderswo. Denn der König von Preußen würde uns nicht die Bären so vorgeführt und uns auch nicht gesagt haben, wo wir den Schlüssel zum Turm bekommen. Als wir später nach

---

122 Südlich von Sondershausen, der Haupt- und Residenzstadt des ehemaligen Fürstentums Schwarzburg-Sondershausen, liegt der Possen (461 m) mit dem fürstlichen Jagdschloss.
123 **Günther Friedrich Carl II.** (1801–1889), 1835 bis 1880 Fürst von Schwarzburg-Sondershausen, mit 862 km^2 einer der kleinsten Bundesstaaten des Deutschen Reiches, der 1920 im Land Thüringen aufging.

Sondershausen hinuntergingen, fuhr [an] uns der alte Herr vorbei. Nun zog Heerhold den Hut so tief, wie ein treuer Untertan seinen Fürsten preist.

Der lange Walther, der bei uns war, verließ uns nun, da er nach Weimar wollte. Ich sandte meinen Handkoffer per Post nach Nordhausen, weil Heerhold und ich zu Fuß über Holzthalleben nach Nordhausen gehen wollten. Bald sah ich aber ein, daß ich mit dem Versenden des Handkoffers eine Dummheit gemacht hatte. Heerhold war ein leidenschaftlicher Schnupfer. Wohl ein halbes Pfund Schnupftabak hatte er mir zur Aufbewahrung übergeben. Kaum hatten wir Sondershausen verlassen, da nahm Heerhold die letzte Prise aus seiner Dose. „Gib mir das Paket Tabak", sagte er zu mir. Ich antwortete: „Das ist in dem Koffer auf der Reise nach Nordhausen". „Was", schrie Heerhold, „Du bist wohl verrückt! Was soll ich nun beginnen?" Wohl hätte er barfuß ohne Stiefel marschieren können. Auch Speise und Trank hätte er entbehren können, denn er war von Profession Weber und war früh an Hungern gewöhnt, aber ohne Schnupftabak, das war mehr als Entbehrung aller Güter des Lebens, das übertraf selbst die Qualen, die Ugolino im Hungerturm erdulden mußte.[124] Ich tröstete ihn, da ja schon ein Dorf in Sicht war, wo wir Schnupftabak kaufen konnten. Wir kamen in das Dorf, aber nun lernte Heerhold seine Heimat von der schlimmsten Seite kennen. Wohl gab es einen Spezereiwarenhändler in dem Dorf, aber er hatte keinen Schnupftabak. Schlimmer kann es keinem Pilger in der Wüste gehen, wie es Heerhold auf diesem Wege ging. Wir trafen ein Gasthaus am Wege, wo wir einkehrten. Speise und Trank konnten wir haben, aber keinen Schnupftabak. Schon wollte Heerhold verzagen, da kam ich auf einen Gedanken, wie Heerholds Leben zu retten war. Ich nahm eine Zigarre, zerrieb sie zu feinem Mehl und ließ mir vom Wirt etwas Rum geben, womit ich den Tabak anfeuchtete. Nun probierte Heerhold den so fabrizierten Schnupftabak und erklärte, daß dieser sich mit den besten Sorten messen könne. Nun schimpfte er, daß ich ihn so lange habe schmachten lassen.

Erst nach Eintritt der Dunkelheit erreichten wir nun das Dorf, wo wir übernachten wollten. Bald nach Sonnenaufgang wanderten wir auf der Chaussee. Gegen 10 Uhr trafen wir bei Heerholds Schwester ein, wo wir uns erst etwas schlafen legten. Wir schliefen in einem Dachzimmer. Als ich erwachte, wur-

---

124 **Ugolino** (†1289), bekanntester Vertreter des Pisaner Adelsgeschlechts der Gherardesca, seit 1284 Podestà, seit 1285 Capitano del popolo von Pisa; sein Schwanken zwischen der kaiserlichen und der päpstlichen Partei bewirkte seinen Sturz 1289 durch den ghibellinischen Erzbischof Ruggiero Ubaldini, der Ugolino mit seinen beiden Söhnen in einem Turm einkerkern und verhungern ließ. Ugolino findet in Dante Alighieris „Göttlicher Komödie" Erwähnung und ist Hauptfigur in Friedrich Wilhelm von Gerstenbergs Trauerspiel „Ugolino" (1768).

de ich von einem penetranten Gestank belästigt. Heerhold erklärte mir, daß das vom Sauerkohl herrühre, den wir mittags essen sollten. Natürlich war nach seiner Behauptung der Sauerkohl besser wie irgendwo anders. Ich hatte aber noch nie in meinem Leben Sauerkohl gegessen. Meine Mutter kochte so lange Kohl, als frischer Kohl vorhanden war. Mir schmeckte der Sauerkohl auch nicht. Da mußte Heerhold zugeben, daß wir beide ganz verschiedene Menschen seien. Er aß und trank als Thüringer, der seine Heimat liebte. Ich weiß nicht, wie weit mein Heimweh den Geschmack verdarb. Die Landschaften fand ich schön. Also meine Augen waren befriedigt. Die Geschmacks- und Geruchsnerven wurden beleidigt. Beim Essen dachte ich: Bei Mutter ist es immer am besten! Die Heimreise verlief ohne bemerkenswerte Ereignisse.

Nachwehen der Parteieinigung

Nun setzte die Agitation auf Grund des neuen Programms, aber auch die Kritik der Gegner des Programms ein. Am meisten verhöhnt wurden die „vernunftgemäßen Bedürfnisse".[125] Speziell Ernst Bernhard Richter suchte durch seine Kritik zu beweisen, daß die Genossen eine Dummheit machten, als sie ihn nicht in die Vorbereitungskommission wählten. Es war aber ein reges Parteileben, und bei aller Schärfe der Kritik waren jene Debatten dazu angetan, die Erkenntnis zu erweitern. Hätten Marx und Engels Gelegenheit gehabt, diese Debatten mit anzuhören, dann hätten sie wahrscheinlich eine andere Meinung von den Lassalleanern bekommen. Sie sahen in dem Programm, welches doch von Liebknecht entworfen war, ein Machwerk der Lassalleaner. Die Lassalleaner übten eine Kritik, die sich in manchen Punkten mit der von Marx in dem 1891 veröffentlichten Briefe deckte.[126] In einem waren freilich die Lassalleaner Produkte ihrer Erziehung. Nach außen traten sie rücksichtslos für das durch Mehrheitsbeschluß angenommene Programm ein. Die Dis-

---

125 Die beanstandete Formulierung ist im ersten Satz des Gothaer Programms enthalten: „Die Arbeit ist die Quelle alles Reichtums und aller Kultur, und da allgemein nutzbringende Arbeit nur durch die Gesellschaft möglich ist, so gehört der Gesellschaft, das heißt allen ihren Gliedern, das gesamte Arbeitsprodukt, bei allgemeiner Arbeitspflicht, nach gleichem Recht, Jedem nach seinen **vernunftgemäßen Bedürfnissen.**" Vgl. Programmatische Dokumente der deutschen Sozialdemokratie, hrsg. und eingeleitet von Dieter Dowe und Kurt Klotzbach, 4., überarb. u. aktualisierte Aufl., Bonn 2004, S. 165.
126 Friedrich Engels hatte 1891 die scharfe Kritik von Karl Marx am Gothaer Programmentwurf von 1875 veröffentlicht, die Marx einem Brief an Wilhelm Bracke als Anhang („Randglossen") beigegeben hatte; vgl. „Zur Kritik des sozialdemokratischen Parteiprogramms. Aus dem Nachlaß von Karl Marx", in: „Die Neue Zeit", 9. Jg., Bd. 1, Nr. 18, S. 561–575.

ziplin erforderte, das Programm zu vertreten und eventuell bei nächsten Parteitagen eine Abänderung zu beantragen.

Aber der innere Zwist konnte wenig aufkommen, weil die „Methode Tessendorf" verschärft fortgesetzt wurde. In Altona erlebte selten eine Versammlung ein natürliches Ende. Als überwachender Beamter war in der Regel ein Obersergeant Weiße anwesend.[127] Weiße war früher Gendarm in Pinneberg und hatte sich dort schon durch brutales Auftreten gegen die Sozialdemokraten ausgezeichnet. Bei einem Ausflug nach Kummerfeld ritt er immer durch den Zug und trieb die Massen in die Kornfelder. In Altona löste er die Versammlung regelmäßig auf und oft verhaftete er den Redner. Kam es dann zu einer Anklage, dann beschwor er, daß der Redner verschiedene Klassen der Bevölkerung zu Gewalttätigkeiten gegeneinander angereizt habe. Unter den Opfern Weißescher Überwachungskunst und seiner Fixigkeit im Schwören befand sich auch der Maschinenbauer Slauck.[128] Ein junger, intelligenter Mann mit großer Gewandtheit im Reden. Er hatte aber auch große Redelust, die schon auf dem Vereinigungskongreß dadurch gedämpft wurde, daß er und Franz Klute zu Führern der Rednerliste bestimmt wurden.[129] Beide hatten sich nämlich beschwert, daß ihre Wortmeldungen übersehen waren. Für Slauck hatte die Verurteilung insofern ein Nachspiel, weil er zur Marine ausgetan war und nun während Verbüßung der Gefängnisstrafe ein-

---

127 **Friedrich Wilhelm Weiße** (1827->April 1883), geboren in Kolberg, seit 1866 als berittener Gendarm der 9. Gendarmeriebrigade in Pinneberg, seit 1873 in Altona, zum 31. Juli 1879 aus dem Dienst entlassen, in seiner Personalakte ist noch eine Anfrage eines thüringischen Amtsgerichts vom April 1883 enthalten, das sich aufgrund einer Bewerbung Weißes nach dessen Leumund erkundigte; Personalakten Altona W 169 betr. den Oberpolizeisergeanten Weiße.
128 **Arthur Slauck** (1855–1922), aus Triebel bei Sorau (südöstlich von Frankfurt/Oder) stammender Maschinenbauer, Delegierter auf dem Gothaer Vereinigungsparteitag 1875, seit 4. März 1876 als Maschinist bei der Marine, seit 10. November 1881 Deckoffizier auf der Kreuzerfregatte „Stein", zuletzt Marinechefingenieur, Dozent an der Schiffsingenieurschule in Hamburg 1909, Verfasser des Buches „Die Erzeugung und Verwertung elektrischer Energie an Bord der Handelsschiffe. Ein Handbuch für Techniker der deutschen Handelsflotte und Studierende der Schiffsingenieur- und Seemaschinistenschulen", Hamburg 1922.
129 **Franz Klute** (1850–1900), Zigarrenarbeiter aus Loxten/Amt Versmold, erster Bevollmächtigter der 1872 gegründeten ADAV-Gemeinde in Osnabrück, Delegierter und Schriftführer auf der ADAV-GV 1874, Delegierter auf dem Vereinigungsparteitag in Gotha 1875 und den Parteitagen 1876 und 1877, seit 1876 in Erfurt ansässig als festangestellter Agitator für die preußische Provinz Sachsen, mehrere Haftstrafen, darunter 1877 acht Monate wegen Majestätsbeleidigung, während des Sozialistengesetzes als Privatschreiber in Zeitz tätig. Laut Protokoll Parteitag Gotha 1875, S. 32 wurde auf seine Beschwerde hin nur Arthur Slauck zur Führung der Rednerliste Klaas Peter Reinders an die Seite gestellt.

treten sollte. Noch als Gefangener wurde er nach Wilhelmshaven transportiert. Später fand er so viel Gefallen am Dienst in der Marine, daß er kapitulierte und auch Deckoffizier wurde. Um einige Redner, z.B. Bebel, vor der Gefahr der Verurteilung zu schützen, wurde ein bekannter Stenograph engagiert. Aufgelöst wurde die Versammlung auch, aber Bebel erhielt keine Anklage, wohl deshalb, weil Weiße erfuhr, daß die Rede stenographiert sei. Auch dem Polizeiinspektor Brumm wurde die Sache zu arg. Er kam in einige Versammlungen, und als diese aufgelöst waren, erbot er sich, als Entlastungszeuge vor Gericht aufzutreten. Der pflichttreue Beamte Weiße benutzte seine Kunst im Schwören auch zu Privatzwecken. Er beschwor, daß er Sachen, die er nicht bezahlt hatte, als Geschenk erhalten habe. Schließlich stolperte er doch und wurde wegen seiner Schwindeleien aus dem Dienst entlassen.

Schon früh begannen wir mit der Vorbereitung der 1877 zu erwartenden Reichstagswahl. Es wurde mit der Kandidatenaufstellung begonnen. Eine Frage, die im VI. schleswig-holsteinischen Kreise von größerer Bedeutung war, weil Winter nach Amerika gegangen, also ein neuer Kandidat gesucht werden mußte. Hier bewarb sich Ernst Bernhard Richter um die Kandidatur. Da Heerhold sich der Richterschen Opposition angeschlossen hatte, war Heerhold nicht Agent, wie die örtlichen Vertreter hießen. Hierzu hatten wir Rudolph Schulz gewählt.[130] Ein Zigarrenarbeiter mit einem verkrüppelten Bein. Schulz war ein Mann, bei dem der Eifer größer war als sein Können. Seine Erziehung hatte er bei Georg Winter erhalten. Er wohnte nämlich bei Winter. In seinem Eifer hatte er sich als „Kriegsminister" bezeichnet. Eine Bezeichnung, die bei der Versammlung solchen Anklang fand, daß Schulz sein Leben lang zur Unterscheidung von anderen Schulzen der „Kriegsminister" genannt wurde.

Der Streit um die Kandidatur führte zu großen Kämpfen. Richter war oft in Versammlungen, aber ebensooft kam Hartmann als dessen Gegner. Endlich sollte die Konferenz zur Aufstellung von Kandidaten sein. Für Richter wurde sein gewaltiges Redetalent angeführt. Man mußte also einen Gegenkandidaten suchen, dessen Rednergabe der Rednergabe Richters fast gleich stand. Hier glaubten die Gegner Richters, in Max Stöhr einen geeigneten Genossen

---

130 **Rudolph Schulz** (1850->1910), aus Berlin stammender Zigarrenarbeiter, ADAV, Vorsitzender der Ottensener Mitgliedschaft des Vereins deutscher Tabakarbeiter, Ausweisung aus Hamburg und Umgegend am 2. August 1886, hielt sich bis zum Ende des Sozialistengesetzes in Bremen auf, Rückkehr nach Hamburg, trat laut seiner von der Hamburger Politischen Polizei geführten Personalakte noch 1910 als Referent auf SPD-Veranstaltungen in Hamburg auf.

gefunden zu haben.[131] Als Redner stand Stöhr in hohem Ansehen. Ein unglückliches Liebesverhältnis hatte ihn in eine recht unglückliche Position gebracht. Stöhr [war] ein heißblütiger Mensch. Er hatte in seinem Äußeren etwas vom Neger: schwarzes, welliges Haar, etwas platte Nase und ziemlich dicke Lippen. In Kiel, wo er sich sonst aufhielt, hatte er mit einem schönen Mädchen aus wohlhabender Familie ein Liebesverhältnis. Diesem Verhältnis war auch ein Kind entsprungen, welches aber gestorben war. Lange Zeit hatte Stöhr den Kampf mit den Eltern seiner Braut geführt. Solange seine Braut zu ihm hielt, hatte er den Kampf mit Erfolg geführt. Als aber schließlich seine Braut dem Drängen der Eltern folgte, war Stöhr wie von Sinnen. Auf einer Agitationsreise in Süddeutschland hatte er den Abschiedsbrief von seiner Braut erhalten. Das versetzte ihn in solche Aufregung, daß er alle arrangierten Versammlungen fallen ließ und direkt nach Kiel fuhr. Dort konnte er aber auch nichts abwenden. Um ihm Zerstreuung zu geben, war er wieder auf Agitation geschickt [worden], aber in Itzehoe wurde er [nicht] vom Bahnhof abgeholt. Von der Störbrücke stürzte er sich ins Wasser, welches ja seinen Namen führte.[132] Er wurde von Fischern gerettet, aber zum Reden war er untauglich. Er ging dann nach Berlin, wo er als Maschinenbauer arbeitete. Durch Hasenclever hatten wir erfahren, daß Stöhr bereit sei, eine Kandidatur anzunehmen.

  Also Stöhr wurde auf der Konferenz gegen Richter ausgespielt, und er erhielt auch die Mehrheit der Stimmen. Diese Niederlage konnte Richter nicht ertragen, denn er glaubte, durch seine Beredsamkeit jedes Hindernis überwinden zu können. Persönlich war er sowohl in Redegewandtheit wie im Wissen seinem Gegner überlegen. Aber außer den Gegnern, die hervortraten, war der Vorstand, darunter Geib und Auer, Gegner der Kandidatur Richter. Richter erblickte nun in der Vereinigung den Grund seiner Zurücksetzung und suchte nun durch rücksichtslose Kritik an den Beschlüssen des Vereinigungskongresses die rein persönliche Angelegenheit, ob er Kandidat für den VI. schleswig-holsteinischen Wahlkreis werden solle oder nicht, zu einer sachlichen Streitfrage zu machen.

---

131 **Max Stöhr** (1849–1915), Maschinenbauer aus Chemnitz, ADAV, Delegierter auf der GV des ADAV 1871 und 1873, bei den Reichstagswahlen 1877 und 1878 Kandidat im 6. schleswig-holsteinischen Wahlkreis Elmshorn-Pinneberg, eröffnete 1877 ein Fettwarengeschäft in Ottensen, wurde 1878 Mitarbeiter der sozialdemokratischen „Gerichts-Zeitung", am 30. Oktober 1880 aus Hamburg und Umgegend ausgewiesen, Emigration in die USA, dort in St. Louis ansässig, Redakteur deutschsprachiger Tageszeitungen, u.a. Begründer des „St. Louis-Tageblatt"; Nachruf in: „Hamburger Echo" Nr. 61 vom 13. März 1915 („Max Stöhr"), Nachrufe der Presse in St. Louis, zur Verfügung gestellt von der Missouri Historical Society.

132 Max Stöhr stürzte sich in den Fluß **Stör**, einen 87 km langen, rechten Nebenfluß der Elbe, der ab Itzehoe bis zur Mündung nordwestlich von Glückstadt schiffbar ist.

Eine Episode, die ich Ende Juli 1875 erlebte, verdient erwähnt zu werden. In Folge einer Beförderung war das Mandat des nationalliberalen Finanzrates Krieger, der Lauenburg im Reichstag vertrat, erloschen.[133] Bei der Nachwahl hatten wir einen Kandidaten, nämlich den Zimmerer Finn aufgestellt.[134] Unser Vorgehen war wesentlich herbeigeführt durch eine Anzahl Zigarrenarbeiter der Nöltingschen Fabrik, die nun in Lauenburg arbeiteten. Finn wurde aufgestellt, weil er in Lauenburg und Mölln für den Zimmererverband agitiert und einige Mitgliedschaften gegründet hatte. Bei der ersten Wahl brachten wir reichlich 600 Stimmen auf, wodurch wir eine Stichwahl zwischen dem freikonservativen Grafen Bernstorff-Stintenburg und Krieger herbeiführten.[135] Jetzt traten sowohl die Nationalliberalen wie die Konservativen an unsere Genossen heran und baten um Hilfe. In Lauenburg, Schwarzenbek, Mölln und Ratzeburg wurden Versammlungen mit der Tagesordnung: „Die bevorstehende Stichwahl" einberufen. Ich wurde als Redner für diese Versammlungen bestimmt. Als Geib mir den Auftrag zum Reden erteilte, sagte er: „Sie sind doch in Gotha für den Satz eingetreten, daß uns gegenüber alle Parteien nur eine reaktionäre Masse sind. Nun haben Sie Gelegenheit, diesen Satz in Praxis anzuwenden."[136] Wir verhandelten noch kurze Zeit

---

133 **Richard Krieger** (1818–1906), Steuerbeamter, 1875 Geheimer Oberfinanzrat, MdL Preußen 1862 bis 1868, Mitbegründer der Nationalliberalen Partei 1867, MdR 1867 bis 1869, 1871 bis 1877, Krieger hatte infolge seiner Ernennung zum Provinzial-Steuerdirektor in Altona am 7. Februar 1875 sein Mandat im 10. schleswig-holsteinischen Wahlkreis Lauenburg niedergelegt, aber die fällige Nachwahl am 26. Juli 1875 erneut gewonnen.

134 **Carl Theodor Finn** (1837->1890), aus Reinkenhagen in Pommern stammender Zimmermann, ADAV, Delegierter auf den GV des ADAV 1872 bis 1874, Mitglied im Vorstand des ADAV 1871/72 und 1873 bis 1875, Delegierter auf den Gothaer Parteitagen der SAPD 1875 bis 1877, ausgewiesen aus Berlin und Umgegend am 29. 11. 1878, siedelte anschließend nach Hamburg über, gehörte mit Wilhelm Körner zu einer Gruppe von Rechtsabweichlern („Regierungssozialisten"), die die Sozialdemokratie kritisierten und dadurch die Aufhebung der Ausweisung am 27. 11. 1880 erreichten; der nach der Rückkehr nach Berlin von Finn und Körner gegründete „Soziale Arbeiter-Verein" blieb ohne Resonanz; Finn wird zuletzt 1891 im Berliner Adressbuch aufgeführt, ohne dass sich sein Tod nachweisen ließe.

135 **Andreas Graf Bernstorff** (1844–1907), Staatsbeamter, Besitzer des Gutes Stintenburg im Kreis Herzogtum Lauenburg, 1874 bis 1880 Landrat von Ratzeburg, seit 1880 im Kultusministerium, seit 1881 als vortragender Rat, Gründer bzw. führendes Mitglied zahlreicher religiöser Vereine, darunter seit 1886 Vorsitzender der Deutsch-Ostafrikanischen Missionsgesellschaft, seit 1888 des Deutschen Sonntagsschulkomitees, seit 1891 des deutschen Komitees der evangelischen Allianz, Vizepräsident des CVJM, MdR 1893 bis 1903 für den 10. schleswig-holsteinischen Wahlkreis, Deutsche Reichspartei.

136 Eine diesbezügliche Wortmeldung Molkenbuhrs ist im Protoktoll Parteitag Gotha 1875 nicht abgedruckt.

über die zu empfehlende Taktik und kamen zu dem Schluß, unseren Wählern zu empfehlen, zur Wahl zu gehen und ungültig gemachte Stimmzettel abzugeben. Ich fuhr nach Lauenburg, wo die erste Versammlung sein sollte.

In Büchen hatte ich eine Stunde Aufenthalt. Auf dem Bahnhof trat ein sehr vornehm gekleideter Herr an mich heran und fragte, ob ich nicht der Redner für die Lauenburger Versammlung der Sozialdemokraten sei. Als ich diese Frage bejahte, ersuchte er mich, ins Wartezimmer erster Klasse zu kommen. Dort wurde mir der Graf Bernstorff, ein bildschöner Mann, vorgestellt. Man suchte mir begreiflich zu machen, daß wir doch gegen die Vertreter des Großkapitals und der Gründer stimmen müßten. Nur durch die Politik der Nationalliberalen sei die Krise, unter der die Arbeiter schwer leiden, hervorgerufen. Ein anderer Herr, ich glaube, es war Schrader Bliestorf, versicherte, daß die Konservativen bereit seien, uns alle Kosten der Wahlagitation zu ersetzen, wenn wir in der Stichwahl für Bernstorff eintreten würden.[137] Graf Bernstorff selbst versprach nur, die unbeschränkte Ausbeutung der Arbeiter bekämpfen zu wollen. Er ließ es aber an bestimmten Angaben über das, was er schaffen wolle, fehlen. Nur soviel vernahm ich aus seinen Reden, daß er ein sehr frommer Herr war und die eigentlich glücklichen Tage für die Arbeiter erst nach ihrem Tode schaffen wolle. Er beklagte besonders, daß die Arbeiter durch die guten Löhne während der Gründerperiode zu allerlei Lastern getrieben waren. Hier gingen unsere Ansichten weit auseinander. Ich wußte aus Erfahrung, daß dem Schnapsteufel und dem Lasterleben in Bordellen viel eher gefrönt wurde, bevor die hohen Löhne der Gründerperiode bezahlt wurden. Die hohen Löhne jener Periode hatten die Arbeiter kulturell gewaltig gehoben. Theaterbesuch, das Anschaffen guter Bibliotheken usw. war mehr verbreitet. Selbst die geistig Bedürfnislosen verwendeten den höheren Verdienst zur Anschaffung besserer Kleidung, besserer Wohnung und schufen höhere Ansprüche an Essen. Speziell der Schnaps war durch den Genuß guten Bieres verdrängt worden.

Ich gab keine bestimmte Erklärung ab. Erst mußte ich mit den Genossen in Lauenburg sprechen, um zu erfahren, wie sie über die Abgabe ungültiger Stimmzettel dachten. Unsere Genossen waren für den Vorschlag ganz begeistert. Sie wollten weiße Stimmzettel ausgeben oder, wenn sie hinreichend Stimmzettel für Krieger oder Graf Bernstorff erhalten konnten, diese nehmen und auf jeden Stimmzettel noch zwei oder drei weitere Namen schreiben. Die

---

137 **Karl von Schrader Bliestorf** (1848–1896), Gutsbesitzer, kaiserlicher Zeremonienmeister in Potsdam, bei der Reichstagsersatzwahl im 10. schleswig-holsteinischen Wahlkreis Lauenburg im September 1879 Kandidat der konservativen Reichspartei, in Folge einer Hofintrige am kaiserlichen Hof, der sogenannten „Kotze-Affäre", von seinem ehemaligen Kollegen Leberecht von Kotze am 10. April 1896 bei einem Duell erschossen.

Versammlung, die in einem Lokal unten an der Elbe stattfand, verlief recht lebhaft. Sowohl die Nationalliberalen wie die Konservativen waren stark vertreten. So lange ich gegen die rückständige Politik der Konservativen polemisierte, hatte ich starken Beifall von den Liberalen. Als ich dann auch gegen die Liberalen sprach, fand ich Beifall bei den Konservativen. Gar nicht gefiel der Schluß, in welchem ich Stimmenthaltung oder die Abgabe ungültiger Stimmzettel empfahl. Öffentlich trat kein Gegner auf, aber nach der Versammlung fand noch eine lebhafte Unterhaltung statt. Es war gegen Mitternacht, als ich das Schlafzimmer aufsuchte. Ich mußte in dem Lokal, welches auch eine Herberge war, wohnen. Das Zimmer hatte manche Ähnlichkeit mit dem Zimmer bei Dehn in Bramstedt, wo ich den Kampf mit den Ratten führte. Hinter dem Zimmer war ein kleiner Garten, der bis zur Elbe ging.

Ich ging noch in den Garten und setzte mich in eine Laube. Es war eine herrliche Sommernacht. Vollmond stand am Himmel, und der Fluß war sehr belebt. In einer großen Anzahl Boote saßen Leute und angelten. Schiffe, mit Lasten beladen, zogen den Strom hinab. In dieser schönen Einsamkeit saß und träumte ich. Matthisons „Mondscheingemälde" und ähnliche Dichtungen gingen durch mein Gedächtnis. Ich weiß nicht, ob durch die Betrachtungen der herrlichen Landschaft oder durch die Träumerei die Zeit so schnell verstrich. Obwohl etwas Dunst auf dem Wasser lag, wurde die Landschaft immer farbenprächtiger, bis goldene Strahlen der Morgensonne den Anbruch des neuen Tages verkündeten. Da dachte ich, daß ich doch etwas schlafen müsse, wenn ich die nötige Frische zur Versammlung in Schwarzenbek haben wollte. Ich legte mich in voller Kleidung aufs Bett und träumte schlafend so weiter, wie ich vorher wachend geträumt hatte.

Nachmittags sprach ich in Schwarzenbek in Versammlung und noch am selben Abend fuhr ich nach Mölln, wo ein alter Herr Schwarz unsere Partei vertrat.[138] Schwarz hatte etwas Vermögen, einen Garten außerhalb der Stadt und trieb etwas Handel. Er war ein lebenslustiger alter Herr, der erst kurz vorher eine schöne, junge Frau geheiratet hatte. Der Besitz einer jungen, schönen Frau in einer gut eingerichteten Wohnung hatte ihn etwas häuslicher gestimmt, denn er [blieb] jetzt oft des Nachts zu Hause, was früher nicht der Fall gewesen war. Früher wohnte er des Nachts in dem Gartenhäuschen. Angeblich, um seine Gartenbauerzeugnisse gegen Diebstahl zu schützen. Im Privatgespräch machte er keinen Hehl daraus, daß es vierbeinige Diebe waren, nämlich Rehe und Hasen, gegen die er sein Gut nur dadurch schützen konn-

---

138 **Heinrich Jacob Schwarz** (1820–1886), Schneidermeister und Wild- bzw. Delikatessenhändler in Mölln, galt der Möllner Polizei als der „gefährlichste socialistische Agitator" vor Ort. Schwarz lebte von seiner Frau getrennt und in wilder Ehe mit **Anna Juliane Genesia Rüter** zusammen, mit der er zwischen 1870 und 1878 vier uneheliche Kinder hatte.

te, indem er diese Räuber niederschoß. Da er auch Wildhändler war und von den Oberförstern der Bismarckschen und Bülowschen Güterverwaltung Wild kaufte, so wurde es ihm nicht schwer, die geschossenen Rehe zu verkaufen. Jedoch die Leidenschaft für die junge Frau hatte den Wilderer gezähmt; dafür trieb er nun eine den Herrschenden nicht angenehme Politik. Ärgern mußte er die Herrschenden. Am Abend verlebte ich mit Schwarz und Frau recht schöne Stunden. Am Abend waren wir im Garten vor der Stadt, und am Montag machte ich Spaziergänge nach den Seen hinaus. Die Versammlung am Abend war unter freiem Himmel.

Die Versammlung in Ratzeburg fiel aus, weil das Lokal abgetrieben war.[139] Ich ging jedoch am nächsten Tag nach Ratzeburg, um die dortigen Genossen zu informieren. Für mich war es ein großer Genuß, Landschaften mit Landseen zu betrachten. Wald und spiegelglatte Wasserflächen, die wunderbare, höchstens vom Gezwitscher der Vögel unterbrochene Ruhe riefen selige Gefühle in mir wach. Auf solchen Wegen belebte sich dann der ganze Vorrat poetischer Eindrücke in meinem Denken. Auch prächtige Melodien klangen dazwischen. Obwohl ich weder pfeifen noch singen konnte, so konnte ich doch schöne Melodien, selbst ganze Ouvertüren, in ähnlicher Art durch mein Gedächtnis ziehen lassen, wie ich in Gedanken Gedichte rezitierte. War ich aber ganz allein auf der Chaussee, dann war ich nicht so still. Laut deklamierte ich dann Gedichte oder Stellen aus Dramen. Auch übte ich bestimmte Stellen von Reden ein, indem ich laut deklamierte. Durch häufigen Theaterbesuch wußte ich, daß das Wort oder der schön geformte Gedanke allein es nicht sei, was Eindruck macht, sondern, daß auch der Ton mitwirkt. Und doch deklamierte ich oft:

> „Such Er den redlichen Gewinn!
> Sei Er kein schellenlauter Tor!
> Es trägt Verstand und rechter Sinn
> Mit wenig Kunst sich selber vor;
> Und wenn's Euch ernst ist, was zu sagen,
> Ist es nötig Worten nachzujagen?
> Ja, Eure Reden, die so blinkend sind,
> In denen Ihr der Menschheit Schnitzel kräuselt,
> Sind unerquicklich wie der Nebelwind,
> Der herbstlich durch die dürren Blätter säuselt!"[140]

---
139 **Abgetrieben:** Auf Druck des politischen Gegners oder der Behörden hatte der Besitzer des Versammlungslokals seine Zusage zur Abhaltung der Veranstaltung zurückgezogen.
140 Zitat aus: Faust. Der Tragödie erster Teil, Vers 548 bis 557.

Es war in der Zeit, als ich noch viel mit Zitaten arbeitete, und das Zitat ist durch guten Vortrag wirksamer zu gestalten. Ich empfand zwar alle Vorwürfe, die Faust dem Wagner macht, als gegen uns gerichtete Vorwürfe. Wir saßen und berieten zusammen und „brauten ein Ragout von anderer Schmaus".[141] Aber was sollten wir den Hörern bieten? Die Produkte eigener Forschung waren gar zu magere Kost. Sie bestanden in den Erfahrungen echter Proletarierkinder, deren ganzes Leben aus einer Kette von Entbehrungen zusammengeschweißt war. Dabei wußten wir noch nicht einmal, was wir alles entbehrt hatten. Wohl hörten wir von den Schulen, wo so viel gelernt wurde. Wohl sahen wir die äußere Pracht der Wohnungen der Reichen. Aber der leichte Jugendmut ließ die traurige Vergangenheit viel rosiger erscheinen, als sie war. So wurde dann mit den Gedanken anderer gearbeitet, und es war immer schon ein respektables Stück Arbeit, die Gedanken anderer zu kennen und daraus ein leidlich genießbares Ragout zu machen. Die einzelnen Vorschläge, wie im vorliegenden Falle die Abgabe ungültiger Stimmzettel, waren doch eigenes Geistesprodukt. Also etwas eigene Würze brachten wir in diese Ragouts hinein. Unser Vorschlag, ungültige Stimmzettel abzugeben, fand so großen Beifall, daß bei der Stichwahl ebenso viele ungültige Stimmzettel abgegeben wurden, wie Finn Stimmen bei der Hauptwahl gehabt hatte.

Friederike Köster und Julius Schmidt

Bei Köster, wo ich von 1874 bis 1879 arbeitete, war ein früheres Dienstmädchen, die Tochter eines Schuhmachers aus Mecklenburg, in Arbeit getreten. Der Schuhmacher hatte eine solche Reihe von Töchtern, daß es wohl schwer gefallen war, für jede ein viertel Dutzend Namen zu finden. Bei der Taufe dieses Mädchens hatte man wohl Goethe zu Rat gezogen und die Namen Friederike, Charlotte, Dorothea gewählt.[142] Friederike, so wurde sie genannt, war ein Mädchen mit selten schönem Körper. Auch zeichnete sie sich durch kolossale Leistungsfähigkeit aus. Arbeiten mußte schon ein Mädchen können, um [es] bei Köster auszuhalten. Denn Frau Köster war eine Frau von un-

---

141 Zitat aus: Faust. Der Tragödie erster Teil, Vers 539.
142 *Friederike* **Charlotte Dorothea Köster** (1852–1918), aus Goldberg stammendes Dienstmädchen, Zurichterin, Betreiberin eines Mittagstisches, seit 15. Januar 1878 verheiratet mit Hermann Molkenbuhr, geschieden am 26. März 1886, seit 1. Mai 1888 verheiratet mit dem Zigarrenarbeiter Hermann Martin *Heinrich* Rathjens. Sollte die Namensgebung tatsächlich auf Goethe zurückzuführen sein, dann auf seine Jugendliebe in seiner Straßburger Zeit 1770/71 Friederike Brion (1752–1813), auf seine unglückliche Liebe zu Charlotte Buff (1753–1828), die ihn zum Werther-Roman inspirierte, oder auf seine engste Vertraute in den Anfangsjahren in Weimar, Charlotte von Stein (1742–1827) bzw. auf die Titelfigur seines Epos „Hermann und Dorothea" (1797).

glaublicher Leistungsfähigkeit.[143] Sie hatte ihren Mann geheiratet, der hübsch war und gerne Witze machte. Von Profession war er Vergolder. In seinem Fach fand er keine Arbeit. Da ließ sie ihn Zigarrenmachen lernen. Er hatte gerade ausgelernt, als die Hochkonjunktur der Gründerperiode einsetzte. Nun nahm er Hausarbeiter. Frau Köster richtete Tabak zu und hatte Mittagstisch. Alles besorgte sie in Tag- und Nachtarbeit allein. Als Köster so viele Arbeiter hatte, daß Frau Köster die Zurichtung nicht allein besorgen konnte, nahm er Zurichterinnen. Aber fast alle Mädchen mußten bald wieder gehen, weil Frau Köster sie für faul erklärte. Jetzt, in Friederike, hatte sie ein fleißiges Mädchen entdeckt, mit der sie bald Freundschaft schloß. Friederike war ein Mädchen mit sehr schönem Körper. Auch ich befreundete mich mit Friederike. Die Krise, die mit dem Gründerkrach eingesetzt hatte, ließ insofern nach, als wir flott arbeiten konnten.

In dem Sommer verlebten wir manch frohe Stunde. Julius Schmidt, der Bruder des Dichters Otto Ernst, war ein guter Baßsänger. Er war Präses der Liedertafel „Lassallea", die sich aus Anlaß der Totenfeier 1874 gebildet hatte.[144] Der Ottensener Gesangverein „Harmonie" bestand aus zahlenden Mitgliedern, in der Hauptsache aus Spießbürgern. Die Sänger waren in der Mehrheit Arbeiter. Der Gesangverein wirkte immer bei Sedanfeiern mit. Den Oppositionellen sagte man, daß das Singen bei der Sedanfeier nicht politisch sei, sondern nur der Pflege des Gesanges gelte. 1874 hatten nun die Sänger vorgeschlagen, auch bei der Totenfeier mitzuwirken. Hiergegen protestierten die Spießbürger. So kam es zur Spaltung. Alle guten Sänger waren Proletarier, und sie sangen auf der Totenfeier, der Rest war aber mit so jämmerlichem Stimmenmaterial ausgerüstet, daß er die Sedanfeier nur durch Schweigen verschönern konnte. Die Sänger bildeten einen neuen Verein, den sie aus Rücksicht auf ihr erstes Auftreten auf Lassalles Totenfeier „Lassallea" nannten. „Lassallea" wirkte auf Arbeiterfesten mit, und wir besuchten die Feste der „Lassallea".

Die Gebrüder Schmidt, speziell jetzt Julius, waren unser täglicher Umgang. Mein früherer Spezialfreund Ludwig war auf der abschüssigen Bahn. Er war von seinen Eltern fortgezogen und spielte die Rolle des Don Juans. Eine große Zahl recht leichtfertiger Mädchen bildete seinen Umgang. Zuletzt eroberte er sich das Herz eines prächtigen Mädchens, das er später heiratete, aber immer tyrannisierte. Anders war Julius. Er hatte eine Gitarre und sang. „Die drei Liebchen", „Den Schönen Heil", „Zwischen Frankreich und dem

---

143 **Anna Köster** geb. Nüse (1845–1908), aus Welltroop in Süder-Dithmarschen, Tabakzurichterin und Betreiberin eines Mittagstisches, seit 1871 Ehefrau von Johann Heinrich *Detlef* Köster.
144 Die Liedertafel **„Lassallea"** wurde am 10. September 1874 gegründet.

Böhmerwald" und ähnliche Lieder sang er mit schönem Ausdruck.[145] Er war auch bei unserer Mutter ein gerngesehener Gast.

So ein wenig Liebelei trieben wir alle. Julius hatte auch einmal schon Sorgen oder richtiger die Plage der Eifersucht zu spüren. Bei einem Ausflug der „Lassallea" nach Harburg hatte er sein Liebchen Fräulein Bock mitgenommen. Ich war mit Friederike, Ludwig Schmidt mit seiner Dora usw. vertreten. In unserer Gesellschaft war aber ein überzähliges Mädchen, Alwine Baus, die hübsche Tochter eines früheren Zigarrenarbeiters und jetzigen Schankwirtes. Alwine wollte tanzen, und da unter den Männern eigentlich nur Julius tanzte, so wurde er namentlich von Alwine mehr herangezogen, als dessen Liebchen recht war. Schließlich kam die Eifersucht zum Ausbruch, so daß Julius das ganze Vergnügen verdorben wurde. Mit dem letzten Dampfer fuhr der Klub zurück. Noten und sonstige Utensilien mußten zum Klublokal gebracht werden. Julius begleitete sein Liebchen nach Hause und ging dann selbst heim. Wir blieben im Klublokal, dort wurde gesungen, getanzt und deklamiert. Schließlich verkündete heller Sonnenschein, daß ein neuer Tag angebrochen war. Alwine klagte, daß sie Schelte oder gar Schläge bekommen werde. Nun zogen wir erst mit einer Schar junger Leute zu Alwines Eltern, und als Vater Baus seine Tochter einlassen wollte, erklärten wir, daß wir noch nicht ans Heimgehen denken, sondern nur Urlaubsverlängerung für Alwine wollten. Da es lauter Pärchen waren und nur Alwine überzählig war, so mußte für sie ein Mann beschafft werden. Wir zogen nach Schmidts Wohnung; dort wurde erst ein Ständchen gesungen und dann die Auslieferung von Julius gefordert. Julius kam, und dann ging es erst zum Bäcker, wo frisches Brot gekauft wurde, und dann die Elbchaussee hinab an die Elbe, wo wir den herrlichen Sommermorgen verlebten. Die Mädchen, die sämtlich weiße Kleider trugen, bekamen schon ein heruntergekommenes Aussehen. Gegen zehn Uhr ging's dann heim. Solche Touren wurden um jene Zeit öfter gemacht. Es wurde nicht viel getrunken, aber wir waren doch von Freuden berauscht. Von diesem Tag an war Alwine die Geliebte von Julius.

Aber Alwine war Wirtstochter und hatte einst Max Otto als Geliebten gehabt.[146] Max Otto war schöner als Julius und auch ein geistreicher Mann. Es war nicht zum Verwundern, daß sie in einsamen Stunden an die schöne Zeit zurückdachte, die sie mit Otto verlebt hatte. Hatte die Eifersucht der

---

145 „Zwischen Frankreich und dem Böhmerwald": Gedicht von Hoffmann von Fallersleben (1798–1874), Melodie von Justus von Lyra (1822–1882), Erstabdruck in: Deutsche Lieder nebst ihren Melodien, Leipzig 1843, S. 13 f.
146 **Max Otto**, aus Berlin stammender Zigarrenarbeiter, Delegierter auf dem Gothaer Parteitag 1877; im StaatsA Hamburg gibt es keine Personalakte der Politischen Polizei über Otto, in den Adressbüchern ist er nicht eindeutig nachweisbar.

Liebsten Julius' erstes Liebesverhältnis gestört, so war er nun selbst von Eifersucht geplagt und konnte es nicht dulden, daß Alwine auch anderen Männern gegenüber freundlich sei. Es kam wieder Lassalles Totenfeier. Die „Lassallea" wirkte mit. Ich rezitierte Herweghs „Georg Büchners Tod".[147] Auch Max Otto rezitierte ein Gedicht. Nun hatte man Julius mitgeteilt, daß Alwine am Nachmittag in Ottos Wohnung gewesen sei. Diese Mitteilung hatte eine Eifersuchtsszene im Gefolge. Da Julius sich nicht beherrschen konnte, gab es etwas Skandal. Spät in der Nacht hatte Julius sich beruhigt, aber es stand fest, daß er abreisen wolle.

Am nächsten Morgen meldete er sich bei der Polizei ab. Dann gingen wir zu seinen Freunden und Bekannten, um Abschied zu nehmen. Seine Mutter hatte für diesen Tag ihren sonst unverwüstlichen Humor verloren. Sie weinte. Als er dann seinem Vater die Hand zum Abschied reichte, sagte dieser: „Hab die Augen offen. Suche die Gegenden und Menschen kennenzulernen. Aber komme nicht ohne Brot zurück, komme auch nicht zurück, ohne den Rhein und die Schweiz gesehen zu haben. Kommst Du in Fabriken, wo viel Schnaps getrunken wird, dann reise weiter, bevor Du Geschmack am Schnaps findest." Mit etwas Reisegeld ausgerüstet, gingen wir mit bis zum Hannoverschen Bahnhof, wo Julius ein Billett vierter Klasse bis Bremen nahm. So zog unser liebster Freund von dannen.

Alwine gab zu, in dem Haus, wo Otto wohnte, gewesen zu sein, aber nicht bei Otto, sondern bei einer Schneiderin. Otto rüstete sich zum Reden. Er war mit guten Kenntnissen ausgerüstet. Hasenclevers Hochachtung eroberte er sich, als er über eine Rede Hasenclevers einen Bericht brachte, den Hasenclever für den besten Bericht erklärte, der je über eine seiner Reden gebracht worden sei. Otto stammte aus einer Bürgerfamilie Berlins. Als feiner, hübscher Mann hatte er sich in einige Lebensgewohnheiten hineingelebt, deren Unkosten nicht mit dem Arbeitsverdienst des Zigarrenarbeiters zu bezahlen waren. So gehörte auch ein nicht unerheblicher Vorrat an Schulden zu den Dingen, die er sein eigen nannte. Also Agitationstouren, die weniger brachten, als sie selbst bei sparsamem Leben kosteten, konnte Otto wenig unternehmen. Aber auch mit Liebesverhältnissen band er sich nicht, denn er hoffte, als feiner, schöner Mann einmal durch Heirat in eine erträgliche Position zu kommen. Also dauernd band er sich nicht an Alwine. Vorläufig war er die Ursache, daß Julius reiste und wir nun unser Denken und Fühlen schriftlich austauschen mußten.

---

147 Gemeint ist das Gedicht von Georg Herwegh „Zum Andenken an Georg Büchner, den Verfasser von Dantons Tod", abgedruckt in: Herweghs Werke in einem Band, ausgewählt und eingel. von Hans-Georg Werner, Berlin und Weimar [4]1980, S. 85–90.

Abb. 31: Ignaz Auer im Jahr 1877.

Julius war bis Bremen per Bahn gefahren, hatte dort kurze Zeit Arbeit genommen und ging dann an den Rhein. In kurzen Zwischenräumen schrieb er Briefe, in denen er das schilderte, was er gesehen, wie er es sah und welche Eindrücke es auf ihn machte. In wundervollen Landschaften sah er rückständige Menschen. Er beschrieb uns Zigarrenarbeiter, wie sie in Hamburg und Umgegend nicht mehr zu finden waren. Längere Zeit arbeitete er in Bingen. Dann ging er nach Mannheim, von wo er oft nach Heidelberg ging. Im Frühjahr ging er nach der Schweiz, wo er in Zug arbeitete.[148]

Wir agitierten für die neue geeinigte Partei. In allen Mitgliedschaften erblickte man in der Einigung einen Fortschritt; wenn man auch in Schleswig-Holstein nie unter dem Zwiespalt gelitten hatte. Aber durch die Einigung hatten wir Agitatoren wie Auer, Geib, Praast und andere Redner, die sonst nicht in die Provinz gegangen waren, für uns gewonnen. Besonders Auer eroberte sich die Herzen der Genossen in Uetersen. Der dortige Bürgermeister Meßtorff war wegen seines schneidigen Auftretens gegen unsere Genossen bekannt.[149] Auer kritisierte [das] ungesetzliche Auftreten des Bürgermeisters in seiner derb humoristischen Art. Der Bürgermeister fühlte sich beleidigt und löste die Versammlung auf und verhaftete Auer. Der Untersuchungsrichter hob die Haft auf und stellte bald darauf das Verfahren ein. Bald darauf ging Auer wieder nach Uetersen und rechnete nun so gründlich mit Meßtorff ab, daß man noch nach Jahrzehnten über diese Versammlung erzählte, die für alle Zuhörer ein ästhetischer Genuß war.

---

148 Zug ist die einzige Station dieser Wanderschaft, die sich nachweisen läßt. Julius Schmidt arbeitete dort bei der Firma Wemans & Co, er meldete sich am 22. Mai 1876 in Zug an und am 5. August 1876 wieder ab.

149 **Ernst Heinrich Meßtorff** (1822–1916), Tuchmacher, Fleckenvorsteher von Uetersen 1862 bis 1870 und seit dessen Erhebung zur Stadt Bürgermeister von 1870 bis 1900.

In jener Gegend hatten wir viele Anhänger. In Esingen und Ahrenlohe waren fast alle Grundbesitzer Sozialdemokraten, so daß man in Ahrenlohe einen Sozialdemokraten als Gemeindevorsteher dulden mußte. Nach der Landgemeindeordnung mußte der Gemeindevorsteher Grundbesitzer sein, und alle Grundbesitzer, an der Spitze Lohse, erklärten sich als Sozialdemokraten.[150] Der Bauer Lohse war ein prächtiger Mensch. Er hatte den größten Bauernhof im Dorf. Er las nicht nur Lassalles Schriften, sondern studierte auch Marx' „Kapital", und doch war er ein sehr religiöser Mann. Sein Christentum war sozialistisch und sein Sozialismus getragen von dem religiösen Gedanken der Nächstenliebe. Jeder Redner, der die Religion angriff, war ihm zuwider. Er behauptete, ein unreligiöser Mensch sei noch kein ganzer Sozialdemokrat. Ebenso war ihm der unsoziale Mucker zuwider. Er nannte jeden Frommen, der Gegner des Sozialismus war, einen Pharisäer.

Die Bewegung machte gute Fortschritte, und so rechneten wir mit Sicherheit darauf, den Kreis bei der nächsten Wahl zu gewinnen. Es gab freilich unter den alten Genossen eine Anzahl Unzufriedene. Heerhold war gläubiger Lassalleaner. Er sowie Leinhos und eine Anzahl alter Genossen verehrten Lassalle als ihren Heiligen, und da Richter sowie Bräuer und seine Freunde behaupteten, daß die Vereinigung ein Verrat an Lassalle war, so fühlten sie sich nicht wohl in der neuen Partei. Was denn eigentlich von den alten Grundsätzen aufgegeben sei, das vermochten sie nicht anzugeben. Sie hatten zwar alle Lassalles Schriften in ihrem Besitz. Einige hatten sogar den „Heraklit" und „Das System der erworbenen Rechte".[151] Auch hatten sie ein abscheuliches Bild, wie Lassalle das goldene Kalb zerschmettert. Aber im Kopf hatten sie wenig von Lassalle. Oft führten wir sie aufs Glatteis, indem wir Fragen nach grundlegenden Sätzen stellten, wie z. B.: was ist eine Verfassung? oder nach dem Inhalt des Ehernen Lohngesetzes, und immer konnten wir feststellen, daß unsere tüchtigen Lassalleaner versagten. Man konnte getrost jeden Satz Lassalles in sein Gegenteil verkehren, wenn man ihn nur als großen Mann feierte. Das konnten die guten Leute leichter ertragen, als wenn, wie es oft von uns Jungen geschah, Marx mit Lassalle in eine Linie gestellt wurde. Marx stand in so schlechtem Ansehen wegen der Anmerkung in der Vor-

---

150 **Hinrich Lohse** (1833–1916), Großbauer in Ahrenlohe, verkaufte 1892 seinen ca. 50 ha großen Hof für 19.000 Mark; nach Ortschronik Tornesch, Bd. III, Buch 1, S. 10.
151 „Die Philosophie Herakleitos des Dunklen von Ephesos" (1857), abgedruckt in: Ferdinand Lassalle, Gesammelte Reden und Schriften, hrsg. und eingel. von Eduard Bernstein, Bände 7 und 8, Berlin 1920; „Das System der erworbenen Rechte", ebd., Bände 9 und 11, Berlin 1920.

rede des „Kapitals" über Lassalle.¹⁵² Es nützte nichts, daß wir darauf hinwiesen, daß auch Lassalle Marx anerkannt und Schweitzer das „Kapital" als das bedeutendste nationalökonomische Werk gepriesen hatte. Die Bräuerianer benutzten die Gelegenheit zu eifriger Agitation. Sie gewannen zwar einzelne Anhänger, aber die Disziplin des Allgemeinen Deutschen Arbeitervereins bewährte sich in der neuen Partei noch besser als 1869 nach Bildung der Eisenacher. Damals war doch eine Armee von Offizieren ohne Soldaten abgesplittert, Bräuer brachte es nur auf eine kleine Truppe von Unteroffizieren. Wo die Bräuerianer auftraten, bewiesen wir, daß wir auch in der neuen Partei Lassalleaner waren. Was uns fehlte, war der Allgemeine Deutsche Arbeiterverein, und diesen hat nicht der Vereinigungskongreß, sondern die preußische Regierung zerstört. Unser größtes Gaudium war, wenn wir die Bräuerianer auf Wegen ertappten, die vom Lassalleanismus abwichen.

Um diese Zeit studierte ich das „Kommunistische Manifest" und den „18. Brumaire".¹⁵³ Für die Agitation bot die Tagespolitik hinreichend Stoff. Waren doch 1874 das Militärgesetz, das Preßgesetz und eine Anzahl anderer Gesetze entstanden.¹⁵⁴ Gegenstand des Angriffs war das Impfgesetz. Die Pockenepidemie von 1871 hatte den Anstoß zu jenem Gesetz gegeben.¹⁵⁵ Da aber Geimpfte und Ungeimpfte erkrankt und gestorben waren, so war der Glaube an den Nutzen der Impfung stark erschüttert. Da hatten die Antiimpfer ein großes Feld. Und wir machten mit in der Antiimpfbewegung. War doch Otto

---

152 In der Vorrede zu seinem ökonomischen Hauptwerk „Das Kapital. Kritik der politischen Ökonomie", Hamburg 1867, hatte Karl Marx in der ersten Anmerkung Ferdinand Lassalle vorgeworfen, ihn einerseits mißverstanden zu haben und außerdem bei „sämtlichen allgemeinen theoretischen Sätzen seiner ökonomischen Arbeiten" bei ihm abgeschrieben zu haben, ohne auf Marx als Urheber zu verweisen. Vgl. Karl Marx, Friedrich Engels, „Ausgwählte Werke", zusammengestellt und eingerichtet von Mathias Bertram, Berlin 1998, S. 4463.
153 Gemeint ist das von Karl Marx und Friedrich Engels gemeinsam verfaßte Gründungsdokument des internationalen Sozialismus „Manifest der kommunistischen Partei" (1848) und die von Marx stammende Abrechnung mit dem späteren Kaiser Napoleon III. „Der achtzehnte Brumaire des Louis Bonaparte" (1852).
154 Gemeint sind das Reichs-Militärgesetz vom 2. Mai 1874 und das Reichs-Preßgesetz vom 7. Mai 1874.
155 Das am 8. April 1874 im Reichsgesetzblatt veröffentlichte Reichs-Impfgesetz machte die Pockenschutzimpfung für die Zivilbevölkerung reichseinheitlich zur Pflicht. Anlaß war eine Pockenepidemie, die während des Deutsch-Französischen Krieges von französischen Kriegsgefangenen eingeschleppt worden war. Zwischen 1871 und 1873 starben in Deutschland schätzungsweise 125.000 Menschen an den Pocken, allerdings auch tausende gegen Pocken Geimpfte. Das Reichsimpfgesetz löste deshalb eine breite Antiimpfbewegung aus.

Reimer einer der Hauptgegner des Gesetzes gewesen.[156] Für Reimer persönlich hatte das Impfgesetz eine seltsame Nebenwirkung. Er hatte sich mit seiner Braut Sophie Schuldt erzürnt. Aber Sophie hatte einem kräftigen Jungen das Leben geschenkt. Jetzt kam die Zeit, daß der Junge geimpft werden sollte. Da sagte sie, daß sie unfähig sei, den Kampf mit den Behörden auszuführen. Die Behörden hielten sich an die Mutter und den Vormund des Kindes. Der Vater des unehelichen Kindes konnte nicht eintreten. Jetzt kam bei dem lieben Reimer der Gewissenskonflikt. Es war nur ein Ausweg: Reimer mußte heiraten und das Kind legitimieren. Nun, er hat es gewiß nicht bereut, denn Sophie wurde eine liebe Frau, die Reimer in den Jahren schweren Kampfes treu zur Seite gestanden hat.

Um die Weihnachtszeit sollte die Vorbereitung zum Wahlkampf getroffen werden. Erst mußte Stöhr in den Hauptorten des sechsten Kreises reden. Ich mußte die Versammlungen arrangieren und mit Stöhr die Rundreise machen. Agent, so wurden die örtlichen Bevollmächtigten der neuen Partei genannt, wurde der Zigarrenarbeiter Rudolph Schulz. Er hatte seine Organisationskenntnisse bei Winter erworben, denn er logierte mehrere Jahre bei Winter. Bei der Übernahme des Amtes bezeichnete er sich als Kriegsminister, einen Namen, den er für die Zukunft behielt. Schulz fühlte sich als Erbe Winters. Denn mehrere Jahre in dem Hause wohnen, wo Winter geboren und erzogen war und wo er als verheirateter Mann gewohnt, in demselben Zimmer, wo auch Reimer mehrere Jahre gewohnt, da hatte Schulz alle Fähigkeiten des Organisators der Siege eingeatmet. Es fehlten ihm nur Winters Witz und Reimers Ruhe. Der gute Wille, Großes zu vollbringen, war fast ebenso stark entwickelt wie der Glaube an sein Können. Nun, vorläufig füllte er den Posten aus und führte als Grund für all sein Tun an, daß Winter es auch so gemacht hätte.

Weihnacht kam, und in der Woche zwischen Weihnacht und Neujahr sollte Stöhr sich im Kreise bekannt machen. Mit einer Versammlung in Ottensen am dritten Weihnachtstag fing es an. Stöhr gefiel sehr. Sein Liebesweh hatte sich gelegt, denn er hatte nun in Berlin eine Braut. Mit dieser hatte er auch seine Plage, denn bald erzählte er, daß sie furchtbar eifersüchtig sei. Nun, die Agitationstour war recht vergnügt. In Ottensen schloß sich an die Versammlung eine nette Kneiperei an. Am nächsten Abend waren wir in Pinneberg, dann in Elmshorn und Barmstedt. An jedem Abend war gekneipt.

---

[156] Otto Reimer hatte im Reichstag in der ersten und zweiten Lesung das Impfgesetz für den ADAV abgelehnt, das am 14. März 1874 in dritter Lesung angenommen wurde. Vgl. Stenographische Berichte, 7. Sitzung vom 18. Februar 1874, S. 107–109 und 13. Sitzung vom 6. März 1874, S. 228–230; der Debattenbeitrag Reimers vom 6. März wurde auch im „Neuen Social-Demokrat" Nr. 30 vom 13. März 1874 abgedruckt.

Nun kam Silvester. An diesem Abend sollten wir in Glückstadt sprechen. Glückstadt zeichnete sich durch saubere Wirtschaften aus. Sowohl unser Versammlungslokal, der Fransche Garten, wie die Herberge waren saubere Wirtschaften, in denen es vorzügliche Betten und sehr gute Speisen und Getränke gab. Stöhr und ich hatten aber den festen Entschluß gefaßt, an diesem Abend nicht zu trinken. Die Versammlung verlief glatt. Kaum war die Versammlung geschlossen, da strömten die Frauen der Genossen ins Lokal, und dann wurden die großen Gefäße mit Punsch aufgetragen. Nun mit den Genossen anstoßen und Punsch trinken? Das war klar, das ging nicht. Eine Stunde Aufenthalt hätte genügt, um uns völlig besoffen zu machen. So sollte das Jahr nicht abgeschlossen werden. Stöhr und ich gingen aus dem Lokal und wanderten eine Strecke auf der Chaussee nach Krempe. Wir unterhielten uns über allerlei Probleme. Nach reichlich 3/4 Stunden Marsch machten wir kehrt.

Eben vor Glückstadt kehrten wir in eine Wirtschaft von Schröder ein, in der Hoffnung, dort einige Zeit ungestört sitzen zu können.[157] Kaum waren wir durch die Haustür eingetreten, als die lebensfrohe Wirtin uns entgegentrat und sich sehr freute, daß wir sie besuchen. Wir mußten in den kleinen Saal, wo eine große Gesellschaft versammelt war. Nun bekamen wir Punsch und mußten mit allen Gästen anstoßen. Nachdem wir einige Glas getrunken hatten, gingen wir zu Minck am Markt, wo wir wohnen wollten.[158] Statt schlafen hieß es: Punschtrinken. Als wir dann gegen 4 Uhr unsere Betten aufsuchten, waren wir so betrunken, wie wir in der ganzen Woche noch nicht gewesen waren. Bis gegen 10 Uhr schliefen wir. Dann wollten wir einen Spaziergang an der Elbe machen. Auf dem Weg dorthin kamen wir an dem Gefängnis vorbei, wo vier Opfer Weißescher Auflösungs- und Denunziationswut ihre Strafen verbüßten.[159] Man konnte zwar leicht eine längere Freiheitsstrafe bekommen, aber der Strafvollzug war noch nicht verpreußt.

Unsere Genossen hatten Selbstbeköstigung, die für billiges Geld zu haben war. Sie bekamen Essen aus einer Wirtschaft, wofür sie pro Tag etwas über eine Mark bezahlten. Alle vier Gefangenen sollten wir nicht sprechen. Der Hausvater sagte, wir dürfen nur einen sprechen. So entschied ich mich, Walther zu besuchen, und Stöhr ließ Slauck rufen. Beide Genossen empfanden die Haft nicht als Härte. Slauck war freilich in einer unangenehmen Situation. Er hatte seine Haft angetreten, als er zur Marine eintreten sollte. Man ließ ihn in Glückstadt bis zwei Tage vor Ablauf der Haft und transportierte ihn dann

---

157 Gemeint ist die Gastwirtschaft des Sozialdemokraten **Paul Schröder**, der auch im „Neuen Social-Demokrat" Werbeanzeigen geschaltet hatte.
158 Gemeint ist die Herberge des Sozialdemokraten **Johann Minck** am Markt in Glückstadt, die Teil des oben erwähnten Franschen Gartens war.
159 Zum Polizeibeamten Weiße vgl. S. 218 f.

nach Wilhelmshaven. Slauck fand Gefallen am Marinedienst. Er kapitulierte und wurde später Maschinist mit Offiziersrang. Also die Gefängnisstrafe war der Abschluß seiner Laufbahn als Sozialdemokrat. Er war wohl der einzige Sozialdemokrat, von dem die staatlichen Organe behaupten können, daß er im Gefängnis gebessert [worden sei].

Am Nachmittag hatten wir noch zwei Versammlungen, die aber so unglücklich einberufen waren, daß wir jeder eine Versammlung übernehmen mußten. Da man in der Versammlung, wo ich sprach, Stöhr noch sehen wollte, so mußte ich über zwei Stunden reden. Ich sprach zunächst [eine] ¾-Stunde, machte dann eine halbstündige Pause, redete dann wieder und machte noch eine Pause und erst, als ich zum dritten Mal sprach, kam Stöhr. Am Abend trennten wir uns. Ich fuhr von Uetersen nach Ottensen und Stöhr nach Kiel. Von Kiel sandte er eine Karte an seine Braut nach Berlin, was, wie er mir später sagte, eine Eifersuchtsszene zur Folge gehabt hat. Denn seine Braut war der Meinung, daß er nur nach Kiel gefahren war, um seine ehemalige Braut zu besuchen.

Ich knüpfte in diesem Jahr ein Liebesverhältnis mit Friederike Köster, unserer Zurichterin, an. Es war ein großes, schön gebautes Mädchen. Sie litt aber viel an Bluthusten. Die Ärzte hatten vorgeschrieben, daß sie oft in freier Natur langsam spazierengehen sollte. Langsam gehen, dann längere Zeit auf einer Bank im Freien sitzen, da leistete ich Gesellschaft. Ich war 25, sie 24 Jahre alt. Trotz ihrer Krankheit war sie geradezu üppig. Nur im Gesicht hatte sie die blasse, kränkliche Farbe.

Der Parteitag in Gotha 1876

Im Sommer [1876] wurde ich wieder als Delegierter zum Kongreß in Gotha gewählt.[160] Viel wurde nun über die orientalische Frage diskutiert. Liebknecht sprach viel über das Testament Peters des Großen. „Soll Europa kosakisch werden?" und ähnliche Fragen bildeten das Thema, über welches er schrieb und sprach.[161] Andererseits wurde wieder gesagt, daß die Türken kulturfeindlich sind. Ägypten und Griechenland, die Wiegen europäischer Kultur, sind

---

160 Vgl. Protokoll des Sozialisten-Congresses zu Gotha vom 19. bis 23. August 1876, Berlin 1876 [Nachdruck 1976].
161 Bei dem **Testament Peters des Großen** handelt es sich um eine französische Fälschung aus der napoleonischen Zeit. Trotzdem entsprach der darin zum Ausdruck kommende Expansionsdrang nach Westen, vor allem zu den Meerengen am Schwarzen Meer, und zum Indischen Ozean durchaus den Zielen der russischen Politik. Wilhelm Liebknecht veröffentlichte über diese Thematik die Broschüre: „Zur orientalischen Frage oder **soll Europa kosakisch** werden?" Leipzig 1878.

unter türkischer Herrschaft selbst in Barbarei versunken. Gewiß würde die Türkei unter russischer Herrschaft eine Gefahr für Europa werden. Wie man aber schon Griechenland, Rumänien und Serbien abgetrennt habe, so könne man aus dem Rest der Türkei selbständige Reiche bilden. Dann sei die Möglichkeit einer Kulturentwicklung nicht ausgeschlossen. Auch ich sprach über die Frage und stützte mich dabei auf Lassalles „Italienischen Krieg".[162] Weil ich in solchen Fällen die zitierten Stellen auswendig lernte, war ich wenigstens sicher, für gewisse Partien meiner Reden einen Stützpunkt zu haben. Ich neigte freilich der Ansicht zu, daß die Türkei zerstört werden müßte, weil ich von einem Wiedererwachen griechischer Kultur träumte. Aber ich war auch Russenhasser. In allen Freiheitsgedichten, die meine Lieblingslektüre waren, wurde doch Rußland als Unterdrücker der Freiheit und Kultur bezeichnet.

Die Reise nach Gotha war wieder ähnlich wie 1875. Nachmittags von Hamburg nach Hannover. Unter den Delegierten war dieses Mal Ernst Bernhard Richter. Am nächsten Morgen fuhren wir in der Frühe ab, aber da erfuhren wir, daß wir nicht durchfahren [würden], sondern in Göttingen oder Eichenberg drei Stunden Aufenthalt hatten. Die Entscheidung fiel auf Eichenberg, weil dort ein schöner Marsch möglich war. Unterwegs gab es schon heftige Debatten. Heyer geriet mit Wilhelm Frick aneinander, weil sie in der orientalischen Frage entgegengesetzte Anschauungen hatten.

Reichlich 20 Mann stark marschierten wir vom Bahnhof Eichenberg ins Werratal. Bei einer kleinen Landstadt wurden Richter und Hasenclever beauftragt, Essen zu requirieren. Sie gingen in die Stadt und trafen in einer Wirtschaft eine Anzahl Frauen, mit Bohnenschneiden beschäftigt, [an]. Bald waren sie mit Wirt und Wirtin einig, daß die Bohnen mit Speck gekocht und Kartoffeln dazu gekocht werden sollten. Dann wurden die Esser herangeholt. Beim Haus war ein hübscher Garten. Einige Kegler fingen an zu kegeln. Dann sagte einer, daß wir erst essen und dann den Pfarrer besuchen wollten. Da erzählte der Wirt, ein sehr frommer Mann, daß der Pfarrer wegen Verstoß gegen die Maigesetze verhaftet sei.[163] Nun gingen viele nach dem Pfarrhause, die Köchin zu trösten. So vertrieb man sich die Zeit, bis das Essen fertig war. Beim Essen stritten Frick und Heyer über die orientalische Frage. Heyer

---

162 Ferdinand Lassalle, „Der italienische Krieg und die Aufgabe Preußens" (1859), in: Ferdinand Lassalle, Gesammelte Reden und Schriften, hrsg. und eingel. von Eduard Bernstein, Bd. 1, Berlin 1919, S. 23–112.

163 Die im Mai 1873 von dem preußischen Kultusminister Adalbert Falk als Teil des „Kulturkampfes" gegen die katholische Kirche erlassenen „Maigesetze" regelten die Ausbildung und Anstellung von Geistlichen sowie die kirchliche Disziplinargewalt, die Kirchenstrafen und den Kirchenaustritt. Der katholische Klerus leistete erheblichen Widerstand gegen die „Maigesetze".

immer mit den Händen in der Luft. Bei der Gelegenheit nahm Richter immer Speck von Heyers Teller. Heyer hat Frick nicht bekehrt, aber erst nach Tisch erfuhr er, daß er durch den Streit um die orientalische Frage um seinen Speck gekommen sei. Nach Tisch wurde dem Wirt auch gesagt, daß wir Sozialdemokraten seien. Das war bis dahin verschwiegen [worden], weil man befürchtete, daß wir sonst in dem frommen Nest gar kein Essen bekommen hätten.

Schon in recht froher Stimmung kamen wir in Gotha an. Freilich war es nicht recht nach Heyers Sinn. Die Opposition gegen Richter war auf weitere Kreise ausgedehnt. Unter Führung von Radenhausen in Altona und Heinemann [in] Hamburg hatte sich eine Gruppe gebildet, die wir die Tugendbande nannten. Jeder, der Schnaps trank, sollte von Ehrenämtern in der Partei ausgeschlossen werden. Von dieser Seite richtete sich die Opposition gegen Richter wegen seiner Liebe zum Schnaps. Da wurden Hörig, Stanzen Kammigan und einige andere Genossen mit Richter in einen Topf geworfen. Aber es sollte noch schlimmer kommen. Heyer und ich bekamen ein gemeinsames Zimmer in der „Rosenau". Am Sonnabend war eine kurze Sitzung, auch am Sonntag wurde nur einige Stunden getagt. Die offiziellen Verhandlungen konnten erst beginnen, nachdem die Mandatsprüfungskommission alle Mandate geprüft und Bericht erstattet hatte. Wir, die nicht zu dieser Kommission gehörten, konnten Gotha besichtigen. Ich ging den Nachmittag mit Heyer und mußte die Gründe anhören, die für [die] Berechtigung der Tugendbande angeführt wurden.[164]

Heyer fühlte sich als Sieger. Frohen Mutes durchstreiften wir die Umgebung Gothas und suchten Plätze, wo wir den Thüringer Wald überblicken konnten. Wir kehrten auch einige Male ein und tranken Bier. Als wir nach Eintritt der Dunkelheit in die Stadt zurückkehrten, trafen wir einige Genossen, die zur „Badischen Weinstube" wollten, wo nach ihrer Mitteilung auch gutes Essen zu haben sei. Wir schlossen uns diesen Genossen an und waren bald am Ziele. Hinter dem Hause war ein hübscher Garten, wo wir eine große Zahl Delegierter in recht animierter Stimmung trafen. August Kapell deklamierte den „Geschundenen Raubritter", wobei ihm Richter assistieren mußte.[1] Wir ließen uns Essen und auch Wein geben. Dem lieben Heyer schmeckte der Wein. Wo waren die Grundsätze? Sein oberster Grundsatz war: „Es ziemen Ihnen nicht mehr die Laster der Unterdrückten, noch die müßigen Zer-

---

164 An dieser Stelle beginnt die vierte Kladde der „Erinnerungen" mit der Überschrift Hermann Molkenbuhrs „Erinnerungen IV. Von Sommer 1876 bis Herbst 1880".

1 Gemeint ist die Dramenparodie: „**Der geschundene Raubritter**, oder Minne und Hungerthurm, oder das lange verschwiegene und endlich doch an den Tag gekommene Geheimnis". Trauerspiel in drei Akten von Gustav Kopal (1843–1917), erstmals erschienen 1870.

streuungen der Gedankenlosen, noch selbst der harmlose Leichtsinn der Unbedeutenden."² Von diesem Satz aus Lassalles „Arbeiter-Programm" ausgehend, kämpfte er gegen Richter, Hörig und Genossen. Gut geschmeckt hatte der Wein, aber als wir heimgingen, war Julius etwas krank. Er vermutete, daß er den Thüringer Käse und die Wurst nicht verdauen könne. Zur Förderung der Verdauung nahm er in der „Rosenau" noch etwas Nordhäuser Schnaps und ging zu Bett. Auch ich merkte, daß ich etwas viel getrunken hatte, aber ich ging statt zu Bett noch in den Schloßpark und betrachtete die wunderbare Mondlandschaft. Als der Rausch geschwunden war, ging ich heim.

Aber welch schreckliches Bild mußte ich sehen: Julius Heyer in Verzweiflung. Er hatte Licht gemacht, saß vor dem Bett und reinigte Kissen und Bettdecke. Bier, Wein, Schnaps, Käse und Wurst hatten sich nicht mit Heyers Grundsätzen vertragen und zu einem Kampf gegeneinander geführt. Am treusten hatten die Därme sich an die Grundsätze gehalten. Sie wollten Bier, Wein und Schnaps nicht aufnehmen und hatten den Ausgang nach unten verhindert. Halb im Schlaf war er ganz besoffen geworden, und so war der ganze Mageninhalt wieder durch Speiseröhre und Mund ins Bett geworfen. Erst als Heyer in den halbverdauten Speisen und Getränken lag, war er zum Bewußtsein gekommen und sah nun an sich selbst, welch ein abscheuliches Wesen ein besoffener Mensch ist. Jetzt konnte ich ihn an alle Predigten des Nachmittags erinnern, aber er erklärte, daß er nur bestätigt finde, was er immer sage: Durch den Alkohol wird der Mensch ein Schwein.

Dieses Unglück, welches Heyer mit dem Alkohol hatte, war leicht erklärlich. Er trank sonst weder Schnaps noch Wein oder Bier. Sein tägliches Getränk war Tee. Dieser konnte kaum stark genug werden, denn er sah in dem Tee ein Mittel, den Schlaf abzukürzen. Er gebrauchte die halbe Nacht und noch mehr zum Studium. Die Ironie [des] Schicksals war, daß der Alkoholteufel ihn in dem Augenblick packte, in dem Heyer seine ganze Kraft einsetzte, um Trunkenheit als Verbrechen gegen die Parteigrundsätze hinzustellen.

Auf dem Kongreß hatte ich erst ein kleines Gefecht mit Bebel und Liebknecht. Beide hatten sich bei der Abstimmung über den Diätenantrag Schulze der Abstimmung enthalten.³ Wir in Ottensen waren der Meinung, daß es falsch

---

2 Zitat aus Ferdinand Lassalles „Arbeiter-Programm", in: Ferdinand Lassalle, Gesammelte Reden und Schriften, hrsg. und eingel. von Eduard Bernstein, Bd. 2, Berlin 1919, S. 139–202, Zitat S. 200.
3 Am 30. November 1875 hatte der Reichstag in zweiter Lesung den Gesetzentwurf des Abgeordneten Hermann Schulze-Delitzsch angenommen, der ganz im Sinne der Sozialdemokraten die Einführung von Diäten für Reichstagsabgeordnete vorsah. Bei der Abstimmung hatte von den drei anwesenden SAPD-Abgeordneten Wilhelm Hasenclever zugestimmt, während sich August Bebel und Wilhelm Liebknecht enthalten hatten. Während der dritten Lesung am 15. Dezember 1875 begründete Bebel seine Enthaltung damit, dass der Bundes-

sei, und forderten, daß die Abgeordneten eine Fraktion bilden, dort bestimmen, wie sie stimmen, und dann geschlossen stimmen sollten. Bebel sah in diesem Antrag, wie er auch in seinen Memoiren schreibt, einen Vorstoß der Lassalleaner gegen die Eisenacher.[4] In einer Art mag er recht haben. Der Antrag sollte Disziplin in die Fraktion bringen. Wir waren die Vertreter der strammen Disziplin. Er irrt aber, wenn er glaubt, wir hätten den Antrag nur gestellt, weil er und Liebknecht Eisenacher seien. Der Antrag wäre auch gekommen, wenn statt Bebel und Liebknecht Hasselmann und Reimer gegengestimmt hätten. Hervorgerufen war unser Antrag durch eine Notiz, die sowohl in der „Itzehoer Woche" wie [den] „Altonaer Nachrichten" und [der] „Kieler Zeitung" gestanden hatte, in der die Sozialdemokraten Bebel und Liebknecht als Gegner der Diäten hingestellt und die Spaltung als bevorstehend bezeichnet wurde. Aber ich war ein alter Lassalleaner, und da konnte man sich nur denken, daß ich gegen die Eisenacher war.

Der ganze Kongreß zeigte, daß wir wohl geeinigt, aber wenig verschmolzen waren. Bei zwei namentlichen Abstimmungen standen die Lassalleaner mit Ausnahme von Heyer, Hartmann und Braasch auf einer und die Eisenacher mit Ausnahme von Most auf der anderen Seite.[5] Heftige Debatten gab es um die „Sonnemannfrage" und darüber, ob das Zentralorgan in Berlin oder Leipzig erscheinen solle. Der erste Streit war hervorgerufen durch Frohme, der in Frankfurt a. M. gegen Sonnemann kämpfte, während Sonnemann sich

---

rat auch dieses Gesetz, wie schon mehrfach in der Vergangenheit, scheitern lassen werde. Tatsächlich wurden Diäten für Reichstagsabgeordnete erst 1906 eingeführt. Sten. Berichte des Reichstags, 2. LP, III. Session 1875/76, Bd. 1, S. 351–359 und 657–659. Vgl. die Debatte in: Protokoll Parteitag Gotha 1876, S. 27–34.

4 Vgl. August Bebel, Aus meinem Leben, in: August Bebel, Ausgewählte Reden und Schriften, Bd. 6, bearb. von Ursula Herrmann u. a., München u. a. 1995, S. 458–461. Bebel zitiert zustimmend aus einem Brief von Wilhelm Bracke, „die Lassalleaner hatten ernstlich geglaubt, die Bewegung in ihre Hand zu bekommen". Zitat S. 461.

5 **Johann Most** (1846–1906), in Augsburg geborener Buchbinder, besoldeter Agitator der SDAP, bis 1878 Redakteur der „Freien Presse" in Chemnitz, der „Süddeutschen Volkszeitung" in Mainz und der „Freien Presse" in Berlin, 1874 bis 1876 Gefängnis, MdR 1874 bis 1878, nach Ausweisung aus Berlin 1878 Emigration nach London, Herausgeber der anarchistischen „Freiheit", 1880 wegen seiner anarchistischen Haltung Ausschluss aus der SAPD, nach Verbüßung einer 16monatigen Haftstrafe Übersiedlung von London nach New York, führend in US-amerikanischen anarchistischen Gruppen tätig. Bei der **namentlichen Abstimmung** über den Sitz des Zentralorgans trifft diese Beobachtung von Molkenbuhr zu, bei der zweiten abgedruckten namentlichen Abstimmung zur Diätenfrage nicht. Es könnte sich um die sehr knappe namentliche Abstimmung über den Verbleib Ernst Bernhard Richters in der Partei gehandelt haben, die im Protokoll nicht nach Namen aufgeschlüsselt ist. Vgl. Protokoll Parteitag Gotha 1876, S. 33 f., 76 f. und 101.

rühmte, mit vielen hervorragenden Genossen befreundet zu sein.[6] Auch lieferte die „Frankfurter Zeitung" das Hauptmaterial für die kleine Parteipresse. Frohme behauptete sogar, daß schlechtstehende Blätter versucht hatten, von Sonnemann Geld zu erhalten.[7]

Der zweite Streit – Leipzig oder Berlin als Sitz des Zentralorgans – war in der Tat ein Streit der Eisenacher gegen die Lassalleaner.[8] Eng verbunden mit der Ortsfrage war die Redakteursfrage. Liebknecht wollte unter keinen Umständen nach Berlin, und Hasselmann wollte nicht nach Leipzig. In der Debatte wurden die wirklichen Gründe weniger genannt, denn wenn Liebknecht oder Auer sagten, daß Berlin die Hauptstadt des Militarismus und der Polizei, Leipzig aber die Hauptstadt der Intelligenz sei, dann fanden sie wenig Glauben bei uns. Zwar saß Tessendorf in Berlin, aber die sächsischen Gerichte wie in Chemnitz und Leipzig urteilten auch nicht milder als die Berliner. Wir wollten Liebknecht und Bebel auch nicht als Konzentration der Intelligenz anerkennen. Wir rechneten mit Marx und Engels als Mitarbeitern und glaubten auch, daß Eugen Dühring, der damals in der Partei in hohem Ansehen stand, in Berlin zu gewinnen sei.[9] Liebknecht führte zwar an, daß der „Volksstaat" Mitarbeiter von internationalem Ruf habe. Diese würden wohl für ein Zentralorgan in Leipzig, aber niemals für ein solches in Berlin arbeiten. Wozu ich dann die Bemerkung machte, ob diese Mitarbeiter denn wie alte Katzen seien, die nur an ein bestimmtes Haus gewöhnt sind und nicht für die Sache schreiben.[10]

---

6 **Leopold Sonnemann** (1831–1909), Zeitungsverleger und Politiker, gründete 1856 die „Frankfurter Zeitung", deren Alleinbesitzer er seit 1867 war, 1859 zunächst Mitbegründer des Deutschen Nationalvereins, schloss er sich später den antipreußisch und föderalistisch gesinnten süddeutschen Demokraten an, hegte in der Anfangsphase Sympathien für die Arbeiterbewegung, MdR 1871 bis 1877 und 1878 bis 1884 (DVP). Sonnemann war unter anderem seit 1865 mit Bebel befreundet, dem er ein privates Darlehen gewährt hatte.

7 Die „Sonnemannfrage" wurde auf dem Parteitag mit äußerster Schärfe debattiert. Karl Frohme konnte seine Vorwürfe, dass Parteizeitungen und einzelne Parteiführer von Sonnemann subventioniert worden seien, nicht erhärten. Sein Vorstoß wurde mit überwältigender Mehrheit missbilligt. Vgl. Protokoll Parteitag Gotha 1876, S. 44–55 und S. 58.

8 Statt zweier Zentralorgane, des bisher in Berlin erschienenen „Neuen Social-Demokrat" des ADAV und des bisher in Leipzig erschienenen „Volksstaat" der SDAP, beschloss der Parteitag 1876, nur noch ein einziges Zentralorgan unter dem Namen „Vorwärts" in Leipzig erscheinen zu lassen. Der bisherige Redakteur des „Neuen Social-Demokrat", Wilhelm Hasselmann, weigerte sich, nach Leipzig zu gehen. Schließlich erklärte sich der ehemalige ADAV-Präsident Wilhelm Hasenclever bereit, neben Wilhelm Liebknecht die Redaktion des „Vorwärts" zu übernehmen. Vgl. Protokoll Parteitag Gotha 1876, S. 71–86.

9 Vgl. biographische Anmerkungen zu Eugen Dühring auf S. 266, Anm. 54.

10 Im Protokoll (Parteitag Gotha 1876, S. 72) ist dieses Zitat in Molkenbuhrs Beitrag in der Debatte über das Zentralorgan nicht abgedruckt.

Eine lustige Episode spielte sich während der Debatten ab. Jetzt war Heyer der Verschwörerriecher, und er glaubte auch, eine wirkliche Verschwörung entdeckt zu haben. Bis nach 12 Uhr war debattiert [worden]. Aber viele Genossen hatten keine Neigung, direkt vom Kongreß ins Bett zu gehen. Sie wollten noch ein Glas Bier trinken. Der Wirt wollte aber nicht mehr einschenken. Man wurde sich einig, daß ein kleines Faß Bier auf Meisters Zimmer gebracht und dort getrunken werde.[11] Da unser Zimmer an Meisters Zimmer grenzte, konnten wir hören, was dort vorging. Heyer war im Galopp nach Hause gerannt; er lag schon im Bett, als die Kneipgesellschaft sich in Meisters Zimmer einfand. Ganz leise unterhielt man sich nicht. Heyer hörte bekannte Stimmen. Es konnte nur eine Verschwörung sein, die aufgedeckt werden müsse. Heyer zog Hosen und Rock an, ging erst auf den Korridor und lauschte an der Tür. Dann öffnete er schüchtern die Tür und steckte den Kopf durch die Spalte. Richter, der Heyer erkannte und wohl ahnte, was Heyer suche, übernahm das Präsidium und begrüßte Heyer als Verbündeten. Er erklärte nun, daß wir beschlossen hätten, den „Social-Demokrat" weiter in Berlin erscheinen zu lassen. Celle, welches zwar auch ein Zuchthaus hatte, sei doch durch die Verpreußung arg geschädigt und müsse als Ersatz den Parteikalender haben. Der Arbeiterverein werde neu gegründet und August Kapell werde Präsident. Er hielt also eine sehr lustige Bierrede. Heyer verstand aber durchaus keinen Spaß. Er glaubte in der Tat an die Verschwörung und machte sich Notizen. In erster Reihe schrieb er alle Namen der Anwesenden auf.

Am nächsten Morgen erzählte er allen Delegierten die Erlebnisse der letzten Nacht. Viele stramme Eisenacher, unter ihnen der biedere Franz Ehrhart, waren entrüstet.[12] Auer, der bald das Wort erhielt, fragte öffentlich an, was die Versammlung zu bedeuten gehabt habe.[13] Heyer trat hervor und erzählte, wie er schon im Bett gelegen und geschlafen habe, als er durch das Geräusch im Schlafe gestört, bald geahnt [habe], was vorginge. Er sei aufgestanden und habe sich auch in Meisters Zimmer begeben, denn, so sagte er, man habe vergessen, es abzuschließen. Nun wiederholte er Richters Rede ohne die humo-

---

11 **Heinrich Meister** (1842–1906), aus Hildesheim stammender Zigarrenarbeiter bzw. -fabrikant, 1865 ADAV, Mitbegründer und zweiter Vorsitzender im Vorstand des Allgemeinen Deutschen Zigarrenarbeiterverbands, 1867 Gründer der ADAV-Organisation in Hannover, MdR 1884 bis 1906, in diesem Zeitraum auch Kassierer der sozialdemokratischen Reichstagsfraktion, Vorsitzender der Kontrollkommission der SPD 1891 bis 1906.
12 **Franz Josef Ehrhart** (1853–1908), aus Eschbach stammender Tapezierer, 1872 SDAP, seit Mitte der 1870er Jahre Führer der pfälzischen Sozialdemokratie, 1877 bis 1880 Emigration nach London und Paris, in London Sekretär des Kommunistischen Arbeiterbildungsvereins und Mitbegründer der von Johann Most herausgegebenen „Freiheit", MdL Bayern 1893 bis 1908, MdR 1898 bis 1908.
13 Diese Episode ist im Parteitagsprotokoll nicht abgedruckt.

ristischen Einschaltungen. Hierüber wurde Meister sehr erbost. Er ergriff das Wort und erklärte, daß, wenn eine Absicht bestanden hätte, irgend etwas gegen die Partei zu unternehmen, dann wäre er der erste gewesen, der von der Tribüne des Kongresses Front gemacht hätte gegen das Treiben. Es sei aber nur der Zweck der Zusammenkunft gewesen, ein Glas Bier zu trinken. Hätte er geahnt, daß Heyer nur zum Zweck des Spionierens in sein Zimmer gekommen sei, dann hätte er ihn hinausgeworfen. Nun löste sich die ganze Verschwörung in eine heitere Episode auf, wobei viel auf Heyers Kosten gelacht wurde. Heyer aber blieb noch lange der Meinung, daß es doch eine Verschwörung war und er die Partei vor einem Unheil gerettet habe. Die schwierigste Frage wurde dadurch gelöst, daß Hasenclever sich bereiterklärte, als Redakteur nach Leipzig zu gehen. Diese Nachgiebigkeit wurde von Hasenclevers Feinden schlimm gedeutet, obwohl sie viel dazu beigetragen hatten, für Leipzig eine Mehrheit zu schaffen.

Die Heimreise wurde dieses Mal über Eisenach angetreten. Eisenach mit Umgebung und Kassel sollten besichtigt werden. Unter den Reisenden nach Eisenach befand sich auch Grillenberger nebst Frau.[14] Grillenberger hatte sich erst verheiratet und wollte seiner Frau Thüringen zeigen. Die Wartburg erschien mir als geheiligte Stätte. Mit innerer Andacht besichtigte ich jeden Raum. Aber die Tannhäusersage war mir doch beachtenswerter als die Bibelübersetzung. Denn als Andenken nahm ich eine Reproduktion des großen Bildes aus dem Sängersaal mit. Ich dachte zwar auch an die Verbrennung von Kotzebues Schriften durch die Burschenschafter, aber im Stillen summte mir immer der „Einzug der Gäste" in die Wartburg im Kopf.[15] Von der Wartburg gingen wir ins Annental, dann durch die Drachenschlucht zur Hohen Sonne und dann zurück durch die Landgrafenschlucht. Diese Landschaft übertraf alles, was ich bisher an Schönheit gesehen. Immer hatte ich von der Pracht der Tropen geträumt, nun zweifelte ich, ob die Tropen Bilder von solcher Schönheit aufzuweisen haben.

Dem prächtigen Tage folgte eine abscheuliche Nacht. Mit Abendgrauen hatten wir die Reise über Bebra nach Kassel angetreten. Frick hatte uns ge-

---

14 **Margarethe Grillenberger** geb. Reuter (1852–1934), aus Nürnberg stammend, seit Dezember 1874 mit Karl Grillenberger verheiratet.
15 **August von Kotzebue** (1761–1819), in Weimar geborener Dramatiker, 1781 bis 1790 im russischen Staatsdienst, dann Privatier, 1797 bis 1799 Theaterdichter in Wien, 1800 bis 1803 Direktor des deutschen Theaters in St. Petersburg, Verfasser von über 200 Theaterstücken, Herausgeber literarischer Zeitschriften, u. a. des „Literarischen Wochenblatts", in dem er die patriotischen Burschenschaften verspottete, wurde von dem Jenaer Theologiestudenten Karl Ludwig Sand ermordet. **„Der Einzug der Gäste"** in die Wartburg ist das bekannteste Motiv aus Richard Wagners Oper „Tannhäuser" (1845).

sagt, daß ein Genosse in der Ziegengasse einen Gasthof betreibe.[16] Wir fanden auch die Ziegengasse und die genannte Wirtschaft. Richtig war Platz für alle Gäste. Das Essen war schon wenig geschmackvoll. Als wir dann aber auf die Zimmer gebracht wurden, entdeckten wir, daß wir in einer Herberge niedrigster Sorte waren. So schmutzige Betten wie dort hatte ich noch nie gesehen. Die Bettdecke warf ich gleich heraus, bedeckte dann das Bett mit Zeitungspapier und legte mich darauf. Als ich kurze Zeit geschlafen, wachte ich durch Krabbeln auf. Ich machte Licht und sah nun, daß meine Zeitungen braun aussahen, denn wohl hunderttausend Wanzen machten Marschübungen auf dem improvisierten Bettuch. Etwas wurde trotzdem geschlafen. Als aber die ersten Sonnenstrahlen die Geburt des neuen Tages ankündigten, wurde Lärm geschlagen. Noch halb im Schlaf erschienen nun die Wirtsleute. Wir zahlten das Nachtquartier und zogen hinaus in die Luft des schönen Sommermorgens. So würzig habe ich nie die schöne Morgenluft gefunden wie an diesem Morgen. Schon die Ziegengasse hatte eine stinkende Atmosphäre. Selten aber gibt eine Düngergrube scheußlichere Gerüche von sich als die Herbergszimmer, in denen wir fünf Stunden verbracht hatten. Zu dem Herbergsgeruch war der Gestank hunderter getöteter Wanzen gekommen.

Nun in die frische Morgenluft, wo wir bald aus den Straßen hinaus in die Karlsaue gegangen waren. Ein paar Stunden streiften wir in den Parkanlagen herum. Wir tranken in einer benachbarten Wirtschaft Kaffee und betrachteten dann das Marmorbad, das Museum mit den prächtigen niederländischen Bildern, den Gemmen usw. Heyer hielt noch immer Agitationsreden über den orientalischen Krieg, den Ausschluß der Schnapstrinker von der Agitation, wobei er zwar seines eigenen Unglücks gedachte, aber gerade dieses Unglück hatte ihn in dem Glauben gestärkt, daß ein Besoffener ein Schwein ist und ein besoffener Agitator nur die Partei schädigt. Auch glaubte er, die Einigkeit der Partei gerettet zu haben. In der „Aufklärung" der „Verschwörung" sah er nur einen Rückzug der Verschwörer, die, wenn sie nicht entlarvt wären, ihren Plan durchgesetzt hätten.

Am Nachmittag ging es nach Wilhelmshöhe. Als wir bei den Kaskaden angekommen waren, wurde ein Wettlauf die Treppen hinauf unternommen, wobei ausgemacht wurde, daß die zweite Hälfte für die ersten die Zeche bezahlen solle. Ich hatte um jene Zeit noch etwas Ähnlichkeit mit einem Windhund. Der Körper bestand aus Haut, Knochen und Sehnen. Im Laufen und

---

16 Die **Ziegengasse,** eine der schmalsten Kasseler Altstadtgassen, wurde nach der Zerstörung Kassels im Zweiten Weltkrieg nicht wieder angelegt. Der genannte Gasthof befand sich vermutlich in der Ziegengasse 17, da das Haus der Hessischen Aktien-Bierbrauerei gehörte. Angaben über den Gastwirt lassen sich wegen kriegsbedingter Archivverluste nicht machen.

auch Treppensteigen hatte ich große Ausdauer. Es war ein herrlicher Nachmittag. Mit Einbruch der Dunkelheit gingen wir wieder nach Kassel, aber nicht nach der Ziegengasse. In der Nähe des Bahnhofs suchten wir Quartier und fanden auch in einem billigen, sauberen Gasthof Unterkunft. Am nächsten Morgen traten wir die Heimreise an. Hier imponierte mir noch die Ansicht von Münden. Das Tal lag in so prächtiger Beleuchtung, daß ich Münden mit den schönen Partien des Thüringer Waldes und der Wilhelmshöhe in gleiche Linie stellte.

Wenn man jung und gesund ist, erscheint die Welt viel schöner, als sie ist. Kommt man nun in Gegenden, wo die Landschaft einen anderen Charakter hat als den des Alltags, dann findet man die Schönheiten in Erscheinungen, die der dort lebende Mensch übersieht. Der steigende Weg ist ihm eine Beschwerde. Er sieht oft, wie Menschen und Tiere sich quälen müssen, die Schwierigkeiten zu überwinden. Ich selbst hatte ja oft mit meinem Karren als Leidensgenosse der Pferde empfunden, wie Unebenheiten der Straßen eine Plage waren. Nun sah ich Berge als Zierde der Landschaft. Gewiß schwärmte ich als junger Mensch für Schönheiten der Natur. Heller Sonnenschein, Mondschein, Schneegestöber – alles konnte mich begeistern, aber auf einem Gemälde mußten nach meiner Ansicht Berge und Wasser sein. Bilder vom Rhein, den Schweizer Seen fand ich immer schön, auch dann, wenn sie als Kunstwerke minderwertig waren. Das Landschaftsbild belebte sich in meiner Phantasie, und ich dachte immer: Wie muß diese Landschaft bei Mondschein oder bei hellem Sonnenschein aussehen? Nun sah ich solche Landschaften an hellen Sommermorgen. Begeistert von dem, was ich gesehen hatte, alle Bilder in meinem Gedächtnis, ging ich gen Norden. Als ich nach Ottensen kam, wollte ich schnell in Friederikes Logis ein kleines Geschenk abgeben. Friederike war zu Hause, sie hatte starken Bluthusten und lag im Bett. Ich blieb dort und erzählte erst, was ich an Schönheiten gesehen hatte.

Agitation für die Reichstagswahl 1877

Bei der Berichterstattung gab es in der Versammlung erst heftige Debatten. Ernst Bernhard Richter war aus der Partei ausgeschlossen, angeblich, weil er für die Lassalleschen Grundsätze eingetreten war.[17] Seine Freunde stellten die Sache so dar, als seien wir von den Eisenachern ganz in die Tasche gesteckt:

---

17 Ernst Bernhard Richter war am 22. Dezember 1875 wegen seiner ablehnenden Haltung zur Parteieinigung aus der SAPD ausgeschlossen worden. Auf dem Parteitag in Gotha 1876 war Richter als Delegierter anwesend. Am 23. August wurde in der Schlusssitzung des Parteitags über die „Angelegenheit Richters" beraten und der Parteiausschluss nochmals bestätigt. Vgl. Protokoll Parteitag Gotha 1876, S. 96–101.

Richter beseitigt, das Zentralorgan nach Leipzig verlegt, wo Hasenclever neben Bebel und Liebknecht in der Minderheit sei. In Hamburg waren am „Volksblatt" fast nur ehemalige Eisenacher als Redakteure.[18] Also, der Lassalleanismus ging unter in der Eisenacher Bewegung. So sagten die Lassalleaner. Die entgegengesetzte Ansicht vertrat, wie aus den später veröffentlichten Briefen hervorgeht, Karl Marx.[19] Die Wahrheit wird in der Mitte liegen. Wir hörten auf, orthodoxe Lassalleaner zu sein, aber wir wurden keine orthodoxen Marxisten, sondern wurden Sozialdemokraten, die die Arbeiterinteressen nach der damaligen politischen und wirtschaftlichen Lage Deutschlands vertraten. Der kleine, persönliche Zwist war bald beigelegt, weil die Rüstungen zum Wahlkampf getroffen wurden.

Im August [1876] kam Julius Schmidt aus der Fremde zurück.[20] Das Wiedersehen wurde gefeiert. Bis spät abends hatte er noch bei unserer Mutter seine Erlebnisse erzählen müssen. Er war über Berlin zurückgekommen. Später kehrten wir in eine Wirtschaft ein, und dann wurde in der hellen Sommernacht noch ein Spaziergang unternommen. Als wir zurückkamen, wollten wir noch einkehren, fanden aber keine Wirtschaft mehr auf. Nachtwächter Kieckhöver fragten wir, ob er nicht eine noch geöffnete Wirtschaft wisse.[21] Er wies uns in die Pferdeschlachterei von Lütgens in der Rothestraße.[22] Richtig, hier war noch auf. Wir fanden aber nicht nur Gelegenheit zu einem Glas Bier, sondern auch eine sehr gemütliche Gesellschaft. Der Mann war krank und lag im Bett. Aber eine noch schöne Frau und Tochter boten eine gute Unterhaltung. Die Tochter spielte gut Klavier und sang. Julius gab auch von seinen Liedern. Erst am hellen Morgen trennten wir uns. Für Julius, der nach dem Bruch mit seinem Liebchen in die Ferne gezogen war, sollte der Zufall, daß nur diese Wirtschaft noch auf war, von eigenartiger Bedeutung werden. Vorläufig wurde die Wirtschaft unsere Stammkneipe. Denn außer der gemütlichen Unterhaltung hatten wir neben den Getränken billige Speisen. Frau

---

18 In Hamburg erschien seit 3. Oktober 1875 das Regionalorgan „Hamburg-Altonaer Volksblatt".
19 Karl Marx hatte das Gothaer Einigungsprogramm von 1875 als „verwerfliches und die Partei demoralisierendes Programm" abgelehnt. Seine Kritik wurde aber erst 1891 in der Öffentlichkeit bekannt, als Friedrich Engels sie im theoretischen Parteiorgan „Die Neue Zeit" publizierte: „Zur Kritik des sozialdemokratischen Parteiprogramms", in: „Die Neue Zeit", 21. Jg., Bd. 1, Nr. 18, S. 561–575.
20 Julius Schmidt hatte sich am 5. August 1876 in Zug in der Schweiz abgemeldet. Vgl. S. 229, Anm. 148.
21 Ein Nachtwächter **Kieckhöver** lässt sich in den Adressbüchern nicht eindeutig nachweisen.
22 **Johann Heinrich Adolph Lütgens** (1826–1876), aus Altona stammender Pferdeschlachter und Gastwirt, starb am 2. Oktober 1876 in Ottensen, Rothestraße 80; er war verheiratet mit **Caroline Charlotte Lütgens** geb. Meyer (1835->1880) aus Riepsdorf.

Lütgens verstand, aus dem Pferdefleisch sehr schmackhafte Beefsteaks zu bereiten. Ein Beefsteak kostete nur 40 Pf. Im Herbst [1876] starb Lütgens, und nun wurde aus dem Freunde der Frau der Liebhaber. Frau Lütgens konnte zwar fast Mutter von Julius sein, aber sie hatte sich körperlich gut konserviert.

Der bevorstehende Wahlkampf gab Gelegenheit zur Aussöhnung der streitenden Elemente. In Ottensen vertrat Heerhold die Richtung Richters. Das war der Grund, weshalb er nicht mehr die Leitung hatte und neben mir Karl Holzhauer als Delegierter zum Kongreß entsandt war.[23] Zum Wahlkampf mußten doch alle alten Kräfte auf ihren Posten gestellt werden. Als nun nach dem Kongreß die Leitung neu gewählt wurde, wählte man Heerhold zum Leiter. Durch diese Wahl war Heerhold selbst angenehm überrascht. Er nahm die Wahl an und erklärte, daß nun alle Streitereien bis nach der Wahl verlegt werden müßten.

Wir waren ja ein sogenannter offizieller Wahlkreis. Als offizielle Wahlkreise wurden all die Kreise bezeichnet, von denen man annahm, daß sie bei der nächsten Wahl erobert werden sollten.[24] In Schleswig-Holstein waren der fünfte, sechste, siebente, achte und neunte Wahlkreis als offiziell bezeichnet. Die Parlamentswahlkassen in Ottensen waren gut gefüllt. Nebenbei wurde „Der Wähler", das 12 x 8 Centimeter große Blatt, stark verbreitet. Es wurde trotzdem sparsam gewirtschaftet. Diäten gab es 4,50 M für unverheiratete und 6 M für verheiratete Agitatoren, aber für höchstens 6 Tage in der Woche. Sonntags gab es jetzt außer Fahrgeld 2 M. Vorläufig wurde mit den Sonntagsversammlungen begonnen. Auf jedem Dorf, wo ein Lokal zu erhalten war, wurden Versammlungen abgehalten.

Schlimm stand es im neunten Kreise, wo Reimer das Mandat zu verteidigen hatte. Während wir 1874 jedes Lokal haben konnten, war jetzt fast kein Lokal zu haben. Aber wenn wir auch Lokale erhielten, hatten wir unsere liebe Not, Versammlungen abzuhalten, weil es in dem Lokal an einem angemessenen Platz für Beamte fehlte. Auf den holsteinischen Dörfern gibt es wenig Säle, die nur als Tanzsaal dienen. In der Regel sind die Säle an gewöhnlichen Tagen Bauerndiele oder Durchfahrt. Solche Säle waren kein angemessener

---

23 **Karl Holzhauer** (1848->1887), aus Güstrow stammender Zigarrenarbeiter, ADAV, Agitator, Delegierter auf dem Parteitag in Gotha 1876, am 10. Mai 1881 aus Hamburg und Umgegend ausgewiesen, Emigration in die USA, Wohnsitz zunächst in New York, Aktivist der Zigarrenarbeitergewerkschaft (CMIU) und der Socialistic Labor Party, Delegierter auf den Parteitagen der SLP 1885 und 1887.

24 Eine Liste der 37 offiziellen Wahlkreise, zu denen dann noch der 3. schleswig-holsteinische Wahlkreis Schleswig-Eckernförde und der 8. Wahlkreis des Regierungsbezirks Frankfurt/Oder (Sorau) hinzugefügt wurden, ist abgedruckt in: Protokoll Parteitag Gotha 1876, S. 21.

Platz für überwachende Beamte. Diese Versammlungen wurden aufgelöst. Wollten wir in der Gaststube sprechen, dann wurde aufgelöst, weil die Stube überfüllt war. Ließ man genug Raum in der Stube und standen Leute draußen, wurde aufgelöst, weil der Beamte die Versammlung nicht ganz übersehen konnte. Dabei wurden Anmeldescheine [aus]gegeben. Wir mußten hinaus, aber zum Abhalten der Versammlung kam es in der Regel nicht. Unsere Agitation beschränkte sich in der Regel darauf, daß wir uns mit den Leuten, die zur Versammlung gekommen waren, unterhielten. Dabei beobachteten wir die Regel, daß wir entweder die Versammlung gar nicht eröffneten oder mit der Eröffnung so lange warteten, bis der Hauptzweck erreicht war. Denn sobald die Versammlung aufgelöst war, mußten alle Anwesenden das Lokal sofort verlassen. Mit dieser Vorschrift des preußischen Vereinsgesetzes suchte man den Wirten die Hergabe von Lokalen zu verleiden. Wir suchten die Schläge der Polizei dadurch zu paralysieren, daß wir sagten: Alle müssen hinausgehen, aber wir können, sobald das Lokal geräumt ist, wiederkommen und uns dann ein wenig unterhalten. Oft wurden dann noch recht lange, lebhafte Debatten geführt, die mindestens so gut wirkten wie Versammlungen.

Größere Vorbereitungen zur Wahl als früher wurden in Altona getroffen. Schon im Herbst wurde in der Großen Bergstraße im Hause von „Wittmacks Salon" ein Wahlbureau eingerichtet und Hecht als Bureauvorsteher eingesetzt.[25] Die erste Aufgabe dieses Bureaus sollte sein, eine möglichst vollständige Wählerliste zu schaffen. Wenn dann die amtliche Wählerliste aufgestellt wurde, sollte unsere Wählerliste mit der amtlichen Liste verglichen werden und für die Fehlenden dann gemeinsam reklamiert werden. Um die Wählerliste aufstellen zu können, war ein großer Apparat nötig. Man mußte von Haus zu Haus gehen und [...] Namen, Alter, Staatszugehörigkeit usw. der Wähler ermitteln. Es war klar, daß diese Arbeit nicht von einer Zentralstelle gemacht werden konnte. So kam man dazu, für jeden Wahlbezirk, wie er bei der Wahl 1874 abgegrenzt gewesen war, eine besondere Bezirksorganisation zu gründen. Die im Bezirk wohnenden Parteigenossen wurden zusammenberufen. Diese wählten aus ihrer Reihe einen Bezirksführer. Aufgabe des Bezirksführers war es, die Geschäfte zu leiten. Da die meisten Bezirksführer nicht gleich ausreichend Leute für die Geschäfte hatten, so war die erste Aufgabe der Bezirksführer, Mannschaften zu werben. Sehr bald erkannte man, daß die erste Aufgabe – Aufstellung einer vollständigen Wählerliste – nur mangelhaft durchgeführt werden konnte. Es fehlte in den meisten Bezirken an der nöti-

---

25 **Hermann Hecht** (1849->1878), aus Jüterbog stammender Zigarrenarbeiter, seit 1873 in Altona ansässig, ADAV, Referent und Schriftführer in sozialdemokratischen Versammlungen, Kassierer des Arbeiter-Wahlkomitees.

gen Anzahl schreibgewandter Leute, die in der Lage waren, die Listen so auszufüllen, wie es nötig war. Ferner stießen die Genossen auch auf Widerstand bei den Wählern, die sich vielfach weigerten, genaue Auskunft über ihre Personalien zu geben. Konnte der Ausfall der Resultate der ersten Aufgabe nicht besonders ermutigen, so fand man doch, daß mit der Bezirksorganisation eine gewaltige Agitationseinrichtung im Werden begriffen war. Bei dem Suchen nach Wählern hatte man Ecken und Winkel gefunden, die Menschen als Wohnung dienten, wo sonst unsere Flugblattverteiler nie hingekommen waren. Als nun wieder Flugblätter verteilt wurden, reichten die früheren Auflagen kaum zur Hälfte. Von geringen Auflagen war sonst immer eine große Zahl übriggeblieben, während jetzt nachgedruckt werden mußte.

Von noch größerem Wert war der Umstand, daß unsere Genossen nicht nur mit den Häusern, sondern auch mit den Leuten bekannt wurden. Jeder tätige Genosse wußte, wie viel Anhänger unserer Grundsätze und wie viel direkte Gegner in seinem Revier wohnten. Durch die persönliche Bekanntschaft kam es zur Kleinagitation und zum Geldsammeln. Denn jeder Hausagitator hatte auch eine Sammelliste. Die Sammelliste wurde der Prüfstein. In Geber, Nichtgeber und solche, die schroff abwiesen, wurde das Publikum eingeteilt. Diese in Altona zuerst geschaffene Organisation nach Bezirken wurde in Hamburg nachgebildet. Der hauptsächlichste Schöpfer dieser Organisation war Hermann Hecht. Hecht war Zigarrenarbeiter und etwas Bureaukrat. Formulare zu konstruieren und bureaukratische Gebilde zu schaffen, bildete die Stärke seiner Projektmacherei. Hier schuf er Organisationen, die für die Entwicklung der Bewegung, namentlich in der Zeit des Sozialistengesetzes, von unschätzbarem Wert waren.

Bei Beginn der Agitation auf dem Lande sollte ich zuerst die Umgegend von Trittau im 8-ten schleswig-holsteinischen Wahlkreise, wo Hasenclever kandidierte, bearbeiten. In der kurzen Zeit meiner dortigen Tätigkeit hatte ich aber so viel Pech, wie ich sonst nie gehabt habe. Meine Reise nach Trittau trat ich über Reinbek an, ausgerüstet mit einigen Agitationsschriften, einem kleinen Paket von Versammlungsplakatformularen, worin Datum und Versammlungslokal eingeschrieben wurden. Nachdem ich reichlich zwei Stunden marschiert war, begegnete mir ein Gendarm. Er fixierte mich und fragte, was ich in dem Paket habe. Ich sagte: „Druckschriften". Darauf fragte er, ob ich denn auch einen Gewerbeschein habe. Ich antwortete: „Gewerbeschein [...] brauche ich nicht, denn ich handele nicht damit." Nach längerem Hin- und Herreden schloß er, daß ich mit zum Kirchspielvogt kommen solle. Also, ich mußte wieder kehrtmachen und nach Reinbek.

Zunächst fragte der Sekretär nach meinen Personalien. Wann und wo geboren, wo wohnhaft, ob verheiratet oder ledig usw. Er besah meine Papiere und fragte nach dem Zweck meiner Reise. Ich gab selbstverständlich Antwort, daß ich die Wahlagitation einleiten wolle. Als [ich] schon glaubte, daß ich nunmehr bald weiterwandern könne, erschien ein Husarenoffizier auf der Bildfläche: Herr von Bennigsen-Foerder, der beim Militär seinen Abschied genommen hatte und sich nun auf das Amt eines Kirchspielvogtes vorbereitete.[26] Er sah das vom Sekretär aufgenommene Protokoll durch und sagte dann: „Sie wollen hier für die Teiler agitieren? Nun sagen Sie aber erstmal: Wo haben Sie sich denn in der letzten Zeit herumgetrieben?" Ich gab keine Antwort. Er schnarrte noch eine Reihe ähnlicher Sätze, ohne von mir beachtet zu werden. Schließlich schnarrte er: „Wollen Sie nicht antworten?" Ich sagte: „Nein". Er rief: „Weshalb nicht?" Ich sagte: „Ich weiß, daß den preußischen Beamten zur Pflicht gemacht ist, im Verkehr mit dem Publikum möglichst höflich zu sein. Höflichkeit verlange ich nicht, aber so, wie es unter gesitteten Menschen üblich ist, müßte ein Mensch schon auftreten, wenn ich ihn als Beamten respektieren solle." Nun tobte er los und befahl dem Sekretär, die Steckbriefe durchzusehen und zu untersuchen, ob ich nicht verfolgt werde. Dann lief er fort und lief vis-à-vis ins Amtsgericht. Als er dann nach einer halben Stunde zurückkam, war er übertrieben höflich. Er ersuchte, mich zu setzen und leitete jede Frage mit dem Satz ein: „Wollen Sie nicht so freundlich sein und mir darüber Auskunft geben?" Eine Weile dauerte das Verhör noch, und dann erklärte er, daß ich zwar gehen könne, aber mein Paket werde zurückgehalten, um festzustellen, ob ich nicht von den in dem Paket befindlichen Broschüren verkauft habe.

Als ich dort entlassen war, wurde es schon dunkel. Ich fuhr nach Altona zurück, um neues Material zu holen. Am nächsten Tag fuhr ich bis Friedrichsruh und von dort mit der Post nach Trittau. Dieses Debüt des neuen Beamten war vielversprechend. Herr von Bennigsen-Foerder ist immer Offizier geblieben, der das Publikum als Rekruten behandelte. Sehr leicht lernte er die Tricks zur Auflösung von Versammlungen, aber niemals hat er es begriffen, daß ein Beamter dem Publikum gegenüber sich anständig betragen soll.

Meine Abenteuer häuften sich in der Gegend. Zum Sonntag bekam ich zwei Lokale, eines in Lütjensee und eines in Siek. Die Versammlungen wurden angemeldet, und am Sonntag ging der Maler Bruno Moje mit als Leiter der Versammlung.[27] Als wir in Lütjensee eintrafen, erklärte der Wirt, daß die

---

26 **Albert von Bennigsen-Foerder** (1838–1886), in Salzwedel geborener Gutsbesitzer und Soldat, seit 1875 im preußischen Verwaltungsdienst, seit Februar 1876 kommissarisch, seit April 1877 definitiv Kirchspielvogt von Reinbek, 1880 bis 1882 Landrat des Kreises Herzogtum Lauenburg, danach bei der Polizeidirektion Posen.
27 Falls Hermann Molkenbuhr bei dem erwähnten Beruf ein Irrtum unterlaufen ist, handelt es sich um: **Bruno Moje** (1847–1907), Klaviertischler, SDAP, als Nachfolger Theodor

Versammlung nicht stattfinden könne, da er sonst seine Existenz verliere. Er habe das Haus mit Wirtschaft gekauft und verwalte jetzt die Wirtschaft auf der Konzession des früheren Besitzers. Beim Landrat habe man ihm gesagt, daß er nie eine Konzession erhalten würde, wenn er dulde, daß eine sozialdemokratische Versammlung in seiner Wirtschaft stattfinde. Es blieb uns nichts anderes übrig, als die Versammlungsbesucher aufzufordern, mit uns nach Siek zu gehen, wo die Versammlung in einer alten Wirtschaft stattfinde.

Der Marsch wurde angetreten, und wir erreichten Siek schon lange vor Beginn der Versammlung.[28] Bald nach uns traf dann auch der ganze Staat der Überwachenden ein. Der Gendarm, der Polizist, die Gemeindevorsteher von Siek und Lütjensee, der Kreissekretär des Kreises usw. Die erste Frage des Kreissekretärs war, wo die Versammlung stattfinden solle, in der Stube oder auf der Diele? Ich antwortete, daß er nur so lange warten solle, bis die Zeit komme, die in der Anmeldung angegeben ist. Vorläufig finde noch keine Versammlung statt. Er sagte, er löse die Versammlung auf, weil auf der Diele kein angemessener Platz für Beamte und in der Stube nicht ausreichend Platz sei. Er fordere die Anwesenden auf, das Lokal sofort zu verlassen. Ich forderte die Anwesenden auf zu bleiben. Denn eine Versammlung könne erst aufgelöst werden, nachdem sie eröffnet ist. Wie aus der Einladung und der Anmeldung hervorgehe, solle die Versammlung abends 8 Uhr stattfinden. Ich müsse mit der Eröffnung mindestens so lange warten. Und so lange, wie ich mit der Eröffnung warte, müssen die Beamten mit der Auflösung warten. Übrigens werde man auf Grund des Gesetzes die Versammlung nur aus den im Gesetz genannten Gründen auflösen können. Auch die Beamten seien verpflichtet, das Gesetz zu beachten. Es gab noch einen längeren Wortwechsel. Ich blieb dabei ruhig sitzen, auch die Arbeiter wichen nicht, sondern sie lachten laut, als ich den Beamten eine Gesetzesbelehrung zuteil werden ließ. Schließlich gingen sie fort. Sie gingen in die Wirtschaft des Gemeindevorstehers. Ich unterhielt mich nun mit den Leuten so gut es ging. Bis gegen 10 Uhr plauderten wir über Politik, und ich sagte so ziemlich alles, was ich im Vortrag sagen wollte.

Yorks 1875 bis 1877 Vorsitzender der Gewerkschaft der Holzarbeiter und Redakteur des Mitgliederorgans „Union", Agitator, Delegierter auf dem Vereinigungsparteitag in Gotha 1875, betrieb energisch die Fusion der konkurrierenden Gewerkschaften zum „Bund der Tischler", nach internen Querelen 1877 Wechsel als Mitarbeiter zur „Bremischen Volkszeitung", 1880 Auswanderung in die USA, wo Moje keinen Anschluß an die Arbeiterbewegung fand und in Chicago am 15. Februar 1907 verstarb. Nachruf in: „Almanach des Deutschen Holzarbeiter-Verbandes für das Jahr 1912", S. 76–78.

28 Die Versammlung in Siek fand am 17. Dezember 1876 statt. Das „Hamburg Altonaer Volksblatt" Nr. 154 vom 24. Dezember 1876 („Aus Altona") berichtet über die Misshandlung Molkenbuhrs.

Dann entstand draußen plötzlich ein Lärm. Hinter mir wurde ein Fenster eingeschlagen, so daß die Glasscherben mir in den Nacken flogen. Die Wirtin lief hinaus, um nachzusehen, was es gab. Auch ich setzte meinen Hut auf. Dann kam die Wirtin wieder hinein und sagte, ich solle schleunigst ins Schlafzimmer gehen und mich verstecken. Als ich noch nach dem Grunde fragte, kamen die beiden Gemeindevorsteher, der Kreissekretär und der Polizist und fielen über mich her. Mein Überzieher wurde mir vom Leib gerissen. Als ich mich wehrte, erhielt ich von dem Polizisten einen Hieb mit dem Säbel übern Kopf, der den steifen Filzhut spaltete und auch noch derart traf, daß ich die Besinnung verlor. Als ich wieder erwachte, stand der Gendarm neben mir, der mich beruhigte. Während dieses Vorfalles war unser Vertrauensmann aus Ahrensburg, der Holzpantoffelfabrikant Lüthje, vorgefahren.[29] Er bewog mich, schleunigst auf seinen Wagen zu steigen, und so fuhren wir nach Ahrensburg. Moje war gerade draußen gewesen, als der Lärm losging. Er war feldein gelaufen und ging zu Fuß nach Hamburg. Am nächsten Tag erstatteten wir Strafanzeige wegen Landfriedensbruch. Der Staatsanwalt in Altona fand aber, daß kein öffentliches Interesse vorliege, und lehnte die Erhebung der Anklage ab. Wegen dem zerrissenen Überzieher und zerspaltenen Hut könne ich ja Privatklage erheben.

Ein anderes Abenteuer hatte ich einige Tage später. In Lasbek war eine Versammlung. Als ich dorthin ging, war schon ein starkes Schneetreiben. Es verschlimmerte sich den ganzen Abend. Als unsere Versammlung vorbei war, gingen wir in das Gasthaus, wo wir Logis bestellt und auch vor der Versammlung Abendbrot gegessen hatten. Jetzt erklärte der Wirt, er könne uns nicht behalten, weil der Gendarm dort bleibe. Der könne nicht mit seinem Pferd durch den Schnee. Ein Zimmer habe er nur. Es blieb also nichts übrig, als zu Fuß weiterwandern. Das nächste Dorf war Hammoor. Dort waren zwei Gastwirtschaften. Während man sonst den Weg in weniger als einer halben Stunde marschieren konnte, brauchten wir jetzt fast zwei Stunden. Oft versanken wir bis am Leib in Schnee. In Hammoor klopften wir bei der Wirtschaft an. Da rief eine Frauenstimme: „Oh Gott, sind bei diesem Wetter Leute draußen?" Sie öffnete und ließ uns hinein. Als sie sah, daß es nicht einmal Handwerksburschen, sondern ganz gut gekleidete Leute waren, kochte sie noch erst Kaffee, damit wir uns von den Strapazen erholen [konnten]. Ein Handlungsreisender wohnte in demselben Gasthof.

---

29 **Johann Heinrich Lüthje** (1835–1907), Holzpantoffelmacher aus Mözen, Kreis Segeberg, war von mindestens 1872 bis 1878 Vertrauensmann des ADAV bzw. der SAPD in Ahrensburg, siedelte anschließend nach Altona über.

Am nächsten Morgen gingen der Handlungsreisende, Moje und ich zusammen nach Bargteheide. Es war eine furchtbare Kälte. Nach kaum halbstündigem Marsch oder vielmehr Klettern im Schnee wurde der Handlungsgehilfe matt und wollte sich ausruhen. Das Ausruhen wäre aber in diesem Falle gleichbedeutend mit Erfrieren gewesen. So sehr der Mann sich sträubte, so gaben wir nicht nach. Er mußte mit vorwärts. Wir erklärten, daß wir doch bestraft würden, wenn er tot aufgefunden werden würde. Er solle uns nur begleiten bis ans nächste Haus, dann könne er in das Haus gehen und sich ausruhen. Das nächste Haus war erst in Bargteheide. Nun ging er mit zum Bahnhof. Als auch dort die Leute sagten, daß er sicher erfroren wäre, wenn er sich hingesetzt hätte, da dankte er uns für unser energisches Drängen zum Marschieren.

Ich fuhr zunächst bis Ahrensburg, um von dort nach Duvenstedt zu gehen. Als ich an der Post vorbei eben Ahrensburg verlassen hatte, begegneten mir Landbriefträger, die mir sagten, ich solle nur umkehren, denn es sei unmöglich, durch den Schnee zu kommen. Als ich abends in Altona ankam und erklärte, daß Duvenstedt bei dem Schnee nicht zu erreichen sei, sagte Hecht, dann werde ich für den Tag auch keine Diäten erhalten.

Jetzt ging ich in den sechsten Kreis. Dort sollte ich eigentlich die nördliche Ecke bearbeiten. Ottensen, Pinneberg, Uetersen, Elmshorn, Glückstadt und Barmstedt hatten gute Organisationen, die ihre Umgebung bearbeiteten. Max Otto wurde nach Bramstedt dirigiert, und ich sollte meinen Sitz in Bornhöved nehmen und dort die Umgegend bearbeiten und auch die Grenzorte des neunten Kreises mit versorgen. Die Abreise nach meinem Standort verzögerte sich, weil die Bahn verschneit und auch der Weg von Wankendorf nach Bornhöved verschneit war. Vorläufig sprach ich in den Orten, die mit der Bahn zu erreichen waren, und kam dann auch an einem Sonntag in das Gebiet des Herrn von Bennigsen-Foerder nach Alt-Rahlstedt.

Herr von Bennigsen erschien nun in Civil, begleitet von zwei Gendarmen und einem Polizisten. Das Lokal entsprach sicher allen Anforderungen. Schon vor Beginn der Versammlung erklärte der Herr, daß er einen angemessenen Platz verlange. Da wir merkten, was er beabsichtigte, erklärten wir, daß er gar nichts zu verlangen habe. Er solle sich ruhig verhalten, sonst würde er hinausexpediert. Er schrie dann: „Ich bin Kirchspielvogt und hier als überwachender Beamter!" Wir erklärten ihm, daß es uns gleichgültig sei, welchen Beruf er habe. Als überwachender Beamter könnten wir ihn nicht anerkennen, denn diese haben nach dem Vereinsgesetz öffentlich erkennbare Abzeichen zu tragen. Wolle er die Versammlung überwachen, dann möge er erst nach Hause gehen und seine Dienstkleidung anziehen. Im übrigen seien nur zwei überwachende Beamte zulässig. Es sei also schon ein Gendarm überzählig. Als er rief: „Die Versammlung ist aufgelöst", da wurde ihm gesagt, solange die Versammlung noch nicht eröffnet sei, könne er schreien, was ihm beliebe, aber nachher habe er ruhig zu sein oder das Lokal zu verlassen. Gleich nach Eröffnung der Versammlung löste dann der Gendarm die Versammlung auf, weil das Lokal überfüllt sei.

Nun wurde das Lokal geräumt, aber gleich die Parole ausgegeben, nachher wiedereinzukehren, damit der Wirt keinen Schaden leide. Als dann einige Wandsbeker Genossen schon wieder das Lokal betraten, bevor die Letzten hinaus waren, ließ er diese nach dem Gemeindevorsteher bringen, um deren Personalien feststellen zu lassen. Bei diesen Transporten hatte er bald seine ganze bewaffnete Macht aufgebraucht. Polizisten und Gendarmen waren mit Sistierten unterwegs.[30] Jetzt war der Kirchspielvogt nur noch allein auf dem Kampfplatz. Als dann ein Wandsbeker Genosse wieder das Lokal betrat, ging der Herr von Bennigsen auf diesen zu und sagte: „Sie haben das Lokal zu räumen!" Der Genosse sagte in breitestem Hamburger Plattdeutsch: „Watt bist Du denn vorn Quitscher. Hast Du hier ook watt to seggen?"[31] Bennigsen sagte: „Sie sind verhaftet!" und suchte den Genossen am Rock festzuhalten. Dieser packte den Kirchspielvogt und warf ihn recht unsanft in die Ecke. Jetzt schrie der Herr nach Gendarmen. Ja, wo sind die Gendarmen? Er hatte sie doch weggeschickt. Dann lief er hinaus und schrie immer: „Polizei, Polizei!" Ich gab dem Genossen den Rat, nun schleunigst nach Hause zu gehen.

Kaum war der Genosse fort, da erschien Herr von Bennigsen wieder auf im Lokal. Jetzt war er begleitet von der ganzen Polizeimacht. Er guckte sich jeden Anwesenden an, aber der Gesuchte war nicht mehr zu finden. Ohne Siegespreis den Kampfplatz verlassen, das wäre schimpflich für den schneidigen Kavallerieoffizier gewesen. Plötzlich stürzte er auf einen Maurer los und erklärte ihn für verhaftet. Begleitet von der ganzen bewaffneten Macht unter Oberbefehl des Herrn von Bennigsen wurde Schrader, so hieß der Verhaftete, nach Reinbek transportiert.[32] Nun saßen bei dem Gemeindevorsteher die dorthin transportierten sechs oder sieben Genossen. Alt-Rahlstedt war nun ganz ohne polizeilichen Schutz. Denn was an Polizeimacht in Rahlstedt und

---

30 **Sistierte** (lat.): Personen, die zur Feststellung ihrer Personalien auf die Polizeiwache gebracht werden.
31 **„Watt bist Du denn ..."**: „Was bist Du denn für ein Quitscher. Hast Du hier auch was zu sagen?" Ein **„Quitscher"** oder „Quittscher" ist ebenso wie die bekanntere Form „Quittje" eine negative Bezeichnung für Jemanden, der kein (oder nur fehlerhaft) Plattdeutsch spricht.
32 Gemeint ist vermutlich: **Theodor Schrader** (1843–1895), in Braunschweig geborener Maurer, Bevollmächtigter des ADAV und seit 1875 Vertrauensmann der SDAP in Wandsbek, 1881 aus Hamburg und Umgegend ausgewiesen und in die USA ausgewandert; Nachruf in: „Hamburger Echo" Nr. 116 vom 19. Mai 1895 („New York, 7. Mai").

Umgegend war, hatte Herr von Bennigsen für den Transport des schweren Verbrechers oder zu seinem persönlichen Schutz mit nach Reinbek genommen. Da alle Sistierten sich legitimieren konnten und von keinem behauptet war, daß er sich eines schweren Verbrechens schuldig gemacht hatte, ließ der Gemeindevorsteher alle Leute laufen. Da von Bennigsen selbst nicht behaupten konnte, daß Schrader der Aufrührer sei, der sich an der Obrigkeit vergriffen habe, sondern er nur vermutete, daß er den Verbrecher kenne, so wurde er vom Amtsrichter sofort wieder auf freien Fuß gesetzt.

Eine fast arktische Kälte lähmte in den nächsten Tagen die Agitation. Die Kälte war in den letzten Tagen vor Weihnacht so groß, daß auf der Strecke von Wrist nach Elmshorn in einem Zug, der einige Stunden im Schnee steckenblieb, eine Frau und Kind erfroren. Einigermaßen geheizt waren zu jener Zeit nur die Wagen vierter Klasse, diese hatten Öfen. In den Abteilungen I. und II. Klasse wurden zwei mit warmem Wasser gefüllte Wärmflaschen und in der III. Klasse eine solche Flasche eingestellt. Aber auf der Fahrt von Neumünster bis Elmshorn hatte sich das warme Wasser in Eis verwandelt. Noch am ersten Weihnachtstag war starke Kälte. Wir hatten mehr als 20° unter Null Réaumur.[33]

Am Abend war das übliche Parteifest. Nachmittags war Friederike bei uns zum Besuch. Wir gingen zusammen zum Fest, wo wir bis zum Schlusse blieben. Ich begleitete Friederike, die damals in der Peterstraße bei einem Lehrer wohnte, nach Hause. Wir hatten aber noch vieles zu erzählen. Da es vor der Tür zu kalt war, traten wir ins Haus. Aber auch auf der Treppe war es nicht zum Aushalten. Um uns vor der grimmigen Kälte zu schützen, mußten wir in Friederikes Zimmer gehen, welches auch nicht geheizt war. Erst, als wir fest umschlungen unter einer Bettdecke lagen, waren wir der Kälte entronnen und fanden nun, daß auch der kälteste Tag mit noch kälterer Nacht erwärmt wird durch innigen Zusammenschluß. Gar bald waren einige Stunden verträumt. Ich trat den Heimweg an, um mittags wieder loszuziehen.

Am Nachmittag mußte ich in Ahrensburg in Versammlung sprechen. Endlich am dritten Weihnachtstag konnte ich nach Bornhöved abreisen. Vorläufig blieb meine Tätigkeit auf Wankendorf und Bornhöved beschränkt. Die Schneemassen hinderten den Weg über die Heide. Selbst die Post von Bornhöved nach Segeberg fuhr noch nicht. Im neunten Kreise, wozu Wankendorf und die sonst erreichbaren Orte wie Plön, Preetz usw. gehörten, war wenig zu machen. In den Städten hatten wir fast keine Versammlungslokale, und die

---

33 Auf der **Réaumur**skala, die 1730 von dem französischen Naturforscher René-Antoine Ferchault de Réaumur (1683–1757) entwickelt wurde, beträgt der Fundamentalabstand zwischen Eispunkt und Siedepunkt des Wassers 80 Grad. 20 Grad Réaumur unter Null entsprechen 25 Grad Celsius unter Null.

Gutsherren drohten, so viele Leute entlassen zu wollen, als sozialistische Stimmen im Gutsbezirk abgegeben wurden. Hier hätte nur ein Mittel helfen können. Hätten wir 100.000 Mark gehabt und in einer Bank deponiert und darauf hingewiesen, daß dieses Geld bereitliege, um die Gemaßregelten zu unterstützen, dann hätten die Arbeiter Mut gehabt, und wahrscheinlich hätten wir das Geld nicht gebraucht. Denn 10.000 Landarbeiter zu maßregeln, hätten auch die brutalsten Junker nicht gewagt. Denn um jene Zeit begann schon der Mangel an Landarbeitern sich bemerkbar zu machen. Landarbeiter aus Schleswig-Holstein und Mecklenburg zogen in großer Zahl über das Weltmeer. Minnesota und die anderen Staaten an den großen Seen bildeten den Anziehungspunkt.

Um jene Zeit hielt Bockelmann von Rethwischhöh im Landwirtschaftlichen Generalverein einen sehr bemerkenswerten und von uns in der Wahlagitation viel benutzten Vortrag über die Landarbeiterfrage.[34] Er rechnete aus, daß, wenn die Landarbeiter von ihrem Lohn eine Familie von fünf Köpfen zu erhalten haben, dann könnte sie täglich für à Kopf höchstens 30 bis 40 Pf pro Tag aufwenden. Das sei nicht mehr als die Kosten, die man in Armenhäusern auch gebrauche. Da aber der Landarbeiter nicht so vorteilhaft einkaufen und bei der Zubereitung nicht so rational wirtschaften könne wie die Verwaltung von Armenhäusern, so ergebe sich, daß die freien Arbeiter schlechter leben wie die Insassen von Armenhäusern. Vorläufig halfen sich die Gutsbesitzer mit dem Import von schwedischen und ostpreußischen Arbeitern. Das sei ein ungesunder Zustand. Man müsse die heimischen Arbeiter zu halten suchen. Das könne aber nur geschehen, wenn man ihnen die Heimat heimischer mache.

Sehr groß wäre die Gefahr nicht gewesen, wenn die Arbeiter den Drohungen getrotzt hätten. Aber die nach der Wahl von 1874 eingetretenen Maßregelungen hatten doch gewirkt. Ernsthaft wurde die Frage erwogen, ob man nicht auf den Wahlkreis verzichten und Stimmenthaltung proklamieren sollte, dann die Drohungen der Gutsbesitzer zur Grundlage eines Wahlprotestes machen solle und – wenn dann die Wahl für ungültig erklärt [sei] – sich mit ganzer Kraft auf den Wahlkreis stürzen solle. All diese Fragen wurden zwischen Weihnacht und Neujahr noch ernsthaft erörtert, aber die Entscheidung fiel für Wahlbeteiligung.

---

34 **Wilhelm Bockelmann** (1822–1903), Jurist und Landwirt, wegen seiner Teilnahme am Aufstand gegen Dänemark 1848 von den dänischen Behörden als Senator in Altona 1853 amtsenthoben, Erwerb des Hofes Rethwischhöhe bei Oldesloe, den er bis 1873 bewirtschaftete, von 1867 bis 1893 Direktor des Schleswig-Holsteinischen Landwirtschaftlichen Generalvereins.

Abb. 32: Der Gasthof „Zur Post" von Joachim Arp in Bornhöved.

Ich nahm im Gasthof von Arp Quartier.[35] Mit den Stammgästen dort konnte ich wenig über Sozialismus reden. Es waren Spießbürger eigener Art. Jeden Vormittag fand sich dort ein Trupp alter Herren zusammen. Einer hatte einen Spazierstock, der einige tausend Mark Wert hatte. Der Besitzer war ein alter kalifornischer Goldgräber, der so viel erworben hatte, daß er von seinen Renten leben konnte und auf einem dicken Elfenbeinstock eine Krücke von massivem Gold hatte. Allein die Krücke wog mehr als 1½ Pfund. Der alte Herr hatte nur Interesse am Erzählen kalifornischer Abenteuer und am Sechsundsechzig-spielen. Spielkameraden waren ein alter, pensionierter, dänischer Oberst und noch einige Rentiers. Außer mir wohnte bei Arp noch ein Oberlehrer, der zukünftigen Gymnasiasten Privatunterricht erteilte. Mit diesem Herrn konnte man schon eher über Politik sprechen, denn er war Demokrat. Arps Wirtschaft war aber besonders geeignet als Quartier für den Agitator, weil es die am meisten frequentierte Wirtschaft war. Kein Wagen passierte Bornhöved, ohne dort einzukehren. Durch die Unterhaltung mit den Kutschern lernte ich bald die ganze Umgebung kennen und auch Namen und Adressen von Personen, mit denen ich Verbindungen anknüpfen konnte.

---

35 **Joachim Arp** (1828–1918), in Barsbek geborener Gastwirt, betrieb von 1862 bis 1892 den Gasthof „Zur Post" an der Westseite des Marktplatzes, die meistbesuchte der acht Gaststätten von Bornhöved.

Durch die Lage Bornhöveds kam ich dazu, auch im siebenten Wahlkreis zu agitieren. Obwohl ich nur von Ottensen bezahlt wurde, mußte ich schon auf andere Kreise übergreifen. Versammlungslokale fand ich nur in Bornhöved, in Rickling und dann in einigen Orten des siebenten und neunten Kreises. Zur Wahl mußte ich zurück nach Ottensen, weil ich selbst wahlberechtigt war.[36]

Die Reichstagswahl 1877

Max Otto hatte in Bramstedt einen harten Kampf, der zu einer Beleidigungsklage gegen den Bürgermeister Schümann führte.[37] Schümann hatte außer dem Bürgermeisterposten eine Wirtschaft. An staatserhaltendem Eifer fehlte es den Leuten nicht. Außer Schümann waren der Gendarm Möller, ein Postmeister und eine Anzahl Bürger sehr um die Erhaltung des Vaterlandes besorgt.[38] Schon 1874 hatten wir Konflikte mit den Herren, und am späten Abend kamen sie in Dehns Wirtschaft, um uns zu verhöhnen, weil in der ganzen Umgebung Beseler die Mehrheit erhalten hatte.[39] Otto war auch leicht erregt und hatte sehr energisch die Innehaltung des Gesetzes gefordert. 1874 waren wir bei der Wahl und der Ermittlung des Stimmergebnisses anwesend. Schümann, in dessen Haus die Wahl war, wollte uns gegenüber sein Hausrecht geltend machen. Ich machte ihn aber darauf aufmerksam, daß das Wahllokal ein öffentlicher Ort sei. Jetzt war Schümann auf einen anderen Trick verfallen. Er beorderte so viele seiner Freunde ins Wahllokal, daß es überfüllt wurde. Nun sollte Platz gemacht werden, und der Wahlvorstand kam zu dem Beschluß, daß in erster Linie die Einwohner Bramstedts Anspruch auf Anwesenheit hätten. Bei dem Streit über die Frage, wer bleiben dürfe, kam es zu heftigen Auseinandersetzungen, in deren Verlauf Schümann Otto einen Vagabunden nannte. Otto forderte gleich Anwesende auf, sich den Sachverhalt zu

---

36 Hermann Molkenbuhr hatte am 11. September 1876 sein 25. Lebensjahr vollendet und war damit bei der am 10. Januar 1877 stattfindenden Reichstagswahl zum ersten Mal wahlberechtigt.
37 **Johann Hinrich Jasper Schümann** (1828–1900), Gastwirt des „Holsteinischen Hauses" in Bramstedt, 1870 bis 1879 Bürgermeister des damaligen Fleckens Bramstedt.
38 Zum Gendarm Möller vgl. S. 276, Anm. 75.
39 **Karl Georg Beseler** (1809–1888), Jurist, Professor der Rechte in Basel 1835 bis 1837, in Rostock 1837 bis 1842, in Greifswald 1842 bis 1859, in Berlin 1859 bis 1888, Verfasser zahlreicher juristischer Untersuchungen (u. a. „System des gemeinen deutschen Privatrechts", 3 Bände, 1847 bis 1855), Mitglied der Frankfurter Nationalversammlung 1848/49, Casino-Partei, Mitglied des Verfassungsausschusses und der Kaiserdeputation, MdL Preußen 1849 bis 1852 und 1861, MdR 1874 bis 1881 für den 6. schleswig-holsteinischen Wahlkreis Elmshorn-Pinneberg, Nationalliberale Partei, seit 1874 fraktionslos.

merken, damit sie es vor Gericht bezeugen können. Otto stieg durch sein strammes Auftreten gegen den Bürgermeister sehr im Ansehen der Bramstedter Genossen.

Unser Wahlresultat war kein besonders günstiges. Wir in Ottensen hatten zwar rund 1200 Stimmen gewonnen und kamen in Stichwahl. Im 7-ten, 8-ten und 9-ten Kreis hatten wir Stimmenrückgang, und wir verloren im neunten Kreis das Mandat. Hasenclever wurde zwar mit ganz knapper Mehrheit gewählt, legte aber das Mandat für Altona nieder, weil er auch in Berlin VI. gewählt war. Die Stagnation war erklärlich. In unserem ersten Aufschwung hatten wir von der politischen Erregung in der Provinz profitiert. 1864 Lostrennung von Dänemark, 1864 die Zeit des Provisoriums, dann Annexion durch Preußen. Höhere Zölle, direkte Steuern, auch für die Ärmsten, längere Dienstzeit beim Militär. Die Siege von 1870/71 hatten zwar viel dazu beigetragen, den Widerstand zu brechen, aber Preußen wollten die Schleswig-Holsteiner doch nicht sein. In den ersten Anfängen war die sozialdemokratische Partei in erster Linie eine Partei proletarischer Demokratie, die mit der Bauerndemokratie viele Berührungspunkte hatte. Durch die wirtschaftliche Entwicklung der Gründerperiode und des Gründerkrachs wurden die Klassengegensätze schärfer, und auch wir schoben den proletarischen Sozialismus mehr in den Vordergrund. Unser offenes Eintreten für die Pariser Kommune zeigte uns als Vertreter internationaler Gesinnung, dadurch wurden die Bauern zurückgestoßen, die in frischem Andenken an die Siege für Patriotismus schwärmten. Vor 1870 hätte man jedem preußischen Patrioten, trotz der Siege von Düppel und Alsen, die Fenster eingeworfen. Jetzt waren bei Mars-la-Tour, Les Mans usw. von Schleswig-Holsteinern Siege errungen. In jedem Dorf wurden Kriegervereine gegründet, und man fing an, die Kriegervereine gegen uns ins Feld zu führen.

Mehr noch als der Umschwung in den politischen Anschauungen wirkte der verschärfte soziale Gegensatz. Gar mancher Bauer hatte beim Gründerkrach Geld verloren. Der Besitz von Aktien hatte bei vielen Bauern kapitalistische Instinkte wachgerufen. Neben den Behörden griffen die Gegner zu schärferen Kampfmitteln. Ein beliebtes Mittel war das Buch des Stuttgarter Pastors Schuster, der als erster Zitatensammlungen aus sozialistischen Schriften zusammengestellt hatte.[40] Wo Gegner in den Versammlungen sprachen,

---

40 **Richard Schuster** (1836–1900), evangelischer Pfarrer, Vikar in Nieder-Weidbach 1864 bis 1869, Vereinsgeistlicher der Inneren Mission in Karlsruhe 1869 bis 1872, Pfarrer in Stuttgart 1872 bis 1876, dritter bzw. ab 1883 zweiter reformierter Pfarrer in Duisburg 1876 bis 1891, Superintendent in Duisburg 1891 bis 1900, Verfasser des antisozialdemokratischen Zitatenschatzes: „Die Social-Demokratie: nach ihrem Wesen und ihrer Agitation quellenmäßig dargestellt", Stuttgart 1875.

konnte man sicher sein, daß das Zitatenbuch hervorgeholt wurde. Man kann sogar nachweisen, daß Schuster von Hans Blum und anderen Zitatensammlern bestohlen ist.[41] Das Zitat aus Heinrich Heines „Wahlesel":

> „Der große Esel, der Euch erzeugt,
> Er war von deutschem Stamme,
> Mit deutscher Eselsmilch gesäugt
> Hat Euch die Mutter, die Mamme."

Schuster hatte aus der „Mamme" eine „Amme" gemacht, und dieser Amme begegnete man später in allen Zitatensammlungen.[42]

Im sechsten schleswig-holsteinischen Wahlkreise, in Kisdorf, kam einmal ein Pastor aus Kaltenkirchen schlecht weg. Er hatte auch das Buch von Schuster und glaubte, damit eine Waffe zu haben, mit der man die Sozialdemokratie totschlagen könne. Er wollte als treuer Seelsorger seine Pflicht erfüllen und zog mit seiner Waffe gegen Max Stöhr ins Feld. Es war nicht leicht gegen Stöhr zu polemisieren, denn Stöhr machte einen vorzüglichen Eindruck auf seine Zuhörer. Ein untersetzter Mann mit etwas Negerkopf mit schwarzem Wollhaar, hatte er ein sehr wohlklingendes, tiefes Organ. Schon der melodische Klang seiner Stimme zog die Zuhörer an. Nebenbei sprach er sehr fließend und suchte mehr für den Sozialismus zu begeistern, als den Gegner abzustoßen.

Als Stöhr seine Rede beendete, fing der Pastor an, sein Sprüchlein herzusagen. Er begann, daß er gegen Stöhrs Rede wenig einzuwenden habe, aber die Sozialdemokraten sprechen zuerst immer sympathisch. Erst wenn sie alle Ideale zerstört haben, dem Menschen seinen Gott, seine Religion und die Liebe zum Vaterland geraubt haben, dann zeigen sie sich, wie sie sind. Und nun ging das Zitieren los. Stöhr war ein bibelfester Mann.[43] Acht Monate hatte er

---

41 **Hans Blum** (1841–1910), Rechtsanwalt und Schriftsteller, Sohn des Freiheitskämpfers Robert Blum, der 1848 in Wien standrechtlich erschossen wurde, MdR 1867 bis 1871, Nationalliberale Partei, glühender Anhänger Bismarcks, dem er zahlreiche Schriften widmete, Verfasser antisozialdemokratischer Schriften wie „Die Lügen unserer Sozialdemokratie" (1891), „Die Heiligen unserer Sozialdemokratie und die Pariser Kommune von 1871 in ihrer wahren Gestalt: Geschichtliche Erinnerungen zur Warnung aller guten Deutschen" (1898).

42 Heinrich Heine, **Die Wahlesel**, in: Heinrich Heine, Sämtliche Werke, Bd. 4: Nachlese zu den Gedichten (1831–1848), Almansor, William Ratcliff, hrsg. von Hans Kaufmann, München 1964, S. 58–60, Zitat S. 59f.; im Original steht statt des „Euch" in der ersten und vierten Zeile jeweils „mich". Das Heine-Zitat konnte bei Richard Schuster bisher nicht nachgewiesen werden.

43 Max Stöhr war nach Angaben seiner Personalakte der Hamburger Politischen Polizei Katholik, was sich auch schon an seinen Bibelzitaten zeigt. Das erwähnte Buch **„Jesus Sirach"** wird von den Protestanten zu den so genannten Apokryphen gerechnet, also zu den nicht zum Kanon der Bibel gehörenden Schriften.

in Hameln wegen Majestätsbeleidigung gesessen und keine andere Literatur gehabt als Bibel und Gesangbuch. Er ließ sich schnell eine Bibel besorgen. Als der Pastor geendet, sagte Stöhr: Man kann nicht behaupten, daß die vorgebrachten Zitate falsch seien, aber sie wirkten nur so abstoßend, weil sie aus dem Zusammenhang gerissen [seien]. Welchen Unfug man mit solchem Zitieren treiben könne, wolle er der Versammlung gleich beweisen. Er benütze dazu ein Buch, welches jeder kennt, und der Pastor möge kontrollieren, ob er richtig zitiere. Der Pastor hatte gesagt, die Sozialdemokraten wollen teilen und er habe dafür Zitate angeführt. Stöhr sagte, mit demselben Recht könne man es von den Bibelgläubigen sagen, und führte nun eine Anzahl Bibelstellen aus Jesus Sirach, den Evangelien usw. an. Dann habe er gesagt, die Sozialdemokraten seien Gegner der Monarchie. Die Bibelgläubigen aber auch. Es wurde das Buch Samuelis und aus den Propheten zitiert. Für alle Zitate, die der Pastor aus dem Schusterschen Buch gebracht hatte, brachte Stöhr Zitate mit ähnlichem Inhalt aus der Bibel. Er schloß mit der Frage an den Pastor, ob man nach der Bibel leben und für die darin enthaltenen Lehren eintreten dürfe. Eben, bevor Stöhr schloß, verschwand der Pastor aus der Versammlung.

Was uns aber mehr schädigte als alle gegnerischen Reden, das war das entschlossene Auftreten der Gegner mit der Drohung der Maßregelung. Viele alte Genossen schreckten zurück, tätig zu sein. Man kann sagen, daß wir bei den Wahlen zum ersten Male auf ernsten Widerstand der Gegner stießen. Noch schlimmer wurde es bei den Nachwahlen im achten Kreise. Hier hatten die Fortschrittler Professor Karsten aus Kiel aufgestellt.[44] Seine Kandidatenrede hielt er im Saale des Bürgervereins. Zutritt war nur gegen Karte gestattet. Wir hatten uns aber Karten verschafft, und außer Reimer, Walther und einigen anderen Genossen war auch ich anwesend. Nach der Rede meldeten wir uns zum Wort. Zum Reden kamen wir aber nicht, sondern wir wurden der Reihe nach niedergebrüllt.

Von unserer Seite wurde Georg Wilhelm Hartmann aufgestellt, und auch die Bräuerianer beteiligten sich an der Wahl. Während der Wahlagitation kam ich auch nach der Gegend von Siek, um in Lütjensee im Hause des Gemeindevorstehers gegen Prof. Karsten aufzutreten. Gegen Prügel war ich dieses Mal geschützt, denn unsere Genossen waren unter Führung einiger zum Raufen aufgelegter Genossen in großer Zahl erschienen. Als ich mich zum Wort

---

44 **Gustav Karsten** (1820–1900), Naturwissenschaftler, Dr. phil., 1847 bis 1894 Professor für Physik und Mineralogie in Kiel, 1845 Mitbegründer und 1. Vorsitzender der Berliner Physikalischen Gesellschaft, Autor der „Beiträge zur Landeskunde der Herzogtümer Schleswig und Holstein" (1869/72), MdL Preußen 1867 bis 1873, MdR 1877 bis 1884 für den 8. schleswig-holsteinischen Wahlkreis Altona-Stormarn, Deutsche Fortschrittspartei.

meldete, ließ der Vorsitzende Dr. Jonas abstimmen, ob ich sprechen solle.[45] Diese Gelegenheit benutzten meine Beschützer, nicht nur die Hand, sondern die großen Eichenknüppel hochzuhalten. Das versetzte die Versammlungsleiter so in Angst, daß sie erklärten, es sei die Mehrheit, folglich könne ich sprechen.

Nahe daran, durchgeprügelt zu werden, war ich in dem an der Lauenburger Grenze liegenden Kirchdorf Eichede. Hier polemisierte ich mit einem gewissen Liesenberg, ein Herr, der plötzlich in Hamburg auftauchte, der nebenbei die Taktik befolgte, unsere Genossen zu denunzieren, wenn sie nach seiner Meinung mit der Zunge ausgeglitten waren.[46] In Eichede war die Versammlung gut besucht, und wenn ich auch keinen demonstrativen Erfolg hatte, so hatte ich doch ganz gut abgeschnitten, weil ich den für Landarbeiter verständlichen Ton besser traf als Liesenberg. Nach der Versammlung wurde ich von der Tochter des Wirtes beiseite gezogen und mit der „angenehmen" Nachricht überrascht, daß wir durchgeprügelt werden sollten. Sie erklärte, daß wir in Eichede Nachtquartier nicht erhalten werden und dann außerhalb des Dorfes Prügel haben sollten. So halb und halb wurde die Sache bestätigt, nämlich dadurch, daß der Wirt auf meine Frage, ob ich dort übernachten konnte, die Antwort gab, Liesenberg und seine Begleitung haben alle Zimmer für sich gemietet. Jetzt wurde schnell ein Plan entworfen, wie wir den Raufbolden entwischen konnten. Wir waren mit drei Genossen. Einzeln und ohne uns zu verabschieden, gingen wir in den Garten. Als wir drei zusammen waren, verließen wir durch die Hinterpforte den Garten und waren bald auf freiem Feld. Es war eine kalte, mondhelle Winternacht. Vorläufig hielten wir den Kurs nach Nordost, also in entgegengesetzter Richtung wie der Weg zur Bahnstation Bargteheide. Nach reichlich einstündigem Marsch, der dadurch verlangsamt wurde, daß wir nicht auf dem Weg, sondern auf Feldern waren, erreichten wir einen Weg. Es war der Weg, der von Siebenbäumen nach Oldesloe führt. Nun wurde die Richtung nach Oldesloe eingeschlagen, wo wir dann auch des Nachts gegen drei Uhr eintrafen.

---

45 **Albert Jonas** (1831–1908), aus Wandsbek stammender und dort ansässiger Rechtsanwalt, zuletzt Justizrat, Leiter von Versammlungen der Fortschrittspartei, Delegierter auf dem von Linksliberalen und Sozialpolitikern einberufenen Ersten Deutschen Arbeiterkongress in Gera 1877, Mitglied im liberalen Wandsbeker Staatsbürger-Verein.

46 **W. Liesenberg**, kurzfristig Generalsekretär des liberalen Reichstagswahlvereins in Hamburg und Redakteur des Hamburger „Volksfreund", siedelte am 7. März 1878 nach Schleswig über, um dort die Redaktion der „Schleswiger Zeitung" zu übernehmen. In Schleswig verliert sich Liesenbergs Spur, denn er meldete sich zwar am 6. April 1878 an, aber nicht wieder ab. In den Schleswiger Adressbüchern taucht er ebensowenig auf wie in den Kirchenbüchern; „Schleswig-Holsteinische Volkszeitung" Nr. 38 vom 29. Dezember 1877 („Hamburg") und Nr. 53 vom 2. Februar 1878 („Die neueste Sensations-Nachricht").

Einen ganz neuen Wahltrick hatten die Gegner erfunden, der hier mit großem Erfolg angewandt wurde. Es wurden keine Stimmzettel für Karsten ausgegeben.[47] Auf den Flugblättern wurde bemerkt, daß Stimmzettel im Wahllokal zu haben seien. Bauern, Kapitalisten und andere einflußreiche Personen standen am Wahllokal. Kam ein Wähler, der keinen Zettel annahm, dann sagte man zu dem dort sitzenden Lehrer: „Dem schriew opp!"[48] Dieses Manöver schreckte viele sonst brave Genossen ab, zur Wahl zu gehen. Wir fanden zwar einen Gegentrick. Fanden wir einen Wähler, der sich fürchtete, zur Wahl zu gehen, dann zeigten wir ihm, wie man einen Stimmzettel für Hartmann im Hut verstecken könne, indem man ihn unter das Schweißleder steckt. Er solle dann ruhig einen Zettel für Karsten annehmen und während sein Name in der Wählerliste gesucht werde, die Stimmzettel vertauschen. Da er nicht die Hand in die Tasche stecke, komme er gar nicht in Verdacht, die Zettel vertauscht zu haben. Also mit etwas Taschenspielerkünsten sollten die Terroristen geschlagen werden. In einigen Orten gelang es ganz gut, und am Abend staunten die Bauern, die ganz sicher wußten, daß 11, höchstens 12 Stimmen für Hartmann abgegeben waren, als 60 bis 70 Stimmen aus der Urne herauskamen.

Am Abend des Wahltages hatten wir nach unserer Zählung noch einige Stimmen Mehrheit, an diesem Glauben hielten wir fest. Aber bei der offiziellen Ermittlung des Stimmergebnisses wurde der Irrtum aufgeklärt. Bei der telegraphischen Übermittlung des Stimmergebnisses aus Bramstedt waren die Stimmenzahlen von Karsten und Hartmann vertauscht. Nun stellte sich heraus, daß die 99 Stimmen für Bräuer eine Stichwahl erforderlich machten.[49] Der Stichwahlkampf übertraf an Schärfe alles, was wir bisher erlebt hatten. Ernst Bernhard Richter und einige andere Anhänger Bräuers traten jetzt gegen Hartmann für Karsten ein. Damit war Richter für alle Zeiten für den Sozialismus abgetan. Er kam nun von Stufe zu Stufe. Er war nur noch Wirt, der schließlich als Mitglied des Kriegervereins Festreden zu Sedanfeiern hielt, um die Patrioten als Gäste für seine Kneipe zu gewinnen.

Bei der Stichwahl wurde ein weiteres Gewaltmittel angewendet. Hunderte Wähler wurden aus der Wählerliste gestrichen, weil sie angeblich Armen-

---

47 Es gab zu dieser Zeit keine amtlichen **Stimmzettel** mit den Namen aller Kandidaten, sondern die Parteien verteilten Stimmzettel mit dem Namen ihres jeweiligen Bewerbers, teilweise durch Stimmzettelverteiler direkt vor dem Wahllokal.
48 **„Dem schriew opp!"**: „Den schreib auf!"
49 Bei der Nachwahl im 8. schleswig-holsteinischen Wahlkreis Altona-Stormarn erzielte Gustav Karsten 13.092 Stimmen, Georg Wilhelm Hartmann 13.156, so dass die 99 Stimmen für Carl August Bräuer tatsächlich einen zweiten Wahlgang erzwangen, bei dem sich dann Karsten mit 14.125 Stimmen gegenüber Hartmann mit 12.815 Stimmen durchsetzen konnte.

Abb. 33: Postkarte der zwölf bei den Reichstagswahlen 1877 gewählten sozialistischen Abgeordneten mit Ferdinand Lassalle in der Mitte.

unterstützung erhalten hatten. Kinder, die Bücher in der Schule erhalten hatten, hatten diese Unterstützung aus öffentlichen Mitteln erhalten. Mit solchen Gewaltmitteln gelang es, das Mandat für die Fortschrittspartei zu erobern. Damit verloren wir auch das zweite schleswig-holsteinische Mandat. Unser einziger Trost war, daß doch die Stimmenzahl in Deutschland um 14.000 zugenommen hatte, wenn wir auch in Schleswig-Holstein 1233 Stimmen und zwei Mandate verloren hatten.

Familiengründung

Ich blieb bei Köster in Arbeit, wo auch Friederike arbeitete. Eines Abends teilte mir Friederike mit, daß die schönen Stunden, die wir oft in ihrem Zimmer verlebten, einen bitteren Nachgeschmack hinterlassen, denn sie fühle sich schwanger. Wir mußten uns also mit der Frage beschäftigen, was geschehen solle, wenn sie ein lebendes Kind zur Welt brächte. Mein Verdienst war nicht ausreichend, um eine Familie ernähren zu können. Der einzige Ausweg war, es ähnlich machen, wie Köster es machte: Hausarbeit nehmen und dann würde sie als Zurichterin arbeiten und ähnlich wie Frau Köster durch ihren Fleiß das ihrige zur Erhaltung der Familie beitragen. Vorläufig wollten wir abwarten, was sich entwickle. Etwas mußte ich also mein Leben ändern.

Freilich, des Abends studieren, das war immer ein billiger Zeitvertreib. Um aber auch noch Theatergenuß zu haben, war ich Statist geworden. An Abenden, wenn wir als Statisten nicht verwendet wurden, konnten wir auf die Galerie gehen. Meine Theaterschwärmerei hatte mir immer über alle Sorgen des täglichen Lebens hinausgeholfen. Die siebziger Jahre waren die Jahre des großen Pathos im Theater. In Hamburg war das klassische Schauspiel gepflegt. Erst im Thalia-Theater unter Leitung von Heinrich Marr und Görner.[50] Karl August Görner war ein vorzüglicher Charakterspieler, und die deutsche Bühne hat wohl wenig bessere Darsteller des „Mephisto", des „Nathan" und „Shylock" gehabt. Mein Studium von Herder hatte mich eine zeitlang zum Schwärmer des Christentums gemacht. „Iphigenia", „Sappho" und „Medea",

---

50 **Heinrich Marr** (1797–1871), Schauspieler und Regisseur, Debüt 1815, am Burgtheater in Wien 1838 bis 1844, als Oberregisseur in Leipzig 1844 bis 1848, als Schauspieler und Oberregisseur am Thalia-Theater in Hamburg 1848 bis 1852 und erneut 1857 bis 1871, dazwischen 1852 bis 1855 Schauspieldirektor am Hoftheater in Weimar; **Karl August Görner** (1806–1884), Schauspieler und Bühnenautor, Debüt 1822, 1827 bis 1828 als Schauspieler, Oberregisseur und Direktor am Hoftheater in Neustrelitz, danach in Breslau und Berlin, 1857 bis 1863 und 1866 bis 1869 am Stadttheater in Hamburg, 1863 bis 1866 und 1869 bis zu seinem Tod am Thalia-Theater in Hamburg, Verfasser von über 160 Bühnenwerken, darunter besonders erfolgreich seine dramatisierten Märchen nach Vorlagen der Gebrüder Grimm.

Abb. 34: Die Schauspieler Franziska Ellmenreich, Ludwig Barnay und Siegwart Friedmann.

„Des Meeres und der Liebe Wellen" mit Charlotte Wolter und Klara Ziegler hatten mich lange Zeit begeistert.[51] Dann gab es im Stadttheater Zyklen von Schillers Werken, Shakespeares Königsdramen mit Barnay, Friedmann, Frau Swoboda, Ellmenreich usw.[52] Es waren köstliche Abende, die ich erlebt hatte. Auch die Oper war so, daß Hamburg einen Weltruf genoß. Frau Sucher, Reicher-Kindermann, Theodor Reichmann, Eugen Gura und wie die späteren Größen von Bayreuth und Wien hießen, waren in Hamburg engagiert oder sie kamen, wie Frau Materna, als Gast dorthin.[53]

---

51 **Charlotte Wolter** (1834–1897), Schauspielerin, Debüt 1857, 1861 am Hamburger Stadttheater, 1862 bis 1894 am Burgtheater in Wien, Gastspiele an allen großen deutschen und österreichischen Bühnen, Triumphe in den Tragödien Shakespeares, Grillparzers und Hebbels; **Klara Ziegler** (1844–1909), Schauspielerin, Debüt 1862, 1868 bis 1874 am Münchener Hoftheater, mit Ausnahme eines zweijährigen Engagements in Berlin 1888 bis 1890 nur Gastspielrollen an allen großen Bühnen Deutschlands, in Russland, den Niederlanden, der Schweiz und Österreich, persönliche Auszeichnungen durch die deutschen Kaiser, durch Ludwig II. von Bayern und Alexander II. von Rußland; mit ihrer Darstellung der „Sappho" und ihrer Paraderolle als „Medea", die sie über 300 Mal in 60 verschiedenen Städten spielte, machte sie die Werke Grillparzers in Deutschland populär.
52 **Ludwig Barnay** (1842–1924), österreichischer Schauspieler, Heldendarsteller, Debüt 1860, am Stadttheater in Frankfurt am Main 1870 bis 1874, Initiator und Gründer der Genossenschaft deutscher Bühnenangehöriger 1871, 1875 Mitglied und seit 1878 Schauspieldirektor des Stadttheaters in Hamburg, Mitbegründer des Deutschen Theaters in Berlin 1883, Gastspiele an allen großen deutschsprachigen Bühnen, in Amsterdam, London, Russland und den USA, Träger hoher Auszeichnungen, 1906 bis 1908 Direktor des Schauspielhauses in Berlin, danach des Hoftheaters in Hannover; **Siegwart Friedmann** (1842–1916), österreichischer Schauspieler, Heldendarsteller („Hamlet", „Richard III."), 1863 Debüt in Breslau, 1869 bis 1871 am Schauspielhaus in Berlin, 1872 bis 1876 am Stadttheater in Wien, 1876 bis 1879 am Stadttheater in Hamburg, 1883 Initiator und Mitbegründer des Deutschen Theaters in Berlin, dem er bis 1891 angehörte, krankheitsbedingter Bühnenabschied 1893, Schauspielprofessur am Konservatorium in Wien; **Maria Swoboda** (1847–1932), österreichische Schauspielerin, 1873 bis 1876 am Thalia-Theater, 1876/77 am Stadttheater in Hamburg, 1877/78 am Hofburgtheater in Wien, 1878 bis 1880 am Deutschen Theater in Prag, danach wieder am Thalia-Theater, nach Eisenbergs Theaterlexikon „Mitte der 70er bis Mitte der 80er Jahre eine Darstellerin von Ruf".
53 **Rosa Sucher** (1849–1927), Sopranistin, gefeierte Wagner-Interpretin, 1879 bis 1888 am Stadttheater in Hamburg (Antrittsrolle: „Elsa" in „Lohengrin"), 1888 bis 1898 an der Hofoper in Berlin, Königlich Preußische Kammersängerin (1888), dazwischen erfolgreiche Gastspiele in Bayreuth, Wien, London und in den USA; **Hedwig Reicher-Kindermann** (1853–1883), dramatische Sopranistin, gefeierte Wagner-Interpretin (Paraderolle: „Brunhilde"), 1877 bis 1878 am Stadttheater in Hamburg (Antrittsrolle: „Orpheus"), 1878 bis 1880 an der Hofoper in Wien, 1880 bis 1881 in Leipzig, ab 1881 an der Hofoper in Berlin; **Theodor Reichmann** (1849–1903), österreichischer Bariton, Debüt 1869, 1872 bis 1875 am Stadttheater in Hamburg (Antrittsrolle „Telramund" in „Lohengrin"), 1875 bis 1883 an der Münchener Hofoper, 1883 bis 1889 und 1893 bis 1903 an der Wiener Hofoper, glanzvolle Tourneen und Gastspiele in den USA (Metropolitan Opera 1889 bis 1891), in London, St. Petersburg und Paris (Paraderolle „Der Fliegende Holländer"), seit 1882 Auf-

Jetzt traten die Sorgen des täglichen Lebens, Proletariersorgen in ihrer krassesten Form, mir in den Weg. Gewiß sagte ich, es sei bodenloser Leichtsinn gewesen, aber wie kann ein normaler Mensch nicht leichtsinnig sein? Mehr als einmal hatte ich mir das abschreckende Bild des Elends der Proletarierfamilie vor Augen geführt. Und doch war ich fast immer verliebt. Sonst hatten freilich Wochen und Monate, wenn ich im Kampf stand, wenn ich studierte, um für Versammlungen Redestoff zu haben, dazu geführt, die Liebelei zu vernachlässigen. Die Verhältnisse lösten sich ohne gewaltsamen Bruch. Liebelei löste sich in Freundschaft oder gleichgültige Bekanntschaft auf.

Aber mit Friederike saß ich täglich in einer Arbeitsstube. Sie hatte einen wunderschönen Körper. Auch sie war jung und wußte, daß ich mit meinem Verdienst keine Familie ernähren konnte. Aber in innigem Verkehr hatten wir in jener kalten Nacht einmal die Liebeslust in vollen Zügen genossen. Jeder sehnte sich nach ähnlichen Stunden, und die Wiederholung hatte den neuen Zustand geschaffen. Wir sagten uns, daß jetzt nur gespart werden müsse. Wir gingen abends spazieren, aber verzehrten keinen Pfennig. Auch an Sonntagen aßen wir in ihrem Zimmer oder sie bei unserer Mutter Abendbrot und gingen nirgends hin, wo Geld verzehrt werden mußte.

In der Partei kam es zu einigen prinzipiellen Kämpfen. Der Berliner Privatdozent Eugen Dühring war offen für die Pariser Kommune eingetreten.[54]

---

tritte bei den Bayreuther Festspielen; **Eugen Gura** (1842–1906), Bariton, Debüt 1865 am Hoftheater in München, 1867 bis 1870 in Breslau, 1870 bis 1876 in Leipzig, 1876 bis 1882 am Stadttheater in Hamburg (Antrittsrolle: „Wolfram" in „Tannhäuser"), 1883 bis 1896 wieder am Münchener Hoftheater, Königlich Bayerischer Kammer- und Hofopernsänger, 1876 bis 1892 Auftritte als gefeierter Wagner-Interpret in Bayreuth; **Amalia Materna** (1845–1918), Sopranistin, Debüt 1865, 1869 bis 1894 Primadonna an der Wiener Hofoper, Titel einer K. u. K. Kammersängerin, gastierte im März und April 1876 am Stadttheater in Hamburg, 1884/85 Gastspiel an der Metropolitan Opera in New York, von Richard Wagner für die Rolle der „Brunhilde" der ersten Bayreuther Festspiele 1876 ausgewählt, erste „Kundry" in „Parzifal" 1882, galt als beste Wagner-Interpretin ihrer Zeit.

54 **Eugen Dühring** (1833–1921), Philosoph und Nationalökonom, Privatdozent an der Universität Berlin, aufgrund eines Augenleidens erblindet, Verfasser zahlreicher Schriften in seinen beiden eigentlichen Fächern, aber auch in der Literaturgeschichte und den Naturwissenschaften, darunter bahnbrechende Studien zur Wissenschaftsgeschichte, etwa „Kritische Geschichte der Philosophie von ihren Anfängen bis zur Gegenwart" (1869), „Kritische Geschichte der Nationalökonomie und des Sozialismus" (1871), „Kritische Geschichte der allgemeinen Prinzipien der Mechanik" (1873), „Kursus der National- und Socialökonomie" (1873); 1877 Entzug der Lehrbefugnis an der Berliner Universität aufgrund persönlicher Intrigen, seither Tätigkeit als Privatgelehrter. Gegen Dührings Ansichten veröffentlichte Friedrich Engels 1877 im „Vorwärts" eine Reihe von Artikeln, die 1878 in Buchform unter dem Titel **„Herrn Eugen Dührings Umwälzung der Wissenschaft"** oder kurz „Anti-Dühring" erschienen. Die „Schimpfereien" Dührings auf Marx und Lassalle speisten sich nicht zuletzt aus dessen antisemitischer Grundhaltung.

Abb. 35: Der Schauspieler Ludwig Barnay als „König Lear".

Sein Buch „Kursus der National- und Sozialökonomie" war in den Vereinsbibliotheken angeschafft. Er hatte viele Anhänger in unseren Reihen. Noch eifriger traten die Berliner, Most, Fritzsche usw. für ihn ein. Er wurde als Privatdozent gemaßregelt, und es war Neigung vorhanden, die Massen gegen diese Maßregelung in Bewegung zu setzen, als plötzlich der „Vorwärts" die Artikelserie „Die Umwälzung der Wissenschaft des Eugen Dühring" von Friedrich Engels brachte. Beim Studium der Artikel stand ich auf Seite von Engels, wenn ich es auch mißbilligte, eine solche Artikelserie im „Vorwärts" zu bringen. Ich war der Meinung, daß hierfür die Broschürenliteratur geschaffen sei. Ferner mißbilligte ich es, daß die Artikel gerade dann kamen, als Dühring gemaßregelt wurde.

Max Otto und andere Genossen standen ganz auf Seiten Dührings und behaupteten, daß Dühring sich schon wehren werde. Ich war Gegner Dührings durch die direkten Schimpfereien Dührings auf Marx und Lassalle. Entschieden traten aber die Massen der Versammlungsbesucher, die weder Dühring noch Marx und nur wenig von Lassalle gelesen hatten, für Dühring ein. Für sie kam in Betracht, daß Dühring in Berlin lebte und dort den Mut hatte, für die Kommune einzutreten. Waren doch viele Parteigenossen wegen ihres Eintretens für die Kommune zu schweren Strafen verurteilt. Hatte Dühring sich durch dieses Eintreten auch meine Sympathie erworben, und war ich begierig geworden, seine größeren Werke zu lesen, so hatte ich doch manche Anschauung gefunden, die ich nicht billige. In Engels' Artikeln kam es nun klar zum Ausdruck, was ich selbst nur unbestimmt empfand. Bei diesen Dühring-Debatten entschied sich die Mehrheit gegen mich. Das war der Grund, weshalb ich nicht als Delegierter zum dritten Kongreß in Gotha ge-

Abb. 36: Die Schauspielerin Clara Ziegler als „Medea".

wählt wurde. Denn es lag auf der Hand, daß diese Debatten im Mittelpunkt der Diskussion stehen würden.[55]

Mein Denken wurde auch sehr beeinflußt durch Grübelei über die Frage, was ich beginnen könne, um mich mit Friederike ernähren zu können. Hunderterlei Pläne wurden erörtert und besprochen. Bald wurde daran gedacht, eine Wirtschaft zu eröffnen, aber es fehlte an Mitteln. Ja, wenn ich nicht ein gar zu schwacher Arbeiter gewesen wäre! Ich stand immer vor dem unlösbaren Rätsel, wie man mit gar nichts eine wirtschaftliche Existenz gründen könne. Vielleicht könne es mit Hausarbeit glücken. Als Arbeiter war ich gleichwertig mit Köster. Bei ihm war es auch die Leistungsfähigkeit seiner Frau, die als Hausfrau und Zurichterin sehr tüchtig war. In beiden Richtungen konnte sich Friederike mit ihr messen. Es mußte nur eine Wirtschaftsperiode kommen, wie sie vor einigen Jahren gewesen war. Dann würde ich leicht Hausarbeit bekommen und Arbeiter hätte ich auch bekommen. Denn bei dem Ansehen, welches ich genoß, wäre es für mich sehr leicht gewesen, tüchtige Arbeiter für mich zu gewinnen. Vorläufig wurden aber fast nirgends neue Arbeiter eingestellt.

Im Spätsommer [1877] machte ich eine Agitationsreise durch Mecklenburg. Ich sprach in Schwerin, Wismar, Sternberg und Brüel. In Schwerin machte ich die Bekanntschaft des Hofbaurats Genossen Demmler, der mich sehr freundlich aufnahm und auch mit mir nach Wismar reiste.[56] In Wismar

---

55 Der **dritte sozialdemokratische Parteitag in Gotha** beschäftigte sich nur am Rande mit der Dühring-Debatte. Vgl. Protokoll des Socialisten-Congresses zu Gotha vom 27. bis 29. Mai 1877, Hamburg 1877 [Nachdruck 1976], S. 70–72.
56 **Georg Adolf Demmler** (1804–1886), Architekt, 1823 bis 1851 im mecklenburgischen Staatsdienst, seit 1837 als Hofbaumeister, seit 1841 als Hofbaurat, u.a. Erbauer des Resi-

hatte ich eine große Debatte mit einer Anzahl Oberlehrer. Ich wehrte mich sehr gut. Wenigstens hatte ich nach Demmlers Urteil sehr gut abgeschnitten. Dieses günstige Abschneiden war wohl zum Teil dadurch herbeigeführt, weil einer der Oberlehrer die Zuhörer graulich zu machen suchte mit den Schrecken der Revolution. Er bezeichnete Marat, Robespierre usw. als Sozialdemokraten.[57] Ich hatte über das Gothaer Programm gesprochen. Nun kam aber die Debatte auf ein Gebiet, wo ich kein unbeholfener Fremdling war. Speziell meine Kenntnis der Geschichte der Französischen Revolution imponierte Demmler sehr.

Ich lehnte es ab, Marat, Robespierre und Genossen als Sozialdemokraten gelten zu lassen. Denn sie waren die Vorkämpfer des Bürgertums, also der Grundsätze, wofür die liberalen Oberlehrer eintraten. Aber gegen die Verunglimpfungen durch ihre eigenen Jünger nahm ich sie in Schutz. Als treuer Jünger Lassalles ließ ich den Sozialismus erst mit Gründung des Allgemeinen Deutschen Arbeitervereins beginnen. Nur das „Kommunistische Manifest" ließ ich noch als Sozialismus gelten. Die großen Vorläufer Babeuf, St. Simon, Fourier, Cabet, Louis Blanc usw. erkannte ich zwar als große Idealisten an,[58]

---

denzschlosses in Schwerin, während der Revolution von 1848/49 führender Demokrat in Mecklenburg, seit 1872 SDAP, MdR 1877 bis 1878.

57 **Jean Paul Marat** (1743–1793), französischer Publizist, Arzt und Revolutionär, Mitglied des Nationalkonvents, Präsident des Jakobinerklubs, radikaler Wortführer gegen die gemäßigten Girondisten, von Charlotte de Corday ermordet; **Maximilian de Robespierre** (1758–1794), französischer Jurist und Revolutionär, seit 1792 Mitglied des Nationalkonvents, etablierte vor allem durch den von ihm seit 1793 beherrschten Wohlfahrtsausschuss ein Terrorregime, das durch seine Verhaftung und Hinrichtung Ende Juli 1794 beendet wurde.

58 **François Noël Babeuf** (1760–1797), französischer Revolutionär und Frühsozialist, genannt Gracchus, entwickelte die Idee einer „Republik der Gleichen" auf der Grundlage einer Volksdiktatur mit Sozialisierung der Produktionsmittel, wurde nach gescheitertem Aufstandsversuch 1796 ein Jahr später hingerichtet; **Claude Henry de Rouvroy, Graf von Saint-Simon** (1760–1825), französischer Sozialtheoretiker und Frühsozialist, definierte die Geschichte als evolutionären Prozess, der vom Gegensatz zwischen Nutznießern und Leidenden einer Epoche geprägt sei, die wichtigste Gruppe der Gesellschaft sei die „classe industrielle", die alle produktiv Tätigen umfasse, zur Abschaffung der Ausbeutung solle das Privateigentum nicht abgeschafft, sondern nur beschränkt werden; Hauptwerke: „De la Réorganisation de la société européenne" (1814), „L' organisateur" (2 Bände 1819/20); **Charles Fourier** (1772–1837), französischer Sozialphilosoph und Frühsozialist, entwickelte ein auf autarken häuslich-agrarischen Produktionsgemeinschaften aufbauendes Gesellschaftssystem, gilt als Vorläufer der Genossenschaftsbewegung, Hauptwerke: „Théorie des quatre mouvements et des destinées générales"(1808; auf Deutsch: „Theorie der vier Bewegungen und der allgemeinen Bestimmungen"), „Le nouveau monde industriel et sociétaire" (1824; auf Deutsch: Die neue industrielle und sozietäre Welt); **Étienne Cabet** (1788–1856), französischer Schriftsteller und Frühsozialist, vertrat in seinem 1842 erschienenen Roman „Voyage en Icarie" (auf Deutsch: „Reise nach

aber ich stellte sie in eine Reihe mit großen Freiheitsdichtern wie Herwegh, Freiligrath, Shelley usw.[59] Auch die Dichter seien von sozialem Geist erfüllt. Die Franzosen hätten sich aufgelehnt gegen den Feudaladel, der Jahrhunderte das Volk ausgeplündert und unterdrückt habe. Auch die hohe Geistlichkeit habe vor Blutvergießen keinen Halt gemacht. Ich erinnerte an die Schreckenstaten der Bartholomäusnacht, an die furchtbare Unterdrückung des Landvolkes durch den Adel. Hierfür hatte man in Mecklenburg besonders Verständnis.

Dann erklärte ich, daß Jahrhunderte hindurch die politischen und religiösen Gegner des herrschenden Systems mit Folter gepeinigt, durch Henker vernichtet seien. Gerade die Herrschenden sahen in dem Henker das Werkzeug zur Erhaltung der politischen Macht. Es war darum nicht verwunderlich, wenn die Leute, die den Henker als Werkzeug gegen die politischen Gegner gebraucht hatten, selbst Opfer des Henkers wurden, als sie die politische Macht verloren. Zum Beweise, daß es keine Sozialdemokraten waren, führte ich an, daß man schon in der Verfassung von 1791 nur den Bürgern, die direkte Steuern zahlten, das Wahlrecht gegeben habe. Es sei also das liberale Bürgertum zur Herrschaft gekommen, und heute suche man für die Gewalttaten eine Partei verantwortlich zu machen, die damals noch gar nicht existiert [habe] und nicht existieren konnte. Aus der Geschichte der Revolution führte ich so viele Einzelheiten an, daß selbst einige Lehrer über meine Geschichtskenntnis verblüfft waren.

Als ich später im Reichstag mit dem konservativen Abgeordneten Kropatschek bekannt wurde, erzählte er mir, daß auch er in der Versammlung anwesend gewesen sei.[60] Er habe sich damals gesagt, daß wohl wenige Professoren der Geschichte so aus dem Stegreif über die Geschichtsperiode der Revolution hätten sprechen können. Man habe angenommen, daß ich in der ganzen Weltgeschichte so bewandert sei. Und doch waren es reine Zufälle, die

---

Ikarien") einen auf den Prinzipien der Solidarität, Gütergemeinschaft und Gleichheit aufbauenden, demokratisch-pazifistischen Kommunismus; wanderte 1848 in die USA aus, wo seine Versuche, sein Gesellschaftsmodell in die Praxis umzusetzen, allesamt scheiterten.

59 Zu Herwegh und Freiligrath vgl. S. 38, Anm. 6 bzw. S. 89, Anm. 18; **Percy Bysshe Shelley** (1792–1822), englischer Schriftsteller, einer der Hauptvertreter der Romantik in England und einer der bedeutendsten englischen Lyriker, lebte seit 1818 in der Schweiz und in Italien, Werke u. a. „Königin Mab" (1813), „Die Empörung des Islam" (1817/18), „Der entfesselte Prometheus" (1820).

60 **Hermann Kropatschek** (1847–1906), Oberlehrer, Dr. phil., 1873 bis 1878 Gymnasiallehrer in Wismar, 1878 bis 1888 Oberlehrer in Brandenburg, seit 1883 Redakteur der „Kreuzzeitung", 1896 bis 1906 als deren Chefredakteur, MdL Preußen 1879 bis 1906, MdR 1884 bis 1903, Konservative Partei.

hier zusammenfielen. Reiner Zufall war es, daß ich Thiers „Geschichte der Französischen Revolution" besaß.[61] Wäre sie vielleicht 50 Pf oder eine Mark teurer gewesen, dann hätte ich sie nicht kaufen können.

Der zweite Zufall war, daß ich durch den unglücklichen Schuß Kutzschers acht bis neun Wochen zu Hause sitzen mußte und nun Zeit hatte, das Werk gründlich zu studieren.[62] Und dann kam als dritter Zufall hinzu, daß einer der Oberlehrer, ohne von mir veranlaßt zu sein, jene Geschichtsperiode gegen die Sozialdemokratie ausspielte. Es gehörte damals mit zum Arsenal der Gegner, die große Revolution und die Kommune gegen uns auszuspielen. Darum lasen die meisten Agitatoren Mignets „Geschichte der Revolution".[63] Diese hatte ich außer Thiers auch gelesen, ferner Thomas Paines „Rechte des Menschen".[64] Dazu kam mein glückliches Gedächtnis. Demmler bezahlte an diesem Abend ein für meine damaligen Begriffe opulentes Abendessen und eine Flasche Wein. Er war nicht wenig erstaunt, von mir zu hören, daß ich eigentlich gar keine Schule besucht hatte und doch mit den Oberlehrern, deren Fach die Geschichte war, über Geschichtsthemata glücklich diskutieren konnte. Mit einiger Befriedigung dachte ich noch lange an die Versammlung in Wismar zurück.

Der Herbst brachte das, was wir den Beginn der Sorgen der Zukunft nennen konnten. Am 17. Oktober [1877] schenkte Friederike einem kräftigen Jungen das Leben. Vorläufig wurden noch keine Anstalten zum Heiraten gemacht, weil uns noch alle Mittel zur Gründung eines Hausstandes fehlten. Der Junge erhielt den Namen Max und wurde erst in Pflege gegeben.[65] Endlich einigten wir uns, den Gang zum Standesamt anzutreten. Vorläufig woll-

---

61 Vgl. zu Thiers „Geschichte der Französischen Revolution" S. 186 f.
62 Vgl. zum Schuss Kutzschers S. 186.
63 **François Mignet** (1796–1884), französischer Journalist und Historiker, nach der Juli-Revolution 1830 und bis zur Revolution 1848 Archivdirektor im Ministerium des Auswärtigen, seit 1836 Mitglied der Académie française, als sein Hauptwerk gilt die „Histoire de la révolution française", 2 Bände, Paris 1824, die bereits 1825 erstmals auf Deutsch erschien.
64 **Thomas Paine** (1737–1809), englischer Publizist und politischer Theoretiker, 1774 Übersiedlung nach Amerika, Journalist beim „Pennsylvania Magazine", Wegbereiter der amerikanischen Unabhängigkeit durch seine Flugschrift „Common sense" (1776), 1787 Rückkehr nach England, Verteidiger der Französischen Revolution in seinem grundlegenden Werk über die Menschenrechte „Rights of man" (1791), Übersiedlung nach Frankreich, 1792 französischer Staatsbürger und Abgeordneter im Nationalkonvent, 1793/94 in Haft, 1794/95 Veröffentlichung seines letzten großen Werkes „The age of reason" („Das Zeitalter der Vernunft"), 1802 Rückkehr nach Amerika.
65 **Max Caesar Hugo Köster** wurde laut Auskunft des Standesamtes Altona am 16. Oktober 1877 geboren. Das uneheliche und auf den Namen der Mutter eingetragene Kind starb am 12. Dezember 1878 an Diphtherie.

ten wir beide ein möbliertes Zimmer bewohnen, bei meiner Mutter essen und beide arbeiten und sparen. Es trat aber bald nach der am 15. Januar [1878] erfolgten Verheiratung das Unglück ein, daß Friederike wieder schwanger wurde und abermals an Bluthusten erkrankte. Mit meiner Mutter hatte Friederike sich sehr befreundet. Als meine Mutter sah, daß Friederike nicht nur im Zurichten, sondern in allen Hand- und Hausarbeiten besonders leistungsfähig war, glaubte sie, daß ich doch keinen schlechten Griff getan hatte. Zum ersten Mai wurde eine Wohnung gemietet und ein Hausstand auf Abzahlung genommen. Vorläufig gelang es mir, Hausarbeit für mich allein zu bekommen. Notdürftig konnte ich so viel erwerben, wie wir zum Essen gebrauchten. Freilich lebten wir so einfach, wie eben der ärmste Proletarier lebte.

Die Reichstagswahl 1878 und das Sozialistengesetz

Es kamen die Attentate. Der Reichstag wurde aufgelöst, und ich mußte hinaus auf Agitationen. Es war ein schöner Anfang. In den ersten Versammlungen wurden die Kandidaten aufgestellt. Es wurde beschlossen, wieder die Bezirksorganisationen wie bei der Wahl 1877 zu schaffen. Gleich konnte festgestellt werden, daß alle Bezirksführer bis auf zwei zur Stelle waren und die Aufträge übernahmen. Von den beiden Fehlenden lag einer krank im Krankenhause, und der andere war verstorben. Ich erhielt den Segeberger Kreis zu bearbeiten. In dem Bezirk hatten wir Versammlungslokale in Seth, Fredesdorf, Sülfeld, Bornhöved, Bramstedt und noch einigen anderen Orten.

Die Gegner setzten mit einer besonderen Hetze ein. Der Landrat von Willemoes-Suhm, 1863 Polizeimeister in Altona, erließ einen großen Ukas gegen die Sozialdemokraten.[66] Er forderte die Unternehmer auf, die Verführten aufzufordern, von der Sozialdemokratie abzulassen, und wenn sie nicht folgten, sie rücksichtslos zu entlassen. Ich benutzte die Gelegenheit, in einer Versammlung gegen die Leute zu polemisieren, bei denen politische Gesinnung Beruf ist. Hierbei erzählte ich die Schlachten vom 24. März und [den] folgenden Tagen des Jahres 1863. Damals war Willemoes-Suhm der leidenschaftlichste dänische Beamte. Ich schilderte weiter, wie er am Weihnachtsabend 1863 den Dänen nachgesandt worden war.[67] Heute ist er als preußischer Landrat so preußisch, wie er 1863 dänisch gesinnt gewesen war. Seinen Ukas sandte ich mit einem Begleitbrief an das Wahlkomitee. Heerhold und Stöhr schien mein Brief so gut zu gefallen, daß sie den Wortlaut des Briefes in einem Flugblatt mit aufnahmen; das hatte zur Folge, daß das Flugblatt konfisziert

---

66 **Ukas** (russ.): ursprünglich ein Erlaß des russischen Zaren, allgemein für Vorschrift, Befehl.
67 Zu Willemoes-Suhm vgl. S. 67 f. und 75.

und Heerhold als Herausgeber zu drei Monaten Gefängnis wegen Beleidigung des Landrats verurteilt wurde.

Die Flugblattkonfiskation stellte an meine Körperkraft große Anforderung. Ich hatte eine Anzahl Landarbeiter in Seth als Flugblattverteiler engagiert und hatte in meinem Bezirk Flugblätter nach Seth, Sülfeld, Leezen usw. senden lassen. An einem sehr heißen Sonntag sprach ich in Fredesdorf und sollte am Montag in Bornhöved sprechen. Am Montag gleich nach 4 Uhr verließ ich Fredesdorf. Ich dachte, es ist gut, wenn ich bei der Austeilung der Flugblätter an die Träger dabei bin. Ich ging nach Seth und als ich Saraus Wohnung betrat, war schon ein Gendarm dort, um die Flugblätter zu konfiszieren.[68] Ich protestierte gegen die Konfiskation, aber der Protest nützte nichts. Da mußte ich mit nach Borstel. Zwei Arbeiter als Träger der Flugblätter und ich zu Fuß und der Gendarm zu Pferd, so zogen wir nach Borstel. Dort zeigte mir der Inspektor, der die Polizeiverwaltung hatte, daß die Flugblätter auf Anordnung des Amtsgerichtes in Segeberg konfisziert seien. Also die richterliche Anordnung war da. Ich lief dann von Borstel nach Sülfeld, von dort nach Leezen, dann nach Segeberg und dann über Rickling nach Bornhöved. Überall waren die Flugblätter noch nicht konfisziert, und so erzielte ich, daß doch nach allen Dörfern an eine Anzahl Arbeiter Flugblätter kamen. Abends gegen 8 Uhr erreichte ich in geradezu jämmerlichem Zustand Bornhöved.[69] Ich erklärte zwar, in die Versammlung gehen zu wollen, aber das Sprechen wurde mir schwer. Der Wirt fragte, ob ich denn etwas gegessen habe, was ich nicht verdauen könne. Da erst fiel mir ein, daß ich den ganzen Tag nichts gegessen hatte. Nachdem ich nun etwas Schinken und ein paar Eier mit Bratkartoffeln verzehrt hatte, war ich von meiner Krankheit kuriert.

Geradezu abscheulich war die Stimmung gegen uns. Eine förmliche Seuche bestand, Majestätsbeleidigungen zu provozieren und die armen Teufel zu denunzieren. Oft suchten die Patrioten unsere Versammlungen zu stören. Sie kamen und forderten Bureauwahl.[70] Hatten sie die Mehrheit, dann wurde, wie das in einer Versammlung in Bramstedt geschah, der Bürgermeister zum Vorsitzenden gewählt. Der brachte dann ein Hoch auf den Kaiser aus,

---

68 **Claus Sarau** (1843–1877), Käthner in Seth; in einer fünfzeiligen Todesmeldung in der „Schleswig-Holsteinischen Volkszeitung" Nr. 18 vom 10. November 1877 wird Sarau als „langjähriger, wackerer Kämpfer für die socialistischen Prinzipien" bezeichnet. Falls Hermann Molkenbuhr bei dieser Episode nicht irrtümlicherweise die beiden Reichstagswahlen 1877 und 1878 verwechselt hat, so müssen 1878 die Familienangehörigen Saraus in dessen Wohnung Flugblätter gelagert haben.
69 Die Strecke Fredesdorf – Seth – Borstel – Sülfeld – Leezen – Segeberg – Rickling – Bornhöved beträgt rund 45 km Luftlinie!
70 **Bureauwahl:** die erforderliche Wahl der Versammlungsleiter.

hielt eine Ergebenheitsansprache und erklärte die Versammlung für geschlossen, bevor einer von uns gesprochen hatte.

Kurz vor der Wahl hatte ich noch ein Abenteuer seltener Art. Mittags war ich in Segeberg und ging abends nach Bornhöved, um dort in Versammlung zu sprechen; am nächsten Tag wollte ich nach Bramstedt, um dort eine Versammlung anzumelden. Als ich den Weg durch die Felder ging, sah ich, daß in Groß Rönnau Feuer sei. Ich ging aber meinen Weg über Klein Rönnau, Rickling nach Bornhöved. Bald nach meiner Ankunft kam der Fußgendarm Puck an und quartierte sich bei Arp ein.[71] Er ging mir nicht von den Fersen. Auch in der Versammlung postierte er sich hinter mir. Als ich abends schlafen ging, erhielt ich nicht mein gewöhnliches Zimmer, sondern ein Zimmer, zu dem man nur durch ein anderes Zimmer gelangen konnte. Im Vorderzimmer schlief Gendarm Puck.

Als ich am nächsten Morgen aufstand, saß Puck schon in voller Uniform vor meiner Tür. Es war mir klar, daß ich die Polizeiaufsicht nicht los würde. Ich war im Zweifel, ob die bewirkte Verbreitung des konfiszierten Flugblattes oder irgendein Rededelikt die Ursache sei. Ich schrieb noch einen Brief an das Wahlkomitee, in dem ich die Möglichkeit einer baldigen Verhaftung andeutete. Als ich den Brief zur Post trug, ging Puck mit. Bei der Post fragte er dann, ob ich mit ihm nach Segeberg gehen wolle. „Nein", sagte ich, „ich gehe nach Bramstedt". „Dann muß ich Sie verhaften", erklärte Puck. Ich fragte: „Weshalb denn?" „Nun", sagte Puck, „Sie stehen in dem dringenden Verdacht, das Haus des Gemeindevorstehers in Groß Rönnau in Brand gesetzt zu haben." Also als Brandstifter verhaftet! Aber es fiel mir doch ein Stein vom Herzen. Denn die Verhaftung wegen Brandstiftung war um jene Zeit erträglicher, als wegen Majestätsbeleidigung verhaftet zu werden. Denn der verhaftete Majestätsbeleidiger konnte mit Sicherheit auf einige Jahre Gefängnis rechnen.

Nun traten Puck und ich die Reise an. Er war insofern noch ein gutmütiger Herr, weil er, wie er sagte, aus Gutmütigkeit von der Fesselung Abstand nahm. Wir gingen aber nun nicht den kürzesten Weg, sondern machten den Umweg über Groß Rönnau. Als wir in Groß Rönnau ankamen, wunderte er sich, daß fast alle Leute meinen Namen kannten und auch die, die als Belastungszeugen gleich mit nach Segeberg sollten. Die Leute erklärten bestimmt, daß ich nicht der Brandstifter sei. Denn der Brandstifter habe graues Haar und einen schwarzen Anzug, während ich doch schwarzes Haar habe und einen grauen Anzug trage. Puck hatte in sein Taschenbuch als Signalement geschrie-

---

71 Der Fußgendarm **Puck** konnte bisher nicht nachgewiesen werden.

ben: Haar, Anzug, schwarz, grau.[72] Da ich Haare hatte und einen Anzug trug, wobei die Farben schwarz und grau vorkamen, so stimmte es nach seiner Meinung. Im übrigen erklärte er, er habe keinen anderen finden können. Jetzt sollte ich gleich wieder freigelassen werden. Damit war ich aber nicht einverstanden. Ich bestand jetzt darauf, nach Segeberg gebracht zu werden.

Ich forderte in Segeberg von dem Kirchspielvogt eine Bescheinigung, in der gesagt wurde, daß ich widerrechtlich von dem Gendarm Puck aufgehalten sei, und in der der Polizeivertreter in Bramstedt ersucht wurde, eine Bescheinigung für die Anmeldung einer Versammlung zu geben.[73] Der Kirchspielvogt gab mir die Bescheinigung nicht in Händen, sondern versprach, sie per Post nach Bramstedt senden zu wollen. Zur Sicherheit meldete ich die Versammlung noch telegraphisch an und reiste am selben Abend nach Bramstedt. Am nächsten Morgen ging ich dann zur Polizei, wo mir dann auch die Bescheinigung gegeben wurde.

Die Bürgerlichen fanden sich am Abend wieder in der Versammlung ein. Sie versuchten, den Vorsitz in ihre Hände zu bringen und dann wieder nach einer Kriegervereinsansprache mit einem Kaiserhoch die Versammlung zu schließen. Dieses Mal mißglückte der Plan, weil der Bürgermeister Schümann und seine Freunde sich mit den unter Führung des Arztes Dr. Postel stehenden Freisinnigen überworfen hatten.[74] Die Freisinnigen erklärten, gegen Schümann als Vorsitzenden zu stimmen. Ich ließ darum ohne Widerstand den Vorsitzenden wählen und zuerst über Schümann abstimmen. Als dann richtig die Freisinnigen mit gegen ihn stimmten, war es die Mehrheit. Dann suchten die Nationalliberalen durch Singen der „Wacht am Rhein" und ähnliche Lieder die Versammlung zu stören. Stöhr ersuchte die Nichtsänger, Ruhe zu bewahren. Denn die Arbeiter Bramstedts haben wohl nicht oft das Vergnügen, durch Gesangsvorträge ihrer Herren unterhalten zu werden. Das hatte dann den Erfolg, daß die Herren abzogen, und nun konnte unsere Versammlung in Ruhe zu Ende geführt werden.

Am Abend fuhr ich nach Ottensen, um gleich bei Beginn der Wahl zu wählen und dann wieder nach Bramstedt zu gehen. Gegen Mittag kam ich in Bramstedt an. Vor dem Wahllokal standen als Stimmzettelverteiler der Gendarm mit Zetteln für Beseler, Dr. Postel für den freisinnigen Kandidaten und auch einer unserer Genossen. Plötzlich kamen Leute und holten Postel weg, weil ein Kind in die Aue gefallen und scheinbar ertrunken sei. Über diesen

---

72 **Signalement** (franz.): Personenbeschreibung, Steckbrief.
73 **Christian Hans Wilhelm von Linstow** (1822–1885), Jurist, 1868 bis 1880 Kirchspielvogt von Segeberg.
74 **Rudolf Friedrich Postel** (1844–1919), praktischer Arzt, seit spätestens 1870 in Bramstedt tätig.

Vorgang bekundete der Gendarm große Freude. Er erklärte, das trifft sich gut, für die Mittagsstunde sind wir den los. Ich wunderte mich, daß der Gendarm es nicht für seine Pflicht hielt, dorthin zu eilen, wo ein Menschenleben in Gefahr sei. Möller, so hieß der Herr, sagte, er lasse sich nicht vertreiben, denn er habe in erster Linie am Wahllokal für Ruhe und Ordnung zu sorgen.[75] Dann kam aber doch eine Nachricht, die den pflichttreuen, nationalen Beamten von dem wichtigen Posten eines Stimmzettelverteilers lockte. Die Nachricht besagte, daß das ertrunkene Kind ein Sohn des Gendarmen Möller sei. Nun lief auch er weg und kam den ganzen Nachmittag nicht zurück. Das Wahlresultat war nicht besonders günstig und unterschied sich nur dadurch vom Resultat des Jahres 1877, daß nun die Freisinnigen in Bramstedt einige Stimmen mehr hatten. Wir kamen wieder mit Beseler in die Stichwahl, fielen aber gerade so durch wie 1877.

Für ein schwer erreichbares Gebiet glaubte ich, einen brauchbaren Agitator finden zu können. Früher arbeitete in Barmstedt und später in Elmshorn ein intelligenter Schuhmacher mit Namen Wriedt.[76] Wriedt war von Elmshorn nach dem Maingau gegangen und später in Württemberg rednerisch für die Partei tätig gewesen. Jetzt war Wriedt wieder in seiner Heimat Kayhude. Kayhude gehörte zum Gutsbezirk Borstel, ein Gebiet, was um jene Zeit schwer zu erreichen war. Am nächsten heranfahren konnte man, wenn man bis Bargteheide fuhr, dann war [es] in vierstündigem Marsch zu erreichen. Im Gutsbezirk Borstel hatten wir viele brave, eifrige Genossen. Wenn dort ein Mensch mit der Intelligenz von Wriedt mitwirkte, dann konnte Borstel ein gutes Agitationszentrum werden. Eine meiner ersten Touren ging also nach Kayhude, um mit Wriedt einen Agitationsplan zu vereinbaren. Ich träumte schon davon, daß Wriedt die ganzen Orte bis Kaltenkirchen bearbeiten sollte.

Bei furchtbarem Sonnenbrand wanderte ich die Landstraße entlang und fand schließlich in dem zerstreut gebauten Ort die Wohnung von Wriedt. Den

---

75 Im VR von 1864 ist kein Gendarm namens **Möller** in Bramstedt verzeichnet. Die Häufigkeit des Namens Möller brachte keine Ergebnisse bei der Recherche im Stadtarchiv bzw. Standesamt Bramstedt. Möglicherweise wohnte Möller auch nicht dort, sondern in einer der Nachbargemeinden.

76 **August Wriedt** (1850->1878), geboren in Sülfeld, wohnhaft in der Ortschaft Heidkrug, Kirchspiel Sülfeld, der Nachbargemeinde von Kayhude; Wriedt war nach Auskunft des Oncken-Archivs des Bundes Evangelisch-Freikirchlicher Gemeinden in Deutschland kein offizieller Baptistenprediger, sondern Mitglied der 1854 neugegründeten Baptistengemeinde in Tangstedt, wo er mit anderen die Sonntagsschule leitete. Ein Mitgliederverzeichnis mit Lebensdaten der heute nicht mehr bestehenden Gemeinde in Tangstedt besitzt das Oncken-Archiv nicht. Die zuständige Gemeindeverwaltung in Itzstedt sah sich außer Stande, mit biographischen Angaben behilflich zu sein.

Gesuchten traf ich nicht an. Seine Mutter sagte, er werde bald zurückkehren, ich solle nur solange im Wohnzimmer Platz nehmen.[77] Daß Wriedt nicht als Schuhmacher arbeitete, sah ich auf den ersten Blick, denn die Wohnung war viel zu vornehm eingerichtet für einen Schuhmacher. Auch fehlte am Fenster der Arbeitstisch, den man in jeder Schuhmacherwohnung findet. Die ganze Ausstattung der Wohnung deutete auf eine gewisse Wohlhabenheit. Auffallend waren die großen Heiligenbilder, ein Bücherregal mit Bibeln und sonstigen frommen Schriften und eine große homöopathische Apotheke. Die ganze Zimmerausstattung rief in mir einige Zweifel hervor, ob ich auch bei dem richtigen Wriedt sei. Es konnte ja ein Verwandter sein. Ich präparierte schon eine Ausrede, die ich vorbringen wolle, wenn statt des Parteigenossen ein Gegner auf der Bildfläche erscheinen sollte. Ich sah aus dem Fenster, und über einen über die Felder führenden Fußsteig kam ein Mann, der viel Ähnlichkeit mit Wriedt hatte. Aber die äußere Ausstattung glich mehr der eines Geistlichen als der eines Schuhmachers: ganz in schwarz, ein langer, schwarzer Gehrock und Zylinderhut. Nur, wenn er von einem Leichenbegängnis kam, war dieser Aufzug zu erklären. Wriedt kam aber nicht von einer Beerdigung, sondern war, wie seine Mutter sagte, zu einem Besuch ausgegangen.

Als er das Zimmer betrat, begrüßten wir uns, aber ich hatte gleich den Eindruck, als sei mein Besuch nicht besonders willkommen. Trotzdem steuerte ich gerade auf mein Ziel los und erklärte, daß wir Wriedts Mitwirkung bei der Wahlagitation wünschten. Er sagte aber ebenso offen, daß er für unsere Partei nicht wirken würde, denn, sagte er, wenn die Menschen nur an Gott glauben und Gott vertrauen würden, dann würde alles besser in der Welt. Es sei vermessen, sich gegen Gott und die von ihm eingesetzte Obrigkeit auflehnen zu wollen. Ich bereitete, so gut es ging, auch eine Predigt vor und hielt sie aus dem Stegreif. Ich sagte, daß seine Religion darauf hinauslaufe, gar nichts zu tun, während ich gelernt habe, daß der Mensch Gutes tun solle. Gutes tun heiße auch nach christlichem Begriff den Armen helfen. Da er, Wriedt, früher auch sozialistische Reden gehalten habe, werde er wohl noch wissen, daß wir dahin streben, das durch die Gesetzgebung zu erreichen, wonach die Christen fast zweitausend Jahre vergeblich streben. Wenn Christus zu dem Reichen sage, er solle sein Geld an die Armen geben, dann wolle Christus doch nur den Armen helfen. Die Predigten vom Mitleid könne man immer wiederholen und sie würden, wenn sie befolgt würden, den Zweck nicht erreichen. Würde aber der Sozialismus verwirklicht, dann würden Zu-

---

77 **Caroline Dorothea Wriedt** geb. Moss (1829->1878), in Sülfeld geborene Ehefrau des in Bergstedt geborenen Schuhmachermeisters Friedrich August Wriedt (1819->1854), beide ließen sich am 26. Dezember 1852 in Hamburg als Baptisten taufen und gehörten seit dem 14. Dezember 1854 der neugegründeten Baptistengemeinde in Tangstedt an.

stände entstehen, in denen es keine Armen gebe und wo darum die Mitleidigkeit der Reichen überflüssig werde.

Wriedt erklärte, daß er nicht gegen uns agitieren werde, aber auch nicht für uns, weil wir so viele Gottlose in unseren Reihen haben. Ich verließ Wriedt, und mein erster Weg war nun in eine benachbarte Wirtschaft, um zunächst zu erfahren, welche Rolle Wriedt denn spiele. Dort erfuhr ich dann, daß er eigentlich zwei Rollen spiele. Er sei Prediger der neugegründeten Baptistengemeinde und homöopathischer Arzt. Ich sagte: „Na, man sieht doch, was aus einem Schuster werden kann!" Mit Gottvertrauen und homöopathischen Pillen suchte er sich eine bessere Existenz, wie er als Schuhmacher haben konnte. Später, unter der Herrschaft des Sozialistengesetzes, hat er oft mit seinen Betbrüdern Flugblätter verteilt. Nur durften die Flugblätter keinen Angriff auf die Religion enthalten. Waren nur einzelne Wendungen darin, die als Angriff auf Religion oder religiöse Leute gedeutet werden konnten, dann gab er sie zurück. An politischer Schärfe nahm er keinen Anstoß. Diese Haltung war darauf zurückzuführen, daß er eine ganze Anzahl frommer Genossen in seiner Gemeinde hatte.

Bei Zusammentritt des Reichstages wurde wieder das Sozialistengesetz angekündigt und dessen Entwurf veröffentlicht. Fast alle Genossen hatten noch Hoffnung, daß dieser Entwurf ebenso wie der erste Entwurf abgelehnt werden würde.[78] Diese Hoffnungen wurden zerstört, als die erste Lesung begann. Nun war bald klar, daß sich eine Mehrheit finden werde. Sofort begannen im engen Kreise die Besprechungen über die Frage, was dann geschehen solle? Gleich tauchte der Plan auf, die Vereine vorher aufzulösen, um das Vermögen zu retten und die Bezirksorganisationen zu erhalten. Ebenso sollten die Vorstände als Parteileitung erhalten bleiben. Viele Genossen, unter ihnen auch Heerhold, verloren ganz den Mut. Heerhold wollte keine Versammlung mehr einberufen, weil er ja eine Anklage wegen Landratsbeleidigung hatte.

Schlimm erging es den Majestätsbeleidigern. Hier gab es geradezu unglaubliche Verurteilungen, sowohl bei Feststellung des Tatbestandes wie bei der Höhe der Strafe. So wurde z. B. der alte Bauer Schönfeld aus Fredesdorf

---

78 Der erste Entwurf eines „Gesetzes zur Abwehr sozialdemokratischer Ausschreitungen", den Bismarck nach dem Attentat Hödels auf Kaiser Wilhelm I. (vgl. S. 279, Anm. 81) im Reichstag eingebracht hatte, wurde am 24. Mai 1878 mit großer Mehrheit abgelehnt. Nach dem zweiten Attentat auf den Kaiser durch Karl Nobiling (vgl. S. 279, Anm. 80) ließ Bismarck den Reichstag auflösen, weil er sich von Neuwahlen eine günstigere Zusammensetzung des Parlaments erhoffte. Der erneute Entwurf eines Ausnahmegesetzes gegen die Sozialdemokratie wurde am 9. September 1878 im Reichstag eingebracht.

zu 18 Monaten Gefängnis verurteilt.[79] Der Tatbestand war folgender: Schönfeld war in einer Mühle, um Getreide abzuladen. Da kommt ein Jäger vom Borsteler Gut und erzählt, daß wieder ein Attentat auf den Kaiser verübt ist. Wie Nobiling mit einem Schrotschuß den Kaiser getroffen und dann, als er verhaftet werden sollte, sich selbst einen Schuß beigebracht habe.[80] Schönfeld fragt: „Ist er denn tot?" Als diese Frage verneint wurde, sagt Schönfeld: „Dann hätten sie ihm gleich noch etwas zugeben sollen." Schönfeld behauptete, daß er nur an Nobiling gedacht habe und zwar mit Rücksicht darauf, welche Stimmung schon Hödels Attentat hervorgerufen hatte.[81]

Der Belastungszeuge behauptete und das Gericht stellte fest, daß Schönfeld nur habe wünschen können, den verwundeten Kaiser zu töten. Eine Ansicht, die dem äußerst bedächtigen Schönfeld ebenso fernlag wie jedem anderen vernünftigen Menschen. Da Schönfeld eine hervorragende Autorität in Moorkultur war, wurde er als Strafgefangener mit zur Leitung der Moordammkultur in Bokelholm mit herangezogen, wo man die Korrigenden zur Kultur der Moorländereien benutzte.[82] Unterstützt wurde Schönfeld durch die Genossen in Seth, die mit 30 Mann antraten und an freien Tagen Schönfelds Land bearbeiteten. Schlimm erging es dem Denunzianten. Er wurde dafür, daß er den bei Freund und Feind hochgeachteten Schönfeld ins Gefängnis gebracht hatte, eine allgemein verachtete Person. Jeder nur denkbare Schabernack wurde ihm gespielt. Das wirkte so auf ihn, daß er sich erhängte.

---

79 Der Bauer **Schönfeld** ließ sich nicht nachweisen. Im VR von Fredesdorf vom 3. Dezember 1864 ist er nicht enthalten. In den Kirchenbüchern von Fredesdorf taucht der Name Schönfeld nicht auf. Die Unterlagen der Majestätsbeleidigungsprozesse sind im LAS nicht überliefert. Vermutlich ist Schönfeld nach 1864 nach Fredesdorf gezogen und dort nicht verstorben. Im Nachlass von Hermann Molkenbuhr wird der Bauer und Sozialdemokrat Schönfeld in einem Entwurf für einen Artikel etwas ausführlicher beschrieben: *„Hier [in Fredesdorf] war ein ziemlich wohlhabender Bauer der Mittelpunkt der Bewegung. Schönfeld, so hieß er, hatte vor reichlich einem Jahrzehnt einen verschuldeten und gänzlich heruntergewirtschafteten Hof übernommen. Aber der intelligente Mann hatte es verstanden, durch rationelle Wirtschaft das Land so zu verbessern, daß fast alle Bauern mit gewissem Neid Schönfelds Felder und Wiesen betrachteten. Nun war der Mann noch Sozialdemokrat geworden. Er gab sein Haus zu Versammlungen [her] und betrachtete den Versammlungstag als besondere Festlichkeit."* AdsD Bonn, NL Hermann Molkenbuhr, Kassette 1, Nr. 169: „Der Beginn der systematischen Landagitation in Schleswig-Holstein".

80 **Karl Eduard Nobiling** (1848–1878), Angestellter, Studium der Volks- und Landwirtschaft, Dr. phil., schoss am 2. Juni 1878 auf Kaiser Wilhelm I. und verletzte diesen schwer, starb am 10. September 1878 an den Folgen eines Kopfschusses, den er sich bei seiner Verhaftung in selbstmörderischer Absicht beigebracht hatte.

81 **Max Hödel** (1857–1878), Klempnergeselle, schoss am 11. Mai 1878 Unter den Linden in Berlin auf Kaiser Wilhelm I., wurde am 11. August 1878 hingerichtet.

82 **Korrigenden** (lat.): zu bessernde Sträflinge.

All diese Verurteilungen ohne Ausnahmegesetz trugen dazu bei, die Mutlosigkeit zu steigern. Man war sich einig, daß jede bisher getriebene Agitation unmöglich sei, wenn das Gesetz angenommen werden würde. In zweiter Lesung war das Gesetz angenommen, und da schwand jede Hoffnung, es in dritter Lesung zu Fall zu bringen. Wir riefen noch eine Versammlung ein, um über das Schicksal der Organisation zu entscheiden. Es wurde beschlossen, den Verein aufzulösen. Die Bibliothek wurde meinem Bruder gegeben, der sich verpflichtete, jedem, der ein Buch lesen wolle, es ihm zu leihen. Als selbstverständlich bezeichnete ich es, daß alle, die bisher als Mitglieder des Vereins sich nahegestanden, in Zukunft Freunde bleiben und Indifferente aufklären werden. Ich schloß die Versammlung mit Worten aus Schillers „Tell":

> „Nun gehe jeder seines Weges still
> Zu seiner Freundschaft und Genoßsame,
> Wer Hirt ist, wintre ruhig seine Herde,
> Und werb im Stillen Freunde für den Bund.
> – Was noch bis dahin muß erduldet werden,
> Erduldet's! Laßt die Rechnung der Tyrannen
> Anschwellen, bis *ein* Tag die allgemeine
> Und die besondre Schuld auf einmal sühne.
> Es zähme jeder die gerechte Wut
> Und spare für das Ganze seine Rache:
> Denn Raub begeht am allgemeinen Gut,
> Wer selbst sich hilft in seiner eignen Sache."[83]

Wenn schon die ganze politische Lage zur Mißstimmung geeignet war, dann kamen bei Stöhr und bei mir Dinge persönlicher Art hinzu. Friederike und ich hatten versucht, uns so gut durchzuschlagen, wie es ging. Gehörte ich auch zu den langsamsten Zigarrenarbeitern, so hatte ich doch keine kostliebigen Bedürfnisse. Selbst auf Theaterbesuch konnte ich verzichten. Eine Freude gewährte mir der Junge. Er war ein prächtiges Kind. Im Gegensatz zu mir war Friederike die schnellste Arbeiterin. Es gab keine Arbeit, die sie

---

83 Schlussworte von Werner Stauffacher im 2. Aufzug, 2. Szene, Vers 1454–1465, aus Friedrich Schillers Schauspiel „Wilhelm Tell" (1806). Molkenbuhr muss die Verse Stauffachers aus dem Gedächtnis zitiert haben, denn sie weichen leicht vom Original ab; so heißt es im Vers 1454 „jetzt" statt „nun", im Vers 1460 „anwachsen" statt „anschwellen" und im Vers 1461 „zahlt" statt „sühne". Diese Mitgliederversammlung der Ottensener Sozialdemokratie fand am 19. Oktober 1878 statt. Vgl. Hermann Molkenbuhr, „Aus früheren Kampfestagen", in: „Die Neue Zeit", 39. Jg. 1921, Bd. 1, S. 7–13, hier S. 9. Natürlich wusste Molkenbuhr, dass Ferdinand Lassalle mit diesem Zitat seine „Assisenrede" beendet hatte.

Abb. 37: Friederike Molkenbuhr mit dem am 10. März 1881 geborenen Brutus Molkenbuhr, dem jüngsten Sohn von Hermann Molkenbuhr.

nicht mit Leichtigkeit bewältigte. Aber der Geburt des Sohnes Max war bald eine zweite Schwangerschaft gefolgt. Am 17. Oktober 1877 war Max geboren, am 22. September 1878 erblickte der zweite Sohn das Licht der Welt.[84] Ich war also in der denkbar schlimmsten Lage. Hatten wir uns durch gemeinsame Arbeit notdürftig durchgeschlagen, so hatten die ersten Wochen nach der Entbindung Schulden gebracht, und es war keine Aussicht, aus diesem Dilemma herauszukommen, wenn es mir nicht gelang, Hausarbeit für einige Arbeiter zu erlangen. Oft blieb ich einen halben Tag von [der] Arbeit weg, um förmlich wie ein Bettler von Fabrikant zu Fabrikant zu gehen, und dann kam ich heim, um zu Hause sagen zu müssen: Es war vergebens.

Noch mannigfaltiger waren die Sorgen bei Max Stöhr. Zur Wahl 1877 hatte er sich verheiratet und war nach Ottensen gezogen. Hier hatte er ein Fettwarengeschäft eröffnet. Es ist das ja eine beliebte Erscheinung, daß ein Agitator selbständig sein muß und dann am liebsten das Geschäft beginnt, wo er am wenigsten von versteht. Ein Geschäft, welches er kennt, eröffnet er selten, weil ihm da die Schwierigkeiten bekannt sind. Gleich vom Tag der Eröffnung an hatte er ein flottgehendes Geschäft, und wäre er Sachkenner gewesen, dann hätte er eine gute Existenz gehabt. Einige Tage hatte er auch einen Kommis.[85] Bald wurde dieser fortgeschickt, denn auch die Frauen der Genossen waren der Meinung, daß Stöhr und Frau das Geschäft allein besorgen konnten. Hierbei gab es aber bald Konflikte. Frau Stöhr war von hochgradiger Eifersucht geplagt und sah schon nicht gern, wenn junge, sauber gekleidete Frauen oder Mädchen in den Laden kamen.[86] War Max nun, wie es in seinem Naturell lag oder wie es sich für einen Geschäftsmann geziemte, freundlich mit hübschen Kundinnen, dann war der Streit da. Frau Stöhr bekam dann Krampfanfälle. Das hatte zur Folge, daß eine Anzahl Kunden fortblieben. Auch wurde viel geborgt. Nebenbei wollte Stöhr seine Kunden nicht betrügen. Er wog gut und rechnete nur mit Einkaufs- und Verkaufspreisen. Eines guten Tages machte er die grauenhafte Entdeckung, daß er beim Verkauf seiner Waren nicht so viel eingenommen, wie er beim Kauf ausgegeben.

---

84 **Artur** Bruno Charles Molkenbuhr (1878–1938), Schriftsetzer, Sozialdemokrat, Redakteur, Feuilletonist bzw. politischer Redakteur bei der „Augsburger Volkszeitung" 1901 bis 1903, beim „Volksblatt" in Halle 1905 bis 1907, bei der „Freien Presse" in Elberfeld 1907 bis 1919, bei der „Schleswig-Holsteinischen Volkszeitung" in Kiel 1919 bis 1924, beim „Halberstädter Tageblatt" 1924 bis 1933, Stadtverordneter von Halberstadt 1925 bis 1933.
85 **Kommis** (franz.): Handlungsgehilfe.
86 **Antonie Friederike Auguste Francke** hatte 1876 in Berlin Max Stöhr geheiratet, wanderte mit ihm 1882 in die USA aus und ließ sich mit ihm in St. Louis/Missouri nieder. Sie überlebte ihren 1915 verstorbenen Mann (vgl. S. 220, Anm. 131) vermutlich bis mindestens 1923 (falls sie St. Louis nicht verlassen hat), denn bis zu diesem Jahr reicht der Totenindex von St. Louis.

Max mußte sich von Rechts wegen mit dem Studium der Konkursordnung befassen. Statt dessen suchte er durch Anleihen sein Geschäft über Wasser zu halten. Seine geschäftlichen Sorgen wurden nur durch den Kampf mit der Eifersucht der Frau etwas in den Hintergrund gedrängt.

Also wir beide, die durch frohen Kampfesmut die Massen begeistern sollten, waren der Verzweiflung nahe. Hatte ich täglich mit Nahrungssorgen zu kämpfen, so kam noch ein schlimmes Ereignis hinzu. Mein Sohn Max hatte eines Tages hochgradiges Fieber und war sehr heiser. Da zufällig der Arzt und Parteigenosse Dr. Noodt im Hause war, rief ich ihn.[87] Der Arzt untersuchte das Kind und erklärte, daß keine Gefahr vorhanden sei. Er sei aber bereit, etwas Medizin zu verschreiben. Drei Tage später wurde ich von Friederike stürmisch geweckt. Sie schrie: „Max erstickt!" In der Tat war er ganz blau. Mit Anwendung einiger Gewalt öffnete ich den krampfhaft verschlossenen Mund. Dann eilte ich, einen Arzt zu erlangen. Schließlich traf ich Dr. Behrens, der sofort erklärte: „Es wird Diphtherie sein."[88] Am Nachmittag war das sonst so kräftige, liebe Kind eine Leiche. In den nächsten Tagen mußte ich versuchen Geld zu borgen, um die Beerdigung des Kindes zahlen zu können. Obwohl ich wenig Schulden hatte, wurde ich bei einer Anzahl Bekannten abgewiesen, die wohl das Geld hatten. Mein Kredit war also auch auf den Nullpunkt gesunken. Es gab also Leute, die es für nützlich hielten, mit dem bekannten Sozialdemokraten nicht zu intim befreundet zu sein.

Wenn auch beschlossen war, den Verein aufzugeben, die Sammlungen in den Parlamentswahlkassen fortzusetzen und kleine Lesezirkel zu bilden, so erhielt dieser Plan gleich zwei Stöße. Das Geld der Parlamentswahlkassen sollte dazu benutzt werden, die Schulden der letzten Wahl zu zahlen und Geld für die nächste Wahl zu sammeln. Nun kam der Belagerungszustand über Berlin.[89] Der größte Teil der Berliner Ausgewiesenen kam nach Hamburg. Da waren gleich größere Unterstützungssummen erforderlich. Ferner wurde der größte Teil der Schriften unserer Bibliothek auf Grund des Sozialistengesetzes verboten. Wir hatten wohl angenommen, daß neue Schriften verboten werden können. Aber Lassalles Schriften und ähnliche Werke hatten wir

---

87 **Friedrich Noodt** (1826–1885), in Uetersen geborener Arzt, zunächst Pharmazeut, seit 1864 Medizinstudium in Kiel, Würzburg und Marburg, Promotion mit der Untersuchung „Zur Lehre von der Epilepsie" (1870), seit 1870 niedergelassener Arzt in Altona. Vgl. Einleitung S. 26.
88 **Adolf Martin Arnold Behrens** (1845–1888), geboren in Hüttenkratt bei Kiel, Arzt, besuchte das Christianeum in Altona, studierte Medizin in Kiel, seit 1877 niedergelassener Arzt in Ottensen.
89 Am 28. November 1878 wurde über Berlin und Umgegend gemäß Paragraph 28 des „Sozialistengesetzes" der Belagerungszustand verhängt, was die Ausweisung von Sozialdemokraten aus diesem Gebiet ermöglichte.

als über das Verbot erhaben betrachtet. Mein Bruder suchte die verbotenen Sachen dadurch vor Konfiskation zu retten, indem er die verbotenen Schriften zu einem in Quickborn wohnhaften Bekannten brachte.

Gefahr durch die Spitzel

Eine neue Erscheinung waren die Spitzel. Wir hatten gleich zwei der berüchtigsten, und zwar den im Dienste der Berliner Polizei stehenden einäugigen Wolf und den in Engels Diensten stehenden Wichmann.[90] Beide Spitzel wären völlig ungefährlich gewesen, wenn wir die Berliner Ausgewiesenen nicht gehabt hätten. Da Engel keine Götter neben sich dulden wollte, ließ er durch Wichmann die Kunde verbreiten, daß Wolf ein im Dienste des Polizeirates Krüger stehender Agent sei.[91]

---

90 **Rudolf August Wolf** (1837–1883), aus Engelhaus bei Karlsbad stammender Bäcker (nicht Schuhmacher), auf dem linken Auge erblindet, Redakteur des „Arbeiterfreundes" in Böhmen, 1877 bis zu deren Verbot 1878 Redakteur der „Schleswig-Holsteinischen Volkszeitung", bot sich im Oktober 1878 dem preußischen Innenministerium als Spitzel an, verriet unter anderem die Geheimorganisation der Hamburger Sozialdemokratie, 1880 enttarnt und daraufhin als Spitzel entlassen, erpresste die politische Polizei mit seinem Insiderwissen, weshalb er zu einem Jahr Gefängnis verurteilt wurde. Unmittelbar nach seiner Entlassung aus der Haftanstalt Berlin-Plötzensee wurde er in der Nähe von Hamburg erneut verhaftet und am 16. Mai 1883 unter mysteriösen Umständen in seiner Zelle erhängt aufgefunden; **August Engel** (1840–1910), Unteroffizier, Gefängniswärter, seit 1868 Polizeisergeant, später Polizeikommissar und Kriminalpolizeiinspektor in Altona, besonders aktiv bei der Verfolgung der Sozialdemokratie, unter anderem durch den Einsatz von Spitzeln und Agents provocateurs; Nachruf in: „Hamburger Echo" Nr. 169 vom 22. Juli 1910 („Polizeiinspektor Engel..."); **Wilhelm Wichmann** (1850–>1900), in Sachsenhausen (Frankfurt am Main) geborener Färber, 1869 bis 1874 auf Wanderschaft in verschiedenen deutschen Staaten, in Österreich-Ungarn, der Schweiz, England und den USA, 1874 bis 1880 Inhaber einer Färberei und chemischen Wäscherei in Altona, danach eines Agenturgeschäfts mit Färberartikeln, stand 1879 bis 1881 im Dienst des Polizeikommissars Engel in Altona, danach bis 1886 im Sold des Polizeirats Krüger in Berlin, anschließend bis 1888 erneut im Dienst Engels, schied 1888 aus dem Polizeidienst aus, weil er durch die Verwicklung in eine Schlägerei „kopfleidend" geworden war. Als ihm eine Pension für seine Spitzeltätigkeit verweigert wurde, outete er sich 1888 in einem Brief an Ignaz Auer. Wichmann meldete sich 1895 von Hamburg nach Berlin ab. Im Jahr 1900 stand er in Potsdam wegen Landstreicherei vor Gericht, wurde aber freigesprochen, Bericht darüber im „Hamburger Echo" Nr. 250 vom 26. Oktober 1900 („Ein alter Puttkämerling").
91 **Hermann Krüger** (1836–1902), aus Berlin stammender Polizist, ursprünglich Kapellmeister, seit 1866 im Dienst des Berliner Polizeipräsidiums, seit 1872 Kriminalkommissar, seit 1876 bei der politischen Polizei, als deren Leiter er während des „Sozialistengesetzes" Spitzel und Agents provocateurs in die Arbeiterbewegung einschleuste, oberster Personenschützer Bismarcks, zuletzt Geheimer Regierungsrat, wurde nach Bismarcks Sturz in den vorzeitigen Ruhestand versetzt; Nachruf in „Vorwärts" Nr. 169 vom 23. Juli 1902 („Der Spitzel-Oberst").

Wolf selbst, der früher Schuhmacher, dann Redakteur an der „Schleswig-Holsteinischen Volkszeitung" gewesen war, hatte es nicht leicht, sich durchzubringen. Als Redakteur an unserm Parteiblatt hatte er in der Regel vom Vorschuß gelebt. Aber er hatte damals damit renommiert, daß seine recht hübsche Frau einst eine große Erbschaft machen werde. Er behauptete, sie habe nur 30.000 M anbezahlt bekommen, und die Verwandten wollten sie um den Rest von mehreren hunderttausend Mark betrügen. Sein ganzes Tun sei nur darauf gerichtet, dieses Geld zu erlangen. Ich glaubte in diesem Falle Wichmann und sah in Wolfs Frau eigentlich den gefährlicheren Spitzel.[92] Sie war ein üppiges Weib mit recht hübschem Gesicht. Es war zu verwundern, daß dieses Weib den häßlichen Kerl genommen hatte. In Unterhaltung ließ sie durchblicken, daß sie gar nicht abgeneigt sei, einen kleinen Ehebruch zu begehen, denn je länger sie mit Wolf verheiratet sei, um so mehr empfinde sie, daß Wolf sie nur ihres Geldes wegen geheiratet habe.

Wolf selbst spielte den Redakteur und spottete über die Sinekuren an der Hamburg-Altonaer „Gerichts-Zeitung".[93] Dieses jetzt wöchentlich sechs Mal erscheinende Blatt war an Stelle des auf Grund des Sozialistengesetzes verbotenen „Hamburg-Altonaer-Volksblattes" getreten. In der Redaktion saßen Auer, Blos, Hillmann, Oldenburg.[94] Außerdem waren eine Anzahl Bericht-

---

92 Im Falle von **Frau Wolf** widersprechen sich die Quellen: In der Akte der Hamburger Politischen Polizei über Wolf wird behauptet, dass er ledig gewesen sei. Allerdings sind in einer Polizeiakte im Geheimen Staatsarchiv Preußischer Kulturbesitz in Berlin (I. HA Rep. 77 Ministerium des Innern, Tit. 343 A Nr. 152 adh. 24, Blatt 11v–12r) Auszüge aus einem Brief Wolfs an seine Frau vom 29. April 1883 abgedruckt, allerdings ohne Namensnennung. Möglicherweise lebte Wolf mit einer Frau zusammen, die er erst kurz vor seinem Tod ehelichte.
93 **Sinekure** (lat.): ein Amt, das ohne Arbeit Einkünfte bringt.
94 **Wilhelm Blos** (1849–1927), 1872 SDAP, Redakteur und Schriftsteller, u. a. 1873 bis 1874 Redakteur des SDAP-Zentralorgans „Der Volksstaat", 1876 bis zu dessen Verbot 1878 Redakteur des „Hamburg-Altonaer Volksblattes" und dessen Nachfolgeorgans, der „Gerichts-Zeitung", bis zu seiner Ausweisung 1880, seit 1883 Mitarbeiter verschiedener sozialdemokratischer Zeitungen und Zeitschriften, darunter der „Neuen Zeit", MdR 1877/78, 1881 bis 1884, 1890 bis 1907, 1912 bis 1918, MdL Württemberg 1919 bis 1924, 1919/20 Württembergischer Staatspräsident; **Carl** *auch* **Karl Hillmann** (1841–1897), Buchdrucker und Journalist, SDAP, 1873 bis 1875 Redakteur der „Süddeutschen Volkszeitung" in Stuttgart, 1875 bis 1878 Redakteur des „Hamburg-Altonaer Volksblattes", 1878 bis 1881 der „Gerichts-Zeitung", Ausweisung aus Hamburg im Oktober 1880, die auf Ersuchen Hillmanns bereits 1881 wieder aufgehoben wurde; wandte sich von der Sozialdemokratie ab und wurde Redakteur des bürgerlichen „Generalanzeigers" in Lübeck. Hermann Molkenbuhr kritisierte diesen Gesinnungswandel scharf, indem er Hillmann „eine politische Qualle" nannte. Hermann Molkenbuhr „Hugo Hillmann – Karl Hillmann (Eine berichtigte Berichtigung)" in: „Vorwärts" Nr. 129 vom 27. Mai 1913; **Heinrich Oldenburg** (1842->1920), aus Oldesloe stammender Schriftsetzer, ADAV, Redakteur

erstatter tätig, u. a. Hörig, Reimer. Wolf zählte täglich die Zeilen, die die Berichterstatter geliefert und die in der Redaktion geschriebenen, und kam immer zu dem Resultat, daß er mehr liefern würde als die ganzen Redakteure. Hierfür fand er ein offenes Ohr bei den Berliner Ausgewiesenen, die auch glaubten, daß das für Redaktion zuviel ausgegebene Geld besser für Unterstützung angewandt wäre. Ich hatte für Wolfs Spitzeltätigkeit nur die Behauptung Wichmanns und die Tatsache, daß er immer ganz gut lebe und gern bereit war, für Leute, die etwas mitteilen konnten, ein Glas Bier auszugeben, denn an die Erbschaft der Frau glaubte ich nicht. Ich zweifelte sogar an der Echtheit der Frau. Ich sah in der Frau den gefährlichen Helfer.

Anders war es mit Wichmann, den Wolf als Spitzel bezeichnete. Diesen Burschen kannte ich von Kind an. Im Herbst 1862 zogen meine Eltern in ein Haus, welches Eigentum von Halsingers Erben war. Zu den Erben Halsingers gehörte auch die Familie Wichmann. Der alte Wichmann war als Färber Werkmeister in einer großen Wollgarnfabrik. Er hatte zwei Kinder, den Sohn Wilhelm und eine Tochter.[95] Der Sohn hatte auch das Färberhandwerk erlernt, sich schon früh verheiratet und dann ein eigenes Geschäft begründet. Zur Gründung dieses Geschäfts hatte er sein ganzes später zu erlangendes Erbteil, sowohl das von seinen Eltern als das von seiner noch lebenden Großmutter, erhalten. Die Großmutter hatte ihm sogar erheblich mehr gegeben, so daß sie fast aller Mittel entblößt war. Solange Wichmann selbständiger Färbermeister war, gab es keinen dümmeren und verbisseneren Gegner der Sozialdemokratie als Wichmann. Ende 1877 ging Wichmann bankrott. 1878 verkaufte er noch die Hausstandssachen, die ihm der Konkursverwalter gelassen hatte. Wichmann war also arm wie eine Kirchenmaus und tauchte nun plötzlich als radikaler Sozialdemokrat [auf], der auch gern bereit war, besonders notleidenden, vor allem aber besonders durstigen Sozialdemokraten beizuspringen.

---

beim „Hamburg-Altonaer Volksblatt" und bei der „Gerichts-Zeitung", bei den Reichstagswahlen 1874 Kandidat im 3. schleswig-holsteinischen Wahlkreis Schleswig, 1877 und 1878 im 7. schleswig-holsteinischen Wahlkreis Kiel-Rendsburg, 1869 Mitglied im Vorstand des ADAV, Delegierter auf der GV des ADAV 1873 und den SDAP-Parteitagen 1876, 1877 und 1880, Ausweisung aus Hamburg und Umgegend am 30. Oktober 1880, danach Buchdruckereibesitzer in Lübeck.

95 **Hans Christian Ludwig Wichmann** (1818–1872), aus Nienstedten stammender Färber und Particulier; seine Mutter Catharina Elsabe Wichmann hatte in zweiter Ehe Carl Ludwig Halsinger geheiratet (vgl. S. 54, Anm. 45). Wichmann hatte allerdings nicht nur eine, sondern insgesamt drei Töchter und den Sohn Wilhelm.

Abb. 38: Polizeifotos des Polizeispitzels Wilhelm Wichmann.

Warnte man die Berliner Genossen, besonders Scharlippe oder Malkowitz, dann hieß es immer: „Ja, der ist Euch zu radikal!"[96] Die Radikalen spielten um jene Zeit eine ganz eigenartige Rolle. Eines Tages wurden wir ersucht, in die Wirtschaft von Schlottmann zu kommen.[97] Jeder Eingeladene wurde von Schlottmann in einen dunklen Keller geführt. Licht wurde nicht gemacht, damit kein Anwesender wußte, wer noch dort sei, also Verrat unmöglich sei. Dann ergriff ein Dr. Kirchner das Wort und sagte, daß jetzt eine ganz andere Politik getrieben werden müsse.[98] So, wie Tell durch den Schuß auf Geßler

---

96 **August Scharlippe** (1847->1889), aus Fürstenwalde stammender Zigarrenmacher, wurde am 29. November 1878 aus Berlin und Umgegend ausgewiesen, begab sich dann nach Hamburg, wo er am 11. Oktober 1881 ebenfalls ausgewiesen wurde, zog dann nach Bremen, wo er noch bis 1889 lebte; **Julius Malkowitz** (1831->1889), aus Stettin stammender Zigarrenmacher, wurde aus Berlin und Umgegend am 29. November 1878 ausgewiesen, begab sich dann nach Hamburg, von wo aus er am 30. Oktober 1880 ebenfalls ausgewiesen wurde, die Ausweisung für Berlin wurde 1881 wieder aufgehoben, Malkowitz lebte dort noch 1889.
97 **Heinrich Schlottmann** (1841->1881), aus Lübtheen in Mecklenburg stammender Metallarbeiter, später Gastwirt, am 11. Oktober 1881 aus Hamburg und Umgegend ausgewiesen, in die USA ausgewandert.
98 **Dr. Kirchner** ist vermutlich der Falschname eines Polizeispitzels. In dem Artikel „Aus früheren Kampfestagen" in der „Neuen Zeit", 39. Jg., Bd. 1, Nr. 1 vom 1. Oktober 1920, S. 7–13, schildert Hermann Molkenbuhr diese Episode ausführlicher: *„Ein Doktor, ich glaube, er nannte sich Kirchner, hielt einen Vortrag über die Organisation revolutionärer Verschwörungen. Er wollte alle Träger reaktionärer Anschauungen beseitigen. So führte er eine lange Liste von Handlungen aus, die alle mit dem Tode bestraft werden sollten. Wenn ein Mensch reif sei für die Todesstrafe, so sollten die Mitglieder des Bundes zusammenkommen und losen. Derjenige, den das Los treffe, solle dann innerhalb einer gegebenen Frist die Tat ausführen. Wenn er es nicht tat, sollte er selbst dem Tod verfallen sein. Da kein Genosse den Herrn Doktor kannte, wurden Nachforschungen*

die ganze Schweiz befreite, so müsse man dem Beispiele folgen: Alle Fürsten, Prinzen, Minister, Großgrundbesitzer und Kapitalisten müßten beseitigt werden. Aber auch jeder Polizist, der einen Genossen verhaftet hat, dürfe höchstens noch ein bis zwei Tage leben. Werden Genossen zum Tode verurteilt, dann müssen alle Richter und Geschworenen in den nächsten Tagen fallen.

Max Stöhr, der als zweiter Redner das Wort ergriff, fragte zunächst, ob dieser Plan in der Berliner oder in der Altonaer Polizei ausgearbeitet sei. Offenbar erkenne man, daß man mit dem Sozialistengesetz nicht zum Ziel komme und suche nun die Sozialdemokraten zum Selbstmord zu treiben. Denn es sei nur Selbstmord, wenn sich ein größerer Teil Genossen auf diesen Leim locken ließe. Der Hinweis auf die Altonaer Polizei hatte seine besondere Bedeutung. Ottensen hatte selbständige Polizei, an deren Spitze der fromme Bürgermeister Bleicken und der Polizei-Inspektor Wendorff standen.[99] Beide waren ehrliche Leute, die es mit ihren Ansichten nicht vereinbaren konnten, ehrliche Leute wegen ihrer Gesinnung zu verfolgen. Kein Mensch freute sich mehr über resultatlos verlaufene Haussuchung[en] als der Polizei-Inspektor. Auch er warnte vor unbesonnenen Äußerungen in Gegenwart von Wolf, Wichmann und den Ottenser Polizeisergeanten Niedorf und Gesthüsen.[100]

Neben den in Deutschland erscheinenden Zeitungen bildete die von Most herausgegebene „Freiheit" die Lektüre.[101] Die Genossen, die sich an Mosts Kraftausdrücken berauschten, fanden wenig Gefallen an unserer Taktik, die darauf gerichtet war, in der Stille neue Anhänger für den Sozialismus zu werben. Most war der Abgott der Berliner und nach ihrer Auffassung der Führer der deutschen Sozialdemokratie. Wir wollten aber Führer im Auslande nicht

---

nach seiner Herkunft angestellt. Es wurde festgestellt, daß er erst vor wenigen Tagen von Berlin gekommen war. Bevor die große Verschwörung organisiert war, verschwand er wieder. Dieses Mal glaubten auch viele Genossen, die Wichmann und Wolf für ehrliche Genossen hielten, daß der Doktor ein Agent provocateur sei." (S. 10)

99 **Bleick Bleicken** (1836–1900), aus Keitum auf Sylt stammender Jurist, Advokat in Altona und Schleswig, Kanzlist der Regierung in Schleswig 1865 bis 1867, 1868 Hardesvogt (ein Amtsvorsteher eines Verwaltungsbezirks aus mehreren Dörfern oder Höfen) in Bredstedt, 1874 bis 1884 Bürgermeister von Ottensen; **Theodor Wendorff** (1842–1913), aus Altona stammender Stadtsekretär von Ottensen, zuletzt Stadtausschusssekretär.

100 **Wilhelm Niedorf** (1845–1902), geboren in Magdeburg, zunächst Unteroffizierslaufbahn, seit 1876 Polizeidienst, seit 1879 Polizeisergeant, seit 1891 Oberpolizeisergeant, seit 1895 Polizeigefängnisinspektor in Altona; **Johann Gesthüsen** (1841–1894), pensionierter berittener Gendarm, Hilfsgefangenenwärter und Aufseher bei der königlichen Amtsgerichts-Gefängnisverwaltung in Blankenese, seit 1878 Polizeisergeant in Ottensen, wurde wegen Unregelmäßigkeiten entlassen, war danach als Portier und Agent tätig, beging am 18. August 1894 Selbstmord; Artikel in: „Hamburger Echo" Nr. 192 vom 19. August 1894 („Selbstmord").

101 Umgestellter Satz.

anerkennen. Wir sagten, wenn schon die Leitung an Genossen im Auslande übertragen werden solle, dann wären Marx und Engels eher dazu berufen als Most. Eine Auseinandersetzung mit den Berlinern war aber fast ausgeschlossen, denn wo sie sich trafen, waren Wolf oder Wichmann, oft auch beide, dabei. Wichmann war auch der Intimus von Hasselmann, der jetzt in Ottensen wohnte und bei derselben Wirtin ein Zimmer mietete, bei der auch Wolf mit „seiner Frau" wohnte. Besonders befreundet war Hasselmann mit Karl Schneidt, der gemeinsam mit Wolf Redakteur an der „Schleswig-Holsteinischen Volkszeitung" gewesen war.[102] Die Freundschaft mit Wichmann wurde aber für Hasselmann und Schneidt verhängnisvoll.

Eines Tages erzählte Wichmann, daß er aus bestimmter Quelle wisse, daß gegen Hasselmann und Schneidt ein Prozeß wegen Hochverrat eingeleitet [sei] und beide demnächst verhaftet werden sollten. In der Tat wurden beide auch ganz auffällig von der Polizei überwacht. Nun wurde ein Fluchtplan ausgearbeitet, bei dessen Ausführung Wichmann hervorragend tätig war. Glücklich hatte Wichmann beide Flüchtlinge nach Harburg gebracht, da stellte sich heraus, daß dieser Bahnhof nicht benutzt werden könne, da auch schon Altonaer Polizei anwesend war. Dann ging der Weg nach dem nächsten Bahnhof. Hier war die Luft rein. So ging dann die Reise über Holland, von wo Schneidt nach London und Hasselmann erst nach Belgien und dann nach Amerika reiste. Durch Schneidt wurde Wichmann mit Most in Verbindung gebracht. Wichmann übernahm erst kleinere, dann größere Partien der „Freiheit" zur Verbreitung und schrieb die blutrünstigsten Situationsberichte aus Altona.

Gegen diese Förderung des sogenannten Radikalismus durch Spitzel und die Berliner Ausgewiesenen kam dann auch die Reaktion. Bismarck betrachtete das Sozialistengesetz nur als Einleitung für den Bruch mit der bisherigen, der sogenannten liberalen Politik. Die Arbeiter sollten für Bismarck eingefangen werden, und dazu bediente man sich auch zwei[er] in Hamburg lebender Berliner Ausgewiesener. Als die Reaktion in Parteikreisen gegen Mostschen Radikalismus immer stärker wurde, traten der Zimmerer Finn und der Maurer Körner mit dem Plan hervor, daß die Arbeiter die Regierung unterstützen sollten und dann auch etwas für sich fordern sollten.[103] Die Arbeiter

---

102 **Karl Schneidt** (1854–1945), geboren in Russhütte bei Saarbrücken, zunächst Volksschullehrer, seit 1877 in Hamburg, Kiel und Elberfeld Redakteur verschiedener sozialdemokratischer Zeitungen, Ende 1880 Flucht aus Hamburg, nach Aufenthalten in Paris, London, Brüssel und in der Nähe von Lille 1883 Rückkehr nach Deutschland, seit 1888 Wohnsitz in Berlin, Tätigkeit als Journalist und Schriftsteller, in späteren Jahren zeitweilig Herausgeber und Chefredakteur der „Welt am Montag", der „Zeit am Mittag" und der „Tribüne".

103 **Wilhelm Körner** (1850->1890), aus Trebnitz stammender Maurerpolier, wurde am 29. November 1878 aus Berlin ausgewiesen, siedelte anschließend nach Hamburg über, noch

sollten für Verstaatlichung der Eisenbahnen, Einführung des Tabakmonopols, für Getreide-, Eisen- und andere Schutzzölle eintreten. Finn und Körner glaubten sicher zu sein, daß mit solchem Programm der ganzen Agitation keine Schwierigkeiten gemacht werden würden. Darüber waren wir uns alle klar, daß wir vom Sozialistengesetz nicht mehr belästigt werden würden, sobald wir aufhörten, Sozialdemokraten zu sein, und uns in den Dienst der konservativen Politik stellten.

Gegen die Körnerschen Vorschläge machten wir nicht nur Front, weil sie auf politische Korrumpierung der Partei hinausliefen, sondern weil sie in schroffem Gegensatz zu unseren sozialen Anschauungen standen. Die Wirkungen des Zolles kannte um jene Zeit kein Nationalökonom so genau wie eine in Ottensen wohnende Hausfrau. Hamburg-Altona war Freihandelsgebiet, die Zollgrenze lief parallel mit dem Bahnkörper der Eisenbahn. Ein Pfund Salz kostete in Altona 2 ½ Pf, in Ottensen 10 Pf. Kaffee, Zucker und die meisten Gebrauchsgegenstände wiesen ähnliche Differenzen auf. Zoll auf Getreide, Mehl usw. würde für das Inland ähnliche Wirkung haben. Die Ottensener Hausfrau erklärte, daß eine Arbeiterfamilie überhaupt nur existieren könne, wenn sie ihre zollpflichtigen Verbrauchsartikel in Altona kaufte. Wirtschaftlich hatten die Arbeiter sich am wohlsten befunden, als 1871 Deutschland den Freihandel gefördert hatte. Erblicken wir in der Verstaatlichung der Verkehrsmittel auch eine Maßnahme, die wir als Sozialdemokraten fordern konnten, so wollten wir doch nicht soviele Arbeiter in Abhängigkeit vom Staat bringen, weil wir befürchteten, daß der Staat die Staatsarbeiter zu politischen Heloten herabdrücken werde.[104] Noch schroffer war unsere Ablehnung des Tabakmonopols. Der Kern der Bewegung bestand noch aus Tabakarbeitern. Der bloße Gedanke, nur eine Arbeitsstelle zu haben und sich unter der Fuchtel von Unteroffizieren ducken zu müssen, war hinreichend, um eine schroffe Ablehnung herbeizuführen.

In einer Zusammenkunft in der Wirtschaft von Lindemann hatte Körner sein Programm entwickelt und war ganz verdutzt, als er so viele Gründe der Ablehnung hörte, auf die er nicht gefaßt war.[105] Er hatte nur auf politische

---

im April 1880 Kandidat der SAPD bei einer Ersatzwahl im zweiten Berliner Reichstagswahlkreis, sympathisierte mit der antisemitischen „Christlich-Sozialen Arbeiterpartei" des Hofpredigers Adolf Stoecker, nach Aufhebung der Ausweisung am 27. November 1880 Rückkehr nach Berlin, wo er zusammen mit Carl Finn einen Aufruf „An die Arbeiter Berlins!" zur Trennung von der Sozialdemokratie veröffentlichte; Körner wird letztmals 1891 im Berliner Adressbuch aufgeführt, ohne dass sich sein Tod nachweisen ließe.

104 **Heloten** (griech.): die Staatssklaven im antiken Sparta.
105 **Hugo Lindemann** (1848->1881), aus Berlin stammender Metallarbeiter, später Gastwirt, aus Hamburg und Umgegend am 25. Juni 1881 ausgewiesen, in die USA ausgewandert.

Gegenargumente gerechnet. Auf diese einzugehen, vermieden Stöhr und ich, weil die Berliner den unvermeidlichen Spitzel Wichmann mitgebracht hatten. Erst als dieser das Wort ergriff und in Most-Hasselmannschem Radikalismus schwelgte, entwarf ich ein Bild von Wichmanns Vergangenheit. Ich hob hervor, daß er mehrfach geäußert habe, daß die Arbeiter doch gar zu dumm seien, indem sie Geld hergaben, damit Agitatoren im Lande herumreisen und auf Kosten der Arbeiter ein Faulenzerdasein führen könnten. Ich wies ferner darauf hin, daß er sein Vermögen verpraßt habe und weder von seiner Großmutter noch von seinen Eltern oder anderen Verwandten etwas bekomme, weil alle den Verkehr mit ihm abgebrochen haben. Er arbeite nicht und trotzdem lebe er. Er müsse also noch Menschen gefunden haben, die noch dümmer sind als die Arbeiter. Auf meinen Hinweis auf seine Vermögensverhältnisse erwiderte er, daß ich so naiv sei und glaube, daß man bei einem Konkurs alles verliere. Das passiere nur ganz dummen Leuten. Schlaue Menschen überlassen das Verlieren den Gläubigern. Daß er früher Gegner der Partei gewesen sei, gab er zu. Er habe sich aber bekehrt. Ich wies noch darauf hin, daß diese sogenannte Bekehrung zusammenfalle mit dem Zeitpunkt, als er gezwungen war, etwas zu erwerben. Einem Grundsatz sei er treu geblieben. Der ehrlichen Arbeit gehe er jetzt genauso aus dem Wege, wie er sie als sogenannter Färbermeister gemieden habe.

Am selben Abend hatte ich noch eine heftige Auseinandersetzung mit Malkowitz, Scharlippe und einigen anderen radikalen Berlinern, die mir vorwarfen, daß ich, da ich keine sachlichen Argumente gegen den Radikalismus vorbringen könne, nun zu niedrigen persönlichen Angriffen meine Zuflucht nehme. Es war nahe daran, daß es zur Prügelei kam, als ich immer behauptete, daß Wichmann im Dienste der Polizei stünde und die Rücksicht auf die Partei es gebiete, gegen die Leute vorsichtig zu sein, die mit Wichmann verkehrten.

Erfolge der illegalen Partei

Eine Generalprobe hatte die Organisation Anfang August 1879 zu bestehen. Am 1. August war August Geib gestorben. Man darf kühn behaupten, daß er die populärste Person der Partei war. Geib starb am Freitag mittag. Am Abend wurden alle Leiter zusammenberufen und ausgemacht, daß alle Genossen an dem Leichenzug am Sonntag, den 3. August teilnehmen sollten. Schnell eilten wir von einem Bezirksführer zum anderen und beauftragten diese, ihre Leute zu beauftragen von Haus zu Haus die Genossen mobil zu machen, damit kein Mann fehle. Die Hamburger sollten am Rödingsmarkt Aufstellung nehmen. Hieran sollten sich Altona, Ottensen, Harburg usw. anschließen. Bald nach

1 Uhr sollte der Zug sich in Bewegung setzen. Der Leichenzug sollte eine Demonstration für die Partei werden. Der Plan gelang. Als Erkennungszeichen sollte jeder Genosse eine rote Blume im Knopfloch tragen. Ursprünglich hieß es, eine rote Rose. Aber die roten Rosen reichten nicht. Was an roten Blumen zu haben war, war ausverkauft. Mancher Genosse hatte schon eine rote Blume aus Papier gemacht.

Es wurde ein Leichenzug, wie [ihn] Hamburg noch nicht gesehen hatte. Der Schluß des Zuges war noch nicht vor der Wohnung Geibs angelangt, als der Sarg schon auf dem Friedhof vor dem Dammtor war. Nach Beendigung des Leichenbegängnisses kamen in hunderten Wirtschaften die Genossen zusammen. Trotz des großen Verlustes herrschte doch eher eine freudige als traurige Stimmung. Man sagte nur: „Den Zug hätte Geib sehen müssen!" Drei Vierteljahre hatte das Sozialistengesetz gewirkt. Fast allgemein hörte man, daß die Partei gesprengt sei. Namentlich die Radikalen behaupteten, daß durch die stille Agitation alles eingeschlafen sei. Nun hatten nicht ganz 46 Stunden Mobilmachung genügt, zirka 100.000 Mann auf die Beine zu bringen. Geib war am Freitag nachmittag in Wohldorf gestorben. 46 Stunden nach seinem Tod setzte sich der Leichenzug in Bewegung. Da waren zum ersten Male die Berliner zufrieden. Sie fragten ganz erstaunt: „Wo sind so viele Genossen hergekommen? Sonst findet man im ganzen Städtekomplex keinen Genossen und jetzt sind gleich so viele da!" Nun, sie waren da und bewiesen später auch, daß sie immer dann, wenn es nötig war, antraten und sonst sich so verhielten, daß Freund und Feind oft zu der Ansicht kamen, die Bewegung ist im Absterben. Das war aber nicht der Fall.[106]

Ein anderes Lebenszeichen der Partei war die Geldbeschaffung. Die bösartigste Bestimmung des Sozialistengesetzes wurde die Triebfeder zur Förderung des Lebenselements der Partei. Der § 28, der die Verhängung des Belagerungszustandes zuließ, war vorläufig nur auf Berlin angewandt. Hunderte Familien waren ihres Ernährers beraubt. Für die Ausgewiesenen und deren Familien mußte gesorgt werden. Das war für jeden Genossen selbstverständlich. Jede Woche mußten Unterstützungsgelder vorhanden sein. Jetzt wurde gesammelt. Die Sammler erzogen bald ihr Publikum. Sie sagten: Es muß jede Woche eine große Summe vorhanden sein. Sie kann nur beschafft werden, wenn sich eine große Anzahl Genossen findet, die sich verpflichtet, jede Woche oder jede 14 Tage einen bestimmten Betrag zu geben. Einerlei, ob der Genosse sich erbot, 10 Pf oder sonst eine Summe zu geben, sie wurde prompt abgeholt. So kamen wir bald dahin, regelmäßig mehr zu erhalten, als

---

106 Dieser letzte Satz ist von anderer Handschrift hinzugefügt worden, vermutlich von Artur Molkenbuhr.

wir vorläufig gebrauchten. Denn die Ausgewiesenen fanden Arbeit und ließen ihre Familien nachkommen. Wir fingen schon an, uns über die Existenz des § 28 zu freuen. Denn ohne diesen hätten wir nicht die Einnahmen und vor allen Dingen nicht den Zusammenschluß mit den Genossen gehabt.

Zum Oktober 1879 kam dann auch der Züricher „Sozialdemokrat", für dessen Verbreitung sich die ganze Partei einsetzte. Langsam ausgebildet mußten erst die Kniffe der Geheimverbindung werden. Dabei bereitete es besondere Schwierigkeiten, notwendige Personallisten zu führen. Die erste Regel war immer: Bewahrt nichts Schriftliches auf! Weder die Abonnentenverzeichnisse noch die Bemerkungen über rückständige [Zahlungen] sollten aufbewahrt bleiben. Ein beliebtes Mittel war damals eine Chiffrierschrift.[107] Die Anweisung dazu war in einer kleinen Broschüre gegeben. Nur wenige konnten das Mittel gebrauchen. Einer der wenigen, der es mit Geschick gebrauchte und dessen Adressenverzeichnisse einmal in die Hände der Polizei gefallen, doch nicht auffielen und gar nicht für Adressenverzeichnisse gehalten wurden, [war ...][108] Denn er hatte die chiffrierten Adressen mit Stenographenschrift geschrieben und als Einleitung einen Schillerschen Aufsatz genommen und mit deutschen Buchstaben daneben geschrieben. So hielt die Polizei wirklich das Heft für Stenographie-Übungen und gab es unbeanstandet zurück.

Das Jahr 1879 brachte noch eine kurze Periode lebhafter öffentlicher Agitation. Bismarck leitete die Wucherpolitik ein. Vielfach wurde in Versammlungen die Frage, ob Schutzzoll oder Freihandel, erörtert. Wobei unsere Haltung nicht ganz einheitlich war. Most, Kayser, Auer und Fritzsche waren Schutzzöllner, während die Nordischen unter Führung von Geib für Freihandel eintraten. Besonders akut wurde für die Tabakarbeiter die Frage. Der Einfuhrzoll für Rohtabak sollte von 24 M auf 85 M erhöht werden. Sobald dieser Entwurf bekannt wurde, wurde aller in Hamburg und Bremen lagernde Tabak ins Zollinland gebracht. Händler und Raucher wollten sich mit Vorrat versorgen, und so hatten wir für kurze Zeit in der Tabakindustrie eine ähnliche Hochkonjunktur wie 1871. Nun hatte ich auch ganz lohnende Hausarbeit. Nun wurde auch in Versammlungen und durch Petitionen gegen den Zoll Propaganda gemacht. In Ottensen ließen die Polizeibeamten uns Bewegungsfreiheit, weil ja auch die Fabrikanten sich an der Bewegung beteiligten. Wir bekamen gute Versammlungen und setzten unsere Organisationen in Bewegung zum Unterschriftensammeln.

---

107 **Chiffrierschrift:** Ein Beispiel einer Geheimschrift, mit der wichtige sozialdemokratische Dokumente verschlüsselt wurden, ist abgedruckt bei: Karl-Alexander Hellfaier, Die deutsche Sozialdemokratie während des Sozialistengesetzes 1878 bis 1890, S. 258–265.
108 An dieser Stelle hat Molkenbuhr keinen Namen niedergeschrieben.

In einer solchen Versammlung erklärte Burchard aus der Firma Müller & Burchard: „Die Arbeiter haben das größte Interesse, das Zustandekommen der Zollerhöhung zu hindern.[109] Denn kommt die Zollerhöhung, dann sind wir Fabrikanten gezwungen, den Arbeitern so viel vom Lohn abzuziehen, wie die Zollerhöhung beträgt. Denn der Tabak wird nicht billiger, die Kunden werden keine höheren Preise zahlen wollen, wir Fabrikanten können es auch nicht decken, folglich bleibt nur der eine Weg der Lohnkürzung." Am nächsten Tag sagte Carl Klein zu mir: „Hören Sie, Sie sind ein rechtes Kamel. Ich habe mich gestern sehr über Sie geärgert. Als gestern der Jude Burchard sagte, er wolle die Zollerhöhung den Arbeitern vom Lohn abziehen, da hätten Sie einfach aufstehen und den Juden rechts und links um die Ohren schlagen sollen, dann wären ihm solche Gedanken schon vergangen!" Ich erwiderte, daß ich wohl begreife, wenn die Fabrikanten sich über die Äußerungen Burchards ärgern, denn [er] habe nur ausgesprochen, was die Fabrikanten denken. Handeln die Fabrikanten anders und suchen die Steuererhöhung dem Verbraucher der Tabakfabrikate aufzubürden, dann würde ich mich sehr freuen. Ich fürchte aber, daß Burchard recht habe, und da rechne ich es ihm eher als Verdienst an, offen ausgesprochen zu haben, was die Fabrikanten beabsichtigen. Selbstverständlich müßten die Arbeiter versuchen, einen solchen Angriff auf ihre Lebenshaltung abzuwehren.

Die Steuererhöhung kam, und ein Fabrikant nach dem anderen teilte seinen Kunden mit, daß er bis auf weiteres in der Lage sei, die alten Sorten für den alten Preis zu liefern. Die meisten zahlungsfähigen Raucher hatten sich Vorräte angeschafft, und [es] trat nun ein völliger Stillstand in der Fabrikation ein. Ich verlor meine Hausarbeit. Einer der ersten Fabrikanten, der große Lohnabzüge machte, war Carl Klein. Er erklärte, vorläufig könne er überhaupt keine Zigarren gebrauchen. Er wolle aber die Arbeiter weiter [beschäftigen], die bereit seien, für weniger Lohn zu arbeiten und zwar die alten Sorten drei bis fünf Mark pro Tausend billiger zu liefern.

Am 1. November 1879 bezog ich eine Parterrewohnung in der Kleinen Carlstraße, und nun versuchten wir, den Plan zu verwirklichen, den Friederike schon lange hatte: einen Privatmittagstisch einzurichten. Denn, so sagten wir uns, bei 10 bis 12 Gästen muß so viel übrig sein, daß uns unser Essen nichts kostet. In der Tat gelang es bald, nach dieser Richtung etwas zu erreichen. Es war auch die höchste Zeit. Denn als Zigarrenarbeiter verdiente ich jetzt weniger als je zuvor, und wenn ich auch regelmäßig etwas Arbeit hatte, dann waren es persönliche Freunde, die mir gestatteten, daß ich einige hun-

---

109 Die Firma Müller & Burchard wurde 1868 in das Gesellschaftsregister des Amtsgerichtes Altona eingetragen und 1884 aufgelöst. Einer der Gesellschafter war der bis 1889 im Altonaer Adressbuch aufgeführte **Salomon Burchard**.

dert Zigarren mitmachte. Die Zigarrenarbeiter, die einige Ersparnisse hatten, reisten nun nach Amerika, denn an Besserwerden des Geschäfts glaubte keiner. Fast alle Fabrikanten richteten jetzt in Westfalen, im Harz, im Maingau usw. Filialen ein. Bevorzugte Hausarbeiter erhielten Stellen als Meister, aber man hatte das Gefühl, daß nach wenigen Jahren nur noch solche Arbeiter Arbeit finden konnten, die die allerfeinsten Sorten machen, daß aber für diese kein höherer Lohn gezahlt werden würde als sonst für Durchschnittssorten.

Auch unser Freund Julius Schmidt rüstete sich zur Abreise. Bei ihm traf wieder ein ähnlicher Grund zu wie 1875 bei seiner Abreise nach der Schweiz. Am Abend seiner Heimkehr waren wir in der Wirtschaft von Lütgens gewesen und hatten uns und die Wirtin und deren hübsche Tochter gut amüsiert. Bald nachdem war Lütgens gestorben, und Julius hatte die Rolle eines Witwentrösters übernommen. Er war geschäftlicher Ratgeber und bald Liebhaber der immer noch hübschen Frau geworden. Die Pferdeschlachterei war an einen Schlachter verkauft, und sie hatte in der Nachbarschaft eine Wirtschaft übernommen. Mehrfach war es nahe daran, daß Julius Frau Lütgens heiraten wollte. Dann ging das Verhältnis plötzlich in die Brüche, was in Julius wieder Reisegedanken auslöste. Jetzt sollte es kein Handwerksburschenleben mit dem Ziel der Rückkehr nach der Heimat werden, denn die Aussichten auf gute Existenz in der Zukunft waren sehr trübe.

„Amerika" war jetzt die Losung. Die freie Republik, die nach dem Zeugnis ihrer Gründer den Tyrannen eine Warnung und den Verfolgten eine Heimat werden sollte. Wirtschaftlich war in Amerika eine Zeit der Prosperität. Die Ausgewanderten schrieben, daß sie bald Arbeit gefunden und für 1000 Zigarren 45 bis 60 Mark Lohn erhielten. Dabei seien die Preise für Fleisch viel niedriger als in Deutschland. Täglich bekommen sie dreimal warmes Essen und können sich in Fleisch satt essen. Ach, wenn der Inhalt dieser Briefe besprochen wurde, was entstand da für ein Eldorado. Amerika war das Ideal aller Notleidenden. Für reichlich 100 M war die Überfahrt zu bestreiten. Julius war ein flotter Arbeiter und ein sparsamer Mann. Er dachte auch an seine Eltern: der Vater – ein schwacher Arbeiter mit noch drei schulpflichtigen Kindern. Er und sein Bruder Adolf entschlossen sich zum Sprung über den großen Bach. Auch schlossen sich die Reisekollegen, die mit ihm aus der Schweiz gekommen waren, Günter und Hausherr, an.[110] Am 31. März

---

110 Julius Schmidt hatte zusammen mit dem aus Hanau stammenden **Eduard Hausherr** (1845->1885) in Zug bei der Firma Wemans und Co. vom 21. Mai bis zum 5. August 1876 gearbeitet. Auf dem Dampfer „Lessing" erreichten Julius und Adolf Schmidt sowie Eduard Hausherr am 16. April 1880 New York. Eduard Hausherr hat sich in Manhattan am 12. August 1885 verheiratet. Ein Zigarrenarbeiter mit Vor- oder Nachnamen **Günter** hat weder bei der Firma Wemans in Zug gearbeitet, noch als Passagier der „Lessing" den

1880 dampften sie ab. Da Julius ein wenig Furcht vor der Verfolgung seiner Liebsten hatte, so brachte er die letzten Abende bei uns, also bei unserer Mutter, zu. Er sang die Lieblingslieder unserer Mutter: „Den Schönen Heil" von Neithardt, „Drei Liebchen" usw.[111] So kam der Tag des Scheidens. Aber beim Abschiednehmen klang es doch durch, daß er einst als reicher Onkel aus Amerika zurückkehren werde.

Der Rest des Jahres 1879 und der Beginn des Jahres 1880 verliefen ohne bemerkenswerte Erscheinungen. Ich hatte nur wieder, wie früher schon einmal, mich in das Statistenregister beim Stadttheater eintragen lassen. Solche „Rollen", die besonders einstudiert werden mußten, die auch honoriert wurden, hatte ich nicht übernommen. Aber der Statist hört den Sänger aus nächster Nähe und, wenn man nicht gebraucht wurde, was die Regel war, dann konnte man freie Plätze im Theater, d.h. Galerie oder dritten Rang, besetzen. Etwas Leben in die Partei brachte der Umstand, als Bauer, der Abgeordnete des II. Hamburger Kreises, sein Mandat niederlegte.[112] Eine Nachwahl unterm Sozialistengesetz. Zunächst gab die Kandidatenfrage etwas Streit. Georg Wilhelm Hartmann war nicht der beste Kamerad. Das hatten wir schon früher im Allgemeinen Deutschen Arbeiterverein empfunden. Er war sehr selbstbewußt, etwas eitel und oft von Jähzorn befallen.

Nebenbei wurde er etwas von Eifersucht geplagt. Ob seine Frau ihm begründeten Anlaß gegeben hat, weiß ich nicht. Auf jeden Fall war es eine Art Geschmacksverirrung, sich in die Frau zu verlieben. Ich glaube aber, daß die Eifersucht selten[er] in anderen Personen als in dem Eifersüchtigen selbst begründet ist. Das hatte ich bei Frau Bartz und Frau Köster und bei manchen anderen Eifersüchtigen beobachtet. Frau Hartmann war keine Schönheit, aber Hartmann tat genau das Gegenteil von dem, was ein Eifersüchtiger tun muß.[113] Hartmann galt als der feinste Arbeiter in seinem Beruf. Anstatt bei seinem

---

Atlantik überquert. Da dies auch für ähnlich klingende Namen gilt und die Lesart im Original eindeutig ist, muss Hermann Molkenbuhr hier ein Irrtum unterlaufen sein.

111 Zu Neithardt vgl. S. 143, Anm. 155; **„Drei Liebchen"**: opus 33 des Liederkomponisten Wilhelm Speyer (1790–1878) auf eine Ballade des Arztes und Dichters Heinrich Hoffmann (1809–1894), des Erfinders des „Struwwelpeter", abgedruckt in: Heinrich Hoffmann, Gesammelte Gedichte, Zeichnungen und Karikaturen, Frankfurt am Main 1987, S. 328–330.

112 **Karl Heinrich Bauer** (1829–1904), Architekt, MdR Januar 1877 bis zu seinem Mandatsverzicht am 24. Februar 1880, gehörte bis zum 12. Juli 1879 der Nationalliberalen Partei und Fraktion an.

113 **Marie Hartmann** geb. Rath (1852–>1911), Näherin, seit Mai 1874 Ehefrau von Georg Wilhelm Hartmann, 1892 geschieden, seit 1895 verheiratet mit Albert John Luis, seit 1898 in Bremerhaven wohnhaft, von dort 1911 nach Einswarden/Oldenburg (heute Nordenham) abgemeldet, wo sich ihre Spur verliert.

Leisten zu bleiben, hatte er erst einen großen Schuhwarenladen in der Brandestwiete eröffnet; als dieser Laden nicht reüssierte, gab er das Geschäft auf und übernahm eine Schankwirtschaft auf dem Großneumarkt. Jetzt war Frau Hartmann doch berufsmäßig verpflichtet, mit jedem zahlungsfähigen Gast freundlich zu sein. Sie gehörte nicht zu den Leuten, denen es leicht wurde, ein freundliches Äußeres zur Schau zu tragen. Erst, wenn sie Leute kannte, an deren Erzählungen sie Gefallen fand, dann war sie auch nicht in der Lage, die Mürrische zu heucheln. Unter den Stammgästen befand sich ein ehemaliger Lehrer, der durch seine Erzählungen Frau Hartmann besonders lustig stimmte und, wie es in solchen Fällen unausbleiblich ist, die Eifersucht des Ehemannes zur Siedehitze brachte. Jedoch spielten die familiären Verhältnisse vorläufig keine Rolle. Dieses trat erst später ein.

Im Parteivorstand war Hartmann in schroffen Gegensatz zu Auer und Geib geraten. Noch wenige Abende vor Geibs Tod war der Konflikt so arg, daß vielfach angenommen wurde, daß die Aufregung aus diesem Konflikt den Tod Geibs beschleunigt hatte. Wenn jetzt Auer und seine Freunde über Hartmann schimpften, dann hatten wir, die 1875 gegen die Wahl Hartmanns in den Vorstand waren, etwas Schadenfreude, indem wir sagten: Ihr wolltet Hartmann doch gerne haben. Damals war es die Diplomatie Auers gewesen, Hartmann in den Vorstand zu holen. Er wußte, daß Hartmann hoch in der Gunst der Hamburger Genossen stand. Er war Mitglied des Allgemeinen Deutschen Arbeitervereins, aber ein grimmiger Feind von Hasenclever und Derossi. Vorläufig wollte Auer durch die persönliche Feindschaft Hartmanns mit den beiden Lassalleanern sich und Geib die Mehrheit sichern. Später befreundete Auer sich mit Derossi, kam aber mit Hartmann in Konflikt.

Jetzt war Auer Gegner der Kandidatur Hartmanns, und er erklärte, er würde sich eher entschließen, einen weißen Zettel abzugeben, als Hartmann [zu] wählen. Aus dieser Äußerung haben Gegner Auers später die Behauptung hergeleitet, Auer habe bei dieser für die Partei so wichtigen Wahl einen weißen Zettel abgegeben. Das trifft aber nicht zu, denn Auer hat gar keinen Zettel abgegeben, weil er am Holzdamm, also im ersten Hamburger Kreis, wohnte. Die Mehrheit entschied sich für die Wiederaufstellung Hartmanns. Auch ich trat für Hartmann ein, weil ein Kandidatenwechsel in dieser Zeit Verwirrung in die Kreise der Genossen gebracht hätte. Wir entschlossen uns, alle Kräfte einzusetzen, um das Mandat zu erobern. Dabei waren wir uns bewußt, daß wir mit dem Mandat auch den Belagerungszustand für Hamburg eroberten.

Alle tätigen Genossen wurden zur Hausagitation mobil gemacht. Um aber möglichst unauffällig agitieren zu können, bekamen die einzelnen nicht zusammenliegende Häuser, sondern vielleicht Nr. 1, Nr. 11 und Nr. 21 einer bestimmten Straße. Ich hatte ein besonders interessantes Revier in der Kastanienallee.[114] Abschriften der Wählerlisten hatten wir. Als ich zunächst einmal einen Rundgang machte, entdeckte ich, daß fast nirgends der Name des Wählers an der Tür stand. Dort standen Namen wie Rosa, Olga, Thusnelda usw., also Namen, die mit Sicherheit ankündigten, daß es keine Wähler, sondern Damen waren, die den Seeleuten angenehme Stunden bereiteten, aber auch das Geld abnahmen. Die Wähler waren also die Beherberger und Beschützer dieser Damen. Gegen diese Gesellschaft hatte ich eine nicht geringe Antipathie, weil ich immer vermutete, daß sie mit ihrer polizeiwidrigen Existenz sich dadurch zu erhalten suchen, daß sie der Polizei Dienste erweisen. Meistens wurde ich aber sehr freundlich aufgenommen, und waren die Mädchen in der Regel gern bereit, den in der Liste verzeichneten Wähler aufzusuchen.

Die Wahl verlief sehr geräuschlos. Da, wo unsere Genossen den Versuch machten, mit einem Plakat mit der Aufschrift: „Wählt Hartmann" auf der Straße zu erscheinen, wurden sie gleich sistiert.[115] Bei der Zusammenstellung des Wahlresultates im Conventgarten sollten nur Agitatoren der Gegner zugelassen werden.[116] Als aber feststand, daß Hartmann gewählt war, brauste die „Marseillaise" durch den Saal. Der Großneumarkt, wo Hartmann seine Wirtschaft hatte, stand gedrängt voller Menschen, die abwechselnd Hochs auf Hartmann und die Sozialdemokratie ausbrachten. Gewiß war Hartmann oft eine populäre Person gewesen. An diesem Abend erreichte seine Popularität den Höhepunkt.

Sehr bald fing er an, seine Popularität so zu behandeln, wie ein Kind ein Spielzeug behandelt. Von dem Helden des Aprilstages von 1880 war ein Jahr später nur der eifersüchtige, kleinliche Stänker übriggeblieben, der nun auch mit dem Schimpf des politischen Feiglings beladen war. Als der Belagerungszustand kam, gehörte Hartmann zu den ersten Ausgewiesenen. Nun erhielt er eine Stellung als Reisender für ein Schustergeschäft. Eine Stellung, in der er sich und seine Familie erhalten konnte. Hartmanns Frau behielt die Wirtschaft. Hartmann wollte nach Hamburg zurück, um, wie er sagte, seine Frau in dem Luderleben zu stören. Er kroch zu Kreuze und setzte sich dadurch dem Verdacht aus, daß er es nur getan habe, um den Gegnern den Wahlkreis auszuliefern. Hartmanns Gnadengesuch war gleichzeitig die Zerstörung seiner politischen Laufbahn.[117]

---

114 Die **Kastanienallee** liegt in St. Pauli unweit der Reeperbahn.
115 **Sistiert:** vgl. S. 252, Anm. 30.
116 Gemeint ist der Konzert- und Versammlungssaal **Conventgarten** in der Fuhlentwiete in Hamburg.
117 Die Ausweisung Hartmanns vom 30. Oktober 1880 wurde im Herbst 1881 aufgehoben.

Verhängung des Belagerungszustandes über Hamburg

Der Sommer verlief noch ganz glatt, was wir erwartet hatten, daß unmittelbar nach den Wahlen der Belagerungszustand verfügt werden würde, trat nicht ein. An Verfolgungen fehlte es jedoch nicht. Bald wurden Leute abgefangen, die Mosts „Freiheit" verbreitet hatten, bald Verbreiter des „Sozialdemokrat". Einige Auseinandersetzungen gab die Vorbereitung des Parteitages in Wyden.[118] In einer Besprechung hatten die Berliner Genossen selbstverständlich den Spitzel Wichmann mitgebracht. Das führte dazu, daß Stöhr und ich Ansichten entwickelten, die Auer zu dem Ausspruch verleiteten: „Die Ottenser sind so gesetzlich, daß sie alle Grundsätze aufgeben, wenn es durch ein Gesetz verlangt wird." Als wir später in Privatunterhaltung ihm den Grund unserer Haltung mitteilten, glaubte er, wir sehen nur Gespenster.

Vorläufig nahmen wir von der Beschickung des Kongresses Abstand, weil unsere Finanzen es nicht gestatteten. Die Wahlen hatten eine ansehnliche Schuldenlast hinterlassen. Die Abzahlungen waren aber durch die Unterstützungen an die in Ottensen ansässigen Ausgewiesenen verlangsamt. Jetzt mußte mit allen Kräften gespart werden, wenn wir 1881 zur Wahl nicht gänzlich ohne Mittel sein wollten. Aber es kam bald anders, wie wir gedacht. Aus sicherer Quelle erfuhren wir, daß in Hamburg stark darauf gedrückt werde, Hamburg solle die Verhängung des Belagerungszustandes beim Bundesrat beantragen. Diese Kunde ließ einigen Genossen das Herz in die Hosen fallen. Von unseren früheren Vorstandsmitgliedern, die auch jetzt mit die Parteileitung bildeten, traten zwei Mann, Detlef Köster und Stegen, aus und wurden Fortschrittler.[119] Sie traten in den Verein der Fortschrittspartei ein und zeigten durch Reden in den Versammlungen, daß sie wirklich nicht mehr Sozialdemokraten, sondern echte Fortschrittler seien.

An Stegen wurde ein Exempel statuiert. Die Flucht ins fortschrittliche Lager schützte ihn nicht vor Ausweisung, denn als der Belagerungszustand kam, war Stegen einer von den sechs, die fort mußten.[120] Jetzt hatte er die Verbindung mit der Partei abgebrochen. Das Schicksal Stegens trieb Köster bald zur Verzweiflung. Er lief zum konservativen Bürgermeister Bleicken und fragte den, was er tun müsse, um sich vor Ausweisung zu schützen. Bleicken sagte, wenn es überhaupt ein Mittel gebe, dann sei es das, konservativer Agitator zu werden. Das war für Köster keine Schwierigkeit. Sehr bald hatte er sich eini-

---

118 Vom 20. bis 23. August 1880 fand auf Schloss Wyden im Kanton Zürich der erste geheime Kongress der Sozialdemokratie nach Erlass des Sozialistengesetzes statt.
119 Zu **Detlef Köster** und **Georg Daniel Stegen** vgl. S. 163, Anm. 2.
120 Der **Belagerungszustand** über die preußische Umgegend Hamburgs und die Stadt Hamburg wurde am 28. bzw. 29. Oktober 1880 verhängt; Georg Daniel Stegen wurde am 30. Oktober 1880 ausgewiesen; im Sommer 1881 wurde die Ausweisung aufgehoben.

ge konservative Forderungen gemerkt und trat nun mit derselben Überzeugung für diese ein, wie einige Wochen vorher für fortschrittliche Forderungen. Gegen die Manchesterleute der Fortschrittspartei zu polemisieren, das hatte er schon als Sozialdemokrat gelernt.

Kösters Beispiel folgte auch Stanzen Kammigan.[121] Stanzen hatte aber das für sich, daß er schon vor Erlaß des Sozialistengesetzes wegen seiner konfusen Reden für unfähig erklärt war, für die Partei zu wirken. Stanzen Kammigan sympathisierte stark mit den Bräuerschen und hatte sich wiederholt gegen die Einigung gewandt. Er war längere Zeit sogenannter stabiler Agitator in Thüringen gewesen. Er hatte aber nichts als ein gewaltiges Organ. Wenn er für die Lassalleschen Lehren eintrat, dann bekamen auch die wirklichen Lassalleaner eine Gänsehaut. Sonst war er ein braver Mensch und hatte im Zigarrenmachen eine seltene Geschicklichkeit. Zweifellos brachte er, wenn er als Agitator wirkte, persönlich große Opfer, denn er verdiente als Zigarrenarbeiter mindestens doppelt so viel, wie er als Agitator bekam.

Eines guten Tages war ein Kolporteur der Parteizeitungen in Ottensen verschwunden.[122] Witt war sein Name.[123] Witt war längere Zeit Schauspieler und Zigarrenarbeiter gewesen. Längere Zeit war er in der Gegend von Wilster für die Partei tätig. Mitte der Siebziger hatte er bei Köster gearbeitet und auf Arbeiterfesten oft als Rezitator gewirkt. Auch wirkte er mit beim Aufführen kleiner Theaterstücke, wobei er die Rolle eines Regisseurs übernahm. Als dann das „Hamburg Altonaer Volksblatt" gegründet wurde, wurde er Kolporteur. In der letzten Zeit gingen Gerüchte, daß Witt sexuell etwas pervers veranlagt [sei] und Anzeigen gegen ihn wegen Vergehen gegen § 175 erstattet seien.[124] Er sollte sich gegen einen Jungen, den er als Helfer beschäftigte, vergangen haben. Noch ehe wir Gelegenheit hatten, uns mit der Sache zu beschäftigen, war Witt verschwunden.

Ich erklärte mich bereit, die Kolportage zu übernehmen. Mit der Kolportage war auch die Verbreitung einer Anzahl Züricher „Sozialdemokrat" verbunden. Die Zeitungen wurden für Ottensen mit aus Hamburg nach Altona zu August Schultz gebracht.[125] Dieser gab die Zeitungen an die Kolporteure,

---

121 Kammigan fand später wieder zur Sozialdemokratie zurück; vgl. S. 200, Anm. 84.
122 **Kolporteur** (franz.): Jemand, der die Kolportage übernimmt, also Bücher, Zeitschriften oder wie in diesem Fall Zeitungen an der Haustür verkauft.
123 Aufgrund der Häufigkeit des Namens **Witt** sind keine näheren Angaben möglich.
124 Der **§ 175** des deutschen Strafgesetzbuches stellte sexuelle Handlungen zwischen Personen männlichen Geschlechts unter Strafe. Er wurde 1969 faktisch und 1994 endgültig aufgehoben.
125 **August Schultz** (1851->1889), aus Lübeck stammender Zeitungsspediteur, 1880 wegen Verbreitung verbotener Druckschriften für drei Monate im Gefängnis, wurde im November 1880 aus Hamburg und Umgegend ausgewiesen und emigrierte in die USA, lebte nach Angaben von Ignaz Auer, „Nach zehn Jahren", 1889 in New York.

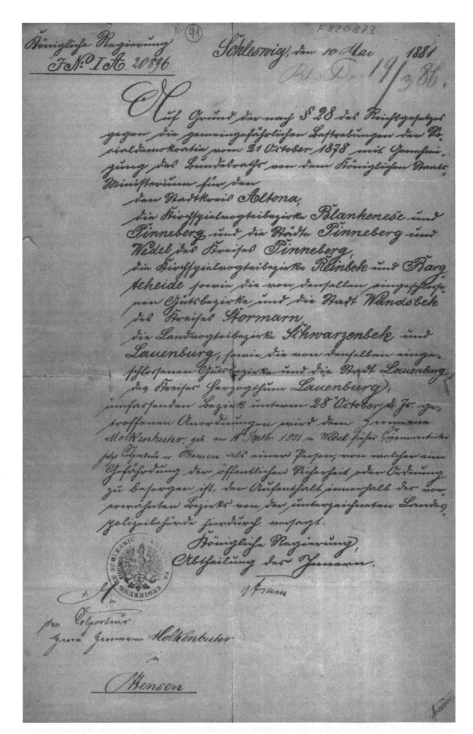

Abb. 39: Ausweisung Hermann Molkenbuhrs durch die Regierung in Schleswig vom 10. Mai 1881 aufgrund des § 28 des Sozialistengesetzes.

und mit Schultz mußte abgerechnet werden. Ich mußte also morgens gegen sechs Uhr bei Schultz sein, meine Zeitungen in Empfang nehmen, diese falzen und dann die Reise durch halb Ottensen antreten. Hierbei konnte ich meine Windhundeigenschaften noch gut verwerten.

Nun kam am 28. Oktober [1880] der Belagerungszustand, und gleich setzten die Ausweisungen mit großer Wucht ein. An der Spitze standen fast sämtliche Berliner Ausgewiesenen, sämtliche Redakteure der Hamburg-Altonaer „Gerichts-Zeitung", die Parteileitungen von Hamburg und Altona. Sehr glimpflich kamen wir in Ottensen weg. Hier wurden nur sechs Genossen ausgewiesen: zwei Berliner, Stöhr, Heerhold, Stegen und Rathjen, der letztere ein Tischler, der wegen Verbreitung der Mostschen „Freiheit" bestraft war.[126] Es hieß, daß Bleicken sich geweigert habe, mehr Leute auf die Ausweisungsliste zu setzen. Charakteristisch war, daß Heerhold und Stegen sich unter den Ausgewiesenen befanden. Heerhold war wohl seit Gründung des Allgemeinen Deutschen Arbeitervereins Bevollmächtigter gewesen. Er hatte sich aber schon vor Erlaß des Sozialistengesetzes zurückgezogen. Er sagte: „Ich bin ein alter Mann und habe eine große Familie, ich habe sechs Kinder." Die Kinderzahl stimmte, aber es waren keine Kinder mehr, denn zwei Töchter waren schon verheiratet, und die anderen Kinder waren schon mehr Ernährer der Eltern als umgekehrt.

Der größte Teil der Ausgewiesenen ging übers Weltmeer. Tausende Genossen waren am Hafen versammelt, als die „Blankenese", der Dampfer, der die Auswanderer nach Brunshausen brachte, vom Jonas abfuhr.[127] Bei den verschiedenen Haussuchungen hatte man die Altonaer Parteifahne gesucht. Kaum war die „Blankenese" losgemacht, da stand Reimer auf dem Promenadendeck und hielt die Fahne hoch. Die Abreise der Ausgewiesenen war ein Massenprotest gegen das Sozialistengesetz. Die Ausgewiesenen, die nicht nach Amerika gingen, gingen vorläufig nach Harburg, wohin auch der größte Teil der Redakteure der „Gerichts-Zeitung" ging. Jetzt erwuchsen der Partei erhöhte Aufgaben. Reichlich 120 Frauen mit rund 150 Kindern waren nun in Hamburg und Umgegend zu unterstützen. Es mußten also alle Kräfte angespannt werden, Mittel zu beschaffen.

---

126 **Johann Heinrich August Rathjen** (1854->1880), aus Altona stammender Tischler, wurde am 30. Oktober 1880 aus Hamburg und Umgegend ausgewiesen, emigrierte in die USA.

127 Laufenberg, Geschichte der Arbeiterbewegung in Hamburg, Altona und Umgegend, Bd. 2, S. 217f. teilt als Tag der Abreise Otto Reimers den 10. November 1880 mit, allerdings gibt er den Namen des Dampfers mit „Silesia" an. In **Brunshausen**, heute ein Stadtteil von Stade, stiegen Passagiere von kleinen Personendampfern auf die großen Auswandererschiffe um. Der heute nicht mehr existierende **Jonas**-Hafen lag dort, wo heute die St. Pauli-Landungsbrücken liegen.

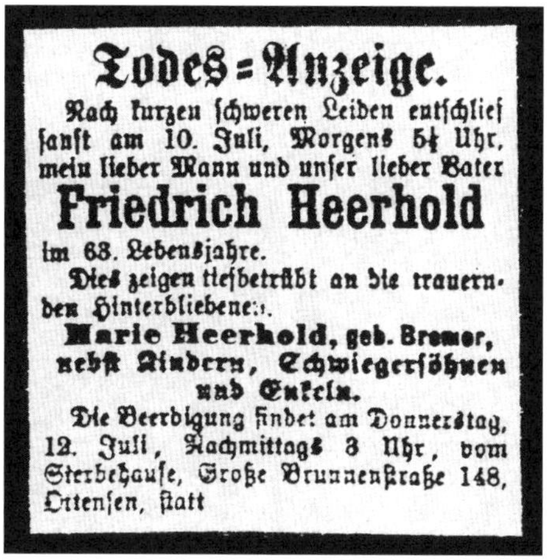

Todes=Anzeige.

Nach kurzen schweren Leiden entschlief sanft am 10. Juli, Morgens 5¼ Uhr, mein lieber Mann und unser lieber Vater

Friedrich Heerhold

im 63. Lebensjahre.

Dies zeigen tiefbetrübt an die trauernden Hinterbliebenen:

Marie Heerhold, geb. Bremer, nebst Kindern, Schwiegersöhnen und Enkeln.

Die Beerdigung findet am Donnerstag, 12. Juli, Nachmittags 3 Uhr, vom Sterbehause, Große Brunnenstraße 148, Ottensen, statt

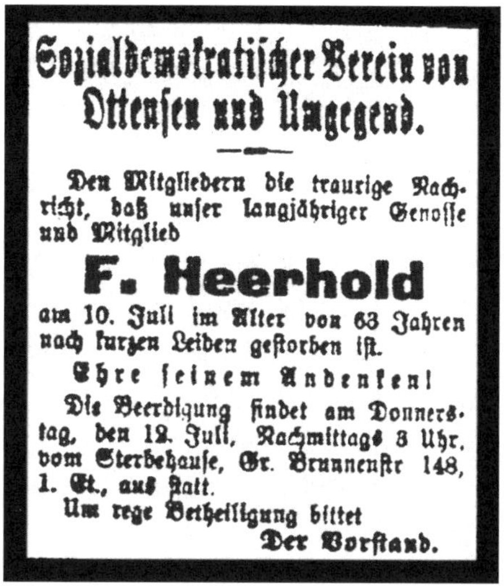

Sozialdemokratischer Verein von Ottensen und Umgegend.

Den Mitgliedern die traurige Nachricht, daß unser langjähriger Genosse und Mitglied

F. Heerhold

am 10. Juli im Alter von 63 Jahren nach kurzen Leiden gestorben ist.

Ehre seinem Andenken!

Die Beerdigung findet am Donnerstag, den 12. Juli, Nachmittags 3 Uhr, vom Sterbehause, Gr. Brunnenstr 148, 1. Et., aus statt.

Um rege Betheiligung bittet

Der Vorstand.

Abb. 40: Todesanzeigen der Familie und der SPD im „Hamburger Echo“ für den am 10. Juli 1894 verstorbenen Friedrich Heerhold.

Am Hafen bei der Abreise der Ausgewiesenen traf ich meine ehemalige Liebste Emilie Holm, die beim Sammeln für die Gelder zur Fahne Hervorragendes geleistet hatte. Sie war seit einigen Jahren, wie ich glaubte, glücklich verheiratet. Ich sagte zu ihr: „Nun, Emilie, wirst Du doch auch wieder eine Sammelliste nehmen und Deine alte Fixigkeit im Sammeln zeigen?“ Sie blickte mich mit ihren großen, blauen Augen an, und Tränen rannten ihr über die Wangen. Dann sagte sie: „Ich wollte, ich wäre auch mit ausgewiesen.“ Sie erzählte, daß sie sich mit ihrem Mann gar nicht vertragen könne. Sie habe schon den Entschluß gefaßt, von ihm zu gehen. Immer habe sie die Ausführung des Entschlusses hinausgeschoben, und nun habe sie das Unglück, schwanger zu sein. „Ach“, sagte sie, „wenn ich doch frei wäre. Wie gern würde ich tagelang mit einer Liste von Haus zu Haus gehen, und, wenn es sein müßte, Leute auf der Straße anbetteln.“ Wir blieben noch einige Stunden zusammen. Ich suchte sie zu trösten. Ich glaubte, die verzweifelte Stimmung sei auf den Zustand der Schwangerschaft zurückzuführen. Um sie lustig zu stimmen, rief ich Erinnerungen an lustige Episoden der Vergangenheit wach. Aber Emilie wurde immer trauriger, so daß ich ernsthaft befürchtete, sie werde eines Tages Selbstmord begehen. Das einzige, womit ich ihr noch Lebensmut machen konnte, war der Hinweis auf die Zukunft. Es konnten Zeiten kommen, wo jede Kraft gebraucht wird. Sie wiederholte ihren alten Entschluß, daß sie, wenn das Kind zur Welt gebracht, ihren Mann verlassen würde. Sie hoffte sogar, daß er früher ginge, denn sie wisse ganz bestimmt, daß auch er mit dem Gedanken umginge, sich von ihr zu trennen. Den Entschluß hat sie nicht mehr ausgeführt, denn die Schwangerschaft war der Keim des Todes. Im Wochenbett wurde sie vom Wochenbettfieber befallen, welches ihren Tod herbeiführte.

Abkürzungsverzeichnis

ADAV	Allgemeiner Deutscher Arbeiterverein
ADCAV	Allgemeiner Deutscher Cigarrenarbeiter-Verein
AdsD	Archiv der sozialen Demokratie, Bonn
AGDB	Almanach der Genossenschaft Deutscher Bühnenangehöriger
Bd	Band
CMIU	Cigar Makers International Union
CMPU	Cigar Makers Progressive Union
CVJM	Christlicher Verein Junger Männer
DVR	Dänische Volkszählungsregister
DVP	Deutsche Volkspartei
GV	Generalversammlung
IAA	Internationale Arbeiter-Assoziation
IISG	Internationales Institut für Sozialgeschichte, Amsterdam
Jg.	Jahrgang
LADAV	Lassallescher Allgemeiner Deutscher Arbeiterverein
LA	Landesarchiv
LAS	Landesarchiv Schleswig
LP	Legislaturperiode
MdL	Mitglied des Landtages
MdR	Mitglied des Reichstages
NL	Nachlass
o. J.	ohne Jahr
resp.	respektive
SAPD	Sozialistische Arbeiterpartei Deutschlands
SAG	Sozialdemokratische Arbeitsgemeinschaft
SDAP	Sozialdemokratische Arbeiterpartei
SLP	Socialistic Labor Party
SPD	Sozialdemokratische Partei Deutschlands
StaatsA	Staatsarchiv
Sten. Berichte	Stenographische Berichte
USPD	Unabhängige Sozialdemokratische Partei Deutschlands
VDAV	Vereinstag deutscher Arbeitervereine
VR	Volkszählungsregister

Abbildungsverzeichnis

Abb. 1: Hermann Molkenbuhr im Jahr 1904, ein Jahr vor Beginn der Niederschrift der „Erinnerungen", Fotograf Karl Pinkau, IISG Amsterdam.
Abb. 2: Titelbild des Altonaischen Adressbuches für 1868.
Abb. 3: Das Geburtshaus Hermann Molkenbuhrs hinter den beiden Kastanienbäumen, Stadtarchiv Wedel.
Abb. 4: Blick von Hermann Molkenbuhrs Geburtshaus auf den Wedeler Marktplatz mit dem Roland, Stadtarchiv Wedel.
Abb. 5: Taufeintrag Hermann Molkenbuhrs aus dem Taufregister von Wedel, 1851, lfd. Nr. 70, Kirchenbucharchiv Iserbarg.
Abb. 6: Johann Diedrich Möller, Schulkamerad Hermann Molkenbuhrs, Stadtarchiv Wedel.
Abb. 7: Die Cichorienfabrik von Richard Richelsen, Stadtteilarchiv Ottensen.
Abb. 8: Die von Hermann Molkenbuhr mit „74" paginierte Seite aus der ersten Kladde der „Erinnerungen", AdsD Bonn, NL Molkenbuhr.
Abb. 9: Jugendporträt des Dichters Otto Ernst, Bildarchiv Preußischer Kulturbesitz, Berlin.
Abb. 10: Der Schauspieler Carl Grunert als „König Lear", Aufnahme aus der „Gartenlaube", Jg. 1866, S. 69.
Abb. 11: Der Schauspieler Ludwig Dessoir als „Richard III.", Aufnahme aus der „Gartenlaube", Jg. 1863, S. 341.
Abb. 12: Der Schauspieler Friedrich Dannenberg in Ritterrüstung, Aufnahme aus dem Buch von Gustav Kopal, „Mattler sin Hahnrieder. Dannenberg und Döntjes von St. Pauli", Hamburg 1911, Vorblatt.
Abb. 13: Titelbild des Romans „Asmus Sempers Jugendland" von Otto Ernst in der Ausgabe 51. bis 55. Tausend, Leipzig 1911.
Abb. 14: „Die Niobiden" von Johann Christian Wraske aus der Hamburger Kunsthalle, Bildarchiv Preußischer Kulturbesitz, Berlin.
Abb. 15: Friedrich Wilhelm Fritzsche, Aufnahme aus dem Band „Hundert Jahre deutsche Sozialdemokratie. Bilder und Dokumente", hrsg. von Georg Eckert, Hannover 1963, Kapitel „Gründung, Verfolgung und Aufstieg", Nr. 111.
Abb. 16: August Geib, AdsD Bonn.
Abb. 17: Georg Wilhelm Hartmann, AdsD Bonn.

Abb. 18: Mitgliedskarte Hermann Molkenbuhrs im Sozialdemokratischen Verein für Ottensen und Umgegend, nach dem 1. Oktober 1890, AdsD Bonn, NL Molkenbuhr.
Abb. 19: Gemälde von Ferdinand Lassalle auf dem Totenbett, AdsD Bonn.
Abb. 20: Zwei Versammlungsankündigungen des ADAV aus dem „Neuen Social-Demokrat" mit dem Redner Hermann Molkenbuhr am 11. März 1874 in Altona bzw. 4. Mai 1874 in Ottensen.
Abb. 21: Wilhelm Hasenclever, AdsD Bonn.
Abb. 22: Otto Reimer, Aufnahme aus dem Band „Vaterlandslose Gesellen", Stuttgart 1901, S. 82.
Abb. 23: Paul Grottkau, AdsD Bonn.
Abb. 24: Polizeibericht über eine Versammlung des ADAV am 11. Dezember 1873 in Lieth, in dem Hermann Molkenbuhr irrtümlicherweise als „Muldenbeer" aus Ottensen bezeichnet wird, Landesarchiv Schleswig, Abt. 320,12 Nr. 2.
Abb. 25: Werbeanzeige des Wollwarenhändlers Diedrich Popp für sein Geschäft in Elmshorn aus der „Schleswig-Holsteinischen Volkszeitung" September 1877.
Abb. 26: Steckbrief („Signalement") Hermann Molkenbuhrs aus dem Jahr 1878, Staatsarchiv Hamburg, Politische Polizei S 149/319.
Abb. 27: Carl Wilhelm Tölcke, AdsD Bonn.
Abb. 28: Hermann Molkenbuhr zur Zeit des Vereinigungsparteitages in Gotha 1875, Aufnahme aus der „Vorwärts"-Beilage „Volk und Zeit" Nr. 37 vom 11. September 1921.
Abb. 29: Gemälde vom Parteitag in Gotha 1875: August Bebel spricht zu den Delegierten, Ullstein-Bilderdienst, Berlin.
Abb. 30: Fürst Günther Friedrich Carl II. von Schwarzburg-Sondershausen, Schlossmuseum Sondershausen.
Abb. 31: Ignaz Auer im Jahr 1877, Aufnahme aus der Broschüre „Ignaz Auer. Eine Gedenkschrift" von Eduard Bernstein, Berlin 1907, S. 25.
Abb. 32: Der Gasthof „Zur Post" von Joachim Arp in Bornhöved, Harald Timmermann, Bornhöved.
Abb. 33: Postkarte der zwölf bei den Reichstagswahlen 1877 gewählten sozialistischen Abgeordneten mit Ferdinand Lassalle in der Mitte, AdsD Bonn.
Abb. 34: Die Schauspieler Franziska Ellmenreich, Ludwig Barnay und Siegwart Friedmann, Aufnahme des Ateliers Emil Bieber in Hamburg aus dem Jahr 1877, Hamburger Theatersammlung.

Abb. 35: Der Schauspieler Ludwig Barnay als „König Lear", Aufnahme des Ateliers Emil Bieber in Hamburg, Bildarchiv Preußischer Kulturbesitz, Berlin.

Abb. 36: Die Schauspielerin Clara Ziegler als „Medea", Hamburger Theatersammlung.

Abb. 37: Friederike Molkenbuhr mit dem am 10. März 1881 geborenen Brutus Molkenbuhr, dem jüngsten Sohn von Hermann Molkenbuhr, Familienarchiv Bert und Christa Molkenbuhr, Berlin.

Abb. 38: Polizeifotos des Polizeispitzels Wilhelm Wichmann, Staatsarchiv Hamburg, Politische Polizei, S 75.

Abb. 39: Ausweisung Hermann Molkenbuhrs durch die Regierung in Schleswig vom 10. Mai 1881 aufgrund des § 28 des Sozialistengesetzes, AdsD Bonn, NL Molkenbuhr.

Abb. 40: Todesanzeigen der Familie und der SPD im „Hamburger Echo" für den am 10. Juli 1894 verstorbenen Friedrich Heerhold.

Literaturverzeichnis

Archivalien

Archiv der sozialen Demokratie in der Friedrich-Ebert-Stiftung, Bonn

Nachlaß Hermann Molkenbuhr, darin in Kassette 3 die Originalquelle: die „Erinnerungen".

Landesarchiv Schleswig-Holstein in Schleswig

„Nachweisung der sozialdemokratischen Vereine, welche 1878 in Ottensen (Kreis Altona) bestanden haben", in: Abt. 309/12555.

„In Schleswig-Holstein tätig gewesene Agitatoren", in: Abt. 301/2244.

Volkszählungsakten:
des Jahres 1855: Abt. 415 Nr. 5492, 5493, 5494 (Altona), Nr. 5496 (Stadt Itzehoe), Nr. 5534 (Ottensen) und ebenfalls 5534 (Wedel);

des Jahres 1860: Abt. 412 Nr. 588 (Wedel), Nr. 800 (Stadt Itzehoe)

des Jahres 1864: Abt. 412 Nr. 916 (Kellinghusen), Nr. 955 (Fredesdorf), Nr. 958 (Bramstedt), Nr. 988 (Wedel), Nr. 1000 (Hemdingen), Nr. 1119 (Ahrensburg), Nr. 1124 (Kayhude/Gut Borstel), Nr. 1195 (Glückstadt), Nr. 1197 (Stadt Itzehoe), Nr. 1209 (Mölln).

Staatsarchiv Hamburg

Hansestadt Hamburg, Meldeamt, Alt-Altona-Kartei 1892–1918.
Hansestadt Hamburg, Meldeamt, Alt-Hamburg-Kartei 1892–1925.

Bestand 332–8 Meldewesen: Protokolle und Karteien der Fremdenpolizei 1833–1890.
Bestand 332–8 Meldewesen: Volkszählungsregister für Altona und Ottensen 1860 und 1864.

Register der Aufnahme in den Hamburgischen Staatsverband.

Abt. 331–3 Politische Polizei, Personal- und Ausweisungsakten:

S 24 (Rackow), S 75 (Wichmann) S 77 (Wolf), S 149/25 (Reimer), S 149/26 (Braasch), S 149/29 (Radenhausen), S 149/36 (Stegen), S 149/37 (Stöhr),

S 149/40 (Schlottmann), S 149/41 (Malkowitz), S 149/80 (Schweppendieck), S 149/99 (Oldenburg), S 149/100 (Praast), S 149/112 (Gundelach), S 149/105 (August Schultz), S 149/222 (Walther), S 149/247 (Heinrich Möller), S 149/283 (Drogand), S 149/316 (Heerhold), S 149/318 (Hinrich Molkenbuhr), S 149/319 (Hermann Molkenbuhr), S 149/320 (Holzhauer), S 149/324 (Methe), S 149/328 (Theodor Schrader), S 149/373 (Scharlibbe), S 149/404 (Henningsmeier), S 149/423a (Lindemann), S 149/468 (Otto Rudolph Schulz), S 754 (Kammigan), S 1109 (Hartwig).

Personalakten Altona N 85 (Niedorf), B 674 (Heinrich Ludwig Adolf Brumm), B 674a (Johann Diedrich Brumm), W 169 (Weisse).

Staatsarchiv Hamburg, 411–2 Patronat St. Pauli I 404: Konzessionsprotokolle N° 4 1864–1869, S. 123 (den Hinweis verdanke ich Dietmar und Gisela Winkler in Berlin).

Altonaische bzw. Altonaer Adressbücher 1862 ff.
Hamburgische bzw. Hamburger Adressbücher 1862 ff.

Zeitungen und Zeitschriften

„Agitator" (hrsg. von Johann Baptist von Schweitzer), Nachdruck, Jahrgang 1–2: 1. April 1870 – 24. Juni 1871, Berlin, Bonn 1978

„Die Gartenlaube" Jahrgänge 1862 bis 1881

„Omnibus" Jahrgänge 1864 bis 1875

„Reform" 1862 bis 1864

„Social-Demokrat" Jahrgänge 1865 bis 1871

„Neuer Social-Demokrat" Jahrgänge 1871 bis 1876

„Vorwärts" Jahrgänge 1876 bis 1878

„Hamburg-Altonaer Volksblatt" Jahrgänge 1875 bis 1878

„Schleswig-Holsteinische Volkszeitung" Jahrgänge 1877 und 1878

Freundliche Auskünfte erteilten:

das Stadtarchiv Ahrensburg, das Stadtarchiv in Bad Bramstedt, das Stadtarchiv Bad Elster, das Staatsarchiv in Bremen, das Stadtarchiv in Bremerhaven, das Stadtarchiv in Düsseldorf, das Stadtarchiv in Elmshorn, das Institut für Stadtgeschichte in Frankfurt am Main, das Stadtarchiv in Glückstadt, das

Stadtarchiv in Hannover, das Gemeinsame Archiv des Kreises Steinburg und der Stadt Itzehoe, das Amt Itzstedt, das Stadtarchiv in Kassel, das Stadtarchiv in Kellinghusen, das Stadtarchiv Köthen, das Kreisarchiv Herzogtum Lauenburg, das Stadtarchiv in Leipzig, das Staatsarchiv in Ludwigsburg, das Stadtarchiv in Magdeburg, das Stadtarchiv in Mannheim, das Stadtarchiv in Mölln, das Stadtarchiv in Neumünster, das Stadtarchiv in Nordenham, das Niedersächsische Staatsarchiv in Osnabrück, das Gemeinschaftsarchiv Schleswig-Flensburg, das Landeshauptarchiv Schwerin, das Stadtarchiv Schwerin, das Stadtarchiv in Sternberg, das Stadtarchiv in Stuttgart, das Stadtarchiv in Wedel, das Stadtarchiv in Wipperfürth, das Archiv der Hansestadt Wismar, das Stadtarchiv in Wuppertal, das Stadtarchiv in Zeitz;

die Stiftung Archiv der Parteien und Massenorganisationen der ehemaligen DDR im Bundesarchiv Berlin, das Geheime Staatsarchiv Preußischer Kulturbesitz in Berlin-Dahlem, das Politische Archiv des Auswärtigen Amtes in Berlin, das Landesarchiv Berlin, die Bibliothek für Bildungsgeschichtliche Forschung des Deutschen Instituts für Internationale Pädagogische Forschung in Berlin, die Bibliothek der Friedrich-Ebert-Stiftung in Bonn, die Universitätsbibliothek Eichstätt, das Oncken-Archiv des Bundes Evangelisch-Freikirchlicher Gemeinden in Deutschland in Elstal, das Deutsche Volksliedarchiv in Freiburg im Breisgau, das Militärarchiv in Freiburg im Breisgau, das Archiv des Verlages Hoffmann und Campe in Hamburg, das Bundesamt für Seeschiffahrt und Hydrographie in Hamburg, die Hamburger Kunsthalle, die Hamburger Sternwarte, die Deutsche Unitarier Religionsgemeinschaft in Hamburg, die Schleswig-Holsteinische Landesbibliothek in Kiel, das Archiv der Deutschen Schillergesellschaft in Marbach am Neckar;

das Landeskirchliche Archiv Berlin-Brandenburg, das Archiv des Nordelbischen Kirchenamtes in Kiel, das Archiv der Evangelischen Kirche im Rheinland in Düsseldorf, das Bistumsarchiv des Erzbischöflichen Generalvikariats Hamburg, das Kirchenbuchamt des Evangelisch-Lutherischen Kirchenkreises in Flensburg, das Kirchenbuchamt des Kirchenkreises Husum-Bredstedt, das Kirchenbuchamt des Kirchenkreises Iserbarg in Hamburg-Rissen, das Kirchenbuchamt des Kirchenkreises Kiel, das Kirchenbuchamt des Kirchenkreises Münsterdorf in Itzehoe, das Kirchenbuchamt des Kirchenkreises Rantzau in Elmshorn, das Kirchenbuchamt des Kirchenkreises Segeberg, das Kirchenbuchamt des Kirchenkreises Stormarn und Pastor Karlheinz Fischer vom katholischen Pfarramt St. Pankratius in Borgloh;

das Landsarkivet for Sonderjylland in Aabenraa (Apenrade), Dänemark, das Erhvervsarkivet in Aahus, Dänemark, die Arbejderbevaegelsens Bibliotek og Arkiv in Kopenhagen, Dänemark, das Stadtarchiv in Zug in der Schweiz, das

Wiener Stadt- und Landesarchiv, das General Register Office in London, die Missouri Historical Society in St. Louis;

Dr. Georg Asmussen in Boren, Bürgervorsteher Uwe Dohrn in Uetersen, Dr. Lesley Drewing, Kiel, Margarethe und Jörg Eichbaum in Heist, Dr. Christian Fendt, Heidelberg, Dr. Klaus Hurlebusch, Hamburg, Heidrun Louda von der Friedrich-Ebert-Stiftung in Bonn, Dr. Jürgen Ruge vom Hamburgischen Wörterbuch, Dr. Gerhard Sälter, Berlin, Isabel Sarasin, Berlin, Harald Timmermann aus Bornhöved, Prof. Dr. Achim Toepel, Halle, Dietmar und Gisela Winkler in Berlin.

Literatur

Das Literaturverzeichnis listet diejenige benutzte Literatur auf, die auch tatsächlich biographische oder sachliche Informationen für die Annotation enthielt. Es ist also weder eine Bibliographie zur Thematik der frühen Arbeiterbewegung im Großraum Hamburg noch eine Liste der benutzten Literatur.

Allgemeine Deutsche Biographie, Neudruck der 1. Auflage von 1875, Berlin 1967.
Allgemeines Lexikon der bildenden Künstler von der Antike bis zur Gegenwart, begr. von Ulrich Thieme und Felix Becker, Leipzig 1907–1950 (Nachdruck 1999).
Almanach der Genossenschaft Deutscher Bühnen-Angehöriger, hrsg. von Ernst Gettke, Leipzig 1873 bis 1887.
Altonas topographische Entwicklung, hrsg. mit Unterstützung der Altonaer Stadtverwaltung von Dr. Richard Ehrenberg und Berthold Stahl, Altona 1894.
Altpreußische Biographie, hrsg. im Auftrage der Historischen Kommission für ost- und westpreußische Landesforschung von Christian Krollmann, 2 Bände, Marburg 1974.
Arbeiter in Hamburg. Unterschichten, Arbeiter und Arbeiterbewegung seit dem ausgehenden 18. Jahrhundert, hrsg. von Arno Herzig, Dieter Langewiesche und Arnold Sywottek, Hamburg 1983.
Auer, Ignaz: Nach zehn Jahren. Material und Glossen zur Geschichte des Sozialistengesetzes, Nürnberg 1913.
Barnay, Ludwig: Erinnerungen, 2 Bände, Berlin 1903.
Die Bau- und Kunstdenkmale der Freien und Hansestadt Hamburg, Hamburg 1953 ff.
Bauche, Ulrich/Eiber, Ludwig/Wamser, Ursula/Weinke, Wilfried (Hrsg.): „Wir sind die Kraft". Arbeiterbewegung in Hamburg von den Anfängen bis 1945, Hamburg 1988.

Bebel, August: Aus meinem Leben, Ungekürzte Ausgabe, Berlin, Bonn 1986.
Bebel, August und Julie: Briefe einer Ehe, hrsg. von Ursula Herrmann, Bonn 1997.
Bernstein, Eduard: Die Geschichte der Berliner Arbeiterbewegung, Berlin 1907 bis 1910 (Nachdruck Glashütten im Taunus 1972).
Biographisches Jahrbuch und Deutscher Nekrolog, Berlin 1898 bis 1917.
Biographisches Lexikon für Schleswig-Holstein und Lübeck, hrsg. von der Schleswig-Holsteinischen Landesbibliothek, 1982 ff.
Braun, Bernd: Hermann Molkenbuhr (1851–1927). Eine politische Biographie, Düsseldorf 1999.
Braun, Bernd/Eichler, Joachim: Arbeiterführer, Parlamentarier, Parteiveteran. Die Tagebücher des Sozialdemokraten Hermann Molkenbuhr 1905 bis 1927, München 2000.
Breuilly, John/Sachse, Wieland: Joachim Friedrich Martens (1806–1877) und die Deutsche Arbeiterbewegung, Göttingen 1984.
Bürger, Heinrich (Hrsg.): Die Hamburger Gewerkschaften und deren Kämpfe von 1865 bis 1890, Hamburg 1899.
Dahms, Ferdinand: Geschichte der Tabakarbeiterbewegung. Manuskriptbearbeitung Hans Winkler, Hamburg 1965.
Demokratische Geschichte. Jahrbuch zur Arbeiterbewegung und Demokratie in Schleswig-Holstein, Kiel 1986 ff.
Deuter, Hermann: „Bewährter Streiter für Wahrheit, Recht und Freiheit" – Conrad Wode (1829–1889), ein deutscher Arbeiterführer aus Verden, in: Heimatkalender für den Landkreis Verden 2003, S. 275–294.
Deutsches Biographisches Jahrbuch, Berlin 1914 ff.
Deutsches Theaterlexikon. Biographisches und bibliographisches Handbuch von Wilhelm Kosch, Klagenfurt/Wien 1953.
Deutsches Wörterbuch von Jacob und Wilhelm Grimm, [Nachdruck Deutscher Taschenbuchverlag] München 1984.
Dowe, Dieter (Hrsg.): Protokolle und Materialien des Allgemeinen Deutschen Arbeitervereins (inkl. Splittergruppen), Berlin/Bonn 1980.
Dürkob, Carsten: Wedel. Eine Stadtgeschichte, Eutin 2000.
100 Jahre Landräte des Kreises Segeberg, in: Heimatkundliches Jahrbuch für den Kreis Segeberg 13 (1967), S. 23–27.
Eisenberg, Ludwig: Großes Biographisches Lexikon der deutschen Bühne im XIX. Jahrhundert, Leipzig 1903.
Eisler, Rudolf: Philosophen-Lexikon. Leben, Werke und Lehren der Denker, Berlin 1912.
Engelhardt, Ulrich: „Nur vereinigt sind wir stark". Die Anfänge der deutschen Gewerkschaftsbewegung 1862/63 bis 1869/70, 2 Bände, Stuttgart 1977.

Ernst, Eugen: Polizeispitzeleien und Ausnahmegesetze 1878–1910. Ein Beitrag zur Geschichte der Bekämpfung der Sozialdemokratie, Berlin 1911.

Fischer, Ilse: August Bebel und der Verband Deutscher Arbeitervereine 1867/68. Brieftagebuch und Dokumente, Bonn 1994.

Fricke, Dieter: Bismarcks Prätorianer. Die Berliner politische Polizei im Kampf gegen die deutsche Arbeiterbewegung (1871–1898), Berlin (Ost) 1962.

Fricke, Dieter: Handbuch zur Geschichte der deutschen Arbeiterbewegung 1869–1917 in zwei Bänden, Berlin (Ost) 1987.

Frisch, Walter: Die Organisationsbestrebungen der Arbeiter in der deutschen Tabakindustrie, Leipzig 1905.

Frohme, Karl: Politische Polizei und Justiz im monarchischen Deutschland. Erinnerungen, Hamburg 1926.

Die Gemälde des 19. Jahrhunderts in der Hamburger Kunsthalle, bearb. von Jenns Eric Howoldt und Andreas Baur, Hamburg 1993.

Geschichte von Altona und Umgegend, bearb. von Hans Ehlers, Hannover/ Berlin 1902.

Gotthardt, Christian: Die Entstehung der Arbeiterbewegung in Harburg (1857–1869), Hamburg 1991.

Graf, Angela: J. H. W. Dietz 1843–1922. Verleger der Sozialdemokratie, Bonn 1998.

Große jüdische National-Biographie mit nahezu 13.000 Lebensbeschreibungen namhafter jüdischer Männer und Frauen aller Zeiten und Länder von Salomon Wininger, Nachdruck Nendeln/Liechtenstein o. J.

Hamburg im plattdeutschen Drehorgellied des 19. Jahrhunderts. Eine Anthologie, eingel. und hrsg. von Helmut Glagla, Hamburg 1974.

Hansen, Niels: Fabrikkinder. Zur Kinderarbeit in schleswig-holsteinischen Fabriken im 19. Jahrhundert, Neumünster 1987.

Hellfaier, Karl-Alexander: Die deutsche Sozialdemokratie während des Sozialistengesetzes 1878–1890. Ein Beitrag zur Geschichte ihrer illegalen Organisations- und Agitationsformen, Berlin (Ost) 1958.

Henze, Wilfried: Die Delegierten der Parteikongresse der Sozialistischen Arbeiterpartei Deutschlands unter dem Sozialistengesetz, in: ZfG 28 (1980), S. 760–774.

Herzig, Arno/Trautmann, Günter (Hrsg.): „Der kühnen Bahn nur folgen wir…" Ursprünge, Erfolge und Grenzen der Arbeiterbewegung in Deutschland, 2 Bände, Hamburg 1989.

Herzig, Arno: Der Allgemeine Deutsche Arbeiter-Verein in der deutschen Sozialdemokratie. Dargestellt an der Biographie des Funktionärs Carl Wilhelm Tölcke (1817–1893), Berlin 1979.

Historische Topographie der Freien und Hansestadt Hamburg und ihrer nächsten Umgebung von der Entstehung bis auf die Gegenwart von Ciprianus Franciscus Gaedechens, Hamburg ²1880.

Hoffmann, Paul Theodor: Die Entwicklung des Altonaer Stadttheaters. Ein Beitrag zu seiner Geschichte, Altona 1926.

Huber, Ernst Rudolf: Deutsche Verfassungsgeschichte seit 1789, Bd. III.: Bismarck und das Reich, Stuttgart u. a. ³1988.

Huber, Ernst Rudolf: Deutsche Verfassungsgeschichte seit 1789, Bd. IV.: Struktur und Krise des Kaiserreiches, Stuttgart u. a. ²1969.

Jensen, Jürgen: Presse und politische Polizei. Hamburgs Zeitungen unter dem Sozialistengesetz 1878–1890, Hannover 1966.

Jensen, Wilhelm: Die Kirchenbücher Schleswig-Holsteins, der Landeskirche Eutin und der Hansestädte, Neumünster ²1958.

850 Jahre Kellinghusen an der Stör. Kirchdorf – Flecken – Stadt, hrsg. von der Stadt Kellinghusen 1998.

Karbe, Erika: Die Schule am Klopstockplatz. Ein Stück Zeitgeschichte aus dem alten Ottensen, Hamburg [o. J.]

Keller, Hiltgart L.: Reclams Lexikon der Heiligen und der biblischen Gestalten. Legende und Darstellung in der bildenden Kunst, Stuttgart ⁵1984.

Klüss, Franz: Die älteste deutsche Gewerkschaft. Die Organisation der Tabak- und Zigarrenarbeiter bis zum Erlasse des Sozialistengesetzes, Karlsruhe 1905.

Kopal, Gustav: Mattler sin Hahnrieder. Dannenberg und Döhntjes von St. Pauli, Hamburg 1911.

Krämer, Gerd: „Bollwerk der Sozialisten des Nordens". Die Anfänge der Altonaer Arbeiterbewegung bis 1875, Hamburg 1997.

Kuckei, Max: Moritat und Bänkelsang in Niederdeutschland, Hamburg 1941.

Kurzgefaßtes Tonkünstlerlexikon. Für Musiker und Freunde der Musik begründet von Paul Frank, neu bearbeitet und ergänzt von Wilhelm Altmann, Regensburg ¹⁴1936.

Kutsch, Karl. J., Riemens, Leo: Großes Sängerlexikon, Ergänzungsband, Bern 1991.

Kutz-Bauer, Helga: Arbeiterschaft, Arbeiterbewegung und bürgerlicher Staat in der Zeit der Großen Depression. Eine regional- und sozialgeschichtliche Studie zur Geschichte der Arbeiterbewegung im Großraum Hamburg 1873 bis 1890, Bonn 1988.

Lachmund, Fritz: Altona & Ottensen. Bilder aus vergangenen Tagen, Hamburg 1974.

Langkau, Götz (Hrsg.): Wilhelm Liebknecht Briefwechsel mit deutschen Sozialdemokraten, Bd. II 1878–1884, Frankfurt/New York 1988.

Lassalle, Ferdinand: Gesammelte Reden und Schriften, hrsg. und eingeleitet von Eduard Bernstein, Zwölf Bände, Berlin 1919–1920.

Laufenberg, Heinrich: Geschichte der Arbeiterbewegung in Hamburg, Altona und Umgegend, Zwei Bände, Hamburg 1911 und 1931.

Lehe, Erich von: Heimatchronik der Freien und Hansestadt Hamburg, Köln ²1967.

Lexikon der Schleswig-Holstein-Lauenburgischen und Eutinischen Schriftsteller von 1866 bis 1882. Im Anschluß an des Verfassers Lexikon von 1829 bis 1866 gesammelt und herausgegeben von Eduard Alberti, 2 Bände, Kiel 1885.

Mann, Bernhard: Biographisches Handbuch für das Preußische Abgeordnetenhaus, Düsseldorf 1988.

Marx, Karl, Engels, Friedrich: Ausgewählte Werke. Zusammengestellt und eingeleitet von Mathias Bertram, Digitale Bibliothek Band 111, Berlin 1998.

Mehring, Franz: Geschichte der deutschen Sozialdemokratie, in: Gesammelte Schriften Bd. 1 und 2, Berlin (Ost) 1960.

Momsen, Ingwer Ernst: Die allgemeinen Volkszählungen in Schleswig-Holstein in dänischer Zeit (1769–1860). Geschichte ihrer Organisation und ihrer Dokumente, Neumünster 1974.

Nathansen, Wolf: Aus Hamburgs alten Tagen. Ernste und heitere Mitteilungen, Hamburg 1894.

Nationalliberale Parlamentarier 1867–1917 des Reichstages und der Einzellandtage. Beiträge zur Parteigeschichte, hrsg. von Hermann Kalkoff, Berlin 1917.

Neue Deutsche Biographie, Berlin 1953 ff.

Noodt, Wilhelm: Geschichte der Familie Noodt von 1540 bis 1920, Altona 1921.

Offermann, Toni: Die erste deutsche Arbeiterpartei. Organisation, Verbreitung und Sozialstruktur von ADAV und LADAV 1863–1871, Bonn 2002.

Osterroth, Franz: Biographisches Lexikon des Sozialismus, Bd. 1 Verstorbene Persönlichkeiten, Hannover 1960.

Osterroth, Franz/Schuster, Dieter: Chronik der deutschen Sozialdemokratie, Band 1: Bis zum Ende des Ersten Weltkrieges, Berlin/Bonn-Bad Godesberg ²1975.

Ottensen – Zur Geschichte eines Stadtteils, hrsg. von der Ausstellungsgruppe Ottensen-Altonaer Museum, Hamburg ²1983.

Ottensen-Chronik – „...damit nicht alles in Vergessenheit gerät" – Dokumentation eines Hamburger Stadtteils, Hamburg ²1995.

Paetau, Rainer/Rüdel, Holger: Arbeiter und Arbeiterbewegung in Schleswig-Holstein im 19. und 20. Jahrhundert, Neumünster 1987.

Pini, Udo: Zu Gast im alten Hamburg. Erinnerungen an Hotels, Gaststätten, Ausflugslokale, Ballhäuser, Kneipen, Cafés und Varietés, München 1987.

Protokoll des Sozialisten-Congresses zu Gotha vom 19. bis 23. August 1876, Berlin 1876, Nachdruck in: Protokolle der sozialdemokratischen Arbeiterpartei Band II (Gotha 1875 – St. Gallen 1887), Glashütten im Taunus/Bonn-Bad Godesberg 1976.

Protokoll des Sozialisten-Congresses zu Gotha vom 27. bis 29. Mai 1877, Hamburg 1877, Nachdruck in: Protokolle der sozialdemokratischen Arbeiterpartei Band II (Gotha 1875 – St. Gallen 1887), Glashütten im Taunus/Bonn-Bad Godesberg 1976.

Protokoll des Vereinigungs-Congresses der Sozialdemokraten Deutschlands, abgehalten zu Gotha vom 22. bis 27. Mai 1875, Leipzig 1875, Nachdruck in: Protokolle der sozialdemokratischen Arbeiterpartei Band II (Gotha 1875 – St. Gallen 1887), Glashütten im Taunus/Bonn-Bad Godesberg 1976.

Regling, Heinz Volkmar: Die Anfänge des Sozialismus in Schleswig-Holstein, Neumünster 1965.

Rößler, Horst: „Amerika, du hast es besser". Zigarrenarbeiter aus dem Vierstädtegebiet wandern über den Atlantik 1868–1886, in: Demokratische Geschichte IV, Jahrbuch zur Arbeiterbewegung und Demokratie in Schleswig-Holstein, Kiel 1989, S. 87–119.

Rüdel, Holger: Landarbeiter und Sozialdemokratie in Ostholstein 1872 bis 1878. Erfolg und Niederlage der sozialistischen Arbeiterbewegung in einem großagrarischen Wahlkreis zwischen Reichsgründung und Sozialistengesetz, Neumünster 1986.

Rudolph, Moritz: Rigaer Theater- und Tonkünstler-Lexikon, Riga 1890.

Schoof, Marie: Stammbaum der Familie Schoof in Kehdingen, Kehdingen [1922].

Schröder, Wilhelm Heinz: Sozialdemokratische Reichstagsabgeordnete und Reichstagskandidaten 1898–1918. Biographisch-Statistisches Handbuch, Düsseldorf 1986.

Schröder, Wilhelm Heinz: Sozialdemokratische Parlamentarier in den deutschen Reichs- und Landtagen 1867–1933. Biographien – Chronik – Wahldokumentation. Ein Handbuch, Düsseldorf 1995.

Schult, Johannes: Die Hamburger Arbeiterbewegung als Kulturfaktor, Hamburg 1954.

Schultz, H. F. W.: Erinnerungen eines Hamburger Proletariers. Selbstbiographisches von H. F. W. Schultz, Kolporteur, Hamburg 1899.

Schwarz, Max: MdR. Biographisches Handbuch der Reichstage, Hannover 1965.
Specht, Fritz, Schwabe, Paul (Hrsg.): Die Reichstags-Wahlen von 1867 bis 1903. Eine Statistik der Reichstagswahlen nebst den Programmen der Parteien und einem Verzeichnisse der gewählten Abgeordneten, Berlin ²1904.
Springer, Walter: Die blaue Blume. Von der Schwester des Kaffees, der Zichorie und ihrer Industrie, Berlin 1940.
Stolz, Gerd: Schleswig-Holstein, meerumschlungen ... 150 Jahre Schleswig-Holstein-Lied, Kiel 1994.
Thinius, Carl: Damals in St. Pauli. Lust und Freude in der Vorstadt, Hamburg 1975.
Thümmler, Heinzpeter: Sozialistengesetz § 28. Ausweisungen und Ausgewiesene 1878–1890, Berlin (Ost) 1979.
Topographie der Herzogthümer Holstein und Lauenburg, des Fürstenthums Lübeck und des Gebiets der Freien und Hanse-Städte Hamburg und Lübeck, 2 Bde., hrsg. von Johannes von Schröder und Hermann Biernatzki, Oldenburg in Holstein 1855, unveränderter Nachdruck Neumünster 1973.
Tschirn, Gustav: Zur 60jährigen Geschichte der freireligiösen Bewegung, Bamberg 1904.
Uhde, Hermann: Das Stadttheater in Hamburg 1827–1877. Ein Beitrag zur deutschen Culturgeschichte, Stuttgart 1879.
Ulrich, Paul S.: Biographisches Verzeichnis für Theater, Tanz und Musik, 2 Bände, Berlin 1997.
Vaterlandslose Gesellen. Kurze Biographien der verstorbenen hervorragenden Sozialisten des 19. Jahrhunderts, Stuttgart 1901.
Voss-Louis, Angelika: Hamburgs Arbeiterbewegung im Wandel der Gesellschaft – Eine Chronik. Band 1 1842–1890, Hamburg 1987.
Wágner, Ladislaus von: Tabakkultur, Tabak- und Zigarrenfabrikation sowie Statistik des Tabakbaues, Tabakhandels und der Tabakindustrie, Weimar ⁵1888.
Wartenberg, Fritz: Erinnerungen eines Mottenburgers. Kindheits- und Jugendjahre eines Arbeiterjungen 1905–1925, Hamburg ³1987.
Welskopp, Thomas: Das Banner der Brüderlichkeit. Die deutsche Sozialdemokratie vom Vormärz bis zum Sozialistengesetz, Bonn 2000.
Wer ist's? Unsere Zeitgenossen. Zeitgenossenlexikon, Leipzig 1905 ff.
Winkler, Gisela und Dietmar: Menschen zwischen Himmel und Erde. Aus dem Leben berühmter Hochseilartisten, Berlin (Ost) 1988.
Zwahr, Hartmut: Die deutsche Arbeiterbewegung im Länder- und Territorienvergleich 1875, in: Geschichte und Gesellschaft 13 (1987), S. 448–507.

Sachregister

ADAV:
+ Auflösung 203
+ Abspaltungen in Hamburg 171–173, 179–182, 261
+ Fragekasten 153, 162, 205
+ Generalversammlungen 171, 173, 202, 214
+ Richtung Hatzfeld 191

Agitation:
+ Agitatorenschule Altona 164 f.
+ Entlohnung der Agitatoren 168, 182
+ Inhalt und Technik der Agitation 167 f., 200, 225, 269 f.

Alkoholismus 83, 85, 92–96, 97–99, 112, 114, 126, 156 f., 182, 236 f.
Anarchismus 287 f.
Anti-Impfbewegung 231 f.
Antisemitismus 294
Arbeit in der Cichorienfabrik 56, 62, 64, 66 f., 70, 72, 78
Arbeiterbildungsverein 123, 149, 151
Arbeiterfeste 177, 226
+ Rezitationen 155, 177, 201, 228
Arbeitergesangvereine 226
Artisten 43, 115, 117
Ärzte 40, 145, 283
Astronomie 45 f., 118, 119
Auswanderung in die USA 201, 295 f., 302
Ausweisungen 134, 299, 302

Beerdigung August Geibs 291 f.
Befreiungskriege 38, 73

Bildhauerei 128 f.
Bürgerliche Parteien 123, 206, 221 f., 275

Deutsch-Dänischer Krieg 1864 67–70, 73, 76, 85, 87
Deutscher Krieg 1866 105–108
Deutsch-Französischer Krieg 1870/71 144–146
Dühring-Debatte 266–268

Eisenacher Sozialdemokraten 139 f., 149, 172 f., 204
Eisenbahn 55 f., 253

Fahnenweihe in Altona 173 f., 176
Flugblattverteilung 273
Französische Revolution 187 f., 269–271
Frauenbewegung 157, 173 f.

Gefängnisse 178, 233 f.
Gesangvereine 79–82, 142, 226
Gewalt gegen Sozialdemokraten 200 f., 206, 218 f., 250, 252 f.
Gewalt unter Sozialdemokraten 140–142, 291
Gewerkschaften der Tabakarbeiter 135–137, 140 f.
Gothaer Programm 211–213, 217 f., 221
Gründerperiode 166, 185

Haftstrafen gegen Sozialdemokraten 194, 233 f., 272 f.

Homosexualität 300
Humor 116 f., 135, 150, 154 f., 240 f.
Hunger 64 f., 98

Illegale Parteiorganisation 291–293, 296, 299

Judentum 55, 114

Katholizismus 104, 114, 128, 130
Kinderarbeit 56, 62, 66 f., 70, 72, 78, 124
Kinderspielzeug 37, 40, 44, 72
Kirche als Gegner der Sozialdemokratie 257–259
Krankheiten 83 f., 114, 145, 148, 188, 272, 283, 302

Landarbeiterfrage 191, 254
Lassalle-Orthodoxie 210 f., 230 f., 261
Lauenstein-Krawalle 139
Lektüre der Schriften von:
+ Autoren des Vormärz 89 f., 160 f., 184 f.
+ Lassalle 151, 155, 159 f., 164 f., 167, 171, 183, 186 f., 230, 235
+ Marx 166–168, 185, 200, 230 f.
+ Weitling 122, 143
+ Goethe 144
+ Schiller 104, 125 f., 131, 144
Lieder unpolitischer Natur 142 f., 226 f., 296 f.
Lyrik 89 f., 117, 131 f., 184, 223

Malerei 128
Majestätsbeleidigung 273 f., 278 f.
Moritatensänger 46 f., 115

Naturwissenschaft und Technik 118–121, 130, 149

Opernbesuche 103, 133, 265
Österreich 74, 86, 99 f., 123

Parteitag Gotha 1875 208–215, 221
Parteitag Gotha 1876 234–241, 245
Parteitag Gotha 1877 267 f.
Parteitag Wyden 1880 299
Politische Lieder:
+ Marseillaise 157, 298
+ Schleswig-Holstein-Lied 68 f., 70, 75
+ Wacht am Rhein 145, 275
Polizei 67–70, 170 f., 218 f., 233
Polizeispitzel 170, 284–289, 291
Preußen 86 f., 108, 123
Prostitution 66, 83, 95 f., 153

Reichstagswahlen 1871 150, 172
Reichstagswahlen 1874 189–198
Reichstagswahlen 1877 245 f., 256 f., 259, 261–263
Reichstagswahlen 1878 272–276
Reichstagsersatzwahl Lauenburg 1875 221–225
Reichstagsersatzwahl Hamburg 1880 296–298
Religion 41, 52, 60, 112, 130, 258 f., 276–278
+ Baptisten 276–278
+ freireligiöse Bewegung 130
Revolution von 1848 67, 69, 159
Romantische Landschaftseindrücke 223 f., 241, 243

Schifffahrt 41, 44, 46, 94, 119
Sexualität 87, 112, 188, 266

Sezessionskrieg 90
Sozialistengesetz: 278, 280, 283
+ Verhängung des Belagerungszustandes über Berlin 283, 292
+ Verhängung des Belagerungszustandes über Hamburg 302–304
Stimmzettelverteilung 261, 275 f.
St. Pauli 103, 115–117

Theaterbesuche 100–102, 115–117, 263, 265
Totenfeier Ferdinand Lassalles 155, 158, 226, 228

Unterricht in der Abendschule 59 f., 76–78, 112
Unterricht in der Schule in Wedel 41–43, 48 f., 112

Versammlungsauflösungen 245 f., 273 f.
Versammlungsstörungen 275

Wohnverhältnisse 36, 54, 66

Zeitungen:
+ bürgerliche 40, 68, 79, 100, 104, 109, 146, 166
+ sozialdemokratische 162, 177, 206 f., 285, 288, 293, 300
Zigarrenhausarbeiter
+ Löhne der Zigarrenhausarbeiter 82 f., 133 f.
+ Politisierung der Zigarrenhausarbeiter 79, 121–123, 128, 134 f. 139 f., 143, 187 f.
+ Tabaksorten 147 f.,
Zollfragen 76, 293

Ortsregister

Im Register sind nur die Ortsnamen aus den „Erinnerungen" verzeichnet. Da Hermann Molkenbuhr in Ottensen gewohnt und sich ständig in Altona und Hamburg bewegt hat, sind diese drei Namen nicht aufgenommen worden.

Ahrenlohe 230
Ahrensburg 250 f., 253
Alsen 85 f., 90, 257
Alt-Rahlstedt 251 f.
Apenrade 37

Bahrenfeld 125
Bargteheide 251, 260, 276
Barmstedt 167, 194, 207, 232, 251, 276
Bayreuth 265
Bebra 241
Benares 100
Berlin 171, 173, 177–180, 188, 200, 202, 220, 228, 232, 234, 238–240, 244, 257, 267, 283 f., 286–289, 292, 302
Bingen 229
Blankenese 119, 146
Bokelholm 279
Bornhöved 251, 253, 255 f., 272–274
Borstel 191, 273, 276, 279
Bramstedt 192, 195, 207, 223, 256 f., 261, 272–276
Braunschweig 134 f.
Bremen 126, 134 f., 178, 203, 214, 228 f., 293
Brüel 268
Brunshausen 302
Büchen 222

Celle 240
Chemnitz 239

Dortmund 203 f.
Düppel 85 f., 257
Düsseldorf 128, 138 f.
Duvenstedt 251

Eichede 260
Eichenberg 208, 235
Eiderstedt 76
Eimsbüttel 170
Eisenach 139, 241
Elmshorn 166 f., 191 f., 194 f., 207, 232, 251, 253, 276
Erfurt 215
Esingen 230

Fitzbek 196
Flottbek 132
Frankfurt am Main 202, 238
Fredesdorf 272 f., 278
Friedrichroda 213
Friedrichsruh 248

Glückstadt 87, 192, 207, 233, 251
Gotha 208 f., 212, 215, 221, 234–236, 267
Göttingen 208, 235
Groß Rönnau 274

Hameln 259
Hammoor 250
Hannover 101 f., 134, 202, 208, 214, 235
Harburg 107 f., 208, 227, 289, 291, 302
Heide 37, 142, 167
Heidelberg 229
Helgoland 85
Hemdingen 193
Herculaneum 120
Hetlingen 51
Holm 52
Holzthalleben 215 f.
Horst 207
Husum 37

Idstedt 69
Itzehoe 37, 167, 220

Jerusalem 55

Kalkutta 100
Kaltenkirchen 191, 193, 258, 276
Kassel 241–243
Kayhude 276
Kellinghusen 195–197
Kiel 37, 105, 168, 220, 234, 259
Kisdorf 258
Klein Rönnau 274
Kolding 69
Köln 128
Königgrätz 108
Kopenhagen 76, 136, 188
Krempe 233
Kummerfeld 218
Kurzenmoor 192

Lägerdorf 167
Langensalza 194, 208

Lasbek 250
Lauenburg 221 f.
Leezen 273
Leipzig 73, 209, 238 f., 241, 244
Lentföhrden 193
Les Mans 257
London 108, 186, 289
Lütjensee 248 f., 259

Magdeburg 194
Malmö 86, 108
Mannheim 229
Mars-la-Tour 257
Missunde 86, 90
Mölln 221, 223
Müggel 76
Münden 243

Neapel 123
Neumühlen 66, 94
Neumünster 159, 167, 253
Neuruppin 72
Neustadt 92
Nienstedten 105
Nordhausen 216
Nützen 193

Oldenburg 195
Oldesloe 152 f., 260
Oversee 76

Paris 257, 266
Perleberg 108
Pinneberg 207, 218, 232, 251
Plön 37, 253
Pompeji 120
Poyenberg 196
Preetz 167, 253

Quickborn 284

Ratzeburg 221, 224
Reinbek 247, 252 f.
Rendsburg 75
Rethwischhöhe 254
Rickling 256, 273 f.
Rissen 53
Rom 123, 130
Rosdorf 196

Saragossa 118
Schleswig 37, 85, 89, 207, 301
Schulau 43 f.
Schwarzenbek 221, 223
Schwerin 268
Sedan 156–158, 226
Seestermühe 192
Segeberg 191, 253, 272–275
Seth 194, 272 f., 279
Sevilla 117 f.
Siebenbäumen 260
Siek 248 f., 259
Sondershausen 215 f.
Spitzerdorf 51
St. Pauli 73 f., 102, 110, 115, 117 f., 157
Stade 48, 107
Sternberg 268
Stettin 200
Strohdeich 192
Stuttgart 257
Sülfeld 272 f.
Syrakus 168

Tondern 37
Tornesch 55
Trittau 247 f.

Uetersen 207, 229, 234, 251
Ulzburg 193

Verden 203

Wandsbek 141, 252
Wankendorf 251, 253
Wedel 35–54, 60 f., 76 f., 89, 100, 112 f., 115, 183, 198, 200
Weimar 216
Wien 265
Wilhelmshaven 219, 234
Wilster 300
Wismar 268, 271
Wohldorf 292
Wrist 253

Zeitz 204
Zug 229
Zürich 293, 300

Personenregister

Die Personen, die nicht von Hermann Molkenbuhr erwähnt werden, die also nur in der Einleitung bzw. den Fußnoten auftauchen, sind kursiv gesetzt. Biographische Angaben sind durch ein (B) nach der Seitenzahl kenntlich gemacht.

Adler, Carl 60, 78
Adolf VIII. Graf von Schauenburg 76, 77 (B)
Alexander II. von Russland 265
Alkoni, Sängerin 103
Amalie, Zurichterin 29, 143
Angely, Louis 103
Ansgar, Heiliger 52 (B)
Aquin, Thomas von 178 (B)
Arp, Joachim 255 (B), 274
Athanodoros 129
Auer, Ignaz 205 (B), 214, 220, 229, 239 f., 285, 293, 297, 299

Babeuf, François Noël 269 (B)
Bach, Johann Sebastian 103
Barnay, Ludwig 264, 265 (B), 267
Bartels, Christian Theodor 64 (B), 78 f., 85, 87
Barth, Heinrich 120 (B), 183
Bartz, Frau von M. W. Bartz 174 f., 296
Bartz, M. W., Zigarrenmacher 174 f.
Bäthke, Albert 213 (B)
Baudissin, Eduard Graf von 189 (B), 192
Bauer, Karl Heinrich 296 (B)
Baumgarten, Fräulein, Sozialdemokratin 173

Baus, Alwine 227 f.
Baus, Vater von Alwine Baus, Gastwirt 227
Bebel, August 11, 16 f., 20, 25, 190, 206, 209–211, 219, 237–239, 244
Behrens, Adolf Martin Arnold 283 (B)
Bellermann, Ludwig 126 (B)
Bellmann, Carl Gottlieb 68
Bennigsen-Foerder, Albert von 248 (B), 251–253
Berger, Louis 203 (B)
Berlichingen, Götz von 71 (B)
Bernadotte, Jean-Baptiste 38
Bernstorff-Stintenburg, Andreas Graf von 221 (B), 222
Beseler, Karl Georg 256 (B), 275 f.
Bessel, Friedrich Wilhelm 118 (B), 119
Bethmann Hollweg, Theobald von 16
Biesterfeldt, Lorenz 38 (B), 39, 73
Biesterfeldt, Wilken 38 (B)
Birch-Pfeiffer, Charlotte 101 (B)
Bismarck, Otto von 16 f., 25, 144, 185–187, 224, 258, 278, 289, 293
Blanc, Louis 161 (B), 269
Bleicken, Bleick 288 (B), 299, 302

325

Blöcker, Johann Detlef 60 (B)
Blondin, Seiltänzer 43 (B), 117
Blos, Wilhelm 285 (B)
Blum, Hans 258 (B)
Blum, Robert 258
Bock, Fräulein, Freundin von Julius Schmidt 227
Bock, Wilhelm 210 (B)
Bockelmann, Wilhelm 254 (B)
Bornhöft, Johannes 195 (B), 207
Braasch, Heinrich 126 (B), 128, 130, 133, 142, 238
Bracke, Wilhelm 217, 238
Bräuer, Carl August 150 (B), 159, 163, 171 f., 179–181, 209, 230 f., 261
Brentano, Clemens von 117
Brinck, Carl Wilhelm Theodor 96 (B), 97
Brion, Friederike 225
Bruhns, Julius 13 f.
Brumm, Heinrich Ludwig Adolf 69, 70 (B), 170 f., 219
Brumm, Johann Diedrich 70 (B)
Buff, Charlotte 225
Buffon, George Louis Leclerc Conte de 119, 120 (B)
Burchard, Salomon 26, 294
Bürger, Gottfried August 46
Burmeister, Johann Carl Heinrich 63 (B)
Busch, Zigarrenarbeiter 148

Cabet, Étienne 269 (B), 270
Carstens, Christian Hinrich 207 (B)
Carstensen, Siewald 148
Chemnitz, Matthäus Friedrich 68
Christian I. von Dänemark 77
Christian IX. von Dänemark 151

Christiansen, Christian 60 (B)
Christine, Zurichterin 187 f.
Chrysostomus, Johannes 178 (B)
Cicero 164 (B)
Classen, Maschinist 57, 67, 78
Colditz, August 210 (B)
Corday, Charlotte de 269
Cubasch, Carl 118
Curel, François Hillarion 124, 125 (B)
Czerski, Johann 130 (B)

Dahncke, Zigarrenarbeiter 138
Dannenberg, Friedrich Eduard 115 (B), 116 f.
Dante Alighieri 216
David, Gold- und Silberhändler 55
Dehn, Hans-Christopher 192 (B), 223, 256
Dehn, Margareta 192 (B)
Demmler, Georg Adolf 268 (B), 269, 271
Demosthenes 164 (B)
Derossi, Karl 214 (B), 297
Dessoir, Ludwig 104 (B), 106
Dethlefs, F. H. E., Zigarrenmacher 144 f.
Detlefsen, Peter Nicolaus 76 (B)
Deutschbein, R., Feinmechaniker 111
Diedrich, Jürgen 194 (B)
Dieterle, F. W., Zigarrenarbeiter 165
Dietz, J.H.W. 18
Dittmann, Zigarrenmacher 186
Dogmayer, Lotterieunternehmer 87
Donati, Giovanni Battista 46
Donizetti, Gaetano 103
Dowe, Dieter 10

Drewing, Lesley 32
Drogand, Ludwig 30, 189 (B), 202, 207
Dühring, Eugen 239, 266 (B), 267
Dulk, Albert 209 (B), 212
Dulon, Rudolf 160 (B)

Ehrhart, Franz Josef 240 (B)
Ellmenreich, Franziska 102 (B), 264 f.
Elßner, Christian 130 (B)
Engel, August 284 (B)
Engels, Friedrich 160, 185 f., 217, 231, 239, 266 f., 289
Erismann, Friedrich 201 (B)
Ernst, Otto 87 (B), 88, 101, 126 f., 144, 226
Eschwege, Sally 136, 137 (B)

Falckenstein, Eduard Vogel von 146 (B)
Falk, Adalbert 235
Ferdinand, Bräutigam der Christine 188
Ferretti, Sänger 103
Fichte, Johann Gottlieb 168, 201
Finn, Carl Theodor 221 (B), 225, 289 f.
Fischer, Carl 17
Fischer, Ludwig 142 (B), 143 f.
Fontane, Theodor 76
Foucault, Jean Bernard Léon 118, 119 (B)
Fourier, Charles 269 (B)
Frei, Berta 103 f.
Freiligrath, Ferdinand 12, 89 (B), 90, 160, 177, 184, 270
Frick, Wilhelm 213 (B), 214, 235 f., 241
Fricke, Dieter 9

Friedmann, Siegwart 264, 265 (B)
Friedrich VII. von Dänemark 73 (B), 151
Friedrich VIII. von Augustenburg 75 (B), 87, 105, 107, 151, 159, 196
Friedrich, Friedrich 100 (B)
Fritzsche, Friedrich Wilhelm 136 (B), 137, 139–142, 147, 212, 267, 293
Frohme, Karl 177 (B), 178, 238 f.

Gablentz, Ludwig Freiherr von der 106, 107 (B)
Gayl, Heinrich Carl Anton Ernst von 191 (B)
Geib, August 139, 140 (B), 149, 172, 204 f., 211, 214, 220 f., 229, 291–293, 297
Geibel, Emanuel 36 (B), 89 f., 117
Gerstäcker, Friedrich 101, 102 (B)
Gerstenberg, Friedrich Wilhelm von 216
Gesthüsen, Johann 288 (B)
Glagau, Otto 185 (B)
Glaßbrenner, Adolf 160 (B)
Goethe, Johann Wolfgang 13, 18, 25, 35, 104, 138, 144, 211, 224 f.
Göhre, Paul 17 f.
Gorm der Alte 76 (B)
Görner, Karl August 263 (B)
Gounod, Charles 103 (B)
Grawehl, Johann Peter 25, 46 (B), 47
Griebel, Theodor 195 (B), 196
Grillenberger, Karl 211 (B), 241
Grillenberger, Margarethe 241 (B)
Grillparzer, Franz 265
Grimm, Jacob 263
Grimm, Wilhelm 263

Groß, Heinrich 189 (B)
Grottkau, Paul 180 (B), 181
Grunert, Carl 104 (B), 105
Grüwel, Wilhelm 30, 202 (B)
Gundelach, Hermann 189 (B)
Günter Friedrich Carl II., Fürst von Schwarzburg-Sondershausen 215 (B), 216
Günter, Zigarrenarbeiter 295
Gura, Eugen 265, 266 (B)

Haake, Gottfried 121, 123 f., 134
Haberland, A., Zigarrenarbeiter 126, 128
Hagen, Peter Joseph 128 (B)
Hagesander 129
Hahnemann, Samuel 61
Halsinger, Carl Ludwig 54 (B), 286
Hansen, Christian 115
Harald Blauzahn von Dänemark 76
Harder, Friedrich 89 (B), 112 f.
Harder, Hans 197 (B), 198
Harder, Helene 197 (B), 198
Harder, Margarethe 197 (B)
Harring, Harro Paul 160 (B)
Harsdörffer, Georg Philipp 89
Hartmann, Georg Wilhelm 149 (B), 163, 174, 202, 205 f., 214 f., 219, 238, 259, 261, 296–298
Hartmann, Marie 296 (B), 297 f.
Hartwig, Thomas 180 (B), 187
Hasenclever, Wilhelm 126, 169 (B), 170, 177, 179 f., 195, 202–208, 211, 214 f., 220, 228, 235, 237, 239, 241, 244, 247, 257, 297
Hasselmann, Johann Bernhard 141 (B), 142, 157

Hasselmann, Wilhelm 177 (B), 179, 202, 238 f., 289, 291
Hatzfeld-Trachenberg, Sophie Gräfin von 191 (B)
Hauschildt, Kolonialwarenlieferant 50
Hausherr, Eduard 295 (B)
Hebbel, Christian Friedrich 265
Hecht, Hermann 246 (B), 247, 251
Heckscher, Salomon 87 (B)
Heerhold, Friedrich 163 (B), 202, 208 f., 215–217, 219, 230, 245, 272 f., 278, 302 f.
Heine, Fritz 34
Heine, Heinrich 12, 81, 160 f., 177, 185, 201, 258
Heinemann, F. J., Gastwirt 202, 205, 236
Heinrich der Sanfte, Drehorgelspieler 115
Heinsohn, Franz Hinrich 37
Heinsohn, Gastwirt 176
Heinsohn, Luise 37 (B), 65
Hempel, Karl Heinrich Georg 77 (B), 78
Hennings, Hans-Jürgen 51 (B)
Hennings, Johann 51
Henningsmeier, Friedrich 163 (B)
Henriette, Fabrikarbeiterin 29, 62
Herder, Johann Gottfried 120 f., 263
Herwegh, Georg 37, 38 (B), 89 f., 160, 177, 184, 228, 270
Herzig, Arno 10, 23
Hesebeck, Telsche 79 (B), 80–82
Hesebeck, Welm 79 (B), 80–82
Hestermann, Lorenz 144
Heyer, Julius 164, 165 (B), 167 f., 177, 183, 187, 235–238, 240–242

Hillmann, Carl 285 (B)
Hintze, Zigarrenmacher 197 f.
Hodde, Ernst Christoph Adolph 78, 79 (B), 85
Hödel, Max 278, 279 (B)
Hoffmann von Fallersleben, Heinrich 227
Hoffmann, Heinrich 296
Holm, Emilie 29, 154 f., 157, 173–176, 183, 303 f.
Holzhauer, Karl 245 (B)
Homer 211
Hörig, August 159 (B), 163, 186, 206, 236 f., 286
Hörmann, Gastwirt 186
Hortermeyer, Sozialdemokrat 205
Humboldt, Alexander von 118–121, 149
Hurlebusch, Klaus 32

Isabella II. von Spanien 144

Jacob, Daniel Louis 125
Jensen, Otto 150, 151 (B), 189, 192
Jessen, C. W., Armenarzt 145 f.
Jesus Christus 277
Jonas, Albert 260 (B)
Junge, August 85 (B), 87 f., 91
Junge, Catharina 85 (B), 87, 91 f.
Junge, Heinrich 137

Kahlbrock, Witwe 172
Kammigan, Franz „Stanzen" 200 (B), 236, 300
Kant, Immanuel 14, 201
Kapell, August 178 (B), 213, 236, 240
Kapell, Otto 178 (B), 213
Karl V. 71
Karsten, Gustav 259 (B), 261

Kaufmann, Heinrich Bernhard 162 (B)
Kayser, Max 209 (B), 293
„Kehrt-Ein"-Wirtin 170
Khevenhüller, Ludwig Andreas Graf von 98 (B), 100, 107
Kieckhöver, Nachtwächter 244
Kinder, Ernst 123 (B), 124
Kinder, Heinrich 123 (B)
Kirchner, Dr., Anarchist 287 f.
Kirchner, Emil 209 (B)
Kistenmacher, Anna Magdalena 197 (B), 198
Kistenmacher, Claus 197 (B)
Klein, Carl, Sozialdemokrat 213 (B)
Klein, Carl, Zigarrenfabrikant 148 f., 294
Kleinwort, Johann 198
Klopstock, Friedrich Gottlieb 32, 53, 69
Klute, Franz 30, 218 (B)
Knauer, Heinrich 92
Kneisel, Rudolf 101
Knobbe, Wilhelm Ferdinand 40 (B)
Kognaclise, Zurichterin 29, 153 f.
Köhncke, Hans 20, 197 (B)
Köhnke, H., Tischler 162
Kolter, Wilhelm 117 (B)
Kopal, Gustav 236
Kopernikus, Nikolaus 119
Körner, angeblicher Bürgermeister von Wedel 198–200
Körner, Marie Elisabeth 37 (B)
Körner, Wilhelm 289 (B), 290
Köster (Molkenbuhr), Max 26, 271 (B), 280, 282 f.
Köster, Anna 225, 226 (B), 263, 268, 296

329

Köster, Detlef 163 (B), 198, 201, 203, 225 f., 263, 268, 299 f.
Kotze, Leberecht von 222
Kotzebue, August von 241 (B)
Krabbe, Jongleur 115
Kramer, Johann 55 (B)
Krause, zwei Schmiede und Gastwirte 193
Krieger, Richard 221 (B), 222
Kropatschek, Hermann 17, 270 (B)
Krüger, Hermann 284 (B)
Kühl, Friedrich 163 (B)
Kutzscher, Adolph 141 (B), 142, 186, 271

Lasker, Eduard 165, 185 (B), 186
Lassalle, Ferdinand 9, 14, 16, 25, 32, 38, 122 f., 151, 155, 158 f., 164–167, 171 f., 183, 185–187, 204, 206, 228, 230 f., 235, 237, 243, 262, 266 f., 269, 280, 283, 300
Lau, Georg Johann Theodor 59 (B)
Laufenberg, Heinrich 18 f., 26
Law, John 165 (B)
Lehing, Johann Friedrich Wilhelm 88
Leinhos, Ernst 162 (B), 230
Lemmel, Zigarrenarbeiter 122 f., 149
Lenau, Nikolaus 12, 132 (B), 184
Leochares 129
Leopold von Hohenzollern-Sigmaringen 144 (B)
Lessing, Gotthold Ephraim 104, 112, 125
Liebig, Justus von 121 (B)
Liebisch, Franz Seraphim 30, 209 (B), 210 f.
Liebknecht, Wilhelm 32, 206, 211 f., 217, 234, 237–239, 244
Liesenberg, W., Journalist 260 (B)

Lincoln, Abraham 90 (B)
Lindemann, Hugo 290 (B)
Linstow, Christian Hans Wilhelm von 275 (B)
Liselotte von der Pfalz 165
Löck, Hans Christian 73 (B)
Lohse, Hinrich 230 (B)
Lorentzen, Karl 195 (B)
Loewe, Carl 46
Löwenstein, Gabriel 209 (B), 212
Ludwig II. von Bayern 265
Lühr, Wilhelm 135 (B)
Luis, Albert John 296
Luise, Zurichterin 29, 143
Lütgens, Caroline Charlotte 244 (B), 245, 295
Lütgens, Johann Heinrich Adolph 244 (B), 245, 295
Lüthje, Claus Hinrich 42 (B), 43, 48 f.
Lüthje, Heinrich 250 (B)
Lutze, Arthur 61 (B)
Lyra, Justus von 227

Magellan, Fernão de 119
Magnus, Frau von Johann Magnus 99
Magnus, Johann 98 (B), 99, 108
Malkowitz, Julius 287 (B), 291
Manöver geb. Vorbeck, Dorothea 139 (B)
Manöver, Arnold 138, 139 (B)
Manöver, Christian 138, 139 (B)
Manöver, Josepha 139 (B)
Manteuffel, Edwin Freiherr von 107 (B)
Marat, Jean Paul 269 (B)
Marr, Heinrich 263 (B)
Marx, Karl 14, 16, 25, 160, 166–168, 173, 185 f., 200, 209, 211, 217, 230 f., 239, 244, 266 f., 289

Materna, Amalia 265, 266 (B)
Matthes, Adolf 208 (B)
Matthisson, Friedrich von 12, 131 (B), 132, 184, 223
Mattler, Johann Gottfried Ehrenreich 116
Mayer, Gustav 16 f.
Meggers, Therese 124
Meißner, Alfred 160 (B), 161, 184
Meister, Heinrich 240 (B), 241
Mendelsohn-Bartholdy, Felix 143
Meßtorff, Ernst Heinrich 229 (B)
Methe, Heinrich 137 (B), 139–142
Meyer, Carl Joseph 104 (B)
Meyer, Eduard 29, 152 (B), 153
Meyer, Joseph 118 (B), 121
Meyer, Rudolf Hermann 185 (B)
Meyer, Th., Zigarrenarbeiter 64, 92 (B), 93–98
Meyerbeer, Giacomo 103 (B), 133
Meyern-Hohenberg, Gustav von 101
Michelangelo 129
Miersen, Johann Heinrich 28, 82 (B)
Mignet, François 271 (B)
Minck, Johann 233
Misch, Georg 10
Moje, Bruno 248 (B), 249–251
Molkenbuhr, Anna Margaretha (Mutter) 11, 36, 38 (B), 39 f., 47, 50–55, 63–66, 73, 84, 90, 97–99, 101, 104, 111, 125, 146 f., 183, 193, 217, 227, 244, 266, 272, 286, 296
Molkenbuhr, Artur (Sohn) 21, 33, 282 (B), 292
Molkenbuhr, Brutus (Sohn) 281
Molkenbuhr, Friederike (erste Frau) 225 (B), 226 f., 234, 243, 253, 263, 266, 268, 271 f., 280 f., 283, 294

Molkenbuhr, Hermann (Enkel) 21
Molkenbuhr, Hinrich (Bruder) 11 f., 18, 36, 43 (B), 44 f., 47–51, 54–56, 60, 62, 64 f., 78 f., 97 f., 100, 137, 145–148, 183, 207
Molkenbuhr, Hinrich (Großvater) 37 (B)
Molkenbuhr, Hinrich (Vater) 11 f., 36, 37 (B), 38–40, 50–53, 56, 59, 63, 66, 72, 84, 97, 99–101, 104, 110 f., 138, 144–147, 198, 286
Molkenbuhr, Sabine (zweite Frau) 18, 21
Molkenbuhr, Franz *Wilhelm* (Bruder) 11 f., 36, 44, 47 (B), 48, 54–56, 58, 61–65, 78, 97, 100, 138, 145–148, 166, 183
Molkenbuhr, Wilhelmine (Schwiegertochter) 21
Möller, Gendarm 256, 275 f.
Möller, Heinrich 121 (B), 122 f., 134
Möller, Johann Diedrich 49 (B)
Möller, Weber und Botengänger 29, 40
Moltke, Helmuth von 150 (B)
Most, Johann 238 (B), 267, 288 f., 291, 293, 299, 302
Mozart, Wolfgang Amadeus 133

Napoleon I. 38, 73
Napoleon III. 187, 231
Neithardt, Heinrich August 142, 143 (B), 145, 296
Neumann, Margaretha Nicoline Johanna 71
Niederschild, Gendarm 196
Niedorf, Wilhelm 288 (B)
Niemeyer, Hans Heinrich 114 (B), 121

Nobiling, Karl Eduard 278, 279 (B)
Nolden-Arnoldi, Richard 103 f.
Nölting, Paul Eduard 187 f., 221
Noodt, Friedrich 26, 283 (B)

Offermann, Toni 10
Oldenburg, Heinrich 285 (B), 286
Othegraven, Heinrich von 102 (B)
Otto, Max 227 f., 251, 256 f., 267

Paine, Thomas 271 (B)
Parish, John 125
Paul, Julius Theodor 85 (B), 88
Peter der Große 234
Polydoros 129
Popp, Diedrich 191 (B), 192
Poppendieck, Friedrich 128 (B)
Porth, Karl 102 (B)
Postel, Rudolf Friedrich 275 (B)
Praast, Rudolph 140 (B), 172, 204 f., 229
Prutz, Robert 160, 161 (B), 185
Puck, Gendarm 274 f.
Putlitz, Gustav Heinrich Gans Edler von 103
Püttmann, Hermann 160 (B)

Rackow, Heinrich 163 (B), 189, 201 f.
Radbruch, Gustav 33 f.
Radenhausen, Christian 161 (B)
Radenhausen, Heinrich 156 (B), 161–164, 166, 236
Radenhausen, Johanna 157
Rainville, César Lubin Claude 107
Rasch, Gustav 68 (B)
Rathjen, Johann Heinrich August 302 (B)
Rathjens, Heinrich 225

Réaumur, René-Antoine Ferchault de 253
Reichardt, Luise 117
Reichenbach, Andreas 130 (B)
Reicher-Kindermann, Hedwig 265 (B)
Reichmann, Theodor 265 (B)
Reimer, Otto 26, 163 (B), 169, 173 f., 176, 189, 191, 195, 200, 202, 231 f., 238, 245, 259, 286, 302
Reinders, Klaas Peter 213 (B), 218
Reinhold, Zigarrenarbeiter 148
Reisdorf, Johann Hinrich 122 (B), 123, 130 f.
Reiß, Zigarrenarbeiter 154
Rennemüller, Carl 142 (B)
Richelsen, Richard 56
Richter, Ernst Bernhard 30, 141 (B), 142, 155–157, 159, 178, 206, 215, 217, 219 f., 230, 235–238, 240, 243–245, 261
Robespierre, Maximilian de 269 (B)
Rohlfs, Joachim 45, 53
Rohlfs, Johanna Catharina 45, 52, 53 (B)
Rohlfs, Johannes 45 (B), 52 f.
Röper, Zigarrenarbeiter 138
Rousseau, Jean-Jacques 201
Rühen, E. J. H., Antiquar 120

Sahling, Jacob 82 (B)
Saint-Simon, Claude Henry de 269 (B)
Sallet, Friedrich von 185 (B)
Salomon, Frau, Sozialdemokratin 157, 173
Sand, Karl Ludwig 241
Sarau, Claus 273 (B)

Schaack, A. Johann 134f., 137
Schacht, Heinrich 46
Schalmeyer, Carl 163 (B)
Scharlippe, August 287 (B), 291
Schaumann, Marie 49
Schiller, Friedrich 12, 25, 81, 89, 104, 112, 115, 126, 131f., 138, 144, 265, 280, 293
Schilling, Hans Heinrich 87 (B)
Schlegel, August Wilhelm 102
Schleiden, Matthias Jakob 121 (B)
Schleiden, Rudolf 150, 151 (B)
Schlichting, Heinrich 137 (B)
Schlottmann, Heinrich 287 (B)
Schmid, Coloman 133 (B)
Schmidt, Adolf 88 (B), 295
Schmidt, Amalie 88
Schmidt, Asmus 41 (B), 42f.
Schmidt, Asmus Ludwig 88 (B), 89, 126, 226, 228, 295
Schmidt, Dora 227
Schmidt, Friederike 144 (B), 226, 228
Schmidt, Julius 30, 88 (B), 226–229, 244f., 295f.
Schmidt, Ludwig 87 (B), 88, 94, 101, 109, 126, 226f.
Schmidt, Wilhelmine 88
Schneckenburger, Max 145
Schneider, Therese 133 (B)
Schneidt, Karl 289 (B)
Schönfeld, Bauer 278, 279 (B)
Schoof, Johann Friedrich 192 (B), 194
Schoof, Wilhelm 192 (B), 194
Schrader Bliestorf, Karl von 222 (B)
Schrader, Theodor 252 (B), 253
Schreckenbach, Otto 189 (B)
Schröder, Paul 233

Schuldt, Sophie Catharina 26, 157 (B), 173f., 176, 232
Schultz, August 300 (B), 302
Schultze, Carl 73 (B), 123
Schulz, Max 155
Schulz, Rudolph 219 (B), 232
Schulze-Delitzsch, Hermann 151 (B), 166, 200, 237
Schumacher, Balthasar Gerhard 145
Schümann, Johann Hinrich Jasper 256 (B), 257, 275
Schumann, Lehrer 48
Schuster, Richard 257 (B), 258
Schwarz, Frau (Anna Juliane Genesia Rüter) 223f.
Schwarz, Heinrich Jacob 223 (B), 224
Schweitzer, Johann Baptist von 137 (B), 150, 171–173, 179, 185f., 231
Schwekendieck, Wilhelm 213 (B)
Seelig, Wilhelm 191 (B)
Seidenberg, G., Gesangskomiker 103f.
Sencke, Johann Friedrich 79
Seume, Johann Gottfried 168 (B), 183
Shakespeare, William 32, 102, 104, 112, 211, 265
Shelley, Percy Bysshe 270 (B)
Siegellack, Franz Josef 128 (B), 130
Siegellack, Friedrich Wilhelm 128 (B), 130
Simonsen, Jacob 131 (B)
Slauck, Arthur 30f., 218 (B), 233f.
Söllner, Traugott 126
Sonnemann, Leopold 238, 239 (B)
Spangenberg, Gustav 128 (B)

333

Speyer, Wilhelm 296
Spicht, Zigarrenmacher 186
Stange, Rudolf 103, 104 (B)
Stappert, Otto 163
Stegen, Georg Daniel 163 (B), 299, 302
Stein, Charlotte von 225
Stein, Lorenz von 161 (B)
Sternberg, Claus 98
Stieler, Adolf 77 (B), 78
Stoecker, Adolf 290
Stöhr, Antonie Friederike Auguste 282 (B), 283
Stöhr, Max 30, 142, 219, 220 (B), 232–234, 258, 272, 275, 280, 282 f., 288, 291, 299, 302
Strauß, Johann (Sohn) 143
Strousberg, Bethel Heinrich 165 (B), 166
Struck, Anna 95 f.
Struck, H., Zigarrenmacher 64, 95
Struck, Margaretha Dorothea 95 (B), 96
Strüven, Frau von Hinrich Strüven 197
Strüven, Hinrich 197 (B)
Sucher, Rosa 265 (B)
Swan, Elsbe 41 f., 51
Swoboda, Maria 265 (B)

Temme, Jodocus Donatus Hubertus 100 (B)
Tessendorf, Hermann 200 (B), 205, 218, 239
Tettenborn, Friedrich Karl von 73 (B)
Thiel, Johann Ludwig Eduard 114 (B), 121
Thiel, Th., Zigarrenmacher 24, 141, 147 f., 153–155, 186

Thiele, Philipp Wilhelm 134 (B), 137 f.
Thiers, Adolphe 186, 187 (B), 271
Thiersch, Bernhard 145
Thiesen, Erich 93 (B), 94
Tieck, Ludwig 102
Tiedemann, Max 142 (B), 143
Tölcke, Carl Wilhelm 179 (B), 202–205
Thyra Danebod 76 (B)

Ubaldini, Ruggiero 216
Ugolino 216 (B)
Uhlich, Leberecht 130 (B)
Ule, Otto 121 (B)

Vary, Rudolf 133 (B)
Verdi, Giuseppe 103
Vogel, E. und C., Zigarrenmacher 109 f.
Vogel, Karl 77 (B), 78, 112
Voigt, Bernhard 26, 110
Voigt, Frau von Bernhard Voigt 110
Vollmer, Fabrikaufseher 59, 61, 66 f., 78
Voß, Abraham 211
Voß, Heinrich 211
Voß, Johann Heinrich 32, 211 (B)

Wagner, Richard 133, 241, 265 f.
Waldmann, Ludolf 115 (B)
Walther, Hermann 163 (B), 164, 187, 189, 206, 216, 233, 259
Wehrenberg, Hein 26, 30, 194 (B)
Weigel, Christian 164, 165 (B), 167 f., 177, 183, 187, 189, 192 f.
Weiße, Friedrich Wilhelm 218 (B), 219, 233
Weißkopf-Schröder vermutlich nur Schröder, Kassierer 152

Weitling, Wilhelm 122 (B), 143
Weitzmann, Robert 117 (B)
Welskopp, Thomas 9 f.
Wendel, Heinrich 71 (B), 72
Wendorff, Theodor 288 (B)
Wichmann, Catharina Elsabe 286
Wichmann, Hans Christian Ludwig 286 (B)
Wichmann, Wilhelm 284 (B), 285 f., 288 f., 291, 299
Wiemer, W., Zimmerer 162
Wilckens, Hans Christian 70 (B)
Wilhelm I. von Preußen 25, 278 f.
Wilhelm II. von Preußen 17, 44
Wilhelm, Karl 145
Willemoes-Suhm, Peter Friedrich 67 (B), 68, 75, 272
Winckelmann, Johann Joachim 129 (B), 130
Windthorst, Ludwig 206 (B)
Winter, Georg 16, 141 (B), 142, 150–153, 156 f., 159, 163, 165, 167, 169 f., 170, 174, 181 f., 189, 191, 195, 200 f., 203, 219, 232
Witt, Kolporteur 300
Wode, Conrad 203 (B), 204
Wohlbrück, A., Rezitator 103 f.
Wolf, Frau von Rudolf August Wolf 285 f., 289
Wolf, Rudolf August 284 (B), 285 f., 288 f.
Wolter, Charlotte 265 (B)
Wrangel, Friedrich Heinrich Ernst von 86 (B)
Wraske, Johann Christian 128 (B), 129
Wriedt, August 276 (B), 277 f.
Wriedt, Caroline Dorothea 277 (B)
Wriedt, Ernst August 97
Wriedt, Friedrich August 277

York, Theodor 140 (B), 172, 204 f., 248 f.

„Ziegenkramer" siehe Kramer, Johann
Ziegler, Clara 265 (B), 268
Zöllner, Carl Friedrich 143 (B)
Zottmayr, Ludwig 133 (B)
Zumsteeg, Johann Rudolf 46
Zwingli, Ulrich 77 (B)

Zum Autor

Bernd Braun, Dr. phil., Jahrgang 1963, Studium der Mittleren und Neueren Geschichte, Germanistik und Politikwissenschaft, Wissenschaftlicher Mitarbeiter der Stiftung Reichspräsident-Friedrich-Ebert-Gedenkstätte in Heidelberg, Lehrbeauftragter an der Universität Heidelberg, Veröffentlichungen zur Geschichte der Arbeiterbewegung und der Weimarer Republik, u. a. Hermann Molkenbuhr (1851–1927). Eine politische Biographie, Düsseldorf 1999; Hrsg. (zusammen mit Joachim Eichler), Arbeiterführer, Parlamentarier, Parteiveteran. Die Tagebücher des Sozialdemokraten Hermann Molkenbuhr 1905 bis 1927, München 2000; Die Integrationstechnik des Praktizismus. Ignaz Auer und Hermann Molkenbuhr während der Revisionismusdebatte, in: Mitteilungsblatt des Instituts für Soziale Bewegungen 24 (2000), S. 43–65.